Ungelöster Fall Christentum

Ein Mordkommissar hinterfragt die Aussagen der Evangelien

J. Warner Wallace

Ungelöster Fall Christentum

Ein Mordkommissar hinterfragt die Aussagen der Evangelien

J. Warner Wallace

Ungelöster Fall Christentum
Ein Mordkommissar hinterfragt die Aussagen der Evangelien
J. Warner Wallace

Originally published in English under the title:
Cold-Case Christianity

Published by David C Cook
4050 Lee Vance Drive, Colorado Springs, Colorado 80918 U.S.A.

2. Auflage 2026 (Koproduktion)

Verlag Mitternachtsruf, Ringwiesenstr. 12a, CH-8600 Dübendorf
www.mitternachtsruf.ch
kontakt@mnr.ch
Bestell-Nr. 180229
ISBN 978-3-85810-621-6

Christliche Verlagsgesellschaft mbH, Am Güterbahnhof 26, DE-35683 Dillenburg
www.cv-dillenburg.de
info@cv-dillenburg.de
Bestell-Nr. 271944
ISBN 978-3-86353-944-3

Übersetzung aus dem Amerikanischen: Martin Plohmann
Umschlag, Satz und Layout: Verlag Mitternachtsruf
Herstellung: ARKA Druck, PL-43-400 Cieszyn

INHALT

Kommentare zu

UNGELÖSTER FALL CHRISTENTUM

«Mein Freund J. Warner Wallace ist einer der sorgfältigsten und mitreissendsten Verteidiger des Evangeliums, die ich kenne. *Ungelöster Fall Christentum* ist buchstäblich randvoll mit Einsichten für die Skeptiker in Ihrem Lebensumfeld, und dieses Buch verleiht Ihnen den Mut, sie auch weiterzugeben!»

Dr. Rick Warren, *Autor von The Purpose-Driven Life und Pastor der Saddleback Church*

«*Ungelöster Fall Christentum* ist ein einzigartiges Buch. Ich wünschte, ich hätte es bereits lesen können, als ich mich anfangs mit dem christlichen Glauben befasste. Es hätte viele meiner Fragen beantwortet und dazu beigetragen, mich auf den Weg der Wahrheit zu führen.»

Josh McDowell, *Redner und Autor von Evidence That Demands a Verdict*

«Was passiert, wenn ein atheistischer Polizeibeamter dieselben forensischen Kompetenzen einsetzt, mit denen er die schwierigsten Verbrechen aufklärt – Mordfälle, bei denen die Spur seit Jahrzehnten kalt ist –, und sie auf die Aussagen von Augenzeugen und die Indizienbeweise aus dem Leben Jesu von Nazareth anwendet? Ein faszinierender neuer Ansatz für die Frage nach der Glaubwürdigkeit des Evangeliums. *Ungelöster Fall Christentum* ist schlichtweg die cleverste und überzeugendste Verteidigung der Vertrauenswürdigkeit der neutestamentlichen Aufzeichnungen, die ich jemals gelesen habe. Fall abgeschlossen.»

Gregory Koukl, *Präsident von Stand to Reason und Autor von Tactics: A Game Plan for Discussing Your Christian Convictions*

«*Ungelöster Fall Christentum* liefert eine frische Herangehensweise an biblische Fakten, die die Verteidigung des christlichen Glaubens zu einem Vergnügen macht! Ich empfehle dieses Buch jedem, der an den Beweisen interessiert ist, die den christlichen Glauben stützen, ganz gleich, ob Sie noch skeptisch sind, auf der geistlichen Suche oder ein hingebungsvoller Gläubiger. Jeder profitiert von der Lektüre von J. Warner Wallaces kraftvollem neuem Buch.»

Mark Mittelberg, *Autor von The Questions Christians Hope No One Will Ask (with answers) und Mitautor von Becoming a Contagious Christian*

«Als ich von J. Warner Wallaces Idee für dieses Buch erfuhr, schien sie mir eine der unverbrauchtesten zu sein, die ich seit Langem gehört hatte. Und jetzt halte ich das Buch in der Hand und stelle fest, dass die Umsetzung vollständig geglückt ist. Es lehrt uns auf unterhaltsame und geschickte Weise, wie stark und tragend die Argumente für das Christentum sind. Ich habe stets behauptet, wenn wir die üblichen Ermittlungsinstrumente unvoreingenommen anwenden, dann liesse sich der christliche Wahrheitsanspruch bestätigen. Jims kriminalistische Arbeit macht deutlich, dass diese Idee ihr Geld wert ist.»

Craig J. Hazen, PhD, *Gründer und Leiter des Christian Apologetics Program, Biola University, und Autor von Five Sacred Crossings*

«Die Amerikaner heute sind auf der Suche nach Wahrheit. Die zutiefst grundlegende Wahrheit ist die Realität eines souveränen Gottes. Auf seiner Reise vom Agnostizismus zur Apologetik verwendet J. Warner Wallace seine Untersuchungstechniken, um die Realität des Göttlichen zu beweisen. Lesen Sie dieses Buch! Sie werden es nicht bereuen.»

William G. Boykin, *Generalleutnant a. D. der US-Armee, Vizepräsident von Family Research Council, ehemaliger stellvertretender Unterstaatssekretär des US-Verteidigungsministeriums für Nachrichtendienste und Gründungsmitglied der US Army Delta Force*

«*Ungelöster Fall Christentum* liest sich wie das temporeiche kriminalistische Drama, das es ist. Das Buch ist zum Bersten voll mit interessanten Beweisen und Argumenten und liefert einen in der Literatur einzigartigen, juristisch argumentierenden Zugang zu dem Beweismaterial für und gegen das historische Christentum. Mit Begeisterung unterstütze ich dieses grossartige Buch und danke J. Warner Wallace für seine ausgezeichnete Arbeit.»

J. P. Moreland, *Distinguished Professor der Philosophie, Biola University, und Autor von The God Question*

«*Ungelöster Fall Christentum* ist eines der scharfsinnigsten, interessantesten und hilfreichsten Bücher zur Verteidigung des christlichen Glaubens, die ich seit Langem gelesen habe. Ob Sie nun Christ sind oder noch zweifeln, J. Warner Wallace fordert Sie auf, einen frischen Blick auf das Beweismaterial zu werfen. Ich studiere die Beweise für den Glauben schon seit vielen Jahren, und dennoch hat Jim mir geholfen, die historischen, wissenschaftlichen und philosophischen Fakten auf ganz neue Weise zu sehen. Meine Empfehlung könnte nicht grösser ausfallen.»

Sean McDowell, *Pädagoge, Redner und Autor von Is God Just a Human Invention?*

«J. Warner Wallaces *Ungelöster Fall Christentum* liefert einen faszinierenden Blick auf die Beweise für die Auferstehung Jesu. Zu seiner Erfahrung als ehemaliger Atheist – eine zusätzliche Besonderheit – bringt Wallace sein Fachwissen als Kriminalbeamter für unaufgeklärte Fälle in die forensischen Aspekte der Ereignisse rund um die Auferstehung ein. Dieses Buch ist ein einzigartiger Beitrag zur wachsenden Fachliteratur über die Auferstehung Jesu.»

Paul Copan, *Professor und Pledger Family Chair of Philosophy and Ethics, Palm Beach Atlantic University*

«Als langjähriger Staatsanwalt weiss ich die Überzeugungskraft von Indizienfällen zu schätzen. J. Warner Wallace hat in seiner Karriere viele alte unaufgeklärte Mordfälle untersucht. Jetzt bringt er die verbissene Jagd nach der Wahrheit und seine kompromisslosen Urteile in die Welt antiker Dokumente, Zeugenaussagen und Veränderungen im Leben von Menschen ein. Von der forensischen Aussagenanalyse über die Bewertung von Motiven bis zu einer gründlichen Analyse über die Wirkungsweise von Verschwörungen präsentiert Jim sein Material auf eine Weise, die sowohl leicht zugänglich ist als auch tief genug geht, um die ‹Beweislast› zu tragen.»

Al Serrato, *stellvertretender Bezirksstaatsanwalt von Kalifornien*

«Detective J. Warner Wallace erzählt eine Geschichte ebenso kreativ, wie er ein Verbrechen aufklärt. Das ist sein ultimativer Fall, bei dem er seine eigene persönliche Veränderung untersucht unter Anwendung vieler Lektionen, die er bei seiner Arbeit gelernt hat.»

Robert Dean, *Produzent von Deadline NBC*

«J. Warner Wallace, mein Kollege im Gesetzesvollzug, hat für diese und kommende Generationen einen wertvollen Beitrag geleistet. Sein Buch hat das Potenzial, ein Klassiker zu werden für Menschen, die auf der Suche nach der Wahrheit sind. Jim leistet erstklassige Arbeit, indem er die Disziplin und Logik eines Polizeibeamten als Vorlage nutzt, um die Beweise für Gott, Jesus, die Zuverlässigkeit der Heiligen Schrift und die Botschaft des Evangeliums zu untersuchen. Skeptiker, Suchende und überzeugte Gläubige werden seine Analyse allesamt interessant und unwiderstehlich finden. Amateurkriminalisten und Gelehrte werden diese Arbeit gleichermassen schätzen. In meiner persönlichen Bibliothek wird dieses Buch zu einer wichtigen Quelle werden.»

Robert L. Vernon, *stellvertretender Polizeichef des LAPD (im Ruhestand) und Gründer des Pointman Leadership Institute*

«Warnung: Bevor Sie dieses Buch zu lesen beginnen, sollten Sie sich erst einmal genügend Zeit dafür reservieren. Sie werden es nicht wieder aus der Hand legen können. Es ist ein einzigartiges, wegweisendes Buch, das jeder lesen sollte. J. Warner ist in einer einmaligen Position, die Behauptungen des Christentums zu überprüfen. Er ist schnell zu meinem Lieblingsapologeten geworden. Zwölf von zehn möglichen Sternen!»

Don Stewart, *Gastgeber von Pastor's Perspective und Autor von mehr als siebzig Büchern*

«*Ungelöster Fall Christentum* liest sich wie ein aufregender Kriminalroman und ein Lehrbuch zugleich. J. Warner Wallace setzt seine altbewährten kriminalistischen Fähigkeiten ein und macht klar, dass der christliche Glaube wahr sein muss. Ich stelle ihn gern auf jedem Hochschulcampus in Amerika vor, um seinen Fall zu präsentieren, und mache die Studenten zu Geschworenen.»

Rick Schenker, *Präsident von Ratio Christi, der Allianz für Apologetik an Universitäten*

«Mit seiner Erfahrung als Kriminalbeamter ist J. Warner qualifiziert, das Beweismaterial zu durchforsten und gut begründete Schlussfolgerungen aufzustellen. Warners *Ungelöster Fall Christentum* ist daher einzigartig unter den heute zur Verfügung stehenden Verteidigungsschriften des christlichen Glaubens: Die historischen Fakten und damit zusammenhängende Beweise werden anhand derselben Protokolle untersucht, an die sich ein professioneller Ermittler bei einem Fall halten würde. Wo immer man sich innerhalb des Glaubensspektrums auch befinden mag – als Christ, Skeptiker oder irgendwo dazwischen –, Warner wendet seine Ermittlungsprinzipien bei der Überprüfung des Christentums so mitreissend an, dass seine Arbeit einen unschätzbaren Beitrag zur Verteidigung des christlichen Glaubens liefert.»

Alex McFarland, *Autor des Bestsellers 10 Most Common Objections to Christianity und Leiter der Abteilung Apologetik, North Greenville University*

«Ich habe das Glück, J. Warner Wallaces Freund und ehemaliger Chef zu sein. Für mich war das Lesen von *Ungelöster Fall Christentum* ein wahrer Genuss. Jim ist ein erfahrener und unglaublich geschickter Ermittler, der über ein grosses Talent beim Aufspüren wichtiger Beweisstücke verfügt und sie logisch miteinander verbindet, um so die Wahrheit herauszufinden. Dieses Buch ist eine überzeugende Ermittlungsarbeit, die die Schritte, die Jim bei der Untersuchung eines Verbrechens geht, mit denen vergleicht, die er unternommen hat, um die Wahrheit über Christus deutlich zu machen. *Ungelöster Fall Christentum* ist ein strahlendes Licht, das die Wahrheit auf überzeugende und unwiderstehliche Weise leuchten lässt.»

Jim Herren, *Polizeichef, Polizeirevier UCLA*

«In den letzten 25 Jahren hatte ich das Vergnügen, mit J. Warner Wallace zusammenzuarbeiten, und am meisten schätze ich, was ich von ihm gelernt habe. Sein hervorragendes Werk *Ungelöster Fall Christentum* gibt seinen Lesern die Möglichkeit, aus Jims Erfahrungen als Ermittler alter ungelöster Fälle zu lernen und seine wahre Leidenschaft zu entdecken – eine Leidenschaft, die sich mit seinem Charakter, Wissen und seiner Weisheit messen lassen kann. *Ungelöster Fall Christentum* ist ein neues Hilfsmittel, anhand dessen alle sehen können, was für einen grossen Beitrag Jim für das Christentum geleistet hat.»

John J. Neu, *Polizeichef, Polizeirevier Torrance*

«Die Arbeit eines Ermittlers erfordert ein wachsames Auge und einen Verstand, der diese Beobachtungen richtig einordnen kann. Diese Gaben hat Gott Jim Wallace geschenkt. Sie wurden mit den Jahren im Einsatz geschärft und zeigen sich in Arbeiten wie dieser. In der Tradition des grossen Sir Robert Anderson von Scotland Yard gräbt Wallace nach den Fakten und präsentiert sie auf überzeugende Weise.»

Ken Graves, *Redner und Pastor der Calvary Chapel, Bangor, Maine*

EIN BESONDERER DANK

Mein tief empfundener Dank geht an Sean McDowell, der mich zum Schreiben dieses Buches motivierte und mir ein wahrer Bruder im Glauben war, an Craig Hazen, der mir begeistert Mut machte und mich in Kontakt mit den Leuten brachte, die das Buch entstehen liessen, an Lee Strobel, der das Herz und den Wunsch hatte, diese Arbeit zu unterstützen, und an meinen Literaturagenten Mark Sweeney, der jeden Anruf beantwortete und einem auf alte ungeklärte Fälle spezialisierten Kriminalbeamten eine Chance gab.

Dieses Buch ist meinem besten Freund, treusten Partner und intelligentesten Kritiker gewidmet – meiner Frau und Inspiration Susie. Danke, dass du die erste Person warst, die jedes Wort gelesen und mir geholfen hat, meinen Traum zu erfüllen, ein Buch zu schreiben.

Vorwort von LEE STROBEL

Ich liebte es, mit Mordermittlern Zeit zu verbringen.

Ich begann meine journalistische Laufbahn als ein mit allgemeinen Aufgaben betrauter Reporter in der Nachtschicht der *Chicago Tribune*, und das bedeutete, dass ich mich der häufigen Mordfälle in der Stadt annahm – Verbrechersyndikate, Bandenkriminalität und -gewalt, ausser Kontrolle geratene häusliche Streitigkeiten und Raubüberfälle. Später wurde ich den Strafgerichten zugewiesen, wo ich über bedeutende Mordprozesse in Cook County berichtete.

Das alles bedeutete, dass ich häufig Kriminalbeamte der Mordkommission interviewte und mit ihnen Zeit verbrachte. Ich mochte sie, weil es sachliche Leute waren, die auf den Punkt kommen und die Fähigkeit besitzen, Täuschungsmanöver von Angeklagten, die ihre Spuren verwischen wollen, zu durchschauen. Diese abgehärteten Ermittlungsbeamten liessen sich kaum von einem falschen Alibi oder einer fadenscheinigen Ausrede an der Nase herumführen, da sie systematisch die Rätsel lösten, die andere verwirrten. Sie waren auf die Beweise fokussiert – «nur die Fakten, gnäd'ge Frau», wie die alte Jack-Webb-Figur in *Dragnet* zu sagen pflegte –, und das war ich auch. Ständig war ich bemüht, meine Informationen wiederholt zu prüfen, bevor ich meine Berichte veröffentlichte, um die Stadt zu informieren.

Damals war ich noch Atheist. Ich dachte, der Glaube an Gott basiere auf Spekulationen, Wunschdenken und Gefühlen; die Vorstellung, Beweise könnten die Existenz Gottes stützen, war mir völlig fremd. Und damit war ich nicht allein.

J. Warner Wallace ist ein Kriminalbeamter für alte unaufgeklärte Mordfälle, der geistlichen Dingen ebenso offen skeptisch gegenüberstand. Er begann mit der Annahme, dass das Übernatürliche unmöglich ist. Als er jedoch gewissenhaft seine Qualitäten als Ermittler anwandte – und sich von den Beweisen leiten liess –, kam er zu einem ganz anderen Schluss. Indem er die Beweise mit messerscharfer Präzision beurteilte, klärte er das wichtigste Rätsel aller Zeiten auf: Ist Jesus von Nazareth der Sohn Gottes?

In seinem cleveren und faszinierenden Buch stellt Ihnen Jim die Instrumente und Techniken vor, die er routinemässig einsetzt, um ungeklärte Mordfälle zu lösen, die andere Polizeibeamte lange Zeit vor ein Rätsel stellten. Er zeigt Ihnen, wie dasselbe analytische Denken auch auf die Aufklärung eines schon lange zurückliegenden Mordfalls an einem Kreuz angewandt werden kann – und auf die unfassbare Auferstehung, die darauf folgte. Es ist ein höchst faszinierender Prozess, wie Jim ein Vierteljahrhundert an Erfahrung in der Polizeiarbeit einsetzt, um zu erklären, wie und warum die Geschichte der Beweisaufnahme den entscheidenden Ausschlag zugunsten des Christentums gibt.

Wenn Sie geistlichen Dingen ebenso skeptisch gegenüberstehen, wie Jim und ich es jahrelang taten, dann werden Sie dieses investigative Abenteuer als unwiderstehliche, erhellende und möglicherweise lebensverändernde Reise voller hilfreicher Einsichten und Weisheiten empfinden. Ich hoffe, Sie gehen den Beweisen bis hin zur Schlussfolgerung, zu der sie schliesslich führen, ebenso nach wie ein guter Kriminalbeamter. Die Entscheidung darüber liegt letztendlich bei Ihnen.

Wenn Sie an Jesus glauben, wird Jims Bericht nicht nur Ihren Glauben stärken, sondern Ihnen auch helfen, anderen besser erklären zu können, warum so viele scharfsinnige Denker in der Geschichte zu dem Schluss gekommen sind, dass das Christentum besonders glaubwürdig und zuverlässig ist.

In den Medien sind Ihnen gewiss schon Geschichten untergekommen, in denen beschrieben wurde, wie an alten ungelösten Fällen arbeitende Kriminalbeamte ein Beweispuzzle zusammengesetzt haben, um die verwirrendsten Mordfälle aufzuklären. Möglicherweise basierte einer dieser Berichte sogar auf einem Fall, den Jim zu knacken half. Doch so wichtig diese Untersuchungen auch sind, keine kommt nur annähernd an die Bedeutung des Falls in diesem Buch heran.

Machen Sie sich also bereit, Jim zu begleiten, während er die Beweismittel für den Glauben prüft. Sie werden feststellen: Sein Ansatz ist überzeugend, seine Logik zwingend und seine Schlussfolgerungen sind umfangreich abgesichert. Entwirren Sie mit ihm den historischen Fall Jesu – und entdecken Sie seine ewigen Auswirkungen für Sie und alle Menschen, die Sie kennen.

Lee Strobel, Autor von The Case for Christ und
The Case for Faith; www.LeeStrobel.com

Vorwort von

RICE BROOCKS

Vor mehr als hundert Jahren verkündete der deutsche Philosoph Friedrich Nietzsche unverfroren: Gott ist tot. Das sollte zu einer Art Motto für Atheisten und Skeptiker in einer Zeit werden, die voraussagte, dass die wissenschaftliche Revolution des 20. Jahrhunderts nicht nur Gott, sondern jeglichen religiösen Glauben und jede lästige Moral begraben würde.

Was sie nicht vorhersahen, waren wissbegierige Personen wie J. Warner Wallace, Ermittler für alte ungeklärte Fälle, der diesen angeblichen Tod Gottes untersuchte, um die Gültigkeit der Behauptung herauszufinden. Als Wallace seine Untersuchungen durchführte, war er ein Atheist mit dem persönlichen Interesse, die Realität dieses «Todes» zu bestätigen. Mit seinen Fähigkeiten als Kriminalbeamter der Mordkommission fing er an, sich gewissenhaft durch das Beweismaterial zu arbeiten. Es dauerte nicht lange, bis er exakt zur gegenteiligen Schlussfolgerung Nietzsches kam. Gott lebt tatsächlich, trotz der unüberhörbaren gegenteiligen Erklärungen aus den Reihen der Ungläubigen.

In *Ungelöster Fall Christentum* berichtet Wallace von seiner Reise vom Atheismus zum Glauben. Allen, die aufrichtig nach der Wahrheit suchen, weist er den Weg aus der Dunkelheit des Unglaubens. Wie zahllose Menschen vor ihm hat Wallace entdeckt, dass die Wahrheit des christlichen Glaubens auf dem glaubwürdigen, in den neutestamentlichen Evangelien enthaltenen Zeugnis beruht. Weit entfernt von den verzerrten Karikaturen von Skeptikern, hat das Porträt des Lebens, Todes und der Auferstehung Jesu von den Toten die Kennzeichen eines echten Augenzeugenberichts.

Die Ergebnisse dieser Entdeckungen haben nicht nur Wallaces persönliches Leben, sondern auch seine professionelle Laufbahn verändert. Nach 25

Jahren kriminalistischer Arbeit, in denen er dazu beitrug, die rätselhaftesten Mordfälle zu lösen, ist er nun zu einem bekannten Sprecher für den christlichen Glauben geworden und beeinflusst das Leben von Millionen von Menschen auf der ganzen Welt. Sein einmaliger Hintergrund als Ermittler hat ihn zu einem geistlichen Pendant von Sherlock Holmes gemacht. Er hat Licht auf die Beweise für die Existenz Gottes geworfen und die heimtückischen Pläne der Mächte der Finsternis in der Heiligen Schrift aufgedeckt.

Während er in engagiertem Schritt seine Arbeit als Autor und Redner vorantreibt, fordert Wallace jeden Monat Tausende von Menschen auf, den «christlichen Fall» voranzutreiben, indem sie anderen zuverlässig den Weg weisen und ihnen die Wahrheit des Christentums glaubwürdig weitergeben. Sein Beitrag gehört zum Einzigartigsten und Inspirierendsten, was Sie jemals vernehmen werden. Er hat einen neuen Ansatz – ebenso wie Beharrlichkeit und ansteckenden Enthusiasmus – in die Welt der christlichen Apologetik hineingebracht. Seine hingebungsvolle Leidenschaft für die Wahrheit wird Sie anregen, jede Spur von Gleichgültigkeit oder Ignoranz abzulegen und sich augenblicklich an der grossen Aufgabe, diese Generation für Christus zu gewinnen, zu beteiligen.

Für jemanden wie mich, der versucht, Universitätsstudenten auf der ganzen Welt zu erreichen, war Wallaces Arbeit eine Quelle grosser Ermutigung. Die grosse Zahl junger Menschen, die nach dem Auszug von zu Hause den christlichen Glauben aufgegeben haben, sind mir ein riesiges Anliegen. Das hat mich im Grunde zum Schreiben des Buches *Gott ist nicht tot* veranlasst. Das inspirierte zu einem Spielfilm mit demselben Titel und hat Millionen von Menschen gezeigt, dass es tatsächlich stichhaltige Beweise für die Existenz Gottes gibt. Der Film war so erfolgreich, dass ich gebeten wurde, am Drehbuch für eine Fortsetzung mitzuwirken. Eines der ersten Dinge, die ich den Drehbuchautoren gegenüber erwähnte, waren die Geschichte von Jim Wallace und sein Weg vom Zweifel zum Glauben. Ich arrangierte ein Treffen mit Jim und den Autoren, und nachdem wir kurz mit ihm zusammen gewesen waren, schauten sie mich an und sagten: «Wow – er ist unglaublich.» Ich war ganz ihrer Meinung, und Sie stehen kurz davor, zum selben Urteil zu gelangen, wenn Sie dieses fantastische Buch lesen.

Die Filmemacher waren von Jim so beeindruckt, dass sie in ihrem Drehbuch einen Abschnitt aufnahmen, der in einem Gerichtssaal spielt – eine Umgebung, die ihm über die Jahre sehr vertraut war. In einem spannungsgeladenen und dramatischen Wortwechsel mit einem Anwalt der Gegenpartei, der versucht, einen Highschool-Lehrer zu diskreditieren, weil er es wagte, Jesus Christus im Klassenzimmer einer öffentlichen Schule zu erwähnen, verteidigt Jim die Tatsache, dass Jesus wirklich lebte und die vier Evangelien eine verlässliche Wiedergabe seiner Worte enthalten. Sich auf Jesus zu berufen, ist somit nicht nur ein Ausdruck des Glaubens, sondern stützt sich auf eine historische Tatsache.

Ob Sie den Film *Gott ist nicht tot 2* anschauen oder nicht: Wenn Sie dieses Buch gründlich lesen und studieren, werden Sie Veränderungen in einer Welt anstossen, die den christlichen Glauben dringend benötigt. Obschon Jim sicherlich einmalig ist, können die Lektionen aus *Ungelöster Fall Christentum* von jedem, der anderen Personen die Wahrheit des Evangeliums Jesu Christi bringen will, verstanden und weitererzählt werden.

Rice Broocks, Autor von Gott ist nicht tot: Warum alles dafür spricht, dass es Gott gibt

Einleitung

DER WEG DES ERMITTLERS

Ich bekam den Anruf gegen ein Uhr nachts. Bei der Mordkommission tätige Kriminalbeamte untersuchen auch Schusswechsel, an denen Polizisten beteiligt sind (OIS; *officer-involved shooting*), und zu diesem Anlass wurden alle Beamten des OIS-Teams alarmiert. Als ich am Tatort ankam, stand Officer Mark Walker an seinem Streifenwagen und sprach mit einem Inspektor, während er auf unsere Ankunft wartete. Ich gab ihm die Hand und vergewisserte mich, dass er bereit war, über den Schusswechsel zu reden. Ich begann, die Ereignisse, die zu unserem Einsatz führten, mit ihm durchzugehen.

Mark erzählte mir, dass er auf Streife war, als er einen Mann die Strasse entlangfahren sah, der wie ein Betrunkener zwischen den Fahrspuren hin und her schwankte. Er winkte den Fahrer aus dem Verkehr und näherte sich seinem Wagen. Als er sich nach vorn beugte, um mit dem Mann zu sprechen, roch er seine Alkoholfahne. Mark bat ihn, aus dem Auto zu steigen. Der Fahrer fügte sich widerwillig. Während der Mann vor seinem Auto stand, konnte Mark erkennen, dass er wütend und uneinsichtig war. Mark beschloss, ihn rasch körperlich abzusuchen, um sicherzugehen, dass der ungehaltene Fahrer keine Waffen bei sich trug. Er wusste nicht, dass der Fahrer Jacob Stevens aus einer Nachbarstadt war, ein auf Bewährung entlassener Häftling mit langen Gefängnisstrafen. Jacob war gerade erst aus dem Staatsgefängnis entlassen worden. Sein Delikt war ein tätlicher Angriff. In dieser Nacht trug er eine geladene Colt-Pistole Kaliber .45 verdeckt an seinem Gürtel. Jacob wusste, dass er zurück ins Gefängnis müsste, würde der Officer die Waffe entdecken, und war entschlossen, das zu verhindern.

Als Mark Jacob Stevens bat, sich umzudrehen, damit er ihn untersuchen könne, wandte sich Jacob für einen Moment ab und zog seine Waffe. Blitzschnell drehte er sich zurück zu Mark und richtete die Pistole auf seinen Brustkorb.

«Ich wusste, dass er mir zuvorgekommen war», sagte Mark, als er mir den Vorfall erzählte. «Er hatte seine Waffe gezogen und auf mich gerichtet, noch bevor ich die Hand an meine legen konnte.»

Jacob hatte nicht vor, sich auf eine Diskussion mit Mark einzulassen. Er hatte beschlossen, nicht zurück ins Gefängnis zu gehen, auch wenn es bedeutete, diesen Polizeibeamten töten zu müssen. Jacob richtete seine Waffe auf Mark und krümmte den Finger am Abzug. Mark stand vor dem Kampf seines Lebens, und er war im Nachteil. Er lag Sekunden hinter seinem Gegner.

Alle, die für die Durchsetzung des Gesetzes sorgen, wissen, wie wichtig es ist, eine kugelsichere Weste zu tragen. In der Ausbildung wurde uns der Umgang mit diesen Westen beigebracht, und irgendwann haben die meisten von uns erfahren, wie sie sich im *Praxistest* bewähren. Wir wussten, dass sie ein Geschoss aufhalten konnten, auch Kaliber .45. In dieser Nacht sollte Marks Weste einem Test unterzogen werden.

«Ich spannte meine Bauchmuskeln an und bereitete mich auf den Schuss vor, als ich meine Waffe aus dem Halfter zog. Mir war klar, die erste Runde würde an ihn gehen.»

Mark wusste zwar, dass seine Weste den Aufprall eines Geschosses vom Kaliber .45 aushalten konnte, aber in dieser Nacht musste er zum ersten Mal auf diesen Ausrüstungsgegenstand vertrauen. In diesem aussergewöhnlichen Augenblick veränderte sich Marks Blickrichtung von «glauben, dass» zu «glauben an». Es ist eine Sache, zu glauben, dass die Weste Leben retten kann, und eine andere, ihr zu vertrauen, dass sie das eigene Leben rettet. Mark überlebte offenbar den Angriff, sonst hätte er ihn uns nicht beschreiben können. Die Lektion, die ich von Mark gelernt habe, hatte allerdings eine weitaus grössere Wirkung auf mein Leben, als er je wissen wird.

DER WECHSEL VON «GLAUBEN, DASS» ZU «GLAUBEN AN»

Ich war 35 Jahre alt, als ich zum ersten Mal aufmerksam der Predigt eines Pastors zuhörte. Ein Kollege hatte mich über Monate immer wieder in seine Gemeinde eingeladen, und obschon ich ihn immer wieder vertröstet hatte, erklärte ich mich eines Tages bereit, der Einladung zu folgen, und besuchte mit meiner Familie einen Gottesdienst am Sonntagmorgen. Mir gelang es, das meiste von dem, was der Pastor sagte, zu ignorieren, bis er ein Bild von Jesus zeichnete, das mich aufmerken liess. Er charakterisierte ihn als einen echt cleveren Typ, der einige überraschend kluge Dinge über das Leben, die Familie, Beziehungen und Arbeit gesagt habe. Die Aussagen wirkten für mich stimmig. Obgleich ich kein Interesse hatte, meine Knie vor Jesus als Gott zu beugen, war ich zumindest bereit, ihn als Lehrer zu respektieren, dem man zuhören kann. Eine Woche später kaufte ich mir meine erste Bibel.

Meine Freunde kannten mich als eingefleischten Atheisten, als Skeptiker, der Christen und die christliche Weltanschauung kritisch analysierte. Aber plötzlich las ich die Evangelien, um zu erfahren, was Jesus zu sagen hatte. Etwas an den Evangelien zog meine Aufmerksamkeit auf sich, mehr als Ermittler denn als Person, die an der alten Philosophie eines imaginären Weisen interessiert war. Zu diesem Zeitpunkt in meinem Leben hatte ich bereits als Streifenpolizist gedient sowie als Mitglied des Bandensonderkommandos, des Metro-Teams (Überprüfung von Drogendelikten auf der Strasse), des SWAT-Teams und des Crime-Impact-Teams (Überprüfung von Berufsverbrechern). Ich hatte Hunderte (wenn nicht sogar Tausende) Augenzeugen und Verdächtige verhört. Mir war die Art von Augenzeugenaussagen vertraut, und ich wusste, wie Beweise vor Gericht beurteilt werden. Etwas an den Evangelien schien mir mehr zu sein als eine mythologische Erzählung. Die Evangelien schienen tatsächlich alte Augenzeugenberichte zu sein.

Ich habe so viele Verhöre durchgeführt und hatte so viel Erfolg damit, Verdächtige zum «Auspacken» zu bewegen, dass mich meine Abteilung an eine Reihe von Ermittlungsschulen schickte, um meine Fähigkeiten zu verfeinern. Letztendlich wurde ich in Forensischer Aussagenanalyse (FSA) ausgebildet. Indem ich diese Methodik gewissenhaft anwandte und genau untersuchte, wie Verdächtige Pronomen auswählen, Zeitformen benutzen und Zeit verdichten oder ausdehnen (zusammen mit vielen anderen linguistischen Hinweisen), konnte ich normalerweise feststellen, ob eine Person das Verbrechen begangen hatte. Häufig war ich sogar imstande, die Tageszeit eines Verbrechens herauszufinden! Wenn mir diese Technik so unglaubliche Einblicke in die Aussagen von Verdächtigen und Zeugen liefern konnte, warum könnte ich sie dann nicht einsetzen, um die Behauptungen der Evangelien zu überprüfen? Ich fing an, FSA beim Studium des Markusevangeliums anzuwenden. Innerhalb eines Monats und trotz meiner tief sitzenden Skepsis und Bedenken kam ich zu dem Schluss, dass das Markusevangelium der Augenzeugenbericht des Apostels Petrus war. Ich bewegte mich langsam von der Vorstellung, dass Jesus ein weiser Lehrer war, hin zum Glauben an seine Aussagen über sich selbst. Mein Weg verlief von beiläufiger Zustimmung zu engagiertem Vertrauen, von *glauben, dass* zu *glauben an*.

Meine gegenwärtige Aufgabe ist es, alte ungelöste Mordfälle zu untersuchen. Im Gegensatz zu anderen geringfügigeren Verbrechen wird ein ungelöster Mordfall nie abgeschlossen, bei Morduntersuchungen *läuft* die Zeit nie *ab*. In meiner speziellen Dienststelle gibt es Dutzende von ungeklärten Mordfällen, die offen bleiben und nur darauf warten, dass sich jemand die Zeit nimmt, sie noch einmal aufzurollen. Es gibt eine Menge Ähnlichkeiten zwischen der Untersuchung von alten ungelösten Fällen und dem Überprüfen der Behauptungen des Christentums. Ungeklärte Mordfälle liegen meist weit zurück, und es gibt nur wenig bis kein forensisches Beweismaterial. Diese Art von Fällen wird manchmal auf der Basis von Augenzeugenaussagen gelöst, auch wenn zwischen dem Verbrechen und dessen Untersuchung viele Jahre liegen. Selbst wenn es keinen lebenden Augenzeugen des Mordes mehr gibt, finden sich doch Zeugen, die helfen können, die Ereignisse zusammenzutragen, die zum Verbrechen oder zum Verhalten eines Verdächtigen nach der Tat geführt haben. Diese Zeugen können auf vielerlei Weise beurteilt werden, um ihre Zuverlässigkeit zu bestätigen. Am Ende kann ein überzeugender, auf Indizien basierender Fall entstehen, wenn Zeugenaussagen gesammelt und diese Beobachtungen anhand weniger verfügbarer gerichtsmedizinischer Beweise bestätigt werden. Auf der Grundlage dieses Ansatzes habe ich eine Reihe von Verdächtigen in alten unaufgeklärten Mordfällen, die glaubten, sie wären mit ihrem Verbrechen ungeschoren davongekommen, verhaftet und erfolgreich strafrechtlich verfolgt.

Das Christentum stellt eine Behauptung über ein längst vergangenes Ereignis auf, für das es wenige oder keine forensischen Beweise gibt. Wie bei ungelösten Fällen kann die Wahrheit über das Geschehen herausgefunden werden, wenn man die Aussagen von Augenzeugen überprüft und sie mit den wenigen uns zur Verfügung stehenden zusätzlichen Beweisen vergleicht. Wenn die Augenzeugen beurteilt werden können (und sich ihre Aussagen mit den uns verfügbaren Mitteln bestätigen lassen), kann ein ebenso überzeugender, auf Indizien basierender Fall für die Behauptungen des Neuen Testaments entstehen. Aber existieren überhaupt glaubwürdige Augenzeugenaussagen, die das bestätigen können? Das wurde zur wichtigsten Frage bei meiner persönlichen Überprüfung des Christentums. Waren die Evangelien *Augenzeugenberichte* oder lediglich *moralistische Mythen*? Waren die Evangelien glaubwürdig oder angefüllt mit unzuverlässigen, übernatürlichen Absurditäten? Die wichtigsten Fragen, die ich über das Christentum stellen konnte, fielen somit in meinen Kompetenzbereich.

Ich hoffe, in diesem Buch etwas von dieser Fachkenntnis mit Ihnen teilen zu können. Irgendwo auf meinem Weg von «glauben, dass» zu «glauben an» erzählte mir ein Freund von C. S. Lewis. Nach dem Lesen von *Mere Christianity* (*Pardon, ich bin Christ)* kaufte ich mir alles, was er geschrieben hatte. Ein Zitat aus *God in the Dock* (*Gott auf der Anklagebank)* begleitete mich über Jahre. Lewis bemerkte ganz richtig: «Das Christentum ist eine Erklärung, die, wenn falsch, keine Bedeutung hat, ist sie aber wahr, von unendlicher Bedeutung ist. Was es aber nicht sein kann, ist einigermassen bedeutend.»[1] Wenn das Christentum wahr ist, ist es auch wert, sich damit auseinanderzusetzen. Mit den Jahren habe ich meine Skepsis ebenso beibehalten wie das unbedingte Bedürfnis, Fakten zu überprüfen, obschon ich von «glauben, dass» zu «glauben an» gewechselt war. Immerhin bin ich nach wie vor ein Kriminalbeamter. Ich denke, ich habe ein paar Dinge gelernt, die Ihnen dabei helfen können, die wahren Aussagen der Bibel zu überprüfen.

1 C. S. Lewis, *God in the Dock: Essays on Theology and Ethics* (Grand Rapids, MI: Eerdmans, 1970), S. 101.

Ich sage Ihnen im Voraus, dass ich Ihnen von einigen Beispielen aus meiner Laufbahn als Ermittler in alten ungelösten Mordfällen berichten werde, von denen ich im Lauf der Jahre so manches gelernt habe. Ich möchte Ihnen ein paar *Polizeigeschichten* erzählen. Ich habe diese Schilderungen jedoch sorgfältig bearbeitet, die Namen der beteiligten Personen geändert und die Details jedes einzelnen Falls geringfügig modifiziert, um Polizisten und Opfer zu schützen. Ich hatte das Privileg, an einigen der wichtigsten und bekanntesten Fälle in unserer Stadt in den vergangenen zwanzig Jahren zu arbeiten. Obgleich ich möchte, dass Sie sowohl aus unseren Fehlern als auch unseren Erfolgen lernen, ist es mir wichtig, das Privatleben der Kriminalbeamten (und das der Opferfamilien) zu respektieren.

Wenn Sie, so wie ich es früher tat, die Bibel skeptisch ablehnen, könnten Ihnen meine Erfahrungen und Einsichten helfen, die Schreiber der Evangelien in einem neuen Licht zu sehen. Wenn Sie Christen begegnet sind, die ihren Glauben nicht ausreichend verteidigen konnten, möchte ich Sie bitten, geduldig mit uns zu sein, da die christliche Überlieferung intellektuell widerstandsfähig und gehaltvoll ist, auch wenn wir Gläubigen hin und wieder nicht in der Lage sind, Ihre herausfordernden Fragen überzeugend zu beantworten. Die Antworten sind vorhanden; Sie müssen nicht erst Ihr Gehirn ausschalten, um zu glauben. Ja, es ist möglich, *wegen* und nicht *trotz* der Beweise ein Christ zu werden. Vielen von uns ist genau das passiert.

Wenn Sie bereits ein Gläubiger sind, können meine Erfahrungen Ihnen neue Instrumente an die Hand geben, mit denen Sie Ihren Glauben energischer und fundierter verteidigen können. Sie lernen möglicherweise etwas Neues über die Geschichte des Christentums oder das Wesen und die Macht von Beweisen. Ich möchte Ihnen Mut machen, ein gut informierter Christ zu werden, damit Sie Gott mit Ihrem Verstand anbeten und ein Verteidiger des christlichen Glaubens werden. Lassen Sie uns mit zehn einfachen Prinzipien der Beweisführung anfangen, die Ihren Blick auf das Christentum für immer verändern können.

Teil 1

WIE MAN LERNT, EIN ERMITTLER ZU SEIN

Zehn wichtige Prinzipien, die jeder ambitionierte Ermittler beherrschen muss

Kapitel 1
Prinzip #1

SEIEN SIE KEIN «BESSERWISSER»

«Jeffries und Wallace», schnauzte Alan ungeduldig, während sich der junge Beamte beeilte, unsere Namen auf den Bericht vom Tatort zu schreiben. Alan hob das gelbe Band an und kroch mit Schmerzen darunter durch, weil er dabei sein schlimmes Knie belasten musste. «Ich werde langsam zu alt dafür», sagte er, während er den Mantel über seinem Anzug aufknöpfte. «Es wird immer später in der Nacht, wenn sie uns alarmieren.»

Das war mein erster Tatort eines Mordfalls, und ich wollte mich nicht zum Narren machen. Jahrelang hatte ich mit Raubüberfällen zu tun gehabt, aber an Mordermittlungen war ich bisher nicht beteiligt gewesen. Ich war besorgt, dass ich den Tatort irgendwie verunreinigen könnte. Ich machte kleine, vorsichtige Schritte und folgte Detective Alan Jeffries wie ein junger Hund. Alan arbeitete schon mehr als fünfzehn Jahre für dieses Einsatzkommando und hatte nur noch fünf Jahre bis zum Ruhestand. Er war sachkundig, rechthaberisch, selbstbewusst und mürrisch. Ich mochte ihn sehr.

Wir standen einen Augenblick dort und schauten uns den Leichnam des Opfers an. Die Frau lag teilweise unbekleidet auf ihrem Bett, stranguliert. Es gab keine Anzeichen eines Kampfes und eines gewaltsamen Zutritts in ihre Wohnung, nur eine 46-jährige Frau, die in einer äusserst unvorteilhaften Stellung tot dalag. Mir jagten die Gedanken durch den Kopf, während ich versuchte, mich an alles zu erinnern, was ich in dem zweiwöchigen Seminar zur Mordfallermittlung vor Kurzem gelernt hatte. Ich wusste, es gab wichtige Beweisstücke, die erhalten und gesammelt werden mussten. Ich bemühte mich, die «Datenmenge» am Tatort zu bewerten. In welchem Verhältnis standen die Beweise und der Mörder? Konnte der Tatort wieder so hergerichtet werden, dass er Rückschlüsse auf die Identität des Täters zulässt?

«He, aufwachen!», Alans Stimme durchbrach meine Gedanken. «Wir müssen hier einen Mörder fassen. Mach dich auf die Suche nach ihrem Ehemann; das ist unser Mann.»

Was? Hatte Alan das schon herausgefunden? Er stand da und sah mich mit einer Spur Ungeduld und Verachtung an. Er zeigte auf ein gerahmtes Bild, das umgeworfen auf dem Nachttisch lag. Unser Opfer wurde liebevoll von einem Mann umarmt, der in ihrem Alter zu sein schien. Anschliessend wies er auf Männerkleidung hin, die auf der rechten Seite ihres Schranks hing. Hier schienen mehrere Sachen zu fehlen.

«Ich mache das schon ziemlich lange, Junge», sagte Alan, während er sein Notizbuch öffnete. «Von ‹Fremden› ausgeübte Morde sind recht selten. Der Kerl ist wahrscheinlich ihr Ehemann, und meiner Erfahrung nach töten sich Ehepartner gegenseitig.» Alan zeigte systematisch auf eine Reihe von Beweisstücken und deutete sie auf der Grundlage seiner Annahme. Es gab keinen gewaltsamen Zutritt; das Opfer schien nicht weiter gekämpft zu haben; das Bild auf dem Nachttisch war umgeworfen worden; im Schrank schien Männerkleidung zu fehlen – Alan betrachtete das alles als Bestätigung seiner Theorie. «Kein Grund, es kompliziert zu machen, Anfänger; meistens ist es ganz einfach. Finde mir den Ehemann, und ich zeige dir den Mörder.»

Wie sich herausstellte, war es doch etwas schwieriger. Wir konnten die Identität des Verdächtigen drei Monate lang nicht feststellen, und dann war es schliesslich der 25-jährige Nachbar des Opfers. Er kannte sie kaum, schaffte es aber, dass das Opfer in der Nacht, als er sie vergewaltigte und tötete, die Tür für ihn öffnete. Sie war single, und der Mann auf dem Foto war ihr Bruder (er besuchte sie gelegentlich aus Übersee und deponierte ein paar Kleidungsstücke in ihrem Schrank). Alle Annahmen von Alan waren falsch, und sie bestimmten unseren Blick auf das Beweismaterial. Alans Philosophie schadete seiner Methodik. Wir folgten nicht den Beweisen, um zu erkennen, wo sie hinführten; wir hatten uns bereits entschieden, wohin sie führen würden, und suchten lediglich nach einer Bestätigung. Zum Glück setzte sich die Wahrheit durch.

Wir alle haben unsere Grundannahmen, die Einfluss auf unsere Sicht von der Welt um uns herum haben können. Ich habe gelernt, mein Bestes zu geben und jede Ermittlung mit offenen Augen zu beginnen und mit unvoreingenommenem Verstand für alle reellen Möglichkeiten. Ich versuche, mich nicht in eine bestimmte Philosophie oder Theorie zu *verbeissen*, bis sich aufgrund der Beweislage eine als die sinnvollste hervortut. Das habe ich auf die harte Weise gelernt; ich habe mehr als genug Fehler gemacht. Eines weiss ich mit Sicherheit (nach der Arbeit an neuen und alten Mordfällen): Man kann eine Untersuchung nicht mit einer Philosophie beginnen, die das Ergebnis diktiert. Objektivität ist das oberste Gebot, das erste Prinzip der *Ermittlungsarbeit*, das sich jeder von uns einschärfen muss. Es klingt sehr einfach, aber unsere vorgefassten Annahmen verstecken sich meist, sodass es schwerfällt, sie herauszufinden und zu erkennen.

GEISTLICHE GRUNDANNAHMEN

Als Atheist vertrat ich viele Annahmen, die die Art und Weise belasteten, wie ich mich den Behauptungen des Christentums näherte. Ich wurde in der «*Star Trek*»-Generation (der Originalbesetzung, wohlgemerkt) von einem atheistischen Vater erzogen, der nahezu dreissig Jahre lang Polizist und Kriminalbeamter war, bevor ich als Polizeibeamter anfing. Die zunehmend säkulare Gesellschaft hatte mich überzeugt, dass die Naturwissenschaft letzten Endes alle Rätsel des Lebens erklären würde, und ich hatte mich auf die Vorstellung versteift, dass wir schliesslich eine *natürliche* Antwort für alles finden würden, was wir einst für *übernatürlich* gehalten haben.

Meine frühen Jahre als Ermittler der Mordkommission verstärkten diese Annahmen nur noch. Was würden schliesslich meine Partner denken, wenn ich alle Beweise in einem schwierigen Fall untersuche und (nachdem ich keinen Verdächtigen ausmachen konnte) zu dem Schluss komme, dass ein Geist oder Dämon den Mord begangen hat? Sie würden mich mit Sicherheit für verrückt erklären. Alle Mordermittler gehen davon aus, dass übernatürliche Wesen keine akzeptablen Verdächtigen sind, und viele Kriminalbeamte lehnen das Übernatürliche ganz und gar ab. Sie müssen in der realen Welt arbeiten, in der «natürlichen Welt», wo das Prinzip von Ursache und Wirkung gilt. Wir setzen eine bestimmte Philosophie voraus, wenn wir anfangen, unsere Fälle zu untersuchen. Diese Philosophie nennt sich «philosophischer Naturalismus» (oder «philosophischer Materialismus»).

Die meisten von uns aus der «Star Trek»-Generation verstehen diese Philosophie, auch wenn wir sie nicht perfekt artikulieren können. Der philosophische Naturalismus lehnt die Existenz von übernatürlichen Akteuren, Mächten, Wesen oder Realitäten ab. Er beginnt mit der grundlegenden Prämisse, dass allein Naturgesetze und -kräfte jedes zu prüfende Phänomen erklären können. Wenn es eine Antwort zu entdecken gilt, bestimmt der philosophische Naturalismus, dass wir sie finden müssen, indem wir das Verhältnis zwischen materiellen Objekten und natürlichen Kräften untersuchen – mehr nicht. Übernatürliche Kräfte werden per Definition ausgeschlossen. Die meisten Naturwissenschaftler fangen mit dieser Grundannahme an und ziehen keine Antwort in Betracht, die nicht strikt physisch, materiell oder natürlich ist. Selbst wenn ein spezielles Phänomen von keinem natürlichen, materiellen Prozess oder einer Reihe von Kräften erklärt werden kann, weigert sich die überwältigende Mehrheit der Wissenschaftler, eine übernatürliche Erklärung zu erwägen. Richard Lewontin (ein Evolutionsbiologe und Genetiker) verfasste eine Rezension zu einem Buch von Carl Sagan und räumte ein, dass die Naturwissenschaft dazu neigt, jede übernatürliche Erklärung zu ignorieren, auch wenn die Beweise andeuten, dass es keine natürlichen, materiellen Erklärungen gibt.

PHILOSOPHISCHER NATURALISMUS

Die auf Grundannahmen basierende Überzeugung, dass in der Welt nur Naturgesetze und -kräfte (im Gegensatz zu übernatürlichen Kräften) wirken. Philosophische Naturalisten glauben, dass ausserhalb des natürlichen Bereichs nichts existiert.

> Wir stehen auf der Seite der Naturwissenschaft, trotz der offenkundigen Absurdität einiger ihrer Gedankenkonstrukte, trotz ihres Versagens, viele ihrer übertriebenen Versprechen im Hinblick auf Gesundheit und Leben zu erfüllen, trotz der Toleranz der Naturwissenschaftler gegenüber unbegründeten Geschichten, weil wir eine vorrangige Verpflich-

> tung haben, eine Verpflichtung gegenüber dem Materialismus. Es ist nicht so, als würden uns die Methoden und Institutionen der Naturwissenschaft irgendwie zwingen, eine materielle Erklärung der Welt der Phänomene zu akzeptieren. Im Gegenteil, wir wurden von unserem grundsätzlichen Festhalten an materiellen Ursachen gezwungen, ein Ermittlungssystem und eine Reihe von Konzepten zu schaffen, die materielle Erklärungen hervorbringen, ganz gleich, wie sehr sie gegen die eigene Intuition gehen oder unerklärlich für Nichteingeweihte sind. Ausserdem ist der Materialismus absolut, da wir einen Fuss Gottes in der Tür nicht zulassen können.[2]

Naturwissenschaftler sind da nicht allein; auch viele Historiker haben sich einer naturalistischen Grundannahme verpflichtet. Die Mehrheit der historischen Gelehrten akzeptiert beispielsweise die Historizität der neutestamentlichen Evangelien hinsichtlich Leben und Lehre Jesu und der Bedingungen im 1. Jahrhundert, als Jesus lebte und diente. Gleichzeitig lehnen viele dieser Historiker aber die Historizität der im Neuen Testament beschriebenen Wunder ab, ungeachtet der Tatsache, dass diese Wunder neben den Ereignissen geschildert sind, die Gelehrte als historisch korrekt anerkennen. Warum akzeptieren sie einige Ereignisse, während sie andere abweisen? Weil sie dem Übernatürlichen gegenüber voreingenommen sind.

Bart Ehrman (ein bekannter agnostischer Professor für Religionsstudien an der Universität von North Carolina in Chapel Hill) führte einmal in der britischen Radiosendung *Unbelievable?* eine Diskussion mit Michael Licona (Forschungsprofessor für das Neue Testament am *Southern Evangelical Seminary*).[3] Während sie über die Beweise für die Auferstehung sprachen, liess Ehrman eine naturalistische Annahme erkennen, die unter vielen Historikern weit verbreitet ist. Er sagte: «Über das Entscheidende haben wir meiner Meinung nach noch gar nicht geredet, darüber, ob es so etwas wie einen historischen Beweis für ein Wunder überhaupt geben kann. Ich denke,

---

2 Richard Lewontin, «Billions and Billions of Demons», Rezension von *The Demon-Haunted World: Science as a Candle in the Dark*, von Carl Sagan, *New York Review*, 9. Januar 1997, S. 31.

3 Bart Ehrman und Mike Licona, «Biblical Evidence for the Resurrection», Gastgeber der Diskussion Justin Brierly, *Unbelievable?* Radiosendung, 16. April 2011, Zugang am 9. März 2023, https://youtu.be/DgcHGnjN1PQ.

die Antwort lautet eindeutig ‹Nein›, und ich glaube, nahezu alle Historiker stimmen mir in diesem Punkt zu.» Ehrman lehnt den Gedanken ab, dass irgendein historisches Zeugnis den Beweis für ein Wunder erbringen könnte. In seinen Worten würde es bedeuten, dass «man sich auf etwas ausserhalb unserer natürlichen Erfahrung beruft, um zu erklären, was in der Vergangenheit geschah». Es sollte uns nicht überraschen, dass Ehrman die Tatsache der Auferstehung angesichts dieser Grundannahme ablehnt. Seine Schlussfolgerung ist naturalistisch, da er keine andere Möglichkeit zulässt, selbst wenn das Beweismaterial eine andere Deutung nahelegt.

MENTALE SPERREN

Ich begann, die Gefahr philosophischer Annahmen zu verstehen, während ich als Ermittler der Mordkommission arbeitete. Alan und ich standen am Tatort und gaben unser Bestes, die Frage zu beantworten: «Wer hat diese Frau ermordet?» Einer von uns hatte bereits eine Antwort. Normalerweise begehen Ehepartner oder Liebhaber Morde wie diesen – Fall abgeschlossen. Wir mussten bloss den Ehemann oder Liebhaber dieser Frau finden. Es war, als würden wir fragen: «Hat ihr Ehemann sie getötet?», nachdem wir zuerst jeden anderen Verdächtigen ausser ihren Mann ausgeschlossen hatten. So überrascht es nicht, dass Alan zu seinem Schluss kam, denn er war durch diese Prämisse festgelegt.

KEINE ANTWORT AUF DIE EIGENTLICHE FRAGE GEBEN

Wenn wir unsere Schlussfolgerungen in unsere Untersuchungen hineinschmuggeln, indem wir sie zur Prämisse machen, dann finden wir wahrscheinlich keine Antwort auf die eigentliche Frage und kommen zu Schlussfolgerungen, die unseren Annahmen entsprechen und nicht die Wahrheit der vorliegenden Sache erfassen.

Als ich noch ein Atheist war, tat ich genau dasselbe. Ich stand vor den Beweisen für Gott und wollte die Frage beantworten: «Existiert Gott?» Aber als Naturalist startete ich die Untersuchung mit der Annahme, dass ausserhalb der Naturgesetze und -kräfte und materiellen Objekte nichts existiert. Ich stellte mir die Frage: «Gibt es ein übernatürliches Wesen?», hatte aber zuvor die Möglichkeit von irgendetwas Übernatürlichem ausgeschlossen.

Wie Alan kam ich zu einem bestimmten Schluss, weil dieser durch meine Prämisse vorgegeben war. Das ist die klarste Art von Voreingenommenheit, nicht wahr? Sich gedanklich bereits festgelegt zu haben, bevor man überhaupt anfängt zu denken.

BEGINNEN SIE MIT LEEREN HÄNDEN

Nur weil sie an das Übernatürliche glauben, wird Christen oft vorgeworfen, sie seien «voreingenommen». Diese Anschuldigung hat in unserer heutigen pluralistischen Gesellschaft ein grosses Gewicht. Voreingenommene Menschen werden als ungerecht und arrogant angesehen, und sie sind sich ihrer Position allzu sicher. Niemand möchte für eine Person gehalten werden, die rechthaberisch und voller Vorurteile ist. Aber täuschen Sie sich nicht, wir alle haben Standpunkte, Meinungen und Vorstellungen, die unseren Blick auf die Welt beeinflussen. Jeder, der Ihnen sagt, er sei vollkommen objektiv und ohne vorherige Grundannahmen, hat ein anderes, grösseres Problem: Er ist entweder erstaunlich naiv oder ein Lügner.

Die Frage ist nicht, ob wir Vorstellungen, Meinungen oder bereits bestehende Standpunkte haben oder nicht; die Frage ist, ob wir uns dadurch von einer objektiven Untersuchung der Beweise abhalten lassen. Es ist durchaus möglich, im Vorfeld eine bestimmte Meinung zu haben, sie aber dennoch aussen vor zu lassen, um Beweismaterial fair prüfen zu können. Darum bitten wir Geschworene immer wieder. Im Staat Kalifornien werden Geschworene wiederholt aufgefordert, «während des Prozesses offen an die Dinge heranzugehen» und «ihre Entscheidung nicht von Vorurteilen, Sympathie, Voreingenommenheit oder der öffentlichen Meinung beeinflussen zu lassen».[4] Die Gerichte gehen davon aus, dass Menschen Vorurteile, Sympathien und Voreingenommenheiten haben und sich der öffentlichen Meinung bewusst sind. Dennoch wird von den Geschworenen erwartet, «offen an die Dinge heranzugehen». Geschworene müssen den Gerichtssaal mit leeren Händen betreten und all ihr ‹*Gepäck*› im Flur zurücklassen. Jeder fängt mit einem

4 Richterrat von Kalifornien, *Judicial Council of California Criminal Jury Instructions*, LexisNexis Matthew Bender (offizieller Herausgeber der Geschworenenbelehrungen des Richterrats), CalCrim Paragraf 101, abgerufen am 5. April 2023, https://www.courts.ca.gov/documents/CALCRIMITC_2014MayJune.pdf.

Päckchen Vorurteilen an. Wir müssen (nach besten Kräften) der Versuchung widerstehen, dass unsere Vorurteile bestimmtes Beweismaterial (und somit auch gewisse Schlussfolgerungen) ausser Kraft setzen, bevor wir überhaupt mit der Untersuchung angefangen haben.

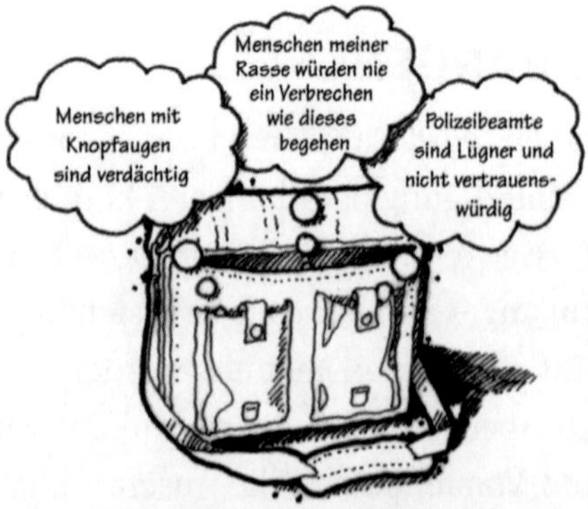

Gefährliche Grundannahmen für Geschworene

Gefährliche Grundannahmen für Personen, die nach der Wahrheit suchen

Als Skeptiker weigerte ich mich, selbst die geringste Möglichkeit von Wundern zu akzeptieren. Meine Bindung an den Naturalismus hielt mich davon ab, solchen Unsinn auch nur in Erwägung zu ziehen. Aber nach meiner Erfahrung mit falschen Annahmen am Tatort beschloss ich, dass ich fair mit meinen naturalistischen Neigungen umgehen wollte. Ich konnte nicht mit meiner Schlussfolgerung beginnen, und wenn die Beweise auf die reale Existenz Gottes hindeuteten, eröffnete sich dadurch auch die Möglichkeit für Wunder. Wenn Gott wirklich existierte, dann war er der Schöpfer von allem, was wir im Universum sehen. Und somit hat er Materie von Nichtmaterie getrennt, Leben von Nichtleben; er schuf Raum und Zeit. Gottes Erschaffung des Universums wäre gewiss nicht weniger als ... ein Wunder. Wenn es einen Gott gab, der den Ursprung des Universums erklären konnte, wären kleinere Wunder (wie z. B. das Gehen auf dem Wasser oder die Heilung von Blinden) gar nicht so beeindruckend. Wenn ich die Wahrheit über die Existenz eines wunderwirkenden Gottes erfahren wollte, musste ich zumindest meine Annahmen über Wunder ablegen. Meine Erfahrung an Tatorten hat mir dabei geholfen. Das heisst nicht, dass ich jetzt jedes Mal nach übernatürlichen Erklärungen suche, wenn ich keine einfache oder schnelle natürliche Erklärung finde. Es bedeutet einfach nur, dass ich offen bin, der Beweisspur zu folgen, wo sie mich hinführt, auch wenn sie die Existenz eines wunderwirkenden Designers andeutet.

EIN WERKZEUG FÜR DIE EINSATZTASCHE, EIN TIPP FÜR DIE CHECKLISTE

Neben meinem Bett steht immer eine Ledertasche. Darin befinden sich alle Sachen, die ich brauche, wenn ich mitten in der Nacht zu einem Mordfall gerufen werde. Meine Einsatztasche enthält normalerweise eine Taschenlampe, leere Notizblöcke, Plastikhandschuhe, ein digitales Aufnahmegerät, einen Fotoapparat und (natürlich) meine Waffe und die Polizeimarke. In meiner Tasche findet sich auch eine investigative Checkliste, die ich mir vor vielen Jahren ausgedacht hatte, als ich noch neu im Job war. Obschon ich nur noch selten auf sie zurückgreifen muss, steht sie doch für jahrelang angesammelte Weisheit, die ich von Partnern, Fortbildungskursen, Ausbildungsseminaren, erfolgreichen Ermittlungen und missglückten Versuchen gewonnen habe. Möglicherweise sind Sie an der Zusammenstellung Ihrer eigenen Einsatztasche und Checkliste interessiert. Wenn das der Fall ist, können Sie dieses erste Prinzip in Bezug auf Grundannahmen hinzuzufügen; es wird Ihnen bei der Untersuchung der Evangelien gute Dienste leisten.

Als Atheist erlaubte ich es meiner Überzeugung vom Naturalismus zu Unrecht, meinen Blick auf das Beweismaterial für Gottes Existenz zu verfälschen. Ich versäumte, zwischen *Wissenschaft* (der systematischen, rationalen Untersuchung von Phänomenen) und *Szientismus* (der Weigerung, etwas anderes ausser natürlichen Ursachen in Betracht zu ziehen) zu unterscheiden. Ich war 35 Jahre alt, als ich erkannte, wie unvernünftig es von mir war, die Möglichkeit von irgendetwas Übernatürlichem auszuschliessen, *bevor* ich mich überhaupt daranmachte, die übernatürlichen Behauptungen des Christentums zu prüfen. Wenn ich in dieser Zeit nicht *natürlich* erklärbaren Phänomenen begegnete, *vergrub* ich mich einfach und verweigerte mich hartnäckig der Möglichkeit, dass etwas *Übernatürliches* am Werk sein könnte. Ich wollte die Reise nicht mit leeren Händen oder einem neutralen Denken beginnen.

Obwohl ich heute Christ bin, ist mir klar, dass viele von uns beobachtete Phänomene zufriedenstellend durch das Verhältnis zwischen Materie und Naturgesetzen erklärt werden können. Aus diesem Grund versuche ich, nicht gleich übernatürliche Erklärungen zu finden, wenn das Beweismaterial eine natürliche Ursache stützt. Nicht das ganze Handeln Gottes ist ausschliesslich wundersam. Gott wirkt nach wie vor, auch in der Wechselwirkung zwischen der von ihm geschaffenen Materie und den Naturgesetzen, die sein Wesen widerspiegeln (das ist in der Tat wundersam genug). Deshalb versuche ich meinen skeptischen Freunden Mut zu machen, ihre natürlichen Erklärungen zu überprüfen. Allerdings respektiere ich auch die Behauptungen von Naturalisten, wenn sie durch Beweise gestützt sind.

Kapitel 2

Prinzip #2

LERNEN SIE, «SCHLUSSFOLGERUNGEN» ZU ZIEHEN

«Ich hasse diese Art von Fällen», raunte Mark, während er vorsichtig das Bettlaken zurückzog. Detective Mark Richardson hatte ein Kind im selben Alter wie das Opfer. Nichts ist verstörender als der Mord an einem kleinen Säugling, und Mark musste in diesem Mordfall ermitteln. Wir standen zu dritt dort und untersuchten den Tatort, während wir auf das Eintreffen des Coroners (Beamter, der unter verdächtigen Umständen eingetretene Todesfälle untersucht) warteten. Zwei von uns waren froh, dass wir nicht zuständig waren.

«Wie können Eltern so etwas nur ihren eigenen Kindern antun?» Mark stellte diese rhetorische Frage, als würde er die Reaktion unseres Seniorpartners kennen.

«Nennt diesen Drecksack nicht einen ‹Vater›», erwiderte Al und warf einen verächtlichen Blick in Richtung des unordentlichen, auf Bewährung entlassenen Häftlings, der auf der Couch im Flur sass. «Wenn er das getan hat, ist er nicht mehr als der Samenspender dieses Kindes.»

Ich werde oft hinzugerufen, um Mitgliedern unserer Mordkommission bei verdächtigen Todesfällen wie diesem beizustehen, wenn die Todesart nicht sofort klar ist. Besser auf Nummer sicher gehen. Diese Szenen müssen als Mordfälle behandelt werden (bis wir zu einem anderen Schluss kommen), andernfalls könnten sie leicht zu ungelösten Fällen werden, die ich letzten Endes zu meiner Liste hinzufügen müsste. Die Situation im Umfeld dieses Todes war verdächtig, deshalb wurde ich gerufen, um zu helfen. Das Baby war anscheinend erstickt, während es im Bett seines Vaters lag, nicht weit entfernt von einem unbenutzten Gitterbettchen im selben Zimmer. Die Eltern hatten sich vor Kurzem getrennt, und der Vater des Babys hatte eine mehrere Jahre zurückreichende Geschichte voller Gewalttätigkeiten gegen seine Frau vorzuweisen. Die Mutter lebte nicht mehr in diesem Haus, und sie sorgte sich oft um die Sicherheit ihres Kindes. Ihr Mann weigerte sich, ihr das Baby zu geben, und sie hatte Angst, sich Rechtsbeistand zu holen, um den Säugling vor dem gewalttätigen Wesen ihres Ehemannes zu retten. Und es kam noch schlimmer: Um sie zu terrorisieren, drohte ihr Mann mehrfach, den Jungen zu erdrosseln.

ALTE UNGELÖSTE MORDFÄLLE

Während die Ermittlungen in den grössten Kriminalfällen von einer Verjährungsfrist begrenzt sind (ein gesetzlich geregelter Zeitraum, über den hinaus der Fall nicht rechtlich verfolgt werden darf), unterliegen Mordfälle diesen Beschränkungen nicht. Das bedeutet, dass frische Mordfälle, sollten sie ungelöst bleiben, noch viele Jahre nach der Tat untersucht werden dürfen. Ermittler, die Erfahrungen mit alten unaufgeklärten Fällen haben, erkennen manchmal die investigativen Fallstricke, die dazu führten, dass sie damals ungelöst geblieben sind.

Uns fiel auf, dass das Haus ganz allgemein einen schmutzigen und ungepflegten Eindruck machte, und im Wohnzimmer gab es Spuren, die auf die Einnahme von Drogen schliessen liessen. Als wir anfangs an den Vater des Opfers herantraten, schien er nicht zu reagieren und feindselig zu sein. Er verweigerte die Antwort auf einfache Fragen und zeigte ein allgemeines Misstrauen gegenüber Polizeibeamten. Er war auf Bewährung entlassen und hatte eine lange Vorgeschichte voller Drogen, häuslicher Gewalt und kriminellen Verhaltens. Auf den ersten Blick könnte man vermuten, dass dieser Mann fähig wäre, selbst das Undenkbare zu tun.

Wir riefen den Coroner, während wir anfingen, Beweismaterial zu sammeln und alles zu fotografieren, was wir sehen konnten. Wir rührten den Leichnam nicht an, bevor der Coroner eintraf. Erst dann bekamen wir ein klares Bild vom Zustand des Babys. Als wir das Bettzeug um den Körper herum wegnahmen und das Kind genauer untersuchten, stellten wir fest, dass es überraschend sauber und ordentlich war. Der Junge sah gesund und gut ernährt aus; neben ihm lag eine Flasche mit frischer Babymilch. Er trug eine saubere Windel und einen Strampelanzug. Sein Haar war gewaschen, und er lag neben einem länglichen Kissen, das eine Seite seines Körpers abstützte. Ein zweites Langkissen schien die andere Seite des Babys abgestützt zu haben, lag jetzt aber auf dem Boden. Das Baby lag mit dem Gesicht nach unten auf dem Bett, etwas entfernt vom ersten Kissen. An dem Kind gab es keine Zeichen für Verwahrlosung oder Missbrauch, keinen einzigen blauen Fleck oder verdächtige Stellen.

Als wir den Vater des Babys zum zweiten Mal verhörten, erfuhr Al, dass das Kind sein grösster Schatz war. Trotz der vielen eingestandenen Fehler und des emotionslosen, harten Äusseren des Mannes war das Baby seine grosse Freude. Jede Nacht schlief er vorsichtig an der Seite des Säuglings und machte sich solche Sorgen über einen plötzlichen Kindstod, dass er das Baby mit dem Gesicht nach oben zwischen zwei grosse Kissen auf dem Bett lagerte, damit er seinen Atem überwachen konnte. In dieser speziellen Nacht fiel eines der beiden Kissen vom Bett und das Baby drehte sich auf den Bauch. Angesichts all der Dinge, die wir sehen konnten, und des Zustands des Babys sahen wir in seinem Ersticken einen Unfalltod. Auch Al war der Meinung, dass wir es nicht mit einem Mord zu tun hätten.

WIE EIN KRIMINALBEAMTER DENKEN

Als Ermittler haben wir gerade eine Methode angewandt, die bekannt ist als *abduktives Denken* (auch bekannt als Prozess, der «zur vernünftigsten Erklärung führt»), um festzustellen, was wir in dieser Szene vorgefunden haben. Wir haben das ganze Beweismaterial zusammengetragen und im Kopf eine Liste der rohen Fakten erstellt. Anschliessend haben wir die möglichen Erklärungen aufgelistet, die auf die Szene allgemein zutreffen könnten. Zum Schluss haben wir die Beweislage mit den potenziellen Erklärungen verglichen und entschieden, welche Erklärung angesichts der Beweise die wahrscheinlichste ist.

Wie sich zeigt, sind Kriminalbeamte nicht die einzigen Menschen, die abduktives Denken anwenden, um herauszufinden, was wirklich passiert ist. Historiker, Naturwissenschaftler und wir Übrigen (ungeachtet des Berufs oder der Berufung) haben Erfahrung als Ermittler. Die meisten von uns sind zu fähigen Ermittlern geworden, weil sie es mussten und die Praxis es verlangte. Wir setzen abduktives Denken ein, ohne gross darüber nachzudenken. Ich hatte einmal einen Partner, der mir so etwas wie einen väterlichen Rat gab. Dave war ein paar Jahre älter als ich, und viele Jahre war er auf Streife gewesen. Er war ein erfahrener und gestandener Polizeibeamter – ausgekocht, zynisch und unglaublich praktisch. Er hatte zwei Kinder, die bereits verheiratet waren, als meine noch auf die Highschool gingen. Er war voller kluger Ratschläge (und noch ein paar anderer Dinge).

SCHLUSSFOLGERUNGEN UND VERNÜNFTIGE SCHLUSSFOLGERUNGEN

Das englische Wort to infer (dt. schlussfolgern) bedeutet «hineintragen». Im Bereich Logik bezieht sich der Begriff Schlussfolgerung auf den Prozess, Daten aus zahlreichen Quellen zu sammeln und dann Schlüsse aufgrund dieser Beweise zu ziehen. Rechtlich ausgedrückt, ist eine Schlussfolgerung ein «Schluss aufgrund einer Tatsache, der logisch und berechtigterweise von einer anderen Tatsache oder einer Gruppe von zusammengetragenen oder anderweitig gesicherten Fakten gezogen werden kann» (California Evidence Code § 600 [b]). Ausserdem belehren Gerichte im ganzen Land die Geschworenen, «vernünftige Schlussfolgerungen» zu ziehen. Diese werden beschrieben als «Schlüsse, die von vernünftigen Menschen angesichts ihrer Lebenserfahrung als logisch angesehen werden.» Lannon vs. Hogan, 719 F.2d 518, 521 (1. Gerichtsbezirk Massachusetts 1983).

«Jim, ich will dir mal was über Kinder sagen. Ich liebe meine beiden Jungs. Ich erinnere mich noch daran, als sie in der Highschool waren und an den Wochenenden mit ihren Freunden ausgingen. Ich blieb lange auf und wartete, dass sie nach Hause kämen. Sobald sie zur Tür hereinkamen, sprang ich von der Couch auf und umarmte sie fest.»

Angesichts dessen, was ich über Dave wusste, kam mir das schon ein bisschen seltsam vor. Er zeigte selten eine empfindsame Seite: «Wow, Dave, ich muss dir sagen, dass ich dich normalerweise nicht als einen gefühlsduseligen Typ sehe.»

«Bin ich auch nicht, du Dummkopf», meinte Dave und war wieder der Alte. «Ich umarme sie so fest wie möglich, um ganz nah an sie heranzukommen und sie riechen zu können. Ich bin doch kein Narr. Ich erkenne sekundenschnell, ob sie Haschisch geraucht oder etwas getrunken haben.»

Sie sehen, Dave war auf Beweise aus, und er wandte seine logischen Fähigkeiten auf seine Erfahrungen als Vater an. Der Geruch von Alkohol oder Marihuana diente als Beweis, den er später in seine Überlegungen einfliessen liess, als er darüber nachdachte, was seine Kinder möglicherweise getan hatten. Dave dachte *abduktiv*. Ich wette, Sie haben als Eltern, Ehepartner, Sohn oder Tochter schon mal in ähnlicher Art gedacht.

UNTERSCHEIDEN SIE ZWISCHEN *MÖGLICH* UND *VERNÜNFTIG*

Wir alle kennen intuitiv den Unterschied zwischen *möglich* und *vernünftig*. Wenn es darauf ankommt, ist fast alles *möglich*. Vielleicht lesen Sie dieses Buch im Augenblick gar nicht, obschon Sie meinen, es zu tun. Es ist *möglich*, dass Sie in der letzten Nacht von Ausserirdischen gekidnappt wurden und eine traumähnliche, ausserkörperliche Wahnvorstellung erleben. Während Sie das Lesen des Buches für real halten, erwachen Sie morgen vielleicht in einem Raumschiff von Ausserirdischen. Aber seien wir ehrlich, vernünftig ist diese Annahme nicht, oder?

SPEKULATION

Eine Spekulation ist per Definition eine gefährliche, nicht auf Beweisen beruhende Sache:
«Denken, das auf unzureichenden Beweismitteln basiert» (The American Heritage Dictionary of the English Language, 4. Ausgabe, 2003).
«Eine Hypothese, der Spekulationen oder Vermutungen zugrunde liegen; mit normalerweise wenigen klaren Beweisen» (Collins Thesaurus of the English Language – Complete and Unabridged 2. Ausgabe, 1995, 2002).

Obgleich es interessant ist, sich die Möglichkeiten vorzustellen, ist es wichtig, letzten Endes zu den Dingen zurückzukehren, die vernünftig sind, insbesondere wenn die Wahrheit auf dem Spiel steht. Aus diesem Grund belehren Richter im ganzen Land die Geschworenen gründlich, Abstand von «Spekulationen» zu nehmen, wenn sie über die Erklärungen zu den Geschehnissen in einem Fall nachdenken. Den Geschworenen wird gesagt, dass sie «nur die Beweise in Betracht ziehen dürfen»[5], die während des Prozesses vorgelegt werden. Sie sollen der Versuchung widerstehen, die Meinungen des Anwalts über nicht gestützte Möglichkeiten zu berücksichtigen, und nicht belegte Spekulationen ignorieren, wo immer sie von ihnen hören.

Wir legen den Geschworenen auch nahe, sich gegen den Impuls zu wehren, von den präsentierten Beweisen abzuweichen und Fragen zu stellen wie «was ist, wenn...?» oder «ist es nicht möglich, dass ...?», wenn diese Fragen von nicht bewiesenen Spekulationen ausgelöst werden. Sie müssen sich stattdessen auf das beschränken, was angesichts der ihnen vorgelegten Beweise als vernünftig erscheint.

Letzten Endes legen unsere Strafgerichte grossen Wert auf *Vernünftigkeit*, was wichtig ist, wenn wir uns den Prozess des abduktiven Denkens anschauen. Dieser rationale Ansatz bei der Bestimmung von Wahrheit hilft uns, zur vernünftigsten Schlussfolgerung im Hinblick auf das Beweismaterial zu gelangen. Er kann nicht nur auf Kriminalfälle angewandt werden; wir können den Prozess der *Abduktion* ebenso für unsere geistlichen Untersuchungen verwenden. Aber zunächst einmal wollen wir das Konzept anhand eines realen Beispiels aus der Welt der Mordermittlungen untersuchen.

ABDUKTIVES DENKEN UND TOTE MÄNNER

Nehmen wir das Beispiel eines anderen Tatorts, um den Prozess vollständig zu beleuchten. Sie und ich wurden zu einem «Leichenfundort» gerufen – einem Ort, wo eine verstorbene Person gefunden wurde und die Umstände eher verdächtig erscheinen. Obschon man es an Schauplätzen wie diesem gelegentlich mit Mordfällen zu tun hat, sind sie oft nicht so unheimlich. Es gibt noch ein paar andere Erklärungen. Todesfälle werden in vier Kategorien eingeteilt: natürliche Todesart, Unfalltod, Selbstmord und Mord. Unser Job ist es, herauszufinden, welche der vier Erklärungen im folgenden Szenario am wahrscheinlichsten ist.

---

5 Richterrat von Kalifornien, *Judicial Council of California Criminal Jury Instructions*, CalCrim Paragraf 104, Zugang am 16. Mai 2012, www.courts.ca.gov/partners/documents/calcrim_juryins.pdf.

Wir sind an den Schauplatz eines DBR («Dead Body Report», «Bericht über eine Leiche») gerufen worden, um bereits eingetroffenen Streifenpolizisten zu helfen, den Ort abzusichern. Hier sind die Fakten, die wir beim Betreten des Raumes mitgeteilt bekommen: Ein junger Mann wurde auf dem Boden seiner Wohnung gefunden, als sein Mitbewohner von der Arbeit nach Hause kam. Der Mann lag dort mit dem Gesicht nach unten. Er fühlte sich kalt an, reagierte nicht und war starr. Okay, angesichts dieser minimalen Fakten ist klar, dass wir es hier mit einem Toten zu tun haben. Welche der vier möglichen Erklärungen aber richtig ist, wissen wir nicht. Ist es ein natürlicher Tod, ein Unfalltod, ein Selbstmord oder ein Mord?

Angesichts der bisher bekannten minimalen Fakten sind alle vier potenziellen Erklärungen noch möglich, nicht wahr? Solange wir keine anderen Erkenntnisse haben, ist es schwer zu entscheiden, ob dieser Fall als Mord behandelt oder gar nicht als Verbrechen dokumentiert werden sollte.

Lassen Sie uns das Szenario geringfügig verändern und ein neues Beweisstück hinzufügen, um zu sehen, ob uns das weiterbringt. Stellen Sie sich vor, wir haben den Raum betreten und uns ist aufgefallen, dass der Mann in seinem eigenen Blut am Boden liegt. Das Blut scheint aus seinem Unterleib zu kommen. Die neuen minimalen Fakten lauten daher: 1) Ein Mann ist tot, 2) er liegt mit dem Gesicht nach unten auf dem Boden, 3) in einer Blutlache, das Blut scheint aus dem Unterleib des Mannes zu kommen. Sollten wir unsere Untersuchungen angesichts dieser neuen Fakten in eine bestimmte Richtung lenken? Welche unserer vier Erklärungen sind mehr oder weniger vernünftig?

In Anbetracht der neuen Beweislage können wir eine *natürliche Todesursache* aus unseren Überlegungen streichen. Welcher natürliche Vorgang im menschlichen Körper führt schon dazu, dass jemand aus dem Unterleib blutet? Ohne Öffnung im Unterleib, aus der heraus ein Mensch natürlicherweise blutet, scheint das eine unbegründete Schlussfolgerung zu sein. Ein natürlicher Tod ist zwar *möglich*, aber es ist nicht *vernünftig*, auf einen solchen zu schliessen.

Was ist mit den anderen drei Erklärungen? Könnte es ein Unfalltod sein? Klar, der Mann ist möglicherweise gestolpert und auf etwas gefallen (das würden wir erst erfahren, wenn wir ihn umdrehen). Was ist mit einem Selbstmord oder Mord? Diese drei verbliebenen Erklärungen scheinen nach wie vor denkbar angesichts des begrenzten Beweismaterials, das wir zu diesem

Fall haben. Bis wir weitere Details wissen, ist es schwer zu entscheiden, welche dieser letzten drei Optionen die vernünftigste Erklärung ist.

Lassen Sie uns den Fall auf eine neue Ebene bringen. Stellen Sie sich vor, wir betreten den Raum und sehen, wie der Mann auf dem Boden in einer Blutlache liegt, nur dass uns jetzt ein grosses Messer im unteren Bereich seines Rückens auffällt. Das stellt uns vor ganz neue Fakten: 1) Der Mann ist tot, 2) er liegt mit dem Gesicht nach unten auf dem Boden, 3) in einer Blutlache und 4) in seinem unteren Rückenbereich steckt ein Messer.

Dass im Rücken des Opfers ein Messer steckt, scheint den Schluss, dass sein Tod ein Unfall war, als abwegig auszuschliessen. Es ist nur schwer vorstellbar, dass ein Unfall dafür verantwortlich war. Ein Unfalltod ist zwar möglich, aber es ist nicht vernünftig, auf einen solchen zu schliessen. Wenn kein anderer Umstand, so bestätigt doch das Messer, dass ein Unfalltod höchst unwahrscheinlich ist. Die vernünftigsten noch verbliebenen Erklärungen sind somit entweder Selbstmord oder Mord, und Selbstmord scheint immer unwahrscheinlicher angesichts der Tatsache, dass sich die Wunde am Rücken des Opfers befindet. Da die Wunde aber im unteren Rückenbereich liegt (in seiner Reichweite), werden wir diese Option erst einmal nicht vom Tisch nehmen.

Stellen Sie sich jedoch vor, dass unser Szenario von neuen Fakten verändert wird und wir zusätzlich zu der bereits entdeckten Wunde drei weitere im oberen Teil des Rückens feststellen. Unsere Faktenliste umfasst nun: 1) Ein toter Mann, 2) er liegt mit dem Gesicht nach unten auf dem Boden, 3) in einer Blutlache und 4) in seinem Rücken befinden sich mehrere Messereinstiche. Die Erklärungen, die vernünftig erscheinen, nehmen immer weiter ab, nicht wahr?

In dieser Situation scheinen natürlicher Tod, Unfalltod und Selbstmord nicht infrage zu kommen. Auch wenn es Leute geben mag, die sie noch für *möglich* halten, werden nur sehr wenige an eine *vernünftige* Annahme glauben. Die angesichts der Beweislage wahrscheinlichste Schlussfolgerung ist, dass dieser Mann umgebracht wurde. Als verantwortliche Kriminalbeamte hätten Sie und ich keine andere Wahl, als eine Mordermittlung einzuleiten.

WEITERE SCHWIERIGE UNTERSCHEIDUNGEN TREFFEN

Wir haben eben abduktives Denken angewandt, um festzustellen, welche Erklärung am vernünftigsten erscheint. Das war einfach, oder? Was aber, wenn das Szenario nicht so eindeutig ist wie unsere Tatortszene? Was, wenn zwei konkurrierende Erklärungen gleichermassen vernünftig erscheinen? Gibt es Regeln oder Prinzipien, die uns helfen, zwischen der vernünftigsten Erklärung und einer ebenfalls sehr wahrscheinlichen zu unterscheiden? Mit den Jahren habe ich viel darüber nachgedacht, als ich gegen potenzielle Verdächtige in ungeklärten Mordfällen ermittelte. Wenn ich zwei oder mehr infrage kommende Erklärungen für einen bestimmten Vorfall untersuche (oder Verdächtige in einem Mordfall), lasse ich heute die folgenden Faktoren in die Beurteilung mit einfliessen (bedenken Sie, dass das meine Begriffe sind, die nicht mit der Sprache anderer Philosophen oder Denker im Bereich des abduktiven Denkens übereinstimmen müssen):

DIE WAHRHEIT MUSS GLAUBHAFT SEIN

(Die Erklärung muss überzeugen)

Noch bevor ich über die Beweise im Zusammenhang mit einem konkreten Mordverdächtigen nachzudenken beginne, muss ich sicherstellen, dass er oder sie überhaupt am Tatort sein konnte, um das Verbrechen zu begehen. Ich überprüfe die *Alibis* von potenziellen Verdächtigen und schliesse jene aus, die es aufgrund ihres bestätigten Alibis unmöglich gewesen sein konnten.

DIE WAHRHEIT IST NORMALERWEISE UNKOMPLIZIERT

(Die Erklärung ist einfach)

Wenn ich eine Reihe von Verdächtigen in Erwägung ziehe, suche ich nach der Person, die die einfachste Erklärung für das Beweismaterial liefert. Wenn eine Person infrage kommt (statt irgendeiner Theorie, die drei oder vier verschiedene potenzielle Verdächtige erfordert, die eine Erklärung für dieselben Beweise bieten), ist sie wahrscheinlich der Täter.

DIE WAHRHEIT SOLLTE UMFASSEND SEIN

(Die Erklärung ist tiefgreifend)

Ich ziehe auch den Verdächtigen in Betracht, der die im speziellen Fall vorliegenden Beweise am umfassendsten erklärt. Auch wenn ein bestimmter Verdächtiger eine Erklärung für ein, zwei oder drei Beweisstücke bieten kann, ist der Verdächtige, der die meisten (oder alle) Beweise erklärt, in der Regel der Mörder.

DIE WAHRHEIT MUSS LOGISCH SEIN

(Die Erklärung ist schlüssig)

Die Wahrheit ist rational, deshalb muss die Wahrheit über die Identität meines Mörders ebenfalls *Sinn ergeben*. Morde werden aus den verschiedensten

Gründen begangen, auch wenn sie für Sie und mich nicht zwingend erscheinen. Die Identität des wahren Mörders *ergibt* für die Mitglieder der Geschworenenjury *Sinn*, wenn sie erst einmal seine fehlgeleiteten Motive verstanden haben. Umgekehrt erscheinen einige Verdächtige in logischer Hinsicht widersprüchlich zu sein, weil sie überhaupt kein Motiv haben.

DIE WAHRHEIT STEHT ÜBER ALLEM

(Die Erklärung ist überlegen)

Ich stelle fest, dass einer meiner Verdächtigen eine bessere Erklärung für die Beweise liefert. Dieser konkrete Verdächtige ist eine weitaus bessere Wahl, verglichen mit den anderen zur Verfügung stehenden Kandidaten. Seine Verbindung zu den Beweisen ist stärker. Wenn ich dieses Merkmal einer *erklärenden Überlegenheit* sehe, weiss ich, ich habe den Mörder.

Erfüllt ein Verdächtiger diese fünf Kriterien, bin ich mir sicher, dass ich zu der vernünftigsten Schlussfolgerung gekommen bin. Ich weiss, ich habe den Täter identifiziert.

DIE UNTERSUCHUNG EINES TATORTS DER ANTIKE

Jetzt ist es Zeit, diese Art des Denkens auf einen Tatort anzuwenden, der schon seit mehr als zweitausend Jahren Gegenstand von Diskussionen ist. Was geschah mit Jesus von Nazareth? Wie können wir sein leeres Grab erklären? Haben seine Jünger seinen Körper gestohlen? Wurde er am Kreuz nur verletzt und ist später wieder genesen? Ist er wirklich gestorben und von den Toten auferstanden? Mithilfe des abduktiven Denkens können wir uns als Kriminalbeamte diesen Fragen nähern.

Die Frage nach dem Schicksal Jesu ist zu vergleichen mit unserer Untersuchung des toten Mannes. Wir überprüfen unseren Tatort, indem wir zuerst charakteristische Merkmale feststellen (Fakten und Beweisstücke). Als Nächstes halten wir eine Reihe von potenziellen Erklärungen fest, auf die wir unsere Beobachtungen möglicherweise zurückführen können. Denselben Ansatz wollen wir auf den vermeintlichen Tod und die Auferstehung Jesu anwenden.

Dr. Gary Habermas[6] und Professor Mike Licona[7] haben die «minimalen Fakten» (oder Beweise) im Zusammenhang mit der Auferstehung zusammengetragen. Obschon es im Neuen Testament viele Aussagen gibt, die mit diesem wichtigen Ereignis verbunden sind, werden nicht alle von Skeptikern und wachsamen Prüfern akzeptiert. Habermas und Licona studierten die angesehensten und bekanntesten historischen Gelehrten und stellten eine Reihe von Fakten heraus, die *tatsächlich von der überwiegenden Mehrheit der Forscher in diesem Bereich akzeptiert werden.*

Sie begrenzten die Liste auf Fakten, die deutlich gestützt werden (unter Verwendung der Kriterien von Textkritikern), und solche, die von nahezu allen Gelehrten eingeräumt werden (von Skeptikern bis hin zu konservativen Christen). Habermas und Licona hielten ihre Ergebnisse schliesslich fest im Buch *The Case for the Resurrection of Jesus.*[8]

Als Skeptiker stellte ich selbst eine Liste mit neutestamentlichen Behauptungen auf, als ich mich zum ersten Mal mit der Auferstehung befasste. Als Ungläubiger traten für mich vier der von Habermas und Licona genannten minimalen Fakten besonders hervor, die von Freunden und Feinden des Christentums am deutlichsten bestätigt wurden:

1. Jesus starb am Kreuz und wurde begraben.
2. Das Grab Jesu war leer, und niemand konnte seinen Körper finden.
3. Die Jünger Jesu glaubten, dass sie den aus den Toten auferstandenen Jesus sahen.
4. Die Jünger Jesu wurden verändert, nachdem sie angeblich den Auferstandenen gesehen hatten.

6 Weitere Informationen unter www.garyhabermas.com.

7 Weitere Informationen unter www.risenjesus.com.

8 Gary Habermas und Mike Licona, *The Case for the Resurrection of Jesus* (Grand Rapids, MI: Kregel, 2004), S. 47.

Sie erkennen, keiner dieser «minimalen Beweise» macht es erforderlich, dass Jesus wirklich von den Toten auferstand. Es mag eine ganze Reihe von Erklärungen für diese Fakten geben (dazu kommen wir gleich noch). Es ist nur eine Beweisliste, die die meisten Gelehrten (Gläubige und Ungläubige gleichermassen) akzeptieren und wir alle (Gläubige und Ungläubige gleichermassen) erklären müssen. Während ich diese *nackten* Behauptungen in Verbindung mit der Auferstehung untersuchte, sammelte ich die möglichen Erklärungen, die historisch für sie angeboten wurden (unter Verwendung des abduktiven Denkprozesses). Ich erkannte schnell, dass jede dieser Erklärungen ihre eigenen Schwachpunkte hatte (einschliesslich des klassischen christlichen Berichts). Lassen Sie uns einen Blick auf die potenziellen Erklärungen werfen und die damit verbundenen Schwierigkeiten auflisten:

DER ANSATZ DER *MINIMALEN FAKTEN*

Gary Habermas (Distinguished Research Professor am Liberty Baptist Theological Seminary) hat den Ansatz der minimalen Fakten bei der Untersuchung der Auferstehung populär gemacht, indem er jene Aspekte des Auferstehungsberichts herausstellte, die von der überwiegenden Mehrheit der Gelehrten und Experten akzeptiert wurden (von Christen wie Nichtchristen). Diese Liste mit akzeptierten «minimalen Fakten» kann als Grundlage für unseren abduktiven Denkprozess verwendet werden.

DIE JÜNGER IRRTEN SICH HINSICHTLICH DES TODES JESU

Einige Skeptiker haben die Möglichkeit ins Spiel gebracht, dass sich die Jünger in Bezug auf den Kreuzestod Jesu irrten. Sie meinen, Jesus habe die Schläge (und die Kreuzigung) überlebt und sei den Jüngern nach seiner Genesung erschienen.

DIE DAMIT VERBUNDENEN PROBLEME:

Während dieser Gedanke versucht, das leere Grab, das Erscheinen Jesu nach der Auferstehung und die Veränderung im Leben der Apostel zu erklären, kann er doch nicht zufriedenstellend klarmachen, was die Jünger beobachteten und erlebten, als Jesus vom Kreuz genommen wurde. Nach meiner Erfahrung überprüfen Zeugen, die einen vermeintlichen Toten vor sich haben, ganz schnell das offensichtlichste Lebenszeichen. Atmet die Person noch? Dieser Test ist einfach und effektiv, jeder kann ihn durchführen; und selbst Menschen, die keine Ahnung von der menschlichen Biologie haben, greifen instinktiv darauf zurück. Des Weiteren ist es meine Erfahrung, dass Leichen drei körperliche Merkmale aufweisen: Temperaturverlust, Körperstarre und Leichenblässe. Tote Menschen verlieren ihre Körperwärme, bis sie schliesslich die Umgebungstemperatur angenommen haben. Sie fühlen sich «bei Berührung kalt» an (das wird oft von denen berichtet, die sie gefunden haben). Nach dem Eintritt des Todes finden in den Muskeln ausserdem chemische Reaktionen statt, was zu Versteifung und Starrheit führt, bekannt als «Leichenstarre». Der tote Körper wird starr und verbleibt in der Position, die er im Augenblick des Todes hatte. Wenn das Herz aufhört zu schlagen, beginnt sich aufgrund der Schwerkraft das Blut im Körper zu stauen. Als Folge treten violette Verfärbungen in den Körperteilen auf, die dem Boden am nächsten sind. Im Wesentlichen sehen tote Körper anders aus, fühlen sich anders an und reagieren auch anders als lebende, atmende Menschen. Im Gegensatz zu Menschen, die ihr Bewusstsein verlieren und wiedererlangen, reagieren Tote nicht auf ihre Verletzungen. Sie zucken nicht zusammen und stöhnen nicht, wenn sie berührt werden. Wie berechtigt ist die Annahme, dass die Personen, die Jesus vom Kreuz nahmen, seinen Körper zum Grab trugen und ihn für die Bestattung vorbereiteten und in Tücher wickelten, diese für Leichen so typischen Merkmale nicht bemerkten?

Ausserdem berichtet das Johannesevangelium von der Tatsache, dass einer der Wachposten die Seite Jesu mit einem Speer durchbohrte und Blut und Wasser herausfloss. Das ist eine wichtige Beobachtung, zumal Johannes kein Coroner (richterlicher Untersuchungsbeamter) oder Arzt war. Auch wenn ich bestimmt kein Arzt bin, habe ich doch schon einige von Coronern durchgeführte Autopsien miterlebt und mich an den verschiedensten Tatorten ausführlich mit ihnen unterhalten. Wenn Menschen tödliche Verletzungen erleiden (zum Beispiel als Resultat eines Angriffs oder Verkehrsunfalls), bekommen sie vor ihrem Tod oft einen Kreislaufschock (weil ihre Organe und ihr Körpergewebe nicht mehr ausreichend durchblutet werden). Das kann manchmal entweder zu Herzbeutelerguss (erhöhte Flüssigkeitsmenge in der Herzmembran) oder Pleuraerguss (erhöhte Flüssigkeitsmenge in der Lungenmembran) führen. Als Jesus nach der schrecklichen Auspeitschung in aufrechter Position ans Kreuz genagelt wurde, ist berechtigterweise davon auszugehen, dass diese Art von Erguss als Reaktion auf den Kreislaufschock stattgefunden haben könnte. Er litt, bevor er starb. Diese Flüssigkeiten flossen mit Sicherheit aus seinem Körper, wenn er von einem Speer durchbohrt war. Obschon die Evangelienschreiber mit Blut gerechnet haben dürften, war es doch überraschend, dass sie auch Wasser herauskommen sahen. Das ist ein Indiz, dass Jesus bereits tot war, als die Wache ihn durchbohrte.

Ausser diesen Bedenken seitens eines Mordermittlers bringt der Gedanke, dass Jesus am Kreuz nicht wirklich starb, weitere Probleme mit sich:

1. Viele *säkulare* römische Quellen des 1. und frühen 2. Jahrhunderts (z. B. Thallus, Tacitus, Mara Bar Serapion und Phlegon) und jüdische Quellen (z. B. Josephus und der Babylonische Talmud) bestätigten und anerkannten, dass Jesus gekreuzigt wurde und gestorben ist.
2. Die römischen Wachen bezahlten mit ihrem Leben, wenn sie es zuliessen, dass ein Gefangener die Kreuzigung überlebte. Wären sie wirklich so leichtsinnig gewesen, eine lebende Person vom Kreuz zu nehmen?
3. Um zu überleben, hätte Jesus seine Blutungen durch die Schläge, die Kreuzigung und das Durchbohren der Seite unter Kontrolle bringen müssen, aber er war ans Kreuz genagelt und konnte diesbezüglich gar nichts tun.
4. Nach der Auferstehung wies Jesus Wunden auf, aber es wurde nie beobachtet, dass er sich so verhielt, als wäre er verwundet, trotz der Tatsache, dass er nur wenige Tage nach den Schlägen, der Kreuzigung und dem Durchstechen der Seite gesehen wurde.
5. Nach dem Bericht über seine Auferstehung und Himmelfahrt verschwand Jesus aus den historischen Aufzeichnungen und wurde nie wieder gesehen (was man aber hätte erwarten können, wenn er sich von seinen Wunden erholt hätte und viel älter als nur 33 Jahre geworden wäre).

DIE JÜNGER SAGTEN NICHT DIE WAHRHEIT ÜBER DIE AUFERSTEHUNG

Einige Nichtchristen behaupten, dass die Jünger den Körper aus dem Grab stahlen und sich später die Geschichten über sein Erscheinen nach der Auferstehung ausgedacht haben.

DIE DAMIT VERBUNDENEN PROBLEME:

Auch wenn so das leere Grab und Jesu Erscheinen nach der Auferstehung erklärt werden können, wird nicht klar, wie sich dadurch das Leben der Apostel veränderte. In den Jahren, in denen ich an Raubüberfällen arbeitete, hatte ich Gelegenheit, eine Reihe von Verschwörungsplänen zu untersuchen (und zu vereiteln), und ich lernte etwas über das Wesen erfolgreicher Verschwörungen. In Kapitel 7 werden wir noch genauer auf das Problem der Verschwörungstheorien eingehen, aber bis dahin möchte ich einfach nur sagen: Ich zögere, eine Theorie zu übernehmen, die die verschwörerischen Aktivitäten einer grossen Zahl von Menschen über einen längeren Zeitraum erfordert, wenn sie dadurch nur wenig oder gar nichts persönlich gewinnen können. Diese Theorie verlangt von uns, zu glauben, dass die Apostel nicht durch das wundersame Erscheinen des auferstandenen Jesus verändert und ermutigt wurden, sondern durch raffiniert ausgedachte Lügen, die denjenigen keinen Nutzen gebracht hätten, die diese Täuschung aufrechterhielten.

Ausser diesen Bedenken seitens eines Mordermittlers gilt es, weitere in Betracht zu ziehen, wenn wir beurteilen wollen, ob die Jünger nicht die Wahrheit über die Auferstehung erzählt hätten:

1. Die jüdischen Autoritäten trafen viele Vorkehrungen, um sicherzugehen, dass das Grab bewacht und versiegelt war, da sie wussten, dass die Jünger von der Auferstehung Jesu reden würden, wenn der Körper nicht mehr dort liegt (Mt 27,62-66).
2. Die in der Nähe des Geschehens lebenden Menschen hätten gewusst, dass es eine Lüge ist (berücksichtigen Sie, in 1. Korinther 15,3-8 erwähnt Paulus fünfhundert Menschen, die Jesus nach seiner Auferstehung lebend gesehen hatten).
3. Den Jüngern fehlte das Motiv, eine solche Lüge zu erfinden (mehr dazu in Kapitel 14).

4. Die Veränderung der Jünger nach der angeblichen Auferstehung steht im Widerspruch zu der Behauptung, dass die Erscheinungen Jesu lediglich eine Lüge seien. Wie hätten ihre eigenen Lügen sie in mutige Evangelisten verwandeln können?

DIE JÜNGER WURDEN GETÄUSCHT

Einige Skeptiker glauben, dass sich die Jünger aufgrund ihrer tiefen Trauer bloss einbildeten, Jesus nach seinem Kreuzestod gesehen zu haben. Diese Kritiker behaupten, die Erscheinungen seien nur Halluzinationen und auf Wunschdenken zurückzuführen.
Die damit verbundenen Probleme:
Diese Annahme erklärt nicht das leere Grab und nur vordergründig das Erscheinen Jesu nach der Auferstehung. Als Kriminalbeamter begegnen mir häufig Zeugen, die mit dem Opfer meines Falls verwandt sind. Nach dem Mord werden sie oft vom Schmerz übermannt. Als Folge wird ihre Erinnerung an das Opfer stark getrübt. Es kann dazu führen, dass sie alle negativen Eigenschaften des Opfers unterdrücken und nur seine Vorzüge betonen. Seien wir doch ehrlich, wir alle neigen dazu, nach ihrem Tod das Beste von den Menschen zu denken. Aber diese Vorstellungen sind normalerweise auf den Charakter des Opfers beschränkt und gelten nicht für die detaillierten Ereignisse, an denen das Opfer in der Vergangenheit beteiligt war. Die engsten Vertrauten des Opfers mögen sich hinsichtlich seines Charakters irren, aber mir sind nie liebende Menschen begegnet, die sich übereinstimmend eine Reihe von fiktiven Ereignissen aus dem Leben des Opfers eingebildet haben. Es ist eine Sache, sich positiv an jemanden zu erinnern, eine andere ist es aber, sich eine ausgeklügelte Geschichte einzubilden, die so nie stattgefunden hat.

Basierend auf diesen Erfahrungen als Ermittler gibt es weitere reelle Bedenken in Bezug auf die Erklärung, dass die Jünger die Auferstehung halluziniert oder sich eingebildet haben:

1. Obwohl Halluzinationen bei Einzelpersonen auftreten können, finden sich keine Beispiele von grossen Menschengruppen, die exakt dieselbe Wahnvorstellung teilen.

2. Eine kurze vorübergehende Gruppenhalluzination mag zwar denkbar sein, aber lange, anhaltende und ausführliche Halluzinationen sind historisch nicht gestützt und intuitiv abwegig.
3. Der auferstandene Christus wurde Berichten zufolge bei mehr als einer Gelegenheit und von einer Reihe unterschiedlicher Gruppen gesehen. All diese verschiedenen Situationen, in denen Jesus gesehen wurde, müssten dann zusätzliche Gruppenhalluzinationen der einen oder anderen Art gewesen sein.
4. Die Jünger neigten nicht zu solchen Wahnvorstellungen. Zu den Jüngern gehörten Leute wie Thomas, der skeptisch war und nicht damit rechnete, dass Jesus wieder lebendig würde.
5. Wenn die Auferstehung lediglich eine Halluzination war, was ist dann aus dem Leichnam Jesu geworden? Dass der Körper nicht auffindbar war, lässt sich durch dieses Szenario nicht erklären.

DIE JÜNGER WURDEN VON EINEM HOCHSTAPLER BETROGEN

Einige Nichtchristen haben behauptet, die Jünger seien von einem Hochstapler ausgetrickst worden und davon überzeugt, dass Jesus noch am Leben sei. Anschliessend verbreiteten die Jünger unwissentlich diese Lüge.

DIE DAMIT VERBUNDENEN PROBLEME:

Während diese Erklärung für das Erscheinen Jesu nach der Auferstehung und die Veränderung der Apostel herangezogen werden kann, erfordert sie weitere Verschwörer (zusätzlich zu den Aposteln, die später getäuscht wurden), die den Körper hätten stehlen müssen. Viele meiner Partner haben mehrere Jahre mit der Untersuchung von Betrug und Fälschung verbracht, bevor sie zur Mordkommission stiessen. Sie kennen sich mit erfolgreichen Schwindlern aus. Je weniger das Opfer von dem speziellen Thema oder Bereich versteht, in dem es «reingelegt» wird, desto wahrscheinlicher ist der Erfolg des Betrügers. Opfer werden oft zum Narren gehalten und um ihr Geld gebracht, weil sie nicht viel oder gar nichts von dem Gebiet wissen, auf dem der Betrüger arbeitet. Der Täter ist in der Lage, ein anspruchsvolles Vokabular zu verwenden und Behauptungen aufzustellen, die ausserhalb der Sachkenntnis des Opfers liegen. Der Gauner klingt für das Opfer in erster Linie plausibel, weil es nicht wirklich weiss, was richtig ist. Wenn das ausgewählte Opfer mehr über das Thema weiss als der Betrüger, stehen die Chancen gut, dass der Täter nicht zum Ziel kommt.

Aus diesem Grund scheint der Gedanke, dass im 1. Jahrhundert ein raffinierter Schwindler die Jünger austrickste, wenig einleuchtend. Mit einer derartigen Theorie sind viele Bedenken verbunden:

1. Der Imitator hätte mit den Eigenarten und Aussagen Jesu sehr vertraut sein müssen, um die Jünger zu überzeugen. Die Jünger kannten sich mit dem Thema des Schwindlers besser aus als jeder andere, der sie täuschen wollte.
2. Viele Jünger waren skeptisch und hatten wenig von der Naivität, die für den Erfolg eines Betrügers erforderlich ist. Thomas war von Anfang an erkennbar skeptisch.
3. Der Imitator hätte wundersame Kräfte besitzen müssen, denn die Jünger berichteten, dass der auferstandene Jesus viele Wunder tat und «sichere Kennzeichen» vorlagen (Apg 1,2-3).
4. Wer würde eine weltweite religiöse Bewegung beginnen, wenn nicht einer von den hoffnungsvollen Jüngern? Diese Theorie erfordert, dass jemand anderes als die Jünger motiviert ist, sich als Jesus auszugeben.
5. Diese Erklärung kann weder für das leere Grab noch für das Fehlen des Leibes Jesu herhalten.

DIE JÜNGER WURDEN BEEINFLUSST VON BEGRENZTEN GEISTLICHEN VISIONEN

Erst kürzlich haben einige Skeptiker die Theorie vorgebracht, dass ein oder zwei der Jünger eine *Vision* des auferstandenen Christus hatten und anschliessend die anderen überzeugten, dass diese geistlichen Gesichte der Wirklichkeit entsprachen. Sie behaupteten, weitere Gesichte wären einfach eine Reaktion auf den grossen Einfluss der ersten *Visionen* gewesen.

DIE DAMIT VERBUNDENEN PROBLEME:

Dieser Gedanke mag ein Stück weit die Veränderung der Apostel erklären, nicht aber das leere Grab. Ausserdem liefert er eine Erklärung für das Erscheinen Jesu nach der Auferstehung, die nicht mit den biblischen Aufzeichnungen übereinstimmt. Es ist nicht ungewöhnlich, dass ein klarer Zeugenbericht Einfluss auf andere Augenzeugen hat (in Kapitel 4 werden wir darauf noch ausführlicher eingehen). Ich habe eine ganze Reihe von Mordfällen untersucht, bei denen ein beharrlicher Zeuge andere überzeugt hat, dass etwas geschehen sei, obschon die anderen Zeugen bei dem Ereignis nicht einmal anwesend waren. Aber diese Zeugen konnten leicht von der Person unterschieden werden, die sie überzeugt hatte, als ich sie um ihren Bericht des Geschehens bat. Nur derjenige, der die anderen überredet hatte, konnte die Einzelheiten überzeugend wiedergeben. Aus diesem Grund war sein Bericht normalerweise am ausführlichsten, während die anderen zu Verallgemeinerungen tendierten, da sie die Dinge nicht selbst gesehen hatten. Wenn man von den anderen Zeugen verlangte, die Geschichte des Hauptzeugen wiederzugeben, verwiesen sie zudem auf diesen als ihre Quelle und dass er Druck auf sie ausgeübt habe. Obgleich es möglich ist, dass jemand einige der anderen überzeugen kann, dass seine Version der Ereignisse die richtige Geschichte ist, bin ich nie jemandem begegnet, der alle überzeugen konnte. Je mehr Zeugen in einem Verbrechen auftreten, desto weniger wahrscheinlich ist es, dass sie alle von einem einzigen Augenzeugen beeinflusst werden, ungeachtet seines Charismas oder seiner Position innerhalb der Gruppe.

Diese Theorie leidet auch an all den Mängeln der früheren Behauptung, dass sich die Jünger den auferstandenen Christus nur eingebildet hätten. Selbst wenn jemand alle von seinen ersten Beobachtungen überzeugen konnte, sind die anschliessenden *Visionen* von Gruppen aus den gerade besprochenen Gründen noch immer abwegig. Mit der Behauptung, dass eine ausgewählte Zahl von *Verführern* die Jünger von der Auferstehung überzeugt habe, sind somit viele Bedenken verbunden:

1. Die Theorie erklärt nicht die in den Evangelien enthaltenen, zahlreichen und unterschiedlichen Gruppen, die Jesus separat voneinander gesehen haben. Diese Situationen werden ausdrücklich und in grosser Detailfülle beschrieben. Es ist nicht vernünftig, anzunehmen, dass all

diese Jünger derart konkrete Einzelheiten liefern konnten, wenn sie bloss etwas wiederholten, das sie selbst nicht gesehen hatten.

2. Von fünfhundert Menschen heisst es, dass sie vom auferstandenen Christus Zeugnis geben konnten (1Kor 15,3-8). Wurden all diese Menschen so stark beeinflusst, dass sie sich einbildeten, Jesus gesehen zu haben? Es ist nicht vernünftig, anzunehmen, dass ein *Verführer* alle diese Jünger gleichermassen überzeugte, obwohl sie nichts von dem gesehen hatten, was berichtet wurde.
3. Auch diese Behauptung kann nicht das leere Grab oder den fehlenden Leichnam erklären.

DIE BEOBACHTUNGEN DER JÜNGER WURDEN SPÄTER VERFÄLSCHT

Einige Nichtchristen haben behauptet, dass die ursprünglichen Beobachtungen der Jünger verdreht und verfälscht wurden, als sich die Legende von Jesus mit der Zeit entwickelte. Diese Skeptiker glauben, dass Jesus zwar ein weiser Lehrer gewesen sein könnte, die Auferstehung aber eine legendäre und historisch spätere Übertreibung ist.

DIE DAMIT VERBUNDENEN PROBLEME:

Das erklärt vielleicht das leere Grab (wenn wir annehmen, dass der Körper entfernt wurde), nicht aber die frühen Aussagen der Apostel hinsichtlich der Auferstehung (mehr darüber in Kapitel 11 und 13). Ermittler von alten ungelösten Fällen haben mit dem Thema *Legendenbildung* häufiger zu tun als andere Kriminalbeamte. Da seit dem ursprünglichen Verbrechen so viel Zeit vergangen ist, erscheint es möglich, dass Zeugen ihre ursprünglichen Beobachtungen jetzt auf die eine oder andere Weise ausschmücken. Zum Glück habe ich den Bericht der ersten Ermittler, der mir dabei hilft, zwischen dem zu trennen, was die Augenzeugen wirklich gesehen haben (und zur Zeit des Verbrechens berichteten), und dem, woran sie sich heute möglicherweise erinnern. Wenn der Originalbericht der ersten Ermittler gründlich und gut dokumentiert ist, fällt es mir wesentlich leichter, die Wahrheit über das, was jeder Zeuge gesehen hat, zu erkennen. Ich habe festgestellt, dass die ersten

Erinnerungen von Augenzeugen in der Regel ausführlicher und verlässlicher sind als das, was sie dreissig Jahre später sagen. Wie andere Ermittler von alten ungeklärten Fällen verlasse ich mich auf die Originalberichte, wenn ich Zeugenaussagen von damals mit ihren Angaben von heute vergleiche.

Die Zuverlässigkeit des Augenzeugenberichts über die Auferstehung muss ebenso wie die Zuverlässigkeit von Augenzeugen aus ungelösten Fällen von der frühen Dokumentation der *ersten Ermittler* bestätigt werden. Aus diesem Grund wird die Behauptung, dass die ursprüngliche Geschichte über Jesus eine spätere Übertreibung sei, von mehreren Zweifeln untergraben:

1. In den frühesten Berichten über das Handeln der Jünger nach der Kreuzigung geben sie die Auferstehung Jesu als ihren Hauptbeleg dafür an, dass Jesus Gott ist. Seit den frühesten Tagen der christlichen Bewegung haben Augenzeugen das beansprucht.
2. Auch die Schüler der Jünger gaben an, dass die Auferstehung eine entscheidende Komponente des Augenzeugenberichts der Jünger war (mehr dazu in Kapitel 13).
3. Das früheste bekannte christliche *Glaubensbekenntnis* oder der mündliche Bericht (wie von Paulus in 1Kor 15 beschrieben) enthält die Auferstehung als einen wesentlichen Bestandteil.
4. Diese Erklärung berücksichtigt auch nicht die Tatsache, dass das Grab und der Körper Jesu nie vorgewiesen wurden, um die These von einer falschen, später entstandenen Legende zu beweisen.

DIE JÜNGER LIEFERTEN EINEN EXAKTEN BERICHT VON DER AUFERSTEHUNG JESU

Christen behaupten natürlich, dass Jesus wirklich von den Toten auferstanden ist und die Evangelien präzise Augenzeugenberichte dieses Ereignisses sind.

DIE DAMIT VERBUNDENEN PROBLEME:

Das erklärt das leere Grab, die Beobachtungen nach der Auferstehung und die Neuwerdung des Lebens der Apostel. Es wäre jedoch naiv, diese Erklärung zu akzeptieren, ohne die Tatsache zu berücksichtigen, dass sie von Skeptikern und Nichtchristen überprüft und als verlässlich bezeichnet wurde. Die Behauptung, dass Jesus wirklich von den Toten auferstanden sei, führt zu folgendem Einwand:

1. Diese Erklärung erfordert den Glauben an das Übernatürliche, den Glauben, dass Jesus die übernatürliche Macht besass, von den Toten aufzuerstehen.

ABDUKTIVES DENKEN UND DIE AUFERSTEHUNG

Ich habe die Beweise auf vier einfache Behauptungen über die Auferstehung begrenzt und meine Erklärungsversuche für alle Möglichkeiten offengehalten (sowohl *natürliche* als auch *übernatürliche*). Die letzte Erklärung (auch wenn sie einen wundersamen, übernatürlichen Charakter hat) enthält die geringsten Mängel. Wenn wir mit der Untersuchung ohne bestehende Vorurteile gegen das Übernatürliche beginnen, erklärt sie uns problemlos alle Beweise. Die letzte Annahme erklärt die Beweise am einfachsten und umfassendsten, und sie ist in logischer Hinsicht konsistent (wenn wir die Existenz Gottes einräumen). Die letzte Erklärung ist den anderen Aussagen überlegen (da sie nicht mit all den Problemen zu kämpfen hat, die die anderen Erklärungen aufwerfen).

Wenn wir unvoreingenommen an das Thema Auferstehung herangehen (ohne die im vorigen Kapitel beschriebenen vorgefassten Annahmen) und es ebenso beurteilen wie den Tatort mit der männlichen Leiche, dann können wir die möglichen Erklärungen einschätzen und unvernünftige ausschliessen. Aus dem vorhandenen Beweismaterial kann die Schlussfolgerung gezogen werden, dass Jesus auferstanden ist (so, wie es die Evangelien berichten). Die Auferstehung ist eine vernünftige Annahme.

EIN WERKZEUG FÜR DIE EINSATZTASCHE, EIN TIPP FÜR DIE CHECKLISTE

Okay, fügen wir unserer Einsatztasche also ein neues Werkzeug hinzu: eine Wertschätzung gegenüber dem Verstand, der uns bei der Überprüfung und Diskussion der Inhalte des Christentums hilft. So wie andere Nichtchristen in unserer heutigen Welt hielt ich den Glauben für das Gegenteil von Vernunft. In Bezug auf diese Zweiteilung glaubte ich, dass Atheisten vernünftige «Freidenker» sind und Glaubende einfache, hirnlose Drohnen, die blind der unvernünftigen Lehre ihrer Führung folgen. Wenn man jedoch darüber nachdenkt, ist Glaube eigentlich das Gegenstück zu Unglaube, nicht zu Vernunft. Während ich als Skeptiker begann, die Bibel durchzulesen, begriff ich langsam, dass die biblische Definition von Glauben eine vernünftige und evidenzbasierte Schlussfolgerung ist. Ich bin nicht in der christlichen Kultur erzogen worden, und ich denke, ich habe einen ungewöhnlich hohen Respekt vor Beweisen. Das ist möglicherweise der Grund, warum mich diese Definition von Glauben besonders anspricht. Ich verstehe jetzt, dass vernunftbegabte Menschen das Beweismaterial überprüfen und zu dem Schluss kommen können, dass die christliche Lehre recht hat. Auch wenn meine skeptischen Freunde nicht mit mir übereinstimmen, wie die Beweise hinsichtlich der Auferstehung ausgelegt werden sollten, möchte ich ihnen doch klarmachen, dass meine Schlussfolgerungen vernünftig sind.

Auf meinen Vortragsreisen im ganzen Land begegne ich oft hingebungsvollen Christen, die zögern, einen *evidenzbezogenen* Glauben anzunehmen. In vielen christlichen Kreisen wird ein Glaube, der von Beweisen gestützt wird, als schwach und minderwertig angesehen. Für die meisten ist *blinder*

Glaube (ein Glaube, der vertraut, ohne zu fragen) die reinste, aufrichtigste und wertvollste Form des Glaubens, den wir Gott darbringen können. Aber Jesus schien Beweise zu schätzen. In Johannes 14,11 sagte Jesus zu den Anwesenden, sie sollten um der Werke willen glauben, wenn sie nicht glaubten, was er über seine Identität sagte. Auch nach der Auferstehung blieb Jesus weitere vierzig Tage bei seinen Jüngern und gab ihnen «viele sichere Kennzeichen», dass er auferstanden und derjenige war, der er zu sein behauptete (Apg 1,2-3). Jesus legte Wert auf Beweise und einen evidenzbasierten Glauben. Für Christen ist es Zeit, einen ähnlich vernünftigen Glauben zu entwickeln.

Kapitel 3

Prinzip #3

ZIEHEN SIE «INDIZIEN-BEWEISE» HINZU

«Ich denke, mit dem sind wir durch», sagte ich, als ich den roten Ordner zumachte. Ich stellte ihn zurück auf das lange Regal neben Dutzenden von anderen *roten Büchern* im Keller der Mordermittlung und schaute meinen Partner an. «Jetzt muss ich es nur noch Paulas Familie mitteilen.»

In unserer Dienststelle werden die ungeklärten Fälle neben den gelösten Mordfällen in einem einzigen Lagerraum nahe der Ermittlungsabteilung aufbewahrt. Gelöste Mordfälle werden in schwarzen Ordnern aufbewahrt, nicht aufgeklärte in roten. Ziel ist es, im Raum letzten Endes nur schwarze Ordner stehen zu haben. Nachdem ich mich ein Jahr lang mit Paulas Fall beschäftigt hatte, ärgerte ich mich, dass er noch immer in einem roten Ordner war.

Paula Robinson wurde im Frühling 1988 ermordet. Sie war in der Highschool, und ihr Mordfall war ein echter *Krimi*. Der Tatort erzählte uns eine Menge darüber, was vor ihrem Tod passierte, aber nur wenig über den Täter. Wir wussten, dass sie den Verdächtigen freiwillig in ihr Elternhaus gelassen hatte. Wir wussten, dass sie mit dem Killer ein Sandwich ass und er eine Zigarette im Garten rauchte. Uns war auch klar, dass der Mörder mit ihr im Schlafzimmer war, wo er versuchte, sie zu vergewaltigen und sie letztlich in seinem Zorn tötete. Dieser Tatort gehörte zu den schlimmsten in der Geschichte unserer Abteilung.

Obschon wir einiges über die Ereignisse wussten, die dem Mord vorausgegangen waren, war uns viel weniger bekannt über Erscheinungsbild und Identität des Killers. Nachbarn hatten einen jungen Mann gesehen, der das Gebäude nach dem Verbrechen verlassen hatte. So bekamen wir eine ungefähre Vorstellung von seiner Grösse und seinem Gewicht. Aber er trug eine Mütze, die sein Haar verdeckte, und er floh so schnell, dass Details seiner Erscheinung nur schwer zu finden waren. Am Tatort konnten wir aber ein paar Haare von ihm sicherstellen, die zu unserer heissesten Spur wurden.

Sie lieferten uns einen unvollständigen DNA-Marker – nicht genug, um die landesweite Datenbank nutzen zu können, aber sie reichten aus, um sie mit jedem zu vergleichen, der als potenzieller Verdächtiger infrage kommen könnte. Wir mussten nur eine Liste von jedem erstellen, der dafür verantwortlich sein könnte, und uns dann bemühen, an seine DNA zu kommen. Klingt einfach, oder? Wir verbrachten ein Jahr damit, von jedem, der unserer Meinung nach für die Tat infrage kam, im ganzen Land DNA-Abstriche zu identifizieren, zu lokalisieren und zu sammeln. Wir nahmen Abstriche von vierundvierzig verschiedenen Männern, die alle freiwillig mitmachten, und mussten nicht einen einzigen Durchsuchungsbefehl beantragen. Warum? Weil keiner Paula Robinson ermordet hatte; keiner von ihnen hatte etwas zu befürchten. Am Ende gingen uns die potenziellen Verdächtigen aus. Nahezu fünfundzwanzig Jahre nach dem Mord hatten wir schlichtweg keine Hinweise mehr in diesem Fall, und uns blieben keine weiteren Optionen. Es war Zeit, den Fall wieder einzustellen.

Ich fuhr zu Paulas Mutter, um sie ein letztes Mal zu sehen. In ihr war wieder Hoffnung aufgekommen, als wir den Fall erneut aufgenommen hatten (und sie erfuhr, dass wir möglicherweise einen unvollständigen DNA-Marker haben). Da diese Art von Fällen von Natur aus schwierig sind, versuchten wir, ihre Erwartungen gering zu halten, aber die Aussicht auf ein Ergebnis bewegte sie doch sehr.

«Manchmal haben wir einen Verdächtigen, der zum Beweismaterial passt, und wir sind imstande, einen Fall zusammenzusetzen, aber hier ist das leider nicht so», versuchte ich es ihr zu erklären. «Ich brauche keine Übereinstimmung der DNA, um einen Fall zu konstruieren, aber in dieser Situation hat die uns zur Verfügung stehende DNA praktisch jeden ausgeschlossen, den wir in Erwägung gezogen hatten. Es tut mir sehr leid.» Paulas Mutter setzte sich hin und fing an zu weinen.

In all meinen Jahren als Ermittler von ungelösten Mordfällen ist mir noch keiner untergekommen, der anhand von DNA-Spuren aufgeklärt werden konnte. Die meisten Teams, die sich mit ungelösten Fällen beschäftigen, leben von *DNA-Übereinstimmungen*. Sie profitieren von der neuesten Technologie und wenden neue wissenschaftliche Methoden auf alte Fälle an. Ich hatte nicht so viel Glück. Meine Erfahrungen mit den neuesten wissenschaftlichen Fortschritten haben zu Resultaten geführt wie im Fall von Paula: viel Arbeit, aber kein Vorankommen. Stattdessen habe ich erfolgreich Fälle beurteilt, bei denen keine oder nur wenige forensische Beweise vorlagen und wir auf das zurückgegriffen haben, was wir *Indizienbeweise* nennen. Ich wünschte, Paulas Fall wäre nur ein solches Beispiel gewesen.

DIREKTE BEWEISE UND INDIZIENBEWEISE

Beweise lassen sich normalerweise in zwei grosse Kategorien einteilen. Direkte Beweise sind Beweise, die unmittelbar eine Tatsache beweisen. In Kalifornien wird Geschworenen das Beispiel eines Zeugen gegeben, der sah, dass es ausserhalb des Gerichtsgebäudes regnete. Die Geschworenen wurden belehrt: «Wenn ein Zeuge sagt, er habe gesehen, dass es draussen regnete, bevor er das Gerichtsgebäude betrat, dann ist diese Aussage ein direkter Beweis, dass es regnete.»[9] Diese Zeugenaussage (sofern sie vertrauenswürdig ist) reicht an sich aus, um zu beweisen, dass es regnet. Indizienbeweise (auch bekannt als *indirekte Beweise*) beweisen hingegen nicht etwas aus sich selbst heraus, sondern weisen uns in die richtige Richtung, indem sie etwas beweisen, das mit der zu klärenden Frage in Verbindung steht. Das Beweisstück ist ein Hilfsmittel (zusammen mit weiteren Indizienbeweisen), um herauszufinden, was geschehen ist. Die Geschworenen in Kalifornien werden belehrt: «Wenn ein Zeuge beispielsweise sagt, er habe jemanden gesehen, der mit einem Regenmantel voller Wassertropfen hereingekommen ist, dann ist diese Aussage ein Indizienbeweis, da sie den Schluss

9 Richterrat von Kalifornien, *Judicial Council of California Criminal Jury Instructions*, CalCrim Paragraf 223.

unterstützt, dass es draussen regnet.»[10] Je mehr übereinstimmende Teile von Indizienbeweisen vorhanden sind, desto wahrscheinlicher ist die Schlussfolgerung. Wenn wir beobachten, wie eine Reihe von Leuten das Gerichtsgebäude für eine Sekunde verlassen, dann aber schnell wieder mit kleinen Wasserflecken auf der Kleidung hereinkommen, oder wir mehr Menschen mit Regenschirmen, von denen Wasser tropft, hereinkommen sehen, dann hätten wir mehrere zusätzliche Beweise, die den Rückschluss zulassen, dass es regnet. Je gehäufter die Indizienbeweise auftreten, desto eindeutiger ist die Schlussfolgerung.

Die meisten Menschen neigen zu der Annahme, dass direkte Beweise erforderlich sind, um mit Sicherheit sagen zu können, was in einer bestimmten Situation passiert ist. Was ist aber mit Fällen, in denen es keine direkten Beweise in Verbindung mit dem Verdächtigen an einem Tatort gibt? Lässt sich die Wahrheit ohne den geringsten berechtigten Zweifel beweisen, wenn alle vorhandenen Beweise auf Indizien beruhen? Absolut.

Den Geschworenen wird gesagt, sie sollen keinen qualitativen Unterschied machen zwischen direkten Beweisen und Indizienbeweisen. Die Richter sagen ihnen: «Sowohl direkte Beweise als auch Indizienbeweise sind akzeptable Beweisarten, um die Bestandteile einer Anklage zu beweisen oder zu widerlegen, einschliesslich Vorsatz, des geistigen Zustands und der Taten, die zur Verurteilung relevant sind, und weder das eine noch das andere ist zwangsläufig zuverlässiger. Keine der beiden Beweisarten hat das Recht, mehr Gewicht zu bekommen als die andere.»[11] Geschworene treffen täglich Entscheidungen über die Schuld von Verdächtigen in Fällen, die komplett auf Indizien basieren, und darüber bin ich auch sehr froh. Alle meine unaufgeklärten Mordfälle wurden allein auf der Grundlage von Indizienbeweisen erfolgreich strafrechtlich verfolgt. Lassen Sie mich Ihnen ein Beispiel geben für die Kraft und die Rolle von Indizienbeweisen bei der Bestimmung der Wahrheit in einem Fall.

---

10 Richterrat von Kalifornien, *Judicial Council of California Criminal Jury Instructions*, CalCrim Paragraf 223.
11 Richterrat von Kalifornien, *Judicial Council of California Criminal Jury Instructions*, CalCrim Paragraf 223.

MORD, INDIZIENBEWEISE UND GEWISSHEIT

Lassen Sie uns einen hypothetischen Mord untersuchen, um die Kraft von direkten Beweisen und Indizienbeweisen zu demonstrieren. Stellen Sie sich einmal vor, Sie würden unter den Geschworenen sitzen, während Ihnen vor Gericht der folgende Fall präsentiert wird. Zunächst schauen wir uns die Elemente des Verbrechens an. An einem sonnigen Nachmittag in einem ruhigen Wohngebiet wird die Stille von einem Schrei aus dem Haus an der Ecke durchbrochen. Der Schrei wurde nur sehr kurz von einer Nachbarin gehört, die nebenan ihren Rasen sprengte. Diese Zeugin spähte durch das grosse Panoramafenster des Eckhauses und sah einen Mann, der ihre Nachbarin im Wohnzimmer angriff. Der Mann prügelte mit einem Baseballschläger brutal auf das Opfer ein. Als Nächstes sah die Zeugin, wie der Verdächtige die Vordertür des Hauses öffnete und mit dem blutbeschmierten Schläger in seiner Hand weglief. Während er zu einem geparkten Auto vor dem Haus des Opfers rannte, konnte die Zeugin sein Gesicht klar und deutlich sehen.

Wenn diese Zeugin nun im Zeugenstand sitzt und angibt, dass der Angeklagte in unserem Fall der Mann war, den sie das Opfer töten sah, dann würde sie uns einen direkten Beweis liefern. Wenn wir den Worten dieser Zeugin Glauben schenken, würde dieser eine direkte Beweis ausreichen, um nachzuweisen, dass der Angeklagte den Mord begangen hat. Was aber, wenn die Dinge ein bisschen anders waren? Was, wenn der Verdächtige in unserem Fall eine Maske getragen hätte, als er den Mord beging? Wäre das der Fall gewesen, hätte unsere Zeugin den Mörder nicht direkt (an seinem Gesicht) identifizieren und uns lediglich unzureichende Informationen liefern können. Sie hätte uns über den allgemeinen Körperbau des Täters berichten können und welche Art von Kleidung er trug, aber nicht viel mehr. Nur mit diesen Informationen ausgestattet, wäre es unmöglich zu beweisen gewesen, dass ein bestimmter Angeklagter der Mörder war.

Sagen wir mal, die Ermittler hätten einen potenziellen Verdächtigen gefunden (namens Ron Jacobsen) und Informationen darüber gesammelt, was er zur Mordzeit getan hat. Als die Beamten Ron befragten, zögerte er, ihnen ein Alibi vorzulegen. Als er ihnen schliesslich eine Geschichte erzählte, überprüften die Ermittler sie und kamen zu dem Schluss, dass sie gelogen war. Glauben Sie aufgrund dieser Lüge, dass Ron den Mord begangen hat? Die allgemeine physische Beschreibung der Zeugin trifft auf ihn zu, und sein Alibi war eine Lüge. Jetzt haben wir zwei Indizienbeweise, die auf Ron als den Täter hinweisen, aber ohne weitere Details wären nur wenige von uns bereit, ihn zu verurteilen. Schauen wir uns an, was die Kriminalbeamten sonst noch finden konnten.

Als sie Ron verhörten, erfuhren sie, dass er sich erst kürzlich nach einer turbulenten romantischen Beziehung vom Opfer getrennt hatte. Er gab zu, vor Kurzem mit ihr über diese Beziehung gestritten zu haben, und er war extrem nervös, wann immer die Beamten auf sie zu sprechen kamen. Wiederholt versuchte er, sein Verhältnis zu ihr herunterzuspielen. Sind Sie einem Urteil über Ron wieder etwas nähergekommen? Die allgemeine Beschreibung trifft auf

DIE HINLÄNGLICHKEIT VON INDIZIENBEWEISEN

«Bevor man sich auf Indizienbeweise verlässt für die Schlussfolgerung, dass eine zur Schuldfindung des Angeklagten notwendige Tatsache bewiesen wurde, muss man überzeugt sein, dass jede für diese Schlussfolgerung unverzichtbare Tatsache vom Volk ohne jeden berechtigten Zweifel bewiesen wurde. Bevor man sich auf die Indizienbeweise zur Schuldfindung des Angeklagten verlässt, muss man ausserdem überzeugt sein, dass es die einzige berechtigte, von den Indizien gestützte Schlussfolgerung ist, dass der Angeklagte schuldig ist. Lassen sich aus den Indizienbeweisen zwei oder mehr berechtigte Schlussfolgerungen ziehen und eine von ihnen deutet auf Unschuld und die andere auf Schuld hin, muss man jene akzeptieren, die auf die Unschuld hinweist. Bei der Berücksichtigung von Indizienbeweisen darf man allerdings nur berechtigte Schlussfolgerungen akzeptieren und muss alle unberechtigten zurückweisen» (Paragraf 224, *Judicial Council of California Criminal Jury Instructions*, 2006).

ihn zu, er hat hinsichtlich seines Alibis gelogen und während des Verhörs war er auffällig nervös und wich aus. Es sieht nicht gut aus für Ron, aber es könnte noch andere annehmbare Erklärungen für das geben, was wir bisher wissen. Obgleich wir drei Indizienbeweise haben, die auf Rons Beteiligung an diesem Verbrechen hindeuten, reicht das noch nicht aus, um uns seiner Schuld sicher zu sein.

Was, wenn ich Ihnen sage, dass die eintreffenden Beamten herausfanden, dass der Verdächtige in diesem Fall das Haus des Opfers betreten hatte und auf die Frau gewartet zu haben schien, als sie nach Hause kam? Es gab jedoch keine Anzeichen, dass er sich gewaltsam Zutritt zum Haus verschafft hatte. Später erfuhren die Ermittler, dass Ron nur eine von zwei Personen war, die einen Schlüssel zum Haus des Opfers besassen, wodurch er jederzeit hineingelangen konnte. Ron scheint jetzt eindeutig eine «Person von Interesse» zu sein, nicht wahr? Er entspricht der allgemeinen Beschreibung, hat die Ermittlungsbeamten angelogen, ist nervös und ausweichend und hatte die Möglichkeit, das Haus des Opfers zu betreten. Der auf Indizien beruhende Fall wird mit jeder Information stärker.

Was, wenn Sie erfahren, dass die Kriminalbeamten von einem Freund von Ron kontaktiert wurden, der einen Abschiedsbrief in dessen Haus gefunden hat? Er trug das Datum der Tat und beschrieb Rons Verzweiflung und seinen Wunsch, sich am Nachmittag nach dem Mord selbst das Leben zu nehmen. Anscheinend überwand Ron seine Todessehnsucht aber, sodass er nicht versuchte, sich umzubringen. Die Tatsache, dass Ron direkt nach dem Mord selbstmordgefährdet war, trug zu den Beweismitteln gegen ihn bei, aber reicht es, um den entscheidenden Ausschlag zu geben und Sie davon zu überzeugen, dass er der Mörder ist? Auf jeden Fall war es genug, um die Kriminalbeamten zu motivieren, noch ein Stück tiefer zu graben. Angesichts dieses verdächtigen Beweismaterials willigte ein Richter ein, einen Durchsuchungsbefehl zu erlassen, und die Ermittler untersuchten daraufhin Rons Haus. Dort stellten sie eine Reihe von wichtigen Indizien sicher.

Als Erstes entdeckten sie unter Rons Bett einen Baseballschläger. Der Schläger hatte Dellen und war auf eine Weise beschädigt, die nicht dem normalen Gebrauch als Sportgerät entsprach. Als im gerichtsmedizinischen Labor chemische Tests vorgenommen wurden, erfuhren die Ermittler, dass der Schläger zwar negativ auf Blutspuren untersucht wurde, er aber Rückstände aufwies, die andeuteten, dass er erst vor Kurzem mit Reinigungsmittel behandelt wurde. Ausserdem fanden die Beamten eine Jeans, die an zwei Stellen im vorderen Beinbereich mit einem chemischen Fleckenentferner gereinigt worden war. So wie beim Schläger fielen auch bei der Jeans die Untersuchungen auf Blut negativ aus, aber es war ein Haushaltsreiniger verwendet worden, um an zwei Stellen etwas zu entfernen. Des Weiteren stellten die Ermittlungsbeamten in Rons Haus ein Paar Stiefel sicher. Die Zeugin beschrieb die Stiefel, die der Verdächtige trug, und teilte den eintreffenden Beamten mit, dass sie einen besonderen Streifen an der Seite aufwiesen. Auch die Stiefel aus Rons Haus hatten einen Streifen, und nach Ermittlungen bei ortansässigen Verkäufern fanden die Kriminalbeamten heraus, dass diese ungewöhnliche Stiefelmarke in dieser Gegend recht selten vorkam. Nur zwei Geschäfte führten sie, und in den letzten fünf Jahren wurden nur zehn Paar im ganzen Bezirk verkauft. Eines dieser zehn Paare gehörte zufällig Ron.

DIE HÄUFUNG VON INDIZIENBEWEISEN

Grundsätzlich kann jeder einzelne Indizienbeweis auf mehr als eine Weise gedeutet werden. Aus diesem Grund müssen Geschworene aufpassen, aus einem einzigen Beweisstück keine voreiligen Schlussfolgerungen zu ziehen. Indizienbeweise verdichten sich normalerweise zu einer aussagekräftigen Sammlung, und jedes weitere Teil bestätigt die vorangegangenen, bis sie zusammen die eine Schlussfolgerung gegenüber der anderen deutlich begünstigen. Eine von Indizienbeweisen hergeleitete Erklärung wird umso wahrscheinlicher, je grösser die Sammlung bestätigender Beweise wird und alternative Erklärungen als abwegig eingestuft werden können.

Mittlerweile deuten eine Menge Indizienbeweise auf Ron als den Mörder hin. Er hatte Zugang zum Haus des Opfers, er log hinsichtlich seines Alibis am Mordtag, während des Verhörs benahm er sich verdächtig, er schien selbstmordgefährdet nach dem Mord und er besass einen verdächtigen Schläger, der der Tatwaffe entsprach, eine Hose mit entfernten Flecken und ein seltenes Paar Stiefel, das zur Beschreibung des Verdächtigen passte. An diesem Punkt unserer Einschätzung werden sich viele von Ihnen, die als Geschworene fungieren, wohl langsam mit der Schlussfolgerung anfreunden, dass Ron der Killer ist. Das war aber noch nicht alles.

Am Tatort beobachtete die Augenzeugin, wie der Verdächtige zu seinem Fluchtwagen rannte, und beschrieb ihn den Beamten. Sie glaubte, dass er einen senffarbenen Volkswagen Karmann Ghia aus den frühen Siebzigerjahren fuhr. Bei der Vollstreckung des Durchsuchungsbefehls entdeckten die Kriminalbeamten (Sie können es sich wohl denken) einen gelben Karmann Ghia Baujahr 1972 in Rons Garage. Nachdem sie das Kraftfahrzeugregister überprüft hatten, stellte sich heraus, dass es nur einen zugelassenen Karmann Ghia im ganzen Bundesstaat gab.

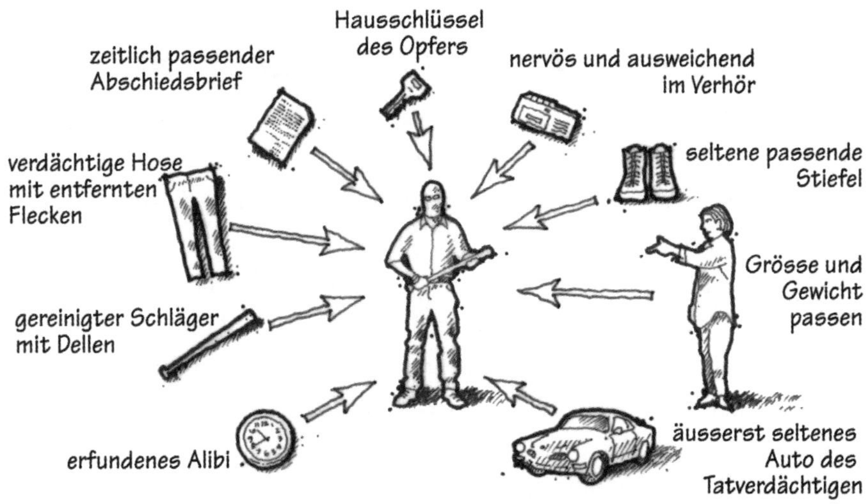

Ist Ron der Mörder? Angesichts all der Informationen, die wir über das Verbrechen haben, ist die einzige nachvollziehbare Schlussfolgerung, dass Ron der Mann ist, der den Mord begangen hat. Ist es *möglich*, dass Ron so viel Pech hat und das Opfer einer Reihe von unglücklichen Zufällen ist, die ihn als schuldig darstellen, obwohl er es nicht ist? Ja, alles ist *möglich*. Ist es aber auch *wahrscheinlich*? Nein. Alles weist auf Ron hin, und wenn man sich dann auch noch die Anhäufung der Beweise anschaut, ist Rons Schuld die einzige naheliegende Schlussfolgerung. Auch wenn es andere Erklärungen für diese individuellen Beweisstücke geben mag, sind sie, als Ganzes betrachtet, nicht wahrscheinlich. Bedenken Sie, dass Sie als Geschworener aufgefordert sind, ein Urteil abzugeben, das auf dem basiert, was berechtigterweise anzunehmen ist, nicht was möglich ist.

Rons Fall beruht gänzlich auf Indizien; wir haben nicht ein einziges forensisches Beweisstück oder den Beweis eines Augenzeugen, die ihn direkt mit der Tat in Verbindung bringen. Mit dieser Art von Fällen beschäftige ich mich jedes Jahr, wenn ich noch nicht überführte Mörder vor Gericht bringe. Die Rechtssache gegen Ron ist überzeugend und absolut hinreichend. Wenn Sie als Geschworener Kraft und Wesen von Indizienbeweisen verstehen, sollten Sie in diesem Fall überzeugt sein, den Angeklagten schuldig zu sprechen.

DER KOSMISCHE, AUF INDIZIEN BERUHENDE FALL

Die Frage nach der Existenz Gottes lässt sich mit den Untersuchungen in unserem Mordfall vergleichen. Wir haben die Indizienbeweise gesammelt und die Frage gestellt: «Wie wahrscheinlich ist es, dass dieses Beweismaterial anders ausgelegt werden kann, als dass Ron der Täter ist?» Je mehr Beweise zutage gefördert wurden, umso deutlicher sank die Wahrscheinlichkeit, dass Ron unschuldig war. In ähnlicher Weise können wir uns die Beweise in unserer Welt (und im Universum) anschauen und fragen: «Wie wahrscheinlich ist es, dass dieses Beweismaterial anders ausgelegt werden kann, als dass es die Existenz Gottes bestätigt?» Wir leben in einem Universum, das angefüllt ist mit charakteristischen Merkmalen (Beweisen), die eine Erklärung fordern. Wir wollen uns nur ein paar anschauen:

EIN UNIVERSUM, DAS EINEN ANFANG HAT

Die überwiegende Mehrheit der Wissenschaftler erkennt weiterhin an, dass das Universum zu irgendeinem Zeitpunkt in weit entfernter Vergangenheit aus dem Nichts entstanden ist. Viele haben das die «Urknalltheorie» genannt (gemeinhin als Standardmodell der Kosmologie bezeichnet). Wenn das Universum aber «zu existieren begann», was hat dann dazu geführt? Was liess den ersten Dominostein umfallen in der langen Reihe von «Ursache und Wirkung»-Dominosteinen? Wenn dieser erste Dominostein umfiel, weil ein anderer Dominostein ihn umwarf, stellt sich die Frage, wie weit reicht diese

Abfolge dann zurück? Wissenschaftler begreifen die Absurdität einer endlosen Kette von Dominosteinen, die sich bis ins Unendliche erstreckt. Jeder sucht nach «einer grundlosen ersten Ursache», die in der Lage ist, das Umfallen der Dominosteine von ganz allein zu starten. Diese «grundlose erste Ursache» muss ausserhalb von Raum, Zeit und Materie existieren (da noch nie beobachtet wurde, dass irgendetwas sich selbst ins Dasein gerufen hat). Was könnte ohne Ursache und kraftvoll genug sein, das Universum hervorzurufen? Wenn es das *entstandene Universum* einst nicht gab, warum existiert es dann jetzt? Wie Gottfried Leibniz bekanntermassen schrieb: «Dieses Prinzip gesetzt, ist die erste zulässige Frage, warum es vielmehr etwas als nichts gibt.»[12]

Normalerweise denken wir an Gott als ein ewiges, allmächtiges Wesen, das ausserhalb von Raum, Zeit und Materie existiert. Das endlose Universum (ein Universum, das einen Anfang hat) weist auf der Grundlage von Indizienbeweisen auf die Existenz eines solchen Gottes hin. Eine unglaublich mächtige, grundlose erste Ursache ausserhalb von Raum, Zeit und Materie scheint nötig zu sein, um unser Universum ins Dasein zu rufen. Wenn ein ewiges, allmächtiges Wesen existiert, haben wir eine Antwort auf Leibniz' berühmte Frage. Ein derartiges Wesen könnte sich ungehindert dazu entschliessen, ein Universum zu erschaffen, das seine Macht demonstriert und als Ort dient, an dem seine geliebten Geschöpfe sein Wesen zu verstehen beginnen. Der kausale Beweis des Universums ist ein wichtiges Indiz für die Existenz Gottes.

DER BEWEIS FÜR «KAUSALITÄT»

Das kosmologische Argument:

1. Alles, was zu existieren beginnt, hat eine Ursache.
2. Das Universum hat zu existieren begonnen.
3. Deshalb muss das Universum eine Ursache haben.
4. Diese Ursache muss ewig und selbst ohne Ursache sein.
5. Gott ist die vernünftigste Erklärung für eine solche grundlose erste Ursache.

12 Gottfried Wilhelm Leibniz, «Principes de la nature et de la grâce fondés en raison / Auf Vernunft gegründete Prinzipien der Natur und der Gnade», in: *Monadologie und andere metaphysische Schriften: Discours de métaphysique: La monadologie: Principes de la nature et de la grâce fondés en raison*, französisch – deutsch, hg., übers., mit Einl., Anm. und Registern versehen von Ulrich Johannes Schneider, Hamburg: Felix Meiner, 2002, 152–173: 162–163 (Abschnitt 7).

EIN UNIVERSUM, DEM EIN DESIGN ZUGRUNDE ZU LIEGEN SCHEINT

Auch die Wissenschaft hat zu dem Verständnis beigetragen, dass das Universum ausserordentlich «fein abgestimmt» zu sein scheint, um die Existenz von Leben zu unterstützen. Im Weltall gibt es eine Reihe von Kräften, die sehr genau kalibriert sind, um im Zusammenspiel Leben zu ermöglichen. Die Gesetze der Elektronenmasse, Atommasse, Protonenmasse, der starken Kernkraft, der schwachen Kernkraft, Lichtgeschwindigkeit, der kosmologischen Konstante, Gravitation, der Masse des Universums und viele weitere sind genau aufeinander abgestimmt, um das Universum und unsere Welt zu bestimmen. Sogar innerhalb des Atoms selbst scheint das präzise Verhältnis zwischen Protonen, Neutronen und Elektronen fein abgestimmt und kalibriert zu sein. Stephen Hawking sagte: «Wäre die Protonen-Neutronen-Masse nicht ungefähr doppelt so gross wie die Elektronenmasse, würde man nicht die rund ein paar hundert stabilen Nuklide erhalten, die die Elemente ausmachen und die Grundlage von Chemie und Biologie sind.»[13] Die kleinen und die grossen Kräfte in unserem Universum scheinen exakt aufeinander abgestimmt zu sein, um Leben möglich zu machen.

Ausser diesen kosmischen und atomaren Kräften gibt es noch spezielle, lebensunterstützende Bedingungen, die ein Planet aufweisen muss. Würde die Grösse der Erde zum Beispiel nur geringfügig verändert, wäre Leben auf unserem Planeten nicht möglich. Wäre ein Planet zu klein, würde er seine innere Hitze verlieren und könnte seine innere Kernaktivität nicht aufrechterhalten, ist ein Planet hingegen zu gross, hätte er zu viel Wasser und eine zu dichte Atmosphäre. Wie sich herausstellt, müssen die Merkmale eines Planeten *genau so* sein, wie sie sich auf der Erde vorfinden, damit Leben möglich ist. Das Vorhandensein von flüssigem Wasser, die richtige Entfernung von einem Stern, die Existenz einer Erdkruste, ein richtig proportioniertes Magnetfeld, das richtige Verhältnis von Sauerstoff zu Stickstoff in der Atmosphäre, die Existenz eines grossen Mondes und ein Mutterstern von einer bestimmten Grösse und Art sind alles Grundvoraussetzungen. Der Weg, der

13 Stephen Hawking, *Black Holes and Baby Universes and Other Essays* (New York: Bantam, 1993), Google eBook, Kapitel 7.

zu Leben auf der Erde führt, scheint sehr schmal und schwierig, aber die Kräfte, die das Universum (und unsere Welt) regeln, scheinen ein Ziel zu verfolgen: die Erschaffung eines Universums, in dem kohlenstoffbasiertes Leben entstehen kann.

Wie können willkürliche Kräfte so auffällig übereinstimmen und organisiert sein, um Leben zu unterstützen? Ist es lediglich ein Zufall? Das ist sicherlich möglich, aber ist es auch wahrscheinlich? Wenn Gott existiert, ist er in der Lage, die Dinge im Universum exakt aufeinander abzustimmen, und er hat möglicherweise auch einen Grund dafür. Die Bibel bezeichnet Gott beispielsweise als den, «der Himmel und Erde gemacht hat» (Ps 115,15). Sie beschreibt ihn als das Wesen, welches das Universum mit der Erde im Sinn geplant und erschaffen hat. Die Feinabstimmung des Universums ist ein weiterer wichtiger Indizienbeweis, der auf die Existenz eines planenden, übernatürlichen, mächtigen und kreativen Wesens hindeutet.

DER BEWEIS FÜR «FEINABSTIMMUNG»

Das anthropische Prinzip:

1. Die physikalischen Konstanten und Gesetze des Universums scheinen auf einzigartige und besondere Weise miteinander verbunden (präzise aufeinander abgestimmt) zu sein und ermöglichen auf der Erde Leben.
2. Die fein aufeinander abgestimmten Beziehungen dieser Gesetze und Konstanten scheinen beabsichtigt (da ihre Existenz durch natürliche, nicht gesteuerte Mittel eher unglaubhaft und unwahrscheinlich ist).
3. Ein Design erfordert einen intelligenten Designer und ein unglaublich umfangreiches und komplexes Design einen unglaublich intelligenten und mächtigen Designer.
4. Gott ist die vernünftigste Erklärung für einen solchen gewaltigen, universellen Designer (und eine derartige Feinabstimmung).

EIN UNIVERSUM, IN DEM KOMPLEXES LEBEN VORHANDEN IST

Wissenschaftler beobachten, was sie den «Eindruck von Design» in biologischen Systemen nennen. Sogar Richard Dawkins (ein berühmter, lautstarker Atheist und emeritiertes Mitglied des New College, Oxford) räumt ein, dass biologische Systeme oftmals ein Design zu haben scheinen[14] (auch wenn er meint, dass ein blinder, natürlicher Prozess in irgendeiner Weise diesen Eindruck erklären kann). Es lassen sich viele Beispiele für zelluläre biologische *Maschinen* anführen, die die charakteristischen Merkmale einer «spezifizierten Komplexität» aufweisen sowie eine bemerkenswerte Ähnlichkeit mit Systemen und Strukturen, die von Menschen (intelligenten Wesen) entworfen wurden. Aufgrund dieser Merkmale sind viele zu der vernünftigen Überzeugung gelangt, dass ungesteuerte Kräfte einfach nicht ausreichend sind, um solche Strukturen zu erschaffen. William Dembski (der bekannte Mathematiker, Statistiker, Theologe und Verfechter des *Intelligent Design*) sagte, dass eine spezifizierte Komplexität (und somit das Eingreifen eines intelligenten Wesens) durch den Einsatz eines «Erklärungsfilters» identifiziert werden kann. Wenn ein Objekt oder Ereignis 1) nicht durch ein Naturgesetz erklärt werden kann, das sein Auftreten erfordert, 2) aber trotz der hohen Unwahrscheinlichkeit existiert, dass es das Ergebnis des Zufalls sein könnte, und 3) es ein unabhängig existierendes und erkennbares

DER BEWEIS FÜR «DESIGN»

Das teleologische Argument:

1. Strukturen und Systeme, die a) nicht durch ein Naturgesetz erklärt werden können, welches ihr Auftreten erfordert, b) trotz der hohen Unwahrscheinlichkeit existieren, dass sie aus Zufall entstanden sein könnten, und c) ein unabhängig existierendes und erkennbares Muster aufweisen, sind am vernünftigsten durch den Plan eines intelligenten Wesens zu erklären.
2. Biologische Systeme besitzen charakteristische Merkmale (z. B. die im DNA-Code enthaltene Information), die a) nicht durch ein Naturgesetz erklärt werden können, die sein Auftreten erfordern, b) trotz der hohen Unwahrscheinlichkeit existieren, dass sie aus Zufall entstanden sein könnten, und c) ein unabhängig existierendes und erkennbares Muster einer spezifizierten Komplexität aufweisen.
3. Biologische Systeme sind somit am vernünftigsten durch den Plan eines intelligenten Wesens zu erklären.
4. Gott ist die vernünftigste Erklärung für ein solch unglaublich weises, allmächtiges und intelligentes Wesen.

14 Richard Dawkins, *The God Delusion* (Boston: Houghton Mifflin, 2006), S. 188.

Muster aufweist, dann ist es die vernünftigste Schlussfolgerung, dass es das Produkt eines intelligenten Designers ist.[15]

Der möglicherweise wichtigste Beweis für die Beteiligung eines intelligenten Designers ist die DNA und ihre führende Rolle bei der Entstehung biologischer Systeme. Die Wissenschaft hat bewiesen, dass die DNA im Grunde ein digitaler Code ist; die DNA ist spezifizierte Information. Die DNA weist charakteristische Merkmale auf, die sich, wenn sie durch Dembskis Erklärungsfilter untersucht werden, am besten durch das kreative Handeln eines intelligenten Designers erklären lassen. Wie Stephen C. Meyer in seinem Buch Signature in the Cell behauptet: «Intelligenz ist die einzige bekannte Ursache von komplexen, funktional integrierten Informationsverarbeitungssystemen» (Kursivsetzung im Original).[16] Mit anderen Worten: In der Geschichte der wissenschaftlichen und intellektuellen Forschung lässt sich kein Beispiel finden, bei dem Information aus irgendeiner anderen als einer intelligenten Quelle stammte. Wenn die DNA eine Form spezifizierter Information ist, die den komplexen Prozess zellularer Entstehung und biologischer Strukturen leitet, «ist Intelligent Design die beste – die in kausaler Hinsicht adäquateste – Erklärung für dieses Merkmal einer Zelle ebenso wie die beste Erklärung für den in der DNA selbst vorhandenen Ursprung der Information».[17]

Wenn biologische Systeme Kennzeichen eines Designs aufweisen (in Form von spezifizierter Komplexität), ist es eine vernünftige Schlussfolgerung, dass ein Designer am Prozess beteiligt war. Was für eine Art von Designer könnte verantwortlich sein für die Information, Komplexität und Spezifität, die wir in biologischen Systemen finden? Wenn Gott existiert, dann besitzt er mit Sicherheit die charakteristischen Merkmale und die Macht, so etwas zu tun. Die Anwesenheit von spezifizierter Information in biologischen Systemen ist ein weiterer Indizienbeweis, der auf die Existenz Gottes hindeutet.

---

15 Zu weiteren Informationen, die auf ein Design schliessen lassen, siehe William A. Dembski, *The Design Inference: Eliminating Chance through Small Probabilities* (Cambridge: Cambridge University Press, 1998).

16 Stephen C. Meyer, *Signature in the Cell: DNA and the Evidence for Intelligent Design* (New York: HarperOne, 2009), S. 346.

17 Meyer, *Signature in the Cell*, S. 346.

EIN UNIVERSUM MIT EINER OBJEKTIVEN ETHIK

Jeder von uns spürt eine gewisse Verbindlichkeit gegenüber *moralischer Pflicht*. Wir besitzen ein intuitives Empfinden für moralische *Schuldigkeit* und erkennen, dass manche Dinge richtig und andere falsch sind, ganz unabhängig von Kultur, Zeit oder Ort. Wir begreifen, dass lügen, stehlen oder töten um des reinen *Vergnügens* willen nie moralisch *richtig* ist. Diese moralischen Gesetzmässigkeiten sind transzendent und objektiv: Ihre Wahrheit ist keine Frage subjektiver Meinung. Ungeachtet dessen, wie Sie und ich hinsichtlich dieser Gesetze *fühlen* mögen, liegt die Wahrheit ihres moralischen Status in den Handlungen an sich, nicht in unseren subjektiven Ansichten über diese Handlungen. Wir können moralische Wahrheit erkennen, haben sie aber nicht erfunden. Deshalb können wir Geschichte und Kultur ausser Acht lassen und sinnvoll darüber urteilen, was an bestimmten Taten moralisch *richtig* oder *falsch* ist. Uns ist klar, dass die Kultur an sich nicht der Ursprung des moralischen Gesetzes sein kann und es stattdessen ein «über den Gesetzen stehendes Gesetz» gibt, das über uns alle hinausgeht. Woher kommt also diese transzendente, objektive, moralische Wahrheit?

DER BEWEIS FÜR «MORAL»

Das axiologische Argument:

1. Es gibt ein objektives, transzendentes Moralgesetz.
2. Jedes Moralgesetz hat einen moralischen Gesetzgeber.
3. Somit gibt es einen objektiven, transzendenten, moralischen Gesetzgeber.
4. Gott ist die vernünftigste Erklärung für einen solchen transzendenten, moralischen Gesetzgeber.

Alle Moralgesetze stammen von einem moralischen Gesetzgeber. Sollte auch nur ein transzendentes Moralgesetz existieren (z. B. es ist nie moralisch richtig, jemanden aus reinem Vergnügen zu töten), muss es einen transzendenten, moralischen Ursprung geben.

Aus zweierlei Gründen hat die darwinistische Evolution grosse Probleme, die Existenz objektiver moralischer Verpflichtungen zu erklären. Erstens: Wenn wir in einer rein natürlichen, physischen Welt leben, die von Beziehungen von «Ursache und Wirkung» zwischen chemischen Prozessen in unserem Gehirn bestimmt wird, ist der «freie Wille» eine Illusion und der

Gedanke an eine echte moralische Entscheidung unsinnig. Wie kann ich als Kriminalbeamter einen Mörder verantwortlich machen für eine Reihe von chemischen Reaktionen, die in seinem Gehirn stattgefunden haben, wenn er nicht die Freiheit besass, der kausalen Kette biologischer Ereignisse zu entkommen?

Ausserdem kann die darwinistische Evolution keine wirklich objektive Moral hervorbringen. Wenn moralische Wahrheiten blosse Verhaltenskonzepte sind, die Menschen entwickelt haben, um besser überleben zu können, dann ist die Moral im Subjekt (Mensch) verwurzelt statt in der objektiven moralischen Wahrheit, die hier auf dem Prüfstand steht (z. B. ob es jemals moralisch richtig sein kann, jemanden aus reinem *Vergnügen* zu töten). Wenn Moral lediglich ein Brauch unserer Spezies ist, sollten wir lieber hoffen, dass Science-Fiction-Autoren falschliegen hinsichtlich der Möglichkeit intelligenten Lebens in anderen Teilen des Universums. Würde es kein «über den Gesetzen stehendes Gesetz» geben, wäre ein Bündnis wie die Vereinigte Föderation der Planeten aus *Star Trek* machtlos, unmoralisches Verhalten aufzuhalten. Objektive Moral muss in etwas Grösserem verwurzelt sein als der evolutionären Entwicklung irgendeiner Spezies.

Wenn Gott existiert, würde er mit Sicherheit alle Spezies, Kulturen, Orte und Augenblicke in der Zeit überragen. Aus diesem Grund erklärt sich die Existenz einer transzendenten, moralischen Wahrheit am besten durch die Existenz Gottes als den transzendenten Ursprung einer solchen Wahrheit. Auch das ist ein wichtiger Indizienbeweis.

Der auf der Anhäufung von Indizienbeweisen beruhende Fall für die Existenz Gottes ähnelt dem vorangegangenen Indizienfall unserer Mordermittlung. Je mehr Beweise wir zusammensammelten, umso deutlicher wurde, dass es für alles eine Erklärung gab, falls Ron der Mörder war. Er hatte entweder Pech oder Schuld. Irgendwann haben wir erkannt, dass die Beweislage nur Rons Schuld als einzig vernünftige Schlussfolgerung zuliess. Zu diesem Schluss sind wir ohne ein einziges direktes Beweisstück gelangt. In ähnlicher Hinsicht sind die Indizienbeweise in unserem Universum mit der Existenz und Beteiligung Gottes als der grundlosen ersten Ursache, dem Feinabstimmer, Designer und moralischen Gesetzgeber vereinbar, der erforderlich ist, um alle von uns beobachteten Beweise zu erklären. Wie bei der Mordermittlung ist unsere Schlussfolgerung umso vernünftiger, je mehr Beweise wir sammeln. Wir haben nur kurz vier Indizienbeweise für Gottes Existenz beschrieben. Sachverständige können noch viel mehr über diese Beweisfelder sagen (und tun es am Ende dieses Buches). Zusätzlich zu diesen Beweisen haben Ermittler und Philosophen viele weitere Argumente geliefert (inklusive des ontologischen Arguments, des transzendentalen Arguments, des auf religiöser oder ästhetischer Erfahrung beruhenden Arguments und vieler mehr). Die auf Gottes Existenz hinweisende Anhäufung der Indizienbeweise ist entweder ein unglaublicher Zufall oder ein überzeugendes Anzeichen für die Wahrheit in dieser Frage. Angesichts der Beweise ist die Existenz Gottes die einzige vernünftige Schlussfolgerung, und wie in unserem Mordfall gelangen wir zu ihr ohne ein einziges direktes (oder forensisches) Beweisstück.

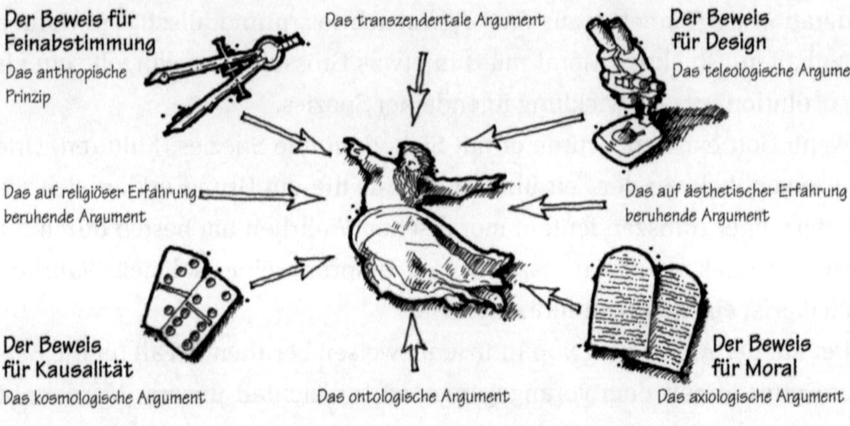

In dem Mass, wie der Indizienfall gegen Ron wuchs, nahm auch die Wahrscheinlichkeit zu, dass er schuldig ist. So, wie der Indizienfall für Gott wächst, nimmt auch die Wahrscheinlichkeit zu, dass seine Existenz erkennbar ist. Wenn das Beweismaterial für Rons Schuld zwingend genug ist für die Schlussfolgerung, dass er schuldig ist, sind auch die Beweise für die Existenz Gottes zwingend genug für die Schlussfolgerung, dass er existiert.

EIN WERKZEUG FÜR DIE EINSATZTASCHE, EIN TIPP FÜR DIE CHECKLISTE

Unserer investigativen Checkliste mit den Werkzeugen, die wir benötigen, um die Behauptungen des Christentums zu überprüfen und zu vermitteln, fügen wir ein weiteres Prinzip hinzu. Indizienbeweise wurden im Lauf der Jahre zu Unrecht geringgeschätzt; wir müssen erkennen, dass diese Beweisform vor Gericht nicht minderwertig ist. Es gibt Situationen, in denen man Indizienbeweisen weit mehr trauen kann als direkten Beweisen. Zeugen können beispielsweise lügen oder sich hinsichtlich ihrer Beobachtungen irren. Sie müssen erst einmal richtig eingeschätzt werden, bevor man ihnen trauen kann (darüber werden wir im nächsten Kapitel sprechen). Indizienbeweise hingegen können nicht lügen; sie sind, was sie sind. Mit unserem logischen Denken können Sie und ich die Indizienbeweise beurteilen und zu einem Schluss kommen. Es ist kein Zufall, dass ich kein Christ war, bevor ich etwas über das Wesen von Beweisen lernte. Als ich in dieser Zeit die Behauptungen des Christentums untersuchte, forderte ich eine Beweisform (direkte Beweise), die einfach nicht jedem zur Verfügung steht, der historische Ereignisse überprüft. Ich erkannte nicht, dass das Ablehnen (oder Abwerten) von Indizienbeweisen mich daran hinderte, die Geschichte zu verstehen (wenn Augenzeugen eines bestimmten Ereignisses für ein Verhör nicht verfügbar sind). Hätte ich Indizienbeweise auch weiterhin abgelehnt (oder abgewertet), wäre ich nie in der Lage gewesen, auch nur einen einzigen Mörder in einem ungeklärten Fall erfolgreich strafrechtlich zu verfolgen. Wir alle müssen Wesen und Kraft von Indizien beim Herausfinden der Wahrheit anerkennen, um offen zu sein für die Rolle, die Indizienbeweise im Fall des Christentums spielen.

Es beunruhigt mich manchmal, wenn ich höre, wie ungenau sich Christen über das Wesen von Beweisen äussern. Wenn wir mit Skeptikern über Beweise reden, müssen wir nicht eingestehen, dass eine bestimmte Tatsache in Bezug auf die christliche Weltanschauung kein Beweismittel darstellt, nur weil es kein *direkter* Beweis ist. Auch wenn eine bestimmte Tatsache nicht über die individuelle Kraft verfügt, unseren Fall in seiner Gesamtheit zu beweisen, ist sie doch als Teilaspekt gültig, wenn wir die Beweise zusammenfügen. Wenn wir Indizienbeweise so behandeln, als wären sie überhaupt keine Beweise, erweisen wir uns selbst einen schlechten Dienst als Botschafter der christlichen Weltsicht. Richtig verstanden, sind Indizienbeweise besonders überzeugend. Wenn wir unseren Glauben an die Existenz Gottes, die Auferstehung Jesu oder den Wert der christlichen Weltanschauung verteidigen, müssen wir uns Zeit nehmen, um Wesen, Rolle und Kraft von Indizienbeweisen zu erklären. Das ist gut investierte Zeit, weil die meisten unserer Freunde, Familienangehörigen und Arbeitskollegen noch nicht allzu viel darüber nachgedacht haben. Wir müssen den Menschen helfen, Tiefe und Quantität der Beweise zu verstehen, die unsere Sicht stützen. Vergessen Sie nicht: Indizienbeweise sind besonders aussagekräftig, wenn sie gehäuft auftreten. Je mehr Beweise auf eine bestimmte Erklärung hindeuten, umso berechtigter wird diese Erklärung (und umso unwahrscheinlicher ist es, dass das Beweismaterial als Zufall abgetan werden kann). Nehmen Sie sich die Zeit, die Beweise selbst zu entdecken und zu untersuchen, damit Sie tiefe und solide evidenzbasierte Fakten, die für das Christentum sprechen, vorlegen können.

Kapitel 4

Prinzip #4

ÜBERPRÜFEN SIE IHRE ZEUGEN

«Mr. Strickland, wie können Sie sich so sicher sein, dass dieser Mann derselbe ist, der Sie ausgeraubt hat?» Der Anwalt des Angeklagten stand auf, als er den Zeugen vernahm, und zeigte auf den Mann, der neben ihm am Tisch der Verteidigung sass. Seine Fragen wurden vorwurfsvoller. «Stimmt es, dass der Raubüberfall nach Sonnenuntergang stattfand?»

«Ja, es war gegen 22.30 Uhr.» Jerry Strickland schien sich auf einen Angriff vorzubereiten. Er deutete den Tonfall der Frage des Anwalts richtig und richtete sich im Zeugenstand auf. Nervös kratzte er sich am Arm. Ich wusste, dass Strickland ein cleverer Typ ist, und fand es spannend, zu sehen, wie er diesem Druck standhielt. Ich arbeitete in der Abteilung für Raubmorde, als mir dieser Fall übertragen wurde. Mir war klar, dass es ganz allein darauf ankam, ob Strickland den Tatverdächtigen identifizieren konnte.

«Wie ich sehe, tragen Sie heute eine Brille, aber ist es richtig, dass das am Abend des Überfalls nicht der Fall war?» Mit verschränkten Armen und leicht erhobenem Kinn ging der Verteidiger langsam auf Mr. Strickland zu, während er kurz zu den Geschworenen hinüberblickte.

«Ich hatte meine Brille auf, aber ich wurde geschlagen und dabei flog sie mir aus dem Gesicht», erwiderte Strickland, während er sich die Brille auf die Nase schob. «Was danach mit ihr passiert ist, weiss ich nicht sicher.» Unter der direkten Befragung des stellvertretenden Staatsanwalts fing Jerry ganz ruhig mit seiner Aussage an, aber im Kreuzverhör schien er nun sein Selbstvertrauen zu verlieren.

«Wie lange dauerte dieser Vorfall, als Sie angegriffen wurden?», fragte der Verteidiger. «Nur ein paar Sekunden», antwortete Strickland. «Damit ich es richtig verstehe. Sie sind bereit, meinen Mandanten für mehrere Jahre ins Gefängnis zu schicken, obwohl Sie den Verdächtigen nur wenige Sekunden gesehen haben, spät am Abend, im Dunkeln und ohne Ihre Brille?» Der Anwalt des Angeklagten wandte sich jetzt in Richtung der Geschworenen-Jury. Seine Frage war rhetorisch. Er hatte sein Argument vorgebracht und beobachtete nun die Geschworenen, um festzustellen, ob er die gewünschte Wirkung erzielt hatte.

«Na ja, ich weiss nicht, was ich sagen soll», stammelte Strickland zögerlich, während er in seinem Stuhl versank. Die Anklägerin war eine energische, kompetente Rechtsanwältin, die verstand, welchen Wert die Zeugenaussage dieses Opfers hatte. Sie wartete, bis der Verteidiger zu seinem Platz zurückgekehrt war, und bereitete sich dann auf ihre Vernehmung vor. «Mr. Strickland, Sie haben zuvor gesagt, dass Sie von diesem Mann ausgeraubt worden sind. Ich möchte Ihnen eine Frage stellen. In Anbetracht Ihrer Beobachtungen des Räubers vor dem Moment, als er Sie geschlagen hat, Ihrer Beobachtungen hinsichtlich der Grösse des Verdächtigen, seiner Gesichtsform und -züge und seines Körperbaus, möchte ich, dass Sie einschätzen, wie sicher Sie sich über die Identität des Tatverdächtigen sind. Auf einer Skala von eins bis hundert, wie sicher sind Sie sich, dass dieser Mann, der hier am Tisch des Angeklagten sitzt, der Mann ist, der Sie ausgeraubt hat?»

Jerry Strickland setzte sich in seinem Stuhl aufrecht hin und lehnte sich nach vorn. Er hielt kurz inne, bevor er antwortete: «Ich bin mir zu 100 Prozent sicher, dass das der Mann ist, der mich ausgeraubt hat. Ich habe keinen Zweifel.»

Die Geschworenen kamen in weniger als dreissig Minuten mit einem Urteil zurück und verurteilten den Angeklagten grösstenteils aufgrund der klaren Zeugenaussage Stricklands. Obgleich der Verteidiger sein Bestes tat, um die eingeschränkten Möglichkeiten des Opfers hinsichtlich der präzisen Beschreibung des Verdächtigen herauszustellen, waren die Geschworenen überzeugt, dass Jerry Strickland ein zuverlässiger Augenzeuge war. Sie glaubten seiner Aussage, und der Rest war einfach. Wenn man einem Augenzeugen erst einmal glaubt, genügen einem letzten Endes die Aussagen dieses Zeugen.

LERNEN SIE, EINEM AUGENZEUGEN ZU VERTRAUEN

Wie also können wir den Worten eines Augenzeugen trauen? Wie können wir einen Zeugen beurteilen, um sicherzugehen, dass wir ihm vertrauen können? Die Geschworenen werden täglich aufgefordert, Zeugen vor Gericht einzuschätzen. Würden Sie heute in einer Geschworenen-Jury im Staat Kalifornien sitzen, würde der Richter Ihnen einige Ratschläge geben, wie Sie die Zeugen, die ihre Aussagen vor Ihnen abgeben sollen, beurteilen können. Der Richter sagt Ihnen, dass Sie eine Reihe von Faktoren zu berücksichtigen haben und sich die folgenden Fragen stellen sollen:

1. Wie gut konnte der Zeuge die Dinge sehen, hören oder auf andere Weise wahrnehmen, die er bezeugt hat?
2. Wie gut konnte sich der Zeuge an das Geschehen erinnern und es beschreiben?
3. Wie verhielt sich der Zeuge, während er seine Aussage vortrug?
4. Hat der Zeuge die Fragen verstanden und direkt beantwortet?
5. Wurde die Zeugenaussage von Faktoren beeinflusst wie Vorurteilen oder Voreingenommenheit, einer persönlichen Beziehung zu jemandem, der in den Fall verwickelt ist, oder einem persönlichen Interesse daran, wie er ausgeht?
6. Welche Einstellung hatte der Zeuge zu dem Fall oder zu seiner Zeugenaussage?
7. Hat der Zeuge in der Vergangenheit eine Aussage gemacht, die mit der jetzigen übereinstimmt oder ihr widerspricht?
8. Wie wahrscheinlich ist die Aussage angesichts all der anderen Beweise in dem Fall?
9. Haben andere Beweise eine Tatsache in den Aussagen des Zeugen bewiesen oder widerlegt?
10. Hat der Zeuge zugegeben, unaufrichtig zu sein?
11. Wie ist der Leumund des Zeugen in Bezug auf Ehrlichkeit einzuschätzen?
12. Wurde der Zeuge schon einmal wegen eines schweren Verbrechens verurteilt?

13. Welches Verhalten des Zeugen lässt auf seine Glaubwürdigkeit schliessen?
14. Wurde dem Zeugen für seine Aussage Straffreiheit oder ein mildes Urteil versprochen?[18]

Diese Fragen sollen sich die Geschworenen stellen, wenn sie Zeugen beurteilen, die vor Gericht aussagen. Es kann sein, dass diese Zeugen in Prozessen aussagen, in denen es um Leben und Tod geht – Prozesse, in denen Menschen angeklagt sind, denen die Todesstrafe drohen könnte. Letzten Endes gibt es vier entscheidende Kriterien bei der Beurteilung von Zeugen:

WAREN SIE ÜBERHAUPT VOR ORT?

Zunächst einmal müssen wir herausfinden, ob der Zeuge überhaupt anwesend war, um etwas beobachten zu können. Dieses Anliegen kommt in Fragen zum Ausdruck wie «Wie gut konnte der Zeuge die Dinge sehen, hören oder auf andere Weise wahrnehmen, die er bezeugt hat?». Sie meinen vielleicht, es wäre dumm, sich damit zu beschäftigen, aber ich kann Ihnen aus eigener Erfahrung sagen, manchmal behaupten Leute, Zeugen oder Beteiligte in einem Fall zu sein, obwohl sie sich nicht einmal in der Nähe des Geschehens befanden. Ich habe mal einen Fall aus den frühen Siebzigerjahren wieder aufgenommen, an dessen Untersuchung mein Vater beteiligt war, als er noch an Mordfällen arbeitete. Ich erinnerte mich, dass ich als Junge von dem Fall hörte und welche Belastung er für meinen Vater war, als er ungelöst blieb. Der Fall war in der Gegend recht bekannt und bekam ein hohes Mass an Aufmerksamkeit. Als ich den nicht aufgeklärten Fall dreissig Jahre später untersuchte, fand ich heraus, dass die ursprünglichen Ermittler von einem Mann getäuscht worden waren, der sich bei der Polizei meldete und sich als Mörder ausgab. Er sass mit den Kriminalbeamten mehrere Tage lang zusammen und lieferte ihnen gerade so viele Details, um sie zu überzeugen, dass er das Opfer ermordet hatte. In Wahrheit hatte er nichts mit dem Verbrechen zu tun, sondern suchte nur die Aufmerksamkeit und den zweifelhaften Ruhm,

---

18 Richterrat von Kalifornien, *Judicial Council of California Criminal Jury Instructions*, CalCrim Paragraf 105.

den ihm die Sache einbrachte. Letztlich wurde er als Betrüger entlarvt, aber seine Beteiligung an dem Fall lenkte die Ermittler lange von der Spur des echten Killers ab. So etwas passiert in öffentlichkeitswirksamen Fällen, die fünfzehn Minuten Ruhm zu bieten haben. Wir müssen sichergehen, dass ein Augenzeuge tatsächlich vor Ort war und gesehen hat, was er behauptet gesehen zu haben.

WAREN SIE EHRLICH UND PRÄZISE?

Das bedeutendste Moment, das die meisten von uns bei der Einschätzung eines Zeugen haben, ist, ob er glaubwürdig ist. Ein Zeuge, der bei dem Verbrechen zugegen war, aber in Bezug auf das Geschehen lügt, ist wertlos. Die Belehrungen an die Geschworenen bringen das auf den Punkt in Fragen wie «Hat der Zeuge in der Vergangenheit eine Aussage gemacht, die mit der jetzigen übereinstimmt oder ihr widerspricht?». In den letzten Jahren haben wir bei einer grossen Zahl von Gerichtsfällen, die veröffentlicht und landesweit in den Medien übertragen wurden, Beispiele von Zeugen gesehen, die sich als Lügner erwiesen. Als Michael Jackson 2003 des Kindesmissbrauchs beschuldigt wurde, trat die Mutter des Opfers in den Zeugenstand. Die Verteidigung enthüllte die Tatsache, dass sie 1998 schon einmal bei einem Ladendiebstahl gelogen hatte. Als die Geschworenen das erfuhren, hielten viele (wenn nicht alle) ihre Aussagen von 2003 für unglaubwürdig. Wenn aufgedeckt wird, dass ein Zeuge in der Vergangenheit gelogen hat, kann seine Aussage zu dem aktuellen Fall in Zweifel gezogen werden. Auch folgende Belehrung geben Richter den Geschworenen mit:

> Wenn Sie zu der Einstufung gelangen, dass ein Zeuge absichtlich in Bezug auf einen wichtigen Punkt in diesem Fall gelogen hat, sollten Sie erwägen, nichts von dem zu glauben, was er gesagt hat. Oder wenn Sie annehmen, dass der Zeuge hinsichtlich einiger Dinge gelogen, aber über andere die Wahrheit gesagt hat, dann können Sie einfach den Teil akzeptieren, der Ihrer Ansicht nach wahr ist, und den Rest ignorieren.[19]

---

19 Richterrat von Kalifornien, *Judicial Council of California Criminal Jury Instructions*, CalCrim Paragraf 105.

Es mag einen guten Grund für einen Zeugen geben, über etwas zu lügen, das nicht mit dem Fall zu tun hat (um möglicherweise selber nicht in Verlegenheit zu kommen oder um die Privatsphäre eines geliebten Menschen zu schützen), aber dennoch kann er die Wahrheit über das sagen, was er bei dem vorliegenden Verbrechen gesehen hat. Seien wir doch ehrlich, wir alle haben schon einmal bei der einen oder anderen Sache gelogen. Die Geschworenen haben zu entscheiden, ob ein Zeuge nur hin und wieder mal gelogen hat (aus irgendeinem verständlichen Grund) oder ob er ein unzuverlässiger, notorischer Lügner ist. Im Fall von Michael Jackson schienen die Geschworenen zu dem Schluss gekommen zu sein, dass das Letztere auf die Zeugin zutraf.

GEHEN SIE VON DER ZUVERLÄSSIGKEIT DES ZEUGEN AUS

Die Geschworenen sind verpflichtet, die Zeugen unvoreingenommen anzusehen und das Beste von ihnen anzunehmen, bis sie einen Grund zu berechtigtem Zweifel haben. Den Geschworenen wird mitgeteilt, «jedes Vorurteil oder jede Voreingenommenheit, die [sie] haben», beiseitezulegen, einschliesslich all dessen, was auf Geschlecht, Rasse, Religion oder nationale Herkunft des Zeugen zurückgeht. Ausserdem werden die Geschworenen angewiesen: «Wenn die Beweise zeigen, dass der Leumund eines Zeugen in Bezug auf Ehrlichkeit bei den Menschen, die ihn kennen, ausser Frage steht, dann ist daraus zu schliessen, dass er zuverlässig ist» (Paragraf 105, *Judicial Council of California Criminal Jury Instructions*, 2006).

LASSEN SIE SICH ÜBERPRÜFEN?

Zu Recht stellt sich die Frage, ob sich die Beobachtungen eines Zeugen durch Beweisstücke oder Aussagen überprüfen lassen. Dieses Anliegen sehen wir in Fragen wie «Wie wahrscheinlich ist die Aussage angesichts all der anderen Beweise in dem Fall?» oder «Haben andere Beweise eine Tatsache in den Aussagen des Zeugen bewiesen oder widerlegt?». Wenn Ihnen ein Zeuge sagt, dass der Angeklagte einen Raubüberfall an einem Bankschalter begangen hat, und die Fingerabdrücke des Angeklagten finden sich an diesem konkreten Schalter, dann haben Sie ein erhärtendes Beweisstück, mit dem sich die Aussage des Augenzeugen bestätigen lässt. Der direkte Beweis weiterer Augenzeugen kann auch eine Aussage verifizieren, und Indizienbeweise (forensische oder andere) können helfen, die Worte eines Zeugen zu bestätigen.

HABEN SIE NIEDRIGE BEWEGGRÜNDE?

Zum Schluss müssen die Geschworenen noch herausfinden, ob ein Zeuge ein Motiv hat zu lügen. Aus diesem Grund gehören zur Belehrung der Geschworenen-Jury Fragen wie «Wurde die Zeugenaussage von Faktoren beeinflusst wie Vorurteilen oder Voreingenommenheit, einer persönlichen Beziehung zu jemandem, der in den Fall verwickelt ist, oder einem persönlichen Interesse daran, wie er ausgeht?». Ich habe in einigen Fällen ehelichen Missbrauchs ermittelt, in denen sich Ehemänner und Ehefrauen gegenseitig angegriffen haben. Die Wahrheit herauszufinden, war extrem schwierig. Beide Seiten waren so wütend aufeinander, dass sie bereit waren, alles zu tun oder zu sagen, um den Ex-Partner in Schwierigkeiten zu bringen. Jeder schien ein Motiv zu haben, zu lügen oder hinsichtlich des gewalttätigen Verhaltens des anderen zu übertreiben. Den Geschworenen fiel es nicht leicht, inmitten all der Wut und Ausschmückungen die Wahrheit zu erkennen.

Diese vier entscheidenden Bereiche sollten untersucht werden, bevor wir einem Augenzeugen vertrauen schenken. Wenn wir mit Sicherheit sagen können, dass der Zeuge vor Ort war, in der Vergangenheit präzise und ehrliche Aussagen gemacht hat, von weiteren Beweisen bestätigt wird und kein Motiv hat zu lügen, dann können wir seiner Aussage trauen.

WARUM STIMMEN SIE NICHT ÜBEREIN?

Wenn es eine Sache gibt, die meine Erfahrung als Kriminalbeamter jedoch gezeigt hat, dann ist es die, dass Zeugen häufig entgegengesetzte, widersprüchliche Aussagen machen, wenn sie beschreiben sollen, was sie am Ort eines Verbrechens gesehen haben. Oft stimmen Zeugenaussagen nicht miteinander überein und übersehen entweder etwas Offensichtliches oder beschreiben dasselbe Ereignis auf sehr widersprüchliche Weise. Je mehr Zeugen in einem Fall beteiligt sind, desto wahrscheinlicher wird es Punkte geben, in denen sie sich nicht einig sind.

Ich erinnere mich an einen bestimmten Mordfall, der auf dem Parkplatz eines Restaurants in unserer Stadt stattfand, an einem regnerischen Tag spätabends, als unsere Mordfallkommission schon nach Hause gegangen war. Streifenbeamte erreichten den Tatort und stellten fest, dass der Ver dächtige schon längst weg war. Die Beamten machten drei Zeugen ausfindig und befragten sie kurz. Recht schnell erkannten sie, dass unser Team der Mordermittlung erforderlich war. Per Funk wurde unser Inspektor gerufen, der uns anschliessend per Telefon weckte und vier von uns zur Untersuchung bestellte. Ich brauchte fast eine Stunde, um zum Ort des Verbrechens zu fahren. Als ich ankam, sah ich, dass die Beamten die Zeugen versammelt hatten und sie auf dem Rücksitz des Polizeiwagens sassen, damit sie vor dem Regen geschützt waren. Das Erweisen dieser simplen Freundlichkeit verdarb den Fall beinahe.

FEHLENDE ÜBEREINSTIMMUNG IST KEIN AUSSCHLUSSKRITERIUM

Die Geschworenen werden belehrt, einen Zeugen nicht automatisch auszuschliessen, nur weil ein Teil seiner Aussage nicht mit einem Beweisstück oder einer anderen Aussagen übereinstimmt: «Verwerfen Sie nicht automatisch eine Aussage nur aufgrund von Unstimmigkeiten oder Widersprüchen. Schätzen Sie ab, ob die Differenzen von Bedeutung sind oder nicht. Menschen vergessen manchmal Dinge, oder ihr Erinnerungsvermögen trügt sie hin und wieder. Zwei Personen können dasselbe Ereignis auf verschiedene Weise sehen oder hören» (Paragraf 105, *Judicial Council of California Criminal Jury Instructions*, 2006).

Vor vielen Jahren habe ich gelernt, wie wichtig es ist, Zeugen voneinander getrennt zu halten. Wenn Augenzeugen sofort voneinander ferngehalten werden, ist es viel wahrscheinlicher, dass sie einen unverfälschten Bericht von dem liefern, was sie wahrgenommen haben. Ja, ihre Berichte werden sich unweigerlich voneinander unterscheiden. Obwohl sie dasselbe Ereignis gesehen haben, wird eines jeden Wahrnehmung nach Lebenserfahrung, persönlicher Perspektive und Weltanschauung gefärbt sein. Ich kann mit den Widersprüchen umgehen und erwarte sie sogar. Wenn es Zeugen aber gestattet ist, sich (vor ihrer Befragung) zusammenzusetzen und sie ihre Beobachtungen austauschen, bekomme ich wahrscheinlich eine aufeinander abgestimmte Schilderung des Vorfalls. Jeder erzählt mir dieselbe Geschichte. Auch wenn sie geordneter erscheint, geht sie doch auf Kosten wichtiger Details, die ein Zeuge fallen lässt, um seinen Bericht mit dem der anderen in Einklang zu bringen. Diesen Preis möchte ich nicht zahlen. Drei ungeordnete, scheinbar widersprüchliche Versionen sind mir lieber als eine harmonische, aus der wichtige Einzelheiten gestrichen wurden. Ich weiss, letzten Endes kann ich die Wahrheit in einer Sache herausfinden, wenn ich alle drei Geschichten untersuche. Die scheinbaren Widersprüche lassen sich in der Regel leicht erklären, wenn ich etwas über die Zeugen und ihre Perspektiven (sowohl in visueller als auch in persönlicher Hinsicht) zur Zeit des Verbrechens erfahre.

Lassen Sie mich Ihnen ein Beispiel geben: Vor vielen Jahren habe ich einen Raubüberfall untersucht, bei dem ein männlicher Verdächtiger ein kleines Lebensmittelgeschäft betrat, zur Ladentheke ging und sich ruhig dem Kassierer näherte. Der Tatverdächtige nahm eine Handfeuerwaffe vom Hosenbund und legte sie auf die Theke. Er richtete sie auf den Kassierer, wobei er mit der rechten Hand die Waffe auf der Theke hielt, mit dem Finger am Abzug. Ruhig sagte der Verdächtige dem Kassierer, er solle die Kasse entleeren und das Geld in eine Plastiktüte tun. Der Kassierer folgte den Anweisungen und händigte dem Räuber das ganze Geld aus. Anschliessend verliess der Täter den Laden in aller Ruhe. Dieser Raubüberfall wurde von zwei Zeugen beobachtet, die voneinander ferngehalten und getrennt vernommen wurden. Da mir als zuständigem Ermittler der Bericht über das Verbrechen zufiel, las ich die Zusammenfassung des Beamten und fragte mich, ob die Zeugen denselben Räuber beschrieben:

Wie sie den Tatverdächtigen beschrieben

Sylvia Ramos	Paul Meher
Junge im Teenageralter	männlich, etwa 24–25 Jahre alt
sehr höflich mit einer freundlichen Stimme	bedrohlicher Gesichtsausdruck
hatte keine Waffe	hatte eine Handfeuerwaffe Ruger P95 9 mm
kaufte etwas im Laden	kaufte nichts im Laden
trug ein Poloshirt von IZOD	trug möglicherweise ein T-Shirt
hatte kein Fahrzeug	rannte zu einem hellbraunen 90er-Nissan

Auf den ersten Blick schienen diese Aussagen zwei verschiedene Männer zu beschreiben, die zwei unterschiedliche Verbrechen verübt hatten. Das Gespräch mit den Zeugen machte mir klar, dass beide glaubwürdig waren, obgleich sie verschiedene Dinge über den Tatverdächtigen zu sagen schienen. Sylvia Ramos hatte es eilig, von der Arbeit nach Hause zu kommen, und ging in den Laden, um etwas Milch und ein paar Kleinigkeiten einzukaufen. Sie hatte sich hinter dem vermeintlichen Täter angestellt, während er in aller Ruhe seinen Überfall verübte. Sie hörte zwar seinen Tonfall, aber seine Worte entgingen ihr, und die Waffe konnte sie auch nicht sehen. Sie beschrieb ihn als einen höflichen jungen Mann im Teenageralter. So, wie der Kassierer dem Räuber die Tüte überreichte, glaubte Sylvia, dass er etwas kaufte, bevor er das Verbrechen beging. Sie meinte, ein blaues Poloshirt der Marke IZOD an ihm gesehen zu haben, da viele Männer in ihrem Büro so etwas trugen, als sie mit der Arbeit begann. Sie hatte erst vor Kurzem eines für ihren Mann gekauft. Sylvia sah, wie der Räuber langsam aus dem Geschäft ging und den Parkplatz überquerte. Sie war sich sicher, dass er keinen «Fluchtwagen» hatte.

Paul Meher besuchte gerade den Kassierer, als der Überfall passierte. Der Kassierer war ein alter Freund von der Highschool, und Paul stand zusammen mit seinem Freund hinter der Ladentheke, als die Tat verübt wurde. Er konnte sich nicht mehr an viele Details hinsichtlich der Kleidung des Verdächtigen erinnern, aber er glaubte, dass er ein T-Shirt trug. Sicher war er sich jedoch, dass der Räuber eine Waffe auf seinen Freund richtete. Er erkannte die Pistole als eine Ruger P95, da sie so aussah wie die seines Vaters. Paul fokussierte sich während des Überfalls grösstenteils auf die Waffe, aber er beobachtete auch, dass der Täter einen mürrischen und bedrohlichen Gesichtsausdruck hatte. Der Räuber sprach langsam und bedächtig, was Paul als bedrohlich interpretierte. Paul meinte, der Mann wäre nur wenig älter als er selbst gewesen, ungefähr 24–25 Jahre alt. Er war sich sicher, dass der Verdächtige vor der Tat nichts kaufen wollte, und danach konnte Paul von seinem Standort aus durch das Schaufenster des Geschäfts sehen, wie der Räuber bis zum Ende des Parkplatzes ging und anschliessend zu einem hellbraunen, viertürigen 1990er-Nissan rannte.

Nachdem ich mit diesen beiden Zeugen gesprochen hatte, war mir klar, warum sie in mehreren wichtigen Punkten unterschiedliche Aussagen machten. Letzten Endes beeinflussen viele Dinge, wie Zeugen ein Ereignis beobachten. Eine Menge hängt davon ab, in welcher Position sich ein Zeuge zum Geschehen befindet. Ebenso müssen wir die persönlichen Erfahrungen und Interessen berücksichtigen, die manche Zeugen dazu bringen, sich auf einen Aspekt des Vorfalls zu konzentrieren, während andere etwas anderes im Blick haben. Sylvia war älter und konnte das Alter des Tatverdächtigen nur schwer einschätzen, aber ihr Interesse an Design und ihre Erfahrung mit ihrem Ehemann liessen sie das Hemd des Räubers richtig erkennen. Paul hatte persönliche Erfahrungen mit Pistolen und befand sich in einer Position, von der aus er eine völlig andere Perspektive auf den Überfall hatte. Als der mit dem Fall betraute Beamte war es mein Job, jeden Zeugen gut genug zu verstehen, um das Beste, was er anzubieten hatte, zu nehmen und zu einem Schluss über das Geschehene zu kommen. Alle meine Fälle sind wie dieser; Augenzeugen stimmen selten in jedem Detail überein. Wenn sich zwei Personen in jedem Detail ihres Berichts vollkommen einig sind, neige ich zu der Annahme, dass sie entweder die Beobachtungen des anderen beeinflusst haben oder zusammenarbeiten, um mir Sand in die Augen zu streuen. Von ehrlichen, glaubwürdigen Augenzeugen erwarte ich, dass ihre Schilderungen unterschiedlich sind.

DER LETZTE ZEUGE, DEN ES ZU BEFRAGEN GILT

Bevor ich dieses Thema verlasse, möchte ich noch eine letzte Beobachtung hinzufügen. Ich habe an einer Reihe von Mordfällen gearbeitet, bei denen viele Augenzeugen vernommen werden mussten. Am Tatort nahm ich jeden Zeugen beiseite, um seine Schilderung ohne die Beiträge anderer Augenzeugen zu hören. Bei einer Gelegenheit entdeckte ich, dass eine weitere, zuvor nicht aufgefallene Zeugin unbemerkt in Hörweite meiner Vernehmungen stand und darauf wartete, mit mir sprechen zu können. Bis zu diesem Punkt war sich keiner der Beamten und Ermittler der Tatsache bewusst, dass diese Person etwas gesehen hatte. Während ich also froh war, zu hören, was sie zu sagen hatte, wurde deutlich, dass man sie nicht isoliert hatte. Sie hatte schon mitbekommen, was die anderen zu Protokoll gegeben hatten. Als sie dann vernommen wurde, lieferte sie uns wichtige Informationen, die den anderen Zeugen vollständig entgangen waren. Ich war dankbar, dass sie geduldig gewartet hatte, bis sie sich uns zu erkennen gab.

Allerdings fiel mir etwas Interessantes an ihrer Art des Berichtens auf. Da sie unseren Befragungen unbemerkt zugehört hatte und die Angaben der anderen demnach kannte, neigte sie dazu, Details wegzulassen, die die ersten Zeugen erwähnt hatten. Sie war grossartig darin, *die Lücken auszufüllen*, liess dabei aber die wesentlichen Einzelheiten des Verbrechens weg, die von den anderen bereits beschrieben worden waren. Hätte ich sie nicht wiederholt gebeten, am Anfang zu beginnen und mir alles zu berichten, was sie gesehen hatte, hätte sie mir zweifellos einen unvollständigen Bericht abgeliefert, der, verglichen mit den ersten Zeugenaussagen, wie ein Widerspruch gewirkt hätte. In all den Jahren, in denen ich Zeugenaussagen aufgenommen habe, bin ich zu der Erkenntnis gelangt, dass Zeugen, die wissen, was bereits zu Protokoll gegeben wurde, höchstwahrscheinlich einfach nur die *fehlenden Details* ergänzen. Obschon diese Zeugen möglicherweise etwas beizusteuern haben, das für den Fall entscheidend ist und bisher unbekannt war, ist es auch denkbar, dass ihre Schilderung in vielerlei Hinsicht weniger detailliert ist.

DIE FRÜHE ANERKENNUNG DER BIBLISCHEN AUGENZEUGEN

Die frühen Kirchenväter und -führer erkannten an, dass die Evangelien die Augenzeugenaussagen der Apostel waren, und aus diesem Grund hoben sie die Evangelien besonders hervor. Der antike christliche Autor Tertullian schrieb 212 n. Chr.: «Dieselbe Autorität der apostolischen Gemeinden liefert auch Beweise für die anderen Evangelien, die wir in gleicher Weise durch sie besitzen, und ihrem Gebrauch zufolge – ich meine die Evangelien von Johannes und Matthäus – liesse sich das, was Markus veröffentlichte, als von Petrus stammend bestätigen, dessen Dolmetscher Markus war» (*Gegen Marcion*).

DIE EVANGELIENSCHREIBER ALS AUGENZEUGEN

Da ich als Skeptiker aufwuchs, habe ich die biblische Geschichte nie als Augenzeugenbericht betrachtet. Sie ähnelte in meinen Augen vielmehr einer religiösen Mythologie – einer Reihe von Geschichten, geschaffen, um etwas Bestimmtes auszusagen. Als ich aber die Evangelien durchlas (und dann die anschliessenden Briefe), wurde mir bewusst, dass sich die Autoren der Bibel als Augenzeugen beschrieben und ihre Schriften als ein Zeugnis verstanden. Petrus beschrieb sich als «Zeuge der Leiden des Christus» (1Petr 5,1) und als «Augenzeuge seiner herrlichen Majestät» (2Petr 1,16-17). Der Apostel Johannes gab an, als Augenzeuge vom Leben und Tod Jesu zu berichten. Er bezeichnete sich selbst als «Jünger, der von diesen Dingen Zeugnis ablegt und dies geschrieben hat» (Joh 21,24). Er sagte, er würde von dem berichten, «was wir gehört haben, was wir mit unseren Augen gesehen haben, was wir angeschaut und was unsere Hände betastet haben» (1Joh 1,1). Die Apostel betrachteten sich in erster Linie als eine Gruppe von Augenzeugen, und sie verstanden, dass ihre gemeinsamen Beobachtungen ein starkes Zeugnis für das waren, was sie für wahr hielten. Als Judas die Gruppe verliess, ersetzten sie ihn schnell und betonten den hohen Wert, den sie ihrer Stellung als Augenzeugen beimassen. Sie wählten jemanden «von den Männern, die mit uns gegangen sind die ganze Zeit über, in welcher der Herr Jesus unter uns ein- und ausging, von der Taufe des Johannes an bis zu dem Tag, da er von uns hinweg aufgenommen wurde» (Apg 1,21-22). Sie ersetzten Judas durch einen anderen Augenzeugen.

DIE TREUEN BIBLISCHEN ZEUGEN

Die neutestamentlichen Berichte benutzen wiederholt Worte wie «Zeuge», «Zeugnis», «Zeugnis ablegen» oder «bezeugen». Das sind Übersetzungen der griechischen Worte *martyria* oder *martyreo*. Der moderne Begriff Märtyrer hat seine Wurzel in denselben griechischen Wörtern; sie wurden schliesslich zur Beschreibung von Personen verwendet, die (wie die apostolischen Augenzeugen) ihrem Zeugnis für Jesus so treu blieben, dass sie lieber starben, als ihrem Glauben abzuschwören.

Als ich die Apostelgeschichte las, erkannte ich, dass sich die Apostel wiederholt als Augenzeugen beschrieben und ihr Zeugnis als Grundlage für ihr Predigen und Lehren nahmen. In seiner allerersten Rede zu Pfingsten sagte Petrus der Menge, dass die Jünger «alle Zeugen sind» (Apg 2,32). Später wiederholte er diese Aussage in der Halle Salomos (Apg 3,15). Als Petrus und Johannes gefangen genommen wurden, weil sie Zeugnis von der Auferstehung ablegten, sagten sie den Mitgliedern des Sanhedrins: «Denn es ist uns unmöglich, nicht von dem zu reden, was wir gesehen und gehört haben!» (Apg 4,20). Danach kehrten sie sofort wieder auf die Strasse zurück, wo sie «Zeugnis von der Auferstehung des Herrn Jesus» ablegten (Apg 4,33). Immer und immer wieder bezeichneten sich die Apostel eindeutig als «Zeugen alles dessen, was er [Jesus] im Land der Juden und in Jerusalem getan hat» (Apg 10,39). Das war die Grundlage für alles, was sie lehrten. Sogar Paulus stützte sich auf seinen Status als Augenzeuge. Als in Kleinasien christliche Gemeinden aufblühten, schrieb Paulus vielen von ihnen und bezeichnete sich als Apostel und Augenzeugen. Er sagte, Jesus «erschien dem Jakobus, hierauf sämtlichen Aposteln. Zuletzt aber von allen erschien er auch mir, der ich gleichsam eine unzeitige Geburt bin» (1Kor 15,7-8).

Als die Apostel anfingen, ihre Beobachtungen als Augenzeugen aufzuschreiben, massen die frühen Christen diesen Berichten grosse Autorität bei und erwiesen ihnen Respekt. Als der «Kanon» der entstandenen neutestamentlichen Schriften von den Kirchenvätern (den frühen Leitern der wachsenden christlichen Gemeinschaft) geprüft wurde, war das Thema *apostolische Autorität* das wichtigste Kriterium, ob eine bestimmte Schrift der Sammlung hinzugefügt wurde oder nicht. War der Text von einem apostolischen Augenzeugen verfasst (Matthäus, Johannes, Petrus, Paulus, Jakobus, Judas, u. a.) oder von jemandem, der zumindest einen wichtigen Zugang zu einem oder mehreren dieser Augenzeugen hatte (z. B. Markus und Lukas)? Nur die Berichte der ursprünglichen Augenzeugen wurden ernsthaft in Erwägung gezogen, und die Evangelien wurden stets als eine Sammlung von Augenzeugenberichten verstanden.

Die Frage ist natürlich, ob sie vertrauenswürdig sind oder nicht. Darauf richtet sich der Fokus im zweiten Teil dieses Buches. Wir werden die Evangelien als Augenzeugenberichte untersuchen und dieselben Fragen stellen, zu denen Richter die Geschworenen in Strafprozessen ermutigen. Wir werden fragen, ob die apostolischen Augenzeugen bei den beschriebenen Ereignissen anwesend waren. Wir werden fragen, ob sie präzise und ehrlich waren. Wir werden fragen, ob sich ihr Zeugnis bestätigen lässt. Und schliesslich wollen wir untersuchen, ob sie niedrige Beweggründe hatten oder nicht. Wenn die Jurymitglieder zu dem Schluss kommen, dass sie einem Zeugen vertrauen können, müssen sie die Aussage des Zeugen erfassen und dieses Zeugnis als Grundlage für ihre Entscheidungen hinsichtlich der Wahrheitsfindung im jeweiligen Fall nehmen. Wenn die Evangelienschreiber als zuverlässig angesehen werden, können wir ihre Aussagen über das Leben Jesu und die Existenz Gottes als wahrhaftig annehmen.

ERWARTUNGEN, DIE AUF ERFAHRUNG BERUHEN

Bevor ich mich mit der Zuverlässigkeit der Evangelienberichte auseinandersetzte, hatte ich aufgrund meiner Erfahrung als Kriminalbeamter eine gewisse Erwartung, wie eine Reihe von verlässlichen Augenzeugenaussagen aussehen könnte. Wenn mehr als ein Zeuge ein Verbrechen beobachtet, erwarte ich, die folgenden Merkmale in den Zeugenaussagen zu finden:

IHRE AUSSAGEN SIND VON EINER BESTIMMTEN PERSPEKTIVE BESTIMMT

Jeder Augenzeuge beschreibt das Ereignis aus seiner räumlichen und emotionalen Perspektive. Nicht jeder befand sich an derselben Position und konnte dieselbe Abfolge der Ereignisse oder Details sehen. Ich muss Aussagen zusammenbringen, die auf den ersten Blick widersprüchlich erscheinen mögen. Jede Aussage ist von den persönlichen Erfahrungen und Anschauungen der Zeugen bestimmt.

PERSPEKTIVEN UND BIBLISCHE UNFEHLBARKEIT

Die traditionelle Definition biblischer Unfehlbarkeit besagt, dass die Bibel präzise und vollkommen frei von Fehlern ist. Unfehlbarkeit bedeutet aber nicht, dass die biblischen Texte frei von persönlichen Perspektiven oder Eigenarten sein müssen. Dass diese Merkmale der Unterschiedlichkeit existieren, hilft uns nur dabei, die Berichte als wahre Augenzeugenaussagen zu erkennen, geschrieben von echten Menschen, die auf diese Weise ihre menschlichen Talente (und Begrenzungen) deutlich machten. Diese charakteristischen Merkmale stützen das Vertrauen, sowohl in die Genauigkeit als auch die Zuverlässigkeit der Berichte.

IHRE AUSSAGEN KÖNNEN IN MANCHEN PUNKTEN VOLLSTÄNDIG ÜBEREINSTIMMEN

Einige Aspekte in den Augenzeugenaussagen können absolut identisch sein. Das trifft insbesondere dann zu, wenn Zeugen dramatische oder für die Abfolge der Ereignisse wichtige Aspekte des Verbrechens beschreiben. Es stimmt auch dann, wenn spätere

Zeugen wissen, was andere gesagt haben, und die vorangegangene Beschreibung einfach mit den Worten bestätigen: «Der Rest war genau so, wie er es berichtete.»

SPÄTERE AUSSAGEN KÖNNEN DIE LÜCKEN FÜLLEN

Wie bereits beschrieben, rechne ich mit späten Zeugen, die vorherige Aussagen kennen und noch offene Lücken *ausfüllen*.

Es stellt sich heraus, dass meine Erwartung an wahre, glaubwürdige Augenzeugenberichte von den Evangelien erfüllt werden (zumindest vorläufig und auf den ersten Blick). Alle vier Berichte wurden aus verschiedenen Blickwinkeln geschrieben und enthalten einmalige Details, die sich auf den jeweiligen Augenzeugen beschränken. Daraus ergeben sich abweichende (und sich scheinbar *widersprechende*) Erinnerungen, die zu einem vollständigen *Bild* des Geschehens zusammengesetzt werden können. Alle vier Berichte sind äusserst persönlich und verwenden die unverwechselbare Sprache jedes einzelnen Zeugen. Markus ist bei der Auswahl von Adjektiven beispielsweise weitaus leidenschaftlicher und aktiver. Mehrere Berichte (Markus, Matthäus und Lukas) enthalten ganze Blöcke mit identischen (oder nahezu identischen) Schilderungen. Das mag das Ergebnis einer allgemeinen Übereinstimmung in besonders wichtigen Punkten der Erzählung sein, oder (was wahrscheinlicher ist) das Resultat späterer Augenzeugen, die sagen: «Der Rest war genau so, wie er es berichtete.» Der letzte Bericht (das Johannesevangelium) versucht eindeutig, die Details *auszufüllen*, die die vorangegangenen Augenzeugen nicht geliefert haben. Johannes, der wusste, was die früheren Augenzeugen geschrieben hatten, scheint sich nicht wirklich darum zu bemühen, dasselbe noch einmal aufzugreifen. Noch bevor ich die Evangelien mit der Genauigkeit untersuchte, wie wir es in Teil 2 tun werden, erkannte ich, dass sie dem entsprachen, was ich angesichts meiner Erfahrung als Kriminalbeamter zu sehen erwartete.

DIE *ZUVERLÄSSIGE* BIBEL

Am Ende kommt alles auf die Zuverlässigkeit dieser Berichte an. Als Nichtchrist hörte ich, wie Christen über die *Unfehlbarkeit* der Bibel sprachen, zumindest wird dieser Begriff für gewöhnlich auf die von den Autoren verfassten Originalmanuskripte angewendet. Viele Jahre später untersuchte ich dieses Konzept im Bibelseminar eingehend, aber als ich die Berichte in den Evangelien zum ersten Mal las, war ich vielmehr an ihrer *Zuverlässigkeit* als Augenzeugenberichte interessiert, nicht so sehr an ihrer *Unfehlbarkeit* als göttliche Botschaften. Aus meiner Erfahrung als Kriminalbeamter wusste ich, dass die besten Augenzeugenberichte nicht übereinstimmende Punkte enthielten und dass das keineswegs ihre Zuverlässigkeit entkräftete.

Wenn es Gottes Wille war, uns einen präzisen und verlässlichen Bericht des Lebens Jesu zu geben, einen Bericht, dem wir vertrauen können und der mit anderen Augenzeugenaussagen übereinstimmt, dann hat Gott das gewiss mit den vier Evangelien erreicht. Ja, die Berichte sind *ungeordnet*. Sie sind angereichert mit Eigenheiten, persönlichen Perspektiven und allgemeinen Wiederholungen bekannter Geschichten. Es gibt Stellen, an denen Kritiker behaupten können, dass sie widersprüchlich erscheinen, und Stellen, an denen sich jeder Bericht auf etwas konzentriert, was dem Autor wichtig war, während gleichzeitig Details ausgelassen wurden, die für andere Verfasser von Bedeutung waren. Aber sollten wir weniger als das erwarten von wahren, verlässlichen Augenzeugenberichten? Ich gewiss nicht, wenn ich all das berücksichtige, was ich im Lauf der Jahre während meiner kriminalistischen Tätigkeit gesehen habe.

Diese scheinbaren «Widersprüche» und merkwürdigen Besonderheiten standen schon in den frühen Texten und waren den ersten Christen bewusst. Die ältesten verfügbaren Evangelienmanuskripte zeigen diese Art von *Abweichungen bei Augenzeugen*, und es gibt keinen Grund, anzunehmen, dass die Originale auch nur etwas weniger einzigartig und charakteristisch waren. Die frühen Gläubigen hätten alle diese Berichte bis auf einen vernichten, die *widersprüchlichen* Details verändern oder die Evangelien einfach aufeinander abstimmen können. Aber diese unterschiedlichen Berichte sind (so, wie sie sind) erhalten geblieben, weil sie wahr sind. Sie besitzen alle Kennzeichen, die wir von echten Augenzeugenaussagen erwarten können. Hätte die frühe Gemeinde die vier Perspektiven der Augenzeugen beseitigt und uns nur eine geordnete Version hinterlassen, wären uns unweigerlich einige bedeutsame Details entgangen. Hätte ich die scheinbaren Widersprüche in den Aussagen von Sylvia und Paul beseitigt, hätte ich möglicherweise die klaren Hinweise auf die Waffe und das Hemd ignoriert. Stattdessen habe ich die Worte von Sylvia und Paul so genommen, wie sie gesagt wurden, mir ihre persönlichen Blickwinkel angeschaut und einen Durchsuchungsbefehl für diese beiden Gegenstände angefordert. Das Hemd und die Pistole wurden gefunden und schliesslich als Beweisstücke verwendet, um den Räuber in diesem Fall zu verurteilen.

NICHT ALLE ERINNERUNGEN SIND GLEICH BESCHAFFEN

Sylvia und Paul waren zuverlässige Augenzeugen, auch wenn sie aufgrund ihrer unterschiedlichen Perspektiven zu ganz eigenen Beobachtungen des Überfalls gekommen sind. Was aber, wenn ihre Aussagen erst viele Jahre später vor Gericht erforderlich gewesen wären? Hätte die dazwischenliegende Zeitspanne Einfluss darauf gehabt, wie sie sich an den Vorfall erinnerten? Wir alle haben schon Details aus vergangenen Ereignissen vergessen; uns ist bewusst, wie sehr wir manchmal mit bestimmten Erinnerungen zu kämpfen haben. Ist es nicht durchaus denkbar, dass Sylvia und Paul ein wichtiges Detail des Überfalls vergessen oder durcheinandergebracht haben könnten?

In den letzten Jahren wurde viel geschrieben über die «Unzuverlässigkeit» von Augenzeugenaussagen, wenn etliche Zeit vergangen war, insbesondere als Fälle, die von der Identifizierung durch Augenzeugen abhängig gewesen waren, von neuen DNA-basierten Beweisen gekippt wurden. Das Oberste Bundesgericht von New Jersey verwies vor Kurzem auf Fälle wie diese und erwähnte einen «beunruhigenden Mangel an Zuverlässigkeit bei der Identifizierung durch Augenzeugen». Als Folge stellte das Gericht neue Regeln auf, um es Angeklagten einfacher zu machen, Augenzeugenbeweise in Strafverfahren anzufechten.[20] Warum sollten wir Aussagen von Augenzeugen über ein Ereignis in der Vergangenheit vertrauen, wenn doch manche Identifizierungen durch Augenzeugen von DNA-Beweisen gekippt wurden?

Meine Erfahrung als Kriminalbeamter für ungelöste Fälle zeigt mir, dass nicht alle Erinnerungen gleich beschaffen sind. Ich möchte Ihnen ein Beispiel geben. Wenn Sie mich fragen, was ich am Valentinstag vor fünf Jahren (in den USA am 14. Februar) getan habe, kann ich mich an viele Details erinnern oder eben nicht. Wahrscheinlich habe ich meine Frau zum Essen ausgeführt, oder wir haben einen Kurzurlaub gemacht. Gut möglich, dass ich mich an den Tag mit einer gewissen Genauigkeit erinnern kann, aber vielleicht verwechsle ich meine Erinnerungen auch mit einem anderen Valentinstag. Schliesslich muss ich die Erinnerungen von 33 Valentinstagen mit meiner Frau durchforsten (1979 haben wir angefangen, miteinander auszugehen). Dieser Tag war mir wichtig, deshalb hebt er sich in meiner Erinnerung hervor gegenüber anderen Tagen im Februar. Wenn Sie mich aber nach konkreten chronologischen Details fragen, könnte ich Probleme bekommen, mich an die Einzelheiten am Valentinstag vor fünf Jahren zu erinnern. Fragen Sie mich jedoch nach Details vom Valentinstag 1988, dann kann ich Ihnen viel präzisere Erinnerungen liefern. Das war der Tag, an dem Susie und ich geheiratet haben. Dieser Tag hat in meiner Erinnerung einen ganz besonderen Platz. Ich kann mich viel genauer an Einzelheiten erinnern, weil dieses Ereignis in meinem Leben beispiellos ist. Es war meine einzige Hochzeit, und die Aufregung und die Bedeutung des Ereignisses waren für mich einmalig. Verglichen mit anderen Tagen im Februar sticht der Valentinstag heraus, aber dieser Valentinstag war wirklich ganz besonders. Nicht alle Erinnerungen sind gleich bedeutend oder unvergesslich.

Wenn Augenzeugen ein Ereignis erleben, das ähnlich einzigartig, beispiellos und mächtig ist, werden sie sich viel wahrscheinlicher daran und an bestimmte Details erinnern. Sylvia und Paul hatten zuvor noch nie einen Raubüberfall wie diesen gesehen. Für sie war es ein einmaliger, beispielloser Vorfall. Als solcher ragte er aus ihrer Erinnerung hervor. Das bedeutet nicht,

20 Benjamin Weiser, «In New Jersey, Rules Are Changed on Witness IDs», *New York Times*, 24. August 2011, Zugriff am 18. April 2012, www.nytimes.com/2011/08/25/nyregion/in-new-jersey-rules-changedon-witness-ids.html.

dass ihre Aussagen ohne Überprüfung akzeptiert werden sollten. Die vier in diesem Kapitel bereits beschriebenen Kriterien müssen auch für Sylvia und Paul gelten. Wir müssen feststellen, ob sie anwesend waren, um den Überfall sehen zu können, und ob sie als ehrlich und präzise gelten. Ebenso wichtig ist, ob sich ihre Aussagen durch weitere Beweise bestätigen lassen und ihre Motive redlich sind, um sicherzugehen, dass sie nicht lügen. Wenn diese Kriterien erfüllt sind, haben wir einen guten Grund, ihre Aussagen als zuverlässig anzusehen.

DIE BEISPIELLOSEN EREIGNISSE DES NEUEN TESTAMENTS

Ich erinnere mich an den Tag meiner Hochzeit, weil er einzigartig, beispiellos und mir persönlich wichtig war. Versetzen Sie sich jetzt einmal in die Situation der Apostel, die Zeugen der Wunder und der Auferstehung Jesu waren. Keiner dieser Augenzeugen hatte jemals zuvor eine Person wie ihn gesehen. Jesus brachte ihnen mehr als nur wichtige Lektionen bei; er verblüffte die Augenzeugen mit einmaligen und persönlichen Wundern. Die Apostel sahen nur einen Jesus in ihrem Leben; sie kannten nur einen Mann, der aus den Toten auferstand. Die Auferstehung war einzigartig, beispiellos und mächtig.

Die Augenzeugen in den Evangelien beobachteten ein äusserst kraftvolles und unvergessliches Ereignis und lieferten uns darüber unverwechselbare, persönliche und zuverlässige Berichte. Wir müssen uns nur die Zeit nehmen, die Perspektive und den Charakter jedes Augenzeugen zu verstehen, und anschliessend herausfinden, ob die Berichte angesichts der vier beschriebenen Kriterien als zuverlässig einzustufen sind (mehr dazu in Teil 2).

EIN WERKZEUG FÜR DIE EINSATZTASCHE, EIN TIPP FÜR DIE CHECKLISTE

Das könnte eines der wichtigsten Prinzipien sein, die wir in unserer Einsatztasche verstauen sollten. Solange Sie nicht viel mit Augenzeugen zu tun hatten und nicht vertraut sind mit dem Wesen scheinbarer Widersprüche in Augenzeugenberichten, lässt sich leicht annehmen, dass Menschen lügen (oder sich irren), einfach nur, weil sie nicht in jedem Detail übereinstimmen oder über einige Fakten zugunsten von anderen hinwegsehen. Wir müssen festhalten, dass ein Augenzeugenbericht trotz scheinbarer Widersprüche zuverlässig sein kann. Auch wenn wir uns über zwei Berichte beschweren mögen, die in manchen Punkten auseinanderzugehen scheinen, sollten wir noch misstrauischer sein, wenn absolut keine Eigenarten oder Differenzen vorkämen. Wäre das bei den Evangelien der Fall, würden wir mit Sicherheit behaupten, dass sie das Ergebnis einer ausgeklügelten Absprache sind. Wenn wir die Evangeliumsberichte untersuchen, müssen wir im Zweifelsfall ebenso zugunsten der Autoren entscheiden wie bei anderen Augenzeugen. Menschliche Augenzeugen liefern menschliche Augenzeugenberichte. Sie sind oft charakteristisch und persönlich, aber nichtsdestoweniger zuverlässig.

Als Christ anerkenne ich die Bibel als das *Wort Gottes*, ebenso wie die Tatsache, dass sie uns durch die Beobachtungen und Erinnerungen menschlicher Augenzeugen übermittelt wurde. Bevor ich anderen mitteile, dass die Bibel etwas Wichtiges zu sagen hat, arbeite ich normalerweise heraus, *warum* sie etwas Wichtiges zu sagen hat. Die Menschen sollen verstehen, dass sich die Schreiber selbst als *Augenzeugen* bezeichneten. Sie verfassten keine *moralische Fiktion*. Sie hielten fest, was sie mit ihren eigenen Augen gesehen, mit ihren eigenen Ohren gehört und mit ihren eigenen Händen berührt hatten. Wir sollten die Bedeutung biblischer *Zuverlässigkeit* erkennen und unseren skeptischen Freunden helfen, das Wesen persönlicher, zuverlässiger Augenzeugenaussagen zu begreifen. Viele von uns haben im Lauf ihres Lebens etwas gesehen oder gehört, das unser Denken über die Welt um uns herum für immer verändert hat. Genau das widerfuhr auch den Verfassern der Evangelien. Ihre Beobachtungen veränderten sie für immer, und ihr Zeugnis kann die Welt verändern, in der wir leben.

Kapitel 5

Prinzip #5

MESSEN SIE JEDEM WORT BEDEUTUNG BEI

Nach einem anstrengenden Tag mit vielen Verhören waren wir einem möglichen Verdächtigen kein Stück näher gekommen. Wir suchten noch immer nach einem *Anfangspunkt*, einer Spur, die uns zu dem Tatverdächtigen führt, der 1981 eine schöne junge Frau in unserer Stadt getötet hatte. Wir schafften es, all die Männer und Frauen ausfindig zu machen, die viele Jahre zuvor dieses Verbrechens verdächtigt worden waren, und vernahmen sie. Nach acht Stunden war mir nach wie vor nicht klar, wer der wahrscheinlichste Kandidat für den Mord gewesen sein könnte. Dann sagte Scott Taylor etwas, das mich aufhorchen liess.

Scott hatte etwa ein Jahr vor dem Mord eine Verabredung mit dem Opfer. Zusammen mit vielen anderen Männern, die mit ihr ausgingen oder sie kannten, wurde er damals im Jahr 1981 verhört. Die ursprünglichen Ermittler waren nicht in der Lage, einen dieser Männer als Hauptverdächtigen auszumachen. Heute sagte Scott etwas, das ungewöhnlich schien. Es war nichts Grosses. Meinem Partner fiel es überhaupt nicht auf.

Wir fragten jeden Kandidaten, welche Gefühle der Mord in ihm oder ihr weckte. Wir achteten darauf, die Frage jedes Mal auf dieselbe Weise zu stellen. Die Reaktionen waren von Bedeutung für uns, da wir die Beziehung zwischen den potenziellen Tatverdächtigen und dem Opfer zu verstehen versuchten. Einer sagte: «Ich bin schockiert, dass sie von jemandem umgebracht wurde.» Ein anderer meinte: «Es ist tragisch, ich hoffe, ihr findet den Mörder.» Ein Dritter sagte: «Obgleich wir Probleme miteinander hatten, hat es mich doch umgehauen, als ich davon erfuhr.» Scott sagte aber etwas ganz anderes.

«Ich möchte Sie fragen, Scott, wie haben Sie sich gefühlt, als Sie von ihrem Tod erfuhren? Hatten Sie irgendwelche Gefühle, welcher Art auch immer?» Ich fragte ihn das eher beiläufig in der Hoffnung, seine Reaktion beurteilen zu können.

Scott hielt eine Sekunde inne und wählte seine Worte. Er zuckte etwas mit den Achseln und sagte dann: «Nun, es tat mir leid, sie tot zu sehen, wissen Sie. Wir haben uns nicht immer verstanden, aber es ist nie gut, jemanden sterben zu sehen.»

Von allen möglichen Reaktionen, die Scott hätte zeigen können, schien mir diese irgendwie merkwürdig und ein bisschen verdächtig. Möglicherweise war es nur so eine Redensart, die Scott häufiger benutzt – ich musste ihn ausführlicher verhören, um herauszufinden, ob ich eine ähnliche Reaktion hinsichtlich einer anderen Sache provozieren konnte –, aber es war interessant, dass Scott auf unsere Frage als Erstes mit den Worten reagierte: «Es tat mir leid, sie tot zu sehen.» Wir wussten, der Mörder stand über dem Körper des Opfers und versicherte sich, dass sie tot war, indem er sie anstiess. Man könnte durchaus sagen, dass der Killer «sie tot sah», bevor er den Tatort verliess. Verriet Scott uns versehentlich etwas über seine Beteiligung an dem Verbrechen?

FORENSISCHE AUSSAGENANALYSE

Das gründliche Studium und die Analyse der Worte (in schriftlicher und gesprochener Form) eines Verdächtigen, Zeugen oder Opfers. Das Ziel der Forensischen Aussagenanalyse ist es, herauszufinden, ob die aussagende Person die Wahrheit sagt oder lügt.

Es sollte noch ein weiteres Jahr dauern, bis wir unsere Untersuchung abschliessen konnten. Letzten Endes erfuhren wir noch viel mehr über Scotts Beziehung zu dem Opfer, und wir konnten schliesslich feststellen, dass er sie tötete, weil er wollte, dass sie sich nach ihrer Trennung mit keinem anderen mehr verabredete. Wir entdeckten eine Menge Indizienbeweise, die zusammenkamen und unseren Fall abrundeten. Scotts Aussage, «sie tot zu sehen», wies uns in seine Richtung und wurde letztlich vor Gericht verwendet (zusammen mit allem anderen, was wir erfahren hatten), um ihn zu verurteilen. Reichte diese Aussage für sich genommen aus, um den Fall abzuschliessen? Natürlich nicht. Aber sie war vereinbar mit Scotts Beteiligung und zeigte, wie er sich in den Momenten nach dem Mord fühlte.

Scotts Fall lehrte mich, wie wichtig es ist, Wert auf jedes Wort eines Tatverdächtigen zu legen. Wir alle wählen die Wörter aus, die wir sprechen. Manchmal wählen wir sie aus Gewohnheit. Hin und wieder verwenden wir Wörter, die entweder bewusst oder unbewusst unsere wahren Gefühle oder das tatsächliche Geschehen widerspiegeln. Ich habe gelernt, jedes einzelne Wort für wichtig zu erachten.

DIE KUNST DER FORENSISCHEN AUSSAGENANALYSE

In meinen ersten Jahren als Kriminalbeamter wurde ich von meiner Abteilung zu einer Reihe von Kursen, Seminaren und Ausbildungsprogrammen geschickt, um meine Fähigkeiten zu verbessern. Einer dieser Kurse behandelte die Forensische Aussagenanalyse (*Forensic Statement Analysis*, FSA). Dort lernte ich, an meiner Fähigkeit zu feilen, jedes Wort eines Verdächtigen zu hören und zu deuten. Fast augenblicklich begann ich, die gelernten FSA-Techniken anzuwenden. Ich machte es zu meiner Angewohnheit, Verdächtige aufschreiben zu lassen, was sie am Tag des Mordes getan hatten, vom Aufstehen am Morgen bis zum Schlafengehen am Abend. Jeder Tatverdächtige bekam von mir ein leeres liniertes Blatt Papier und einen Stift. Wenn einer eine Aussage ändern wollte, musste er das schon Geschriebene durchstreichen. So konnte ich sehen, was sie anfänglich geschrieben hatten und bei welchem Sachverhalt sie mit ihrer ursprünglichen Wortwahl nicht einverstanden waren. Anschliessend untersuchte ich ihre Aussage und ging mehrere Fragen durch. Welche Art von Wörtern verwendet der Verdächtige, um das Opfer zu beschreiben? Wechselt er schon mal versehentlich von der Gegenwartsform in die Vergangenheit und deutet dadurch an, dass er am Ort des Verbrechens oder sogar daran beteiligt war? Beschreibt der Tatverdächtige die Ereignisse zusammenfassend oder erweiternd, um etwas zu verbergen oder einen Aspekt falsch darzustellen? Identifiziert er sich zu sehr oder zu wenig mit dem Opfer, um freundlich oder desinteressiert gegenüber dem Opfer zu erscheinen? Im Grunde überprüfte ich jedes Wort, ob es mir einen Hinweis darauf gab, ob der Verdächtige am Verbrechen beteiligt war.

Ich möchte Ihnen ein Beispiel geben. Stellen Sie sich vor, wir fragen einen Tatverdächtigen, was er am letzten Abend mit seiner Frau gemacht hat (die jetzt einem Mord zum Opfer gefallen ist). Der Mann beschreibt den Abend folgendermassen:

> *«Ich habe meine wunderschöne Frau Amy, mit der ich schon seit 31 Jahren verheiratet bin, zum Essen ausgeführt, und anschliessend waren wir im Kino.»*

In diesem einen Satz habe ich schon etwas über ihre Beziehung gelernt. Beachten Sie, dass der Tatverdächtige den Namen seiner Frau nennt. Anscheinend ist er stolz genug auf sie (oder ihre Beziehung), um zu erwähnen, wie lange sie schon zusammen sind. Berücksichtigen Sie auch, dass der Verdächtige den besitzanzeigenden Ausdruck mit Wertung «meine wunderschöne Frau» verwendet, obschon er sie ohne Weiteres auch anders hätte beschreiben können. Stellen Sie sich beispielsweise vor, er hätte gesagt:

> *«Ich habe meine Frau zum Essen ausgeführt, und anschliessend waren wir im Kino.»*

Obwohl er in dieser Form noch immer einen besitzanzeigenden Ausdruck verwendet («meine Frau»), bezeichnet er sie nicht als wunderschön, und er liefert auch keine Informationen zu ihrem Namen und der Dauer ihrer Beziehung. Vielleicht ist er ein eher zurückhaltender Typ, dem nicht ganz wohl dabei ist, wenn er persönliche Details preisgibt. Womöglich ist er nicht ganz so stolz auf seine Frau, oder er will sich von ihr distanzieren. Um das herauszufinden, müssen wir uns noch ein wenig mehr mit ihm beschäftigen. Stellen wir uns jetzt einmal vor, dass er folgende Antwort auf unsere Frage gibt:

> *«Ich habe die Frau zum Essen ausgeführt, und anschliessend waren wir im Kino.»*

Der Verdächtige hat den besitzanzeigenden Ausdruck aufgegeben und seine Frau stattdessen als «die Frau» bezeichnet. Hmm. Warum sollte er das tun? Vielleicht ist das eine Redensart, die er immer benutzt, wenn er von jemandem spricht, zu dem er eine Beziehung hatte, ganz gleich ob gut oder schlecht. Möglicherweise distanziert er sich auch aus irgendeinem Grund von seiner Frau. Auch diese Form ist genau anzusehen. Stellen Sie sich zum Schluss noch vor, dass er etwas sagt wie:

> *«Ich habe die Alte zum Essen ausgeführt, und anschliessend waren wir im Kino.»*

Möglicherweise hat der Verdächtige hier nur einen Ausdruck verwendet, der in seiner Gegend, Kultur oder auch nur in seiner Familie geläufig ist. Denkbar ist aber auch, dass er uns Einblick in seine Gefühle zu seiner Frau gegeben hat. Er hat kein besitzanzeigendes Fürwort benutzt und uns nur wenige Informationen über sie gegeben. Ausserdem hat er einen nicht sehr schmeichelhaften Begriff für sie verwendet. Wir müssten uns noch andere Punkte in seiner Aussage anschauen, um herauszufinden, ob er eine ähnliche Sprache für andere Personen gebrauchte oder ob er derartige Worte allein für seine Frau hatte. Auf jeden Fall hat uns seine Wortwahl wichtige Dinge vermittelt.

Diese Art, Wörter auf die Goldwaage zu legen, entspricht mehr einer gewissen *Deutungskunst* als *exakter Wissenschaft*. Je besser wir aber die Bedeutung von Wörtern erfassen, umso besser können wir auseinanderhalten, was mit ihnen gemeint ist und was nicht. Berücksichtigen Sie: Wir alle wählen die Wörter aus, die wir sprechen, und uns stehen eine Menge Wörter zur Verfügung, aus denen wir auswählen können. Unsere Wörter verraten uns.

DIE FORENSISCHEN EVANGELIEN

Bevor ich zum ersten Mal die Bibel aufschlug, hatte ich schon über viele Jahre Tatverdächtige und Augenzeugen verhört und studiert. Ich näherte mich den Evangelien wie jeder anderen forensischen Aussage. Jede kleine Eigenheit hob sich für mich ab. Jedes Wort war wichtig. Die kleinen Details interessierten mich und brachten mich dazu, tiefer zu forschen. So fand ich beispielsweise die Tatsache merkwürdig, dass Johannes nie den Eigennamen der Mutter Jesu (Maria) erwähnte. In seinem Evangelium nannte Johannes Maria wiederholt «seine Mutter» oder «die Mutter Jesu», aber nie bei ihrem Namen (wie die anderen Verfasser der Evangelien). Warum tat er das?

WAS WILL DER FORENSISCHE AUSSAGENANALYTIKER ERREICHEN?

Forensische Aussagenanalytiker untersuchen sorgfältig jedes Wort von Zeugen und Verdächtigen, um Folgendes festzustellen:

1. Ist der Schreiber (oder Redner) stärker an dem Ereignis beteiligt, als er uns glauben machen möchte?
2. Bestehen Beziehungsprobleme zwischen dem Schreiber (oder Sprecher) und dem Opfer, das Gegenstand des Falls ist?
3. Welche verborgenen Probleme gibt es zwischen dem Schreiber (oder Sprecher) und dem Opfer?
4. Machte der Schreiber (oder Sprecher) tatsächlich das zur Tatzeit, was er angab?
5. Sollte der Schreiber (oder Sprecher) als Tatverdächtiger in Betracht gezogen werden?

Die Antwort könnte sich im 19. Kapitel des Johannesevangeliums finden, als Jesus Maria bei der Kreuzigung in die Obhut von Johannes gab. Jesus teilte Johannes mit, dass Maria nun seine Mutter sei, und zu Maria sagte er, dass Johannes fortan ihr Sohn sei. Johannes nahm Maria zu sich und sorgte ab sofort für sie (so wie für seine eigene Mutter). Da er sein Evangelium viele Jahre später schrieb, könnte es durchaus sein, dass es Johannes unpassend schien, seine eigene Mutter mit ihrem formalen Namen zu benennen. Ich bin mir sicher, zu diesem Zeitpunkt in seinem Leben nannte Johannes Maria «meine Mutter», soweit es aus seinem Evangelium ersichtlich ist.

Je mehr ich in den Evangelien las, umso mehr interessierte mich ein forensischer Ansatz, um bei den Verfassern der Evangelien *zwischen den Zeilen zu lesen*. Mein Interesse erreichte seinen Höhepunkt, als ich beim Markusevangelium angekommen war.

Einer meiner christlichen Freunde erzählte mir, dass das Markusevangelium in Wirklichkeit der Augenzeugenbericht des Apostels Petrus ist.

Die frühe Gemeinde schien derselben Ansicht gewesen zu sein. Papias (ca. 70–163 n. Chr.), Bischof von Hierapolis (im Westen der Türkei) behauptete, Markus habe sein Evangelium als Schreiber von Petrus in Rom verfasst. Er berichtete, dass «Markus, nachdem er der Dolmetscher des Petrus geworden war, genau festhielt, wenn auch nicht unbedingt in derselben Reihenfolge, woran immer er sich von den Dingen erinnerte, die Christus sagte oder tat.»[21] Auch Irenäus (ca. 115–202 n. Chr.), ein Schüler von Ignatius und Polykarp (zwei Schüler des Apostels Johannes), und schliesslich der Bischof von Lugdunum (heute Lyon, Frankreich), vertrat diesen Standpunkt. Er schrieb: «Auch Markus, Jünger und Dolmetscher von Petrus, gab schriftlich an uns weiter, was Petrus gepredigt hatte.»[22] Justin der Märtyrer (ca. 103–165 n. Chr.), der berühmte frühe Kirchenapologet aus Rom, erwähnte ebenfalls frühe «Memoiren» von Petrus und beschrieb sie auf eine Weise, die nur dem Markusevangelium entspricht.[23] Ausserdem schrieb Klemens von Alexandria (ca. 150–215 n. Chr.), der historische Leiter der Gemeinde in Nordafrika, dass jene, die die Lehren von Petrus hörten, «nicht zufrieden waren mit dem einmaligen Hören oder der rein mündlichen Lehre des göttlichen Evangeliums, sondern Markus, der ein Jünger des Petrus war und dessen Evangelium vorhanden ist, mit inständigen Bitten anflehten, ihnen einen schriftlichen Bericht der ihnen mündlich überlieferten Lehren zu hinterlassen.»[24] Diese frühen Kirchenväter und Schüler der Apostel (aus verschiedenen geografischen Regionen) waren «dem Geschehen am nächsten». Sie behaupteten wiederholt und ausnahmslos, dass das Markusevangelium von den Augenzeugenbeobachtungen des Petrus berichte. Aber ist eine Forensische Aussagenanalyse des Markusevangeliums in der Lage, diese Behauptungen zu bestätigen?

Als ich das Markusevangelium in forensischer Hinsicht zu studieren begann, fiel mir eine ganze Reihe von interessanten Anomalien in Bezug auf Petrus auf.

---

21 Papias, zitiert in Eusebius, «Kirchengeschichte», *Nicene and Post-Nicene Fathers*, Hg. Philip Schaff und Henry Wallace (New York: Cosimo, 2007), S. 172.

22 Irenäus, zitiert in *The Ante-Nicene Fathers: Translations of the Writings of the Fathers down to A.D. 325*, Hg. Alexander Roberts und James Donaldson, Bd. 1, *The Apostolic Fathers – Justin Martyr – Irenaeus* (Buffalo: Christian Literature, 1885), S. 414.

23 Justin der Märtyrer, *Dialog mit dem Juden Trypho* (Wyatt North, 2012), Kindle Edition, Kindle Locations 2349–2351.

24 Klemens von Alexandria, zitiert in Eusebius, «Kirchengeschichte», The Fathers of the Church: Eusebius Pamphili, Ecclesiastical History Books 1–5, Übersetzung von Roy J. Deferrari (Washington, DC: Catholic University of America, 1953), S. 110.

Diese Besonderheiten scheinen verständlich, wenn Petrus tatsächlich Markus' Informationsquelle war. Einige möchte ich an Sie weitergeben.

MARKUS GAB PETRUS EINE HERAUSRAGENDE POSITION

Petrus kommt im Markusevangelium häufig vor. In seinem kurzen Bericht wird Petrus fast genauso oft genannt wie in dem viel längeren Evangelium von Matthäus.

MARKUS NANNTE PETRUS BEI SEINEM VERTRAUTESTEN NAMEN

Noch wichtiger ist, dass Markus der Einzige ist, der nicht den Ausdruck «Simon Petrus» für Petrus verwendete (er sprach entweder von «Simon» oder von «Petrus»). Das mag belanglos erscheinen, ist aber von Bedeutung. Als Markus sein Evangelium schrieb, war Simon der beliebteste Name in Palästina,[25] aber Markus versuchte erst gar nicht, den Apostel Simon von den Hunderten von anderen Simons zu unterscheiden, die seine Leser kannten (im Gegensatz dazu verwendete Johannes das formalere «Simon Petrus»). Markus benutzte in der Regel die kürzeste und vertrauteste Namensversion von Petrus.

MARKUS VERWENDETE PETRUS WIE ZWEI «BUCHSTÜTZEN»

Anders als in anderen Evangeliumsberichten ist Petrus der erste (Mk 1,16) und letzte im Text genannte Jünger (Mk 16,7). Gelehrte bezeichnen diese Art von «Buchstützen» als «Inclusio».[26] Sie haben es auch in anderen antiken Texten bemerkt, wo ein Teil der Geschichte einem bestimmten Augenzeugen zugeschrieben wird. In jedem Fall wird Petrus im Markusevangelium die Rolle als erst- und letztgenannter Jünger zugedacht.

MARKUS BEHANDELTE PETRUS MIT GRÖSSTEM RESPEKT

Markus schien Petrus auch mehr zu respektieren als die anderen Evangelienschreiber. Er zeichnete wiederholt ein äusserst freundliches Bild von Petrus,

---

25 Tal Ilan, *Lexicon of Jewish Names in Late Antiquity: Palestine 330 BCE – 200 CE* (Philadelphia: Coronet Books, 2002), S. 91.

26 Richard Bauckham, *Jesus and the Eyewitnesses: The Gospels as Eyewitness Testimony* (Grand Rapids, MI: Eerdmans, 2008), Kindle Edition, Kindle Location 1938.

selbst dann noch, als Petrus sich zum Narren machte. Das Matthäusevangelium beschreibt zum Beispiel, wie Jesus auf dem Wasser ging und Petrus erfolglos versuchte, es ihm gleichzutun (Mt 14,25-30). Matthäus berichtet, wie Petrus im See zu versinken begann; Jesus nannte ihn einen «Kleingläubigen» und Zweifler. Interessanterweise erwähnte Markus in dieser Episode nicht, dass Petrus beteiligt war (Mk 6,45-52). In ähnlicher Weise schildert das Lukasevangelium einen «wundersamen Fischfang», bei dem Petrus nach einem erfolglosen Arbeitstag anzweifelte, dass Jesus Fische fangen kann. Nachdem sie dann mehr Fische gefangen hatten, als die Netze fassen konnten, sagte Petrus: «Herr, gehe von mir hinweg, denn ich bin ein sündiger Mensch!» (Lk 5,1-11). Die Parallelstelle im Markusevangelium lässt diese Begebenheit komplett unerwähnt (Mk 1,16-20). Obwohl andere Evangelien Petrus direkt als Urheber einiger peinlicher Äusserungen oder Fragen nennen, lässt das Markusevangelium seinen Namen ausdrücklich weg und schreibt die Frage oder Aussage «den Jüngern» zu oder einem anderen ebenso ungenannten Angehörigen der Gruppe. Von der Begebenheit, als Petrus eine unbedachte Äusserung von sich gab (wie z. B. als er in Mt 16,21-23 sagte, dass Jesus nicht sterben sollte), findet sich die am wenigsten peinliche Version im Bericht von Markus (Mk 8,31-33). Immer wieder liefert Markus eine Version der Geschichte, die Petrus in einem besseren Licht erscheinen lässt.

MARKUS ERWÄHNT DETAILS, DIE SICH AM BESTEN PETRUS ZUSCHREIBEN LASSEN

Allein Markus nahm eine Reihe von scheinbar unwichtigen Details auf, die darauf hinweisen, dass Petrus bei der Entstehung des Textes beteiligt war. Nur Markus erzählt uns, dass «Simon und die, welche bei ihm waren» nach Jesus suchten, als er an einem einsamen Ort betete (Mk 1,35-37). Das Markusevangelium ist auch das einzige, das uns miteilt, dass es Petrus war, der Jesus auf den verdorrten Feigenbaum aufmerksam machte (vgl. Mt 21,18-19; Mk 11,20-21). Nur Markus schien imstande zu sein, die Jünger zu identifizieren (inklusive Petrus), die Jesus nach dem Zeitpunkt der Zerstörung des Tempels fragten (vgl. Mt 24,1-3; Mk 13,1-4). Während Matthäus sagte (Mt 4,13-16), dass Jesus nach Galiläa zurückkehrte und «sich in Kapernaum niederliess», schreibt Markus, dass er nach Kapernaum kam und die Menschen hörten, dass er «wieder zu Hause» war (s. Mk 2,1 NGÜ). Das sagt Markus ungeachtet der Tatsache, dass Jesus dort nicht geboren oder aufgewachsen war. Warum sollte Markus von «wieder zu Hause» sprechen, da Jesus anscheinend doch nur sehr kurz dort lebte und mehr die Region bereiste, als sich in Kapernaum aufzuhalten? Nur Markus berichtet uns, dass Kapernaum tatsächlich die Heimatstadt von Petrus war (Mk 1,21.29-31) und seine Schwiegermutter dort lebte. Petrus konnte Kapernaum zu Recht sein «Zuhause» nennen.

MARKUS VERWENDETE PETRUS' GROBEN ENTWURF

Vielen Gelehrten ist zudem aufgefallen, dass Petrus' Predigtstil (z. B. Apg 1,21-22; 10,37-41) Details aus dem Privatleben Jesu auszulassen scheint. Als Petrus über Jesus sprach, beschränkte er seine Schilderungen auf das öffentliche Leben Jesu – auf Tod, Auferstehung und Himmelfahrt. Markus hielt sich an diesen groben Entwurf und erwähnte nicht die Geburtsgeschichte und andere Details aus dem Privatleben Jesu, die sich in den Evangelien von Lukas und Matthäus finden.

Markus verwendete spezielle Titel für Petrus, gab ihm in der Erzählung den Vorzug, nahm einmalige Informationen über Petrus auf und kopierte Petrus' Predigtentwurf, als er sein eigenes Evangelium strukturierte. Diese Fakten stützen die Behauptung der frühen Kirchenväter, die Petrus als Markus' Informationsquelle angeben.

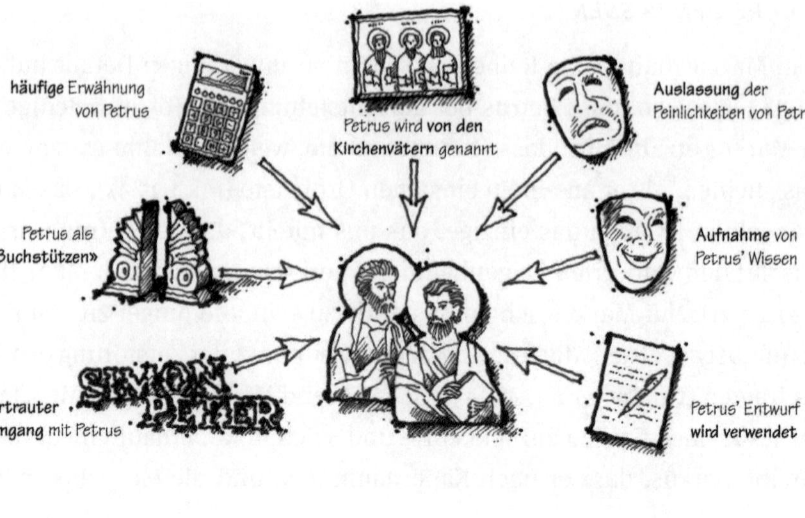

Indem wir einzelne Wörter in ihrer Bedeutung untersuchten, sind wir in der Lage, einen berechtigten, auf Indizien basierenden Fall für das Markusevangelium als Augenzeugenbericht zu konstruieren. Kombiniert mit dem Zeugnis der frühen Kirchenväter wird diese Beweislast sogar noch stärker.

EIN WERKZEUG FÜR DIE EINSATZTASCHE, EIN TIPP FÜR DIE CHECKLISTE

Denken Sie an dieses Prinzip, wenn Sie die Werkzeuge in Ihrer Einsatztasche sammeln und Ihre eigene investigative Checkliste anlegen. Wenn wir sorgfältig auf die Wörter von Zeugen achten, können wir eine Menge lernen über die Zuverlässigkeit und Rechtmässigkeit ihrer Aussagen. Seit einiger Zeit ist es schick, die Authentizität der Evangelien ebenso infrage zu stellen wie die Behauptungen der frühen Kirchenväter hinsichtlich ihrer Verfasserschaft. Wurden die Evangelien absichtlich zu Unrecht den Aposteln oder ihren Gefährten zugeschrieben? Gab es irgendeine Verschwörung, um die Evangelien als zuverlässig erscheinen zu lassen? Die internen forensischen Sprachbeweise können uns helfen, die Behauptungen der frühen Kirchenväter in Bezug auf diese Texte zu bestätigen. Die genauen Worte der Verfasser können uns mehr sagen, als Sie vielleicht für möglich gehalten haben. Obschon man im 21. Jahrhundert gerne Zweifel an Dingen sät, die den Menschen im 1. und 2. Jahrhundert noch als gesichert galten, lassen sich viele Behauptungen der frühen Kirchenväter durch eine gründliche Überprüfung der Wörter nachweisen. Diese sorgfältige Analyse sollten wir nicht anderen (mich eingeschlossen) überlassen. Lesen Sie die Evangelien vielmehr selbst und prüfen Sie jedes Wort. Jeder von uns ist verpflichtet, diese *gewichtige Aufgabe* für sich zu übernehmen.

Mir ist bewusst, dass viele Christen das *Wort Gottes* nur zögerlich als die Aussage eines Verdächtigen oder Augenzeugen behandeln wollen, die forensisch untersucht werden muss. Es scheint geradezu eine Respektlosigkeit gegenüber dem heiligen Wesen des Textes zu sein. Ich habe sogar Brüder und Schwestern im Glauben kennengelernt, die aus Liebe und Respekt vor dem Wort Gottes vermeiden, etwas an den Rand ihrer Bibel zu schreiben. Natürlich verstehe ich diese Art von Ehrfurcht, und mir ist auch klar, dass es uns leichtfällt, eine derartige Analyse *Experten* auf diesem Gebiet zu überlassen. Aber Sie werden erstaunt sein, wenn Sie feststellen, wie reich und tief Ihr Glaube wird als Resultat einer gründlichen Analyse und eines Studiums. Einige von uns meinen, wir wären nicht ausgebildet und erfahren genug, um die Sprache der Heiligen Schrift zu untersuchen. Aber stellen Sie sich für eine Minute vor, einer Ihrer Söhne würde Ihnen einen langen Brief schreiben, in welchem er Ihnen Dinge beschreibt, die ihm wichtig sind. Als interessierter Vater bzw. Mutter würden Sie sich über seine Wortwahl intuitiv Gedanken machen. Sie würden unweigerlich «zwischen den Zeilen lesen» und mehr aus dem Brief ziehen als nur den beabsichtigten Inhalt. Wir alle verfügen über ausreichend *Sachverstand*, um den Gebrauch bestimmter Wörter zu hinterfragen und ein tieferes Verständnis des Bibeltexts zu entwickeln, wenn wir die Heilige Schrift nur mit mehr Interesse lesen. Es gibt eine ganze Reihe von ausgewiesenen Experten auf diesem Gebiet, die uns helfen können, die Sprache zu analysieren. Wir müssen nur die *Messlatte höher legen*, wenn wir uns mit dem biblischen Text befassen. Ja, das ist harte Arbeit, aber als Botschafter Christi und Verteidiger des Glaubens ist es unsere Pflicht.

Kapitel 6

Prinzip #6

TRENNEN SIE ARTEFAKTE VON BEWEISEN

«Meine Damen und Herren, das wichtigste gerichtsmedizinische Beweisstück der Anklage in diesem Fall demonstriert die Tatsache, dass der Angeklagte nichts mit dem Mord zu tun hat.» Der Verteidiger machte eine Pause, als der Projektor das Bild einer Zigarettenkippe auf die Leinwand im Gerichtssaal warf. Die Geschworenen sassen ruhig da, während ihre Augen gebannt auf das Foto starrten. Mehrere Geschworene machten sich Notizen.

Schon als ich sie in der Beweissammlung sah, wusste ich: Diese Kippe sollte zu einem Problem für unseren Fall werden. Das Opfer des Verbrechens wurde 1990 in seinem Vorgarten ermordet. Der Mord fand am frühen Morgen lange vor Sonnenaufgang statt. Als die Polizei an den Tatort gerufen wurde, sicherte sie den Bereich vorschriftsmässig für die Arbeit der Kriminaltechniker. Sie sperrten das Gelände grossräumig ab, um sicherzugehen, dass ihnen nichts entging. Auch wenn es stets eine kluge Vorgehensweise ist, das grösstmögliche Gebiet abzusperren, führt es häufig zu einer übermässigen Ansammlung von Gegenständen. Einige dieser Dinge stehen in Verbindung mit dem Verbrechen und können zu Recht als Beweismaterial eingeordnet werden; andere sind nichts weiter als belanglose *Artefakte*, die zufällig aufgenommen werden. Letzten Endes liegt es an den Geschworenen, das eine vom anderen zu unterscheiden.

«Die Anklage hat an diesem Zigarettenstummel keinen DNA-Test vorgenommen, obgleich sie wusste, dass er für den Fall wichtig ist. Schliesslich haben sie ihn eingesammelt. Warum sollten sie das getan haben, hätten sie ihn nicht für ein Beweisstück gehalten?» Der Anwalt des Angeklagten hielt inne, während er seine Hände auf das Podium legte und darauf wartete, dass die Geschworenen ihren Blick zurück auf ihn richteten. «Wie Sie wissen, hat unser Team die entsprechenden Tests durchgeführt und an der Zigarette fand sich tatsächlich DNA, die zwar nicht identifiziert werden konnte, aber eindeutig *nicht* von meinem Mandanten stammt. Sie gehört zu dem wahren Mörder. Die Polizei hat die DNA nie untersucht und dadurch die Chance vertan, den echten Täter zu finden.»

Es stimmt, dass wir die Zigarette nie auf DNA-Spuren untersucht haben. Ebenso richtig ist, dass die vom Team des Angeklagten gefundenen DNA-Spuren nicht zu dem Angeklagten gehörten und nicht identifiziert werden konnten. Allerdings stimmt es nicht, dass die Zigarettenkippe ein Beweisstück war. Ja, wir haben sie eingesammelt, weil sie sich innerhalb der Absperrung am Tatort befand. Aber das gelbe Band schloss sowohl Beweise als auch *Artefakte* ein.

Der Zigarettenstummel wurde im Garten des Nachbarn gefunden, etwa 15 Meter vom Ort des Mordes entfernt. Es war die am weitesten entfernte Stelle im abgesperrten Bereich. Hätten die Beamten ein Gebiet mit einem nur 15 cm geringeren Radius abgesteckt, wäre diese Kippe überhaupt nicht Bestandteil unseres Falls geworden. Die Verteidigung behauptete, dass sich der Tatverdächtige an dieser Stelle versteckte, 15 Meter entfernt von der Eingangstür des Opfers, und eine Zigarette geraucht haben muss, während er darauf wartete, dass das Opfer sein Haus verliess. Die Verteidigung wollte, dass die Geschworenen den Zigarettenstummel als Beweis für die Identität des Mörders betrachteten.

Ich wusste es besser. Der Fundort der Zigarette war von der Strasse und der Veranda einsehbar. Hätte der Verdächtige dort gestanden, wäre er für jeden sichtbar gewesen, der vorbeifuhr (und ebenso für das Opfer, sobald es aus der Eingangstür kam). Wenn sich der Mörder darauf verliess, dass die Dunkelheit seine Anwesenheit verbirgt, hätten ihn die Zigarettenglut und der Geruch des Rauchs mit Sicherheit verraten. Noch wichtiger, von der

Familie des Opfers wusste ich, dass dieser Bereich von den Freunden seiner Tochter als Raucherecke genutzt wurde, wenn sie zu Besuch waren und in der Einfahrt an ihren Autos bastelten. Wir haben die Zigarette nie als Beweis in diesem Fall getestet, weil wir sie zu keiner Zeit als Beweisstück in Betracht gezogen hatten. Sie war lediglich ein Artefakt am Tatort.

Wie bei allen unseren Fällen war diese Untersuchung auf Indizienbeweisen aufgebaut. Ich hatte keinen direkten Beweis, und die Verteidigung wusste das. Der Angeklagte war sehr vorsichtig gewesen und hatte keine Spur am Tatort hinterlassen. Obwohl mehr als dreissig weitere Indizienbeweise auf den Angeklagten als Mörder hindeuteten, war der einzige am Tatort gefundene physische Gegenstand ausgerechnet eine Zigarettenkippe, die nichts mit dem Geschehen zu tun hatte. Die Geschworenen mussten sich jetzt mit dem Indizienfall der Zigarette befassen, bevor sie zum Indizienfall des Angeklagten kommen konnten.

Und genau das taten sie auch. Die Geschworenen kamen nach weniger als drei Stunden zurück. Sie waren imstande, zwischen Beweisen und Artefakten zu unterscheiden, und werteten die Zigarettenkippe zu Recht als Artefakt am Tatort. Sie verurteilten den Angeklagten wegen Mordes.

DIE TEXTLICHEN ARTEFAKTE DER BIBEL

So wie Tatorte lassen sich auch historische Schauplätze anhand des uns zur Verfügung stehenden Beweismaterials rekonstruieren. Allerdings müssen wir gründlich unterscheiden zwischen Beweisen und Artefakten. Die Aussage eines Augenzeugen kann zu Recht als Beweis angesehen werden, aber alles andere, was dem Bericht im Anschluss an die Fakten hinzugefügt wurde, ist mit Vorsicht als mögliches *Artefakt* zu betrachten (etwas, das im Text auftaucht, obschon es das nicht sollte). Die Evangelien beanspruchen, Augenzeugenberichte zu sein, aber Sie werden vielleicht überrascht feststellen, dass auch ein paar hinzugefügte textliche Artefakte in die Zeugenaussagen eingebettet sind. Es scheint, als hätten Schreiber, die die Texte über viele Jahre hin kopiert haben, der Erzählung Text hinzugefügt, der in den Originalschriften nicht vorhanden war. Ich möchte Ihnen ein Beispiel geben.

Die meisten von uns kennen die biblische Geschichte im Johannesevangelium: Eine Frau, die des Ehebruchs beschuldigt wird, wird zu Jesus gebracht, (Joh 8,1-11). Die jüdischen Männer, die die Frau zu ihm führten, wollten sie gesteinigt sehen, aber Jesus verurteilte sie nicht und sagte stattdessen zu den Männern: «Wer unter euch ohne Sünde ist, der werfe den ersten Stein auf sie!» Als alle Männer gegangen waren, sagte Jesus zu der Frau: «So verurteile ich dich auch nicht. Geh hin und sündige nicht mehr!» Es ist eine meiner Lieblingsgeschichten in der ganzen Bibel. Schade nur, dass sie ein *Artefakt* zu sein scheint.

Obschon die Geschichte an sich absolut wahr sein könnte, enthält keine der frühen Kopien des Johannesevangeliums, die im Lauf der Jahrhunderte sichergestellt wurden, sie auch nur in Teilen. Der letzte Vers von Kapitel 7 und die ersten elf von Kapitel 8 fehlen in den ältesten uns zur Verfügung stehenden Handschriften. Die Geschichte taucht erst in späteren Kopien des Johannesevangeliums auf, Jahrhunderte nachdem Jesus auf der Erde gelebt hatte. In einigen antiken biblischen Manuskripten wurde sie an einer anderen Stelle im Johannesevangelium aufgenommen. In manchen antiken Abschriften der Bibel ist sie hingegen im Lukasevangelium zu finden. Auch wenn der Inhalt der Geschichte mit dem Wesen und der Lehre Jesu übereinstimmt, glauben die meisten Gelehrten nicht, dass sie zum ursprünglichen Bericht des

DIE GESCHICHTE VON DER EHEBRECHERIN

Die bekannte Geschichte von der Frau, die beim Ehebruch ertappt wurde (bekannt als Pericope de Adultera) findet sich heute in Johannes 7,53–8,11. In den frühesten bekannten Manuskripten des Johannesevangeliums stand sie aber nicht, inklusive Papyri 66 (ca. 200 n. Chr.), Papyri 75 (frühes 3. Jh.), Codex Sinaiticus (4. Jh.) und Codex Vaticanus (4. Jh.). In ganzer Länge taucht die Geschichte erstmals im 5. Jahrhundert im Codex Bezae auf, aber es gibt mehrere andere Codices aus dieser historischen Epoche, die sie nicht enthalten (z. B. die Codices Alexandrinus, Ephraemi, Washingtonianus und Borgianus). In vielen antiken Kopien des Textes steht sie an einer anderen Stelle (nach Joh 21,25), einschliesslich einer Reihe von antiken, in Griechisch geschriebenen Evangelien, bekannt als «Familie 1», die aus dem 12. bis 15. Jahrhundert stammen. Im Lukasevangelium (nach Lk 24,53) kommt die Geschichte in einer Gruppe von griechischen Handschriften vor, bekannt als «Familie 13», die aus dem 11. bis 15. Jahrhundert stammen.

Johannes gehörte. Sie ist ein biblisches Artefakt, und als solches wird sie in nahezu jeder modernen Bibelübersetzung gekennzeichnet (normalerweise durch eine Randnotiz oder Klammern, die sie vom verlässlichen Bericht abgrenzen).

Sollte uns die Existenz dieses textlichen Artefakts Sorgen bereiten? Machen spätere Ergänzungen des biblischen Berichts das Neue Testament als Manuskript unglaubwürdig? Wie können wir die Bibel als *unfehlbar* bezeichnen, wenn sie einen späten Zusatz wie diesen enthält? Diese Stelle ist nicht das einzige textliche Artefakt in der Bibel. Es gibt eine ganze Reihe von weiteren Versen, die von Gelehrten und Bibelexperten als Artefakte angesehen werden. Lassen Sie uns einige von ihnen näher anschauen, um zu prüfen, ob ihre Existenz uns beunruhigen könnte:

LUKAS 22,43-44

«Da erschien ihm ein Engel vom Himmel und stärkte ihn. Und er war in ringendem Kampf und betete inbrünstiger; sein Schweiss wurde aber wie Blutstropfen, die auf die Erde fielen.»

Diese beiden Verse sind in frühen Handschriften des Lukasevangeliums nicht zu finden, und aus diesem Grund wurden sie in manche modernen Bibelübersetzungen auch nicht aufgenommen (z. B. in der RSV). Obgleich die Schlachter 2000 sie nicht als späte Ergänzung ausweist, wird sie in anderen Übersetzungen (wie z. B. ELB 2006, LUT) in den Fussnoten oder durch Klammern kenntlich gemacht.

JOHANNES 5,4

«Denn ein Engel stieg zu gewissen Zeiten in den Teich hinab und bewegte das Wasser. Wer nun nach der Bewegung des Wassers zuerst hineinstieg, der wurde gesund, mit welcher Krankheit er auch geplagt war.»

Auch dieser Vers (zusammen mit den letzten Worten von V. 3) kommt in den besten antiken Manuskripten nicht vor. Mehrere Übersetzungen geben in einer Fussnote an, dass er in einigen Handschriften nicht enthalten ist (z. B. ELB 2006, LUT).

1. JOHANNES 5,7

«Denn drei sind es, die Zeugnis ablegen im Himmel: der Vater, das Wort und der Heilige Geist, und diese drei sind eins.»

Die zweite Hälfte des Verses («der Vater, das Wort und der Heilige Geist, und diese drei sind eins») taucht in keinem biblischen Manuskript vor dem 16. Jahrhundert auf (und dann auch nur in zwei Handschriften aus dieser historischen Phase). In der Elberfelder Bibel von 2006 und der Luther 1984 wurde dieser Textteil nicht aufgenommen.

APOSTELGESCHICHTE 15,34

«Silas aber beschloss, dort zu bleiben.»

In den frühesten und verlässlichsten Manuskripten ist dieser Vers nicht enthalten. Moderne Übersetzungen wie ELB 2003, ELB 2006 und LUT haben den Vers nicht aufgenommen.

Skeptiker haben auf Stellen wie diese hingewiesen, um aufzuzeigen, dass der biblische Text als Augenzeugenbericht nicht zuverlässig ist. Wenn diese Zeilen erfunden sind, auf wie viele andere Verse trifft das ausserdem noch zu? Als Atheist war das einer meiner Hauptpunkte gegen die Bibel, und ich fand heraus, dass nur sehr wenige Christen von diesen Ergänzungen wussten. Ich erschütterte den Glauben vieler meiner christlichen Freunde, indem ich ihnen deutlich machte, dass diese Stellen nicht im biblischen Urtext standen.

ARTEFAKTE VON BEWEISEN TRENNEN

Erst Jahre später verstand ich, wie die Existenz dieser späten Einträge zu beurteilen ist. Ich erfuhr schliesslich, dass jeder Tatort seine ganz eigenen Fragen und Schwierigkeiten mit sich bringt. Jeder Tatort enthält wichtige Beweise, die uns zur Wahrheit führen, ebenso wie auch Artefakte, die nichts mit dem Geschehen zu tun haben und Unsicherheiten erzeugen. Mir ist nie ein Tatort begegnet, an dem es keine Artefakte gab. Trotz dieser unbedeutenden Gegenstände waren wir als Ermittler in der Lage, den Fall zu beurteilen und zu bestimmen, was mit dem Verbrechen in Verbindung stand und was nicht. Ja, es gab immer eine ganze Reihe von Fragen, die es zu beantworten galt. Aber unsere Bedenken wurden letzten Endes ausgeräumt, wenn wir die Artefakte von den Beweisen trennten.

Natürlich war das manchmal nicht einfach. Mit den Jahren habe ich einige Strategien entwickelt, die mir bei der Einschätzung, was an einem Tatort wichtig ist und was nicht, geholfen haben. Diese Prinzipien können ebenso bei der Beurteilung textlicher Artefakte in den biblischen Berichten verwendet werden.

BEWEISE UND ARTEFAKTE

Richter versuchen den Geschworenen den Unterschied zwischen Beweisen und nicht mit der Tat in Zusammenhang stehenden Artefakten begreiflich zu machen, indem sie sie belehren, alles zu ignorieren, was nicht als Teil des Falls präsentiert wurde:
«Sie müssen entscheiden, was in diesem Fall die Fakten sind. Sie dürfen nur die Beweise nutzen, die in diesem Gerichtssaal [oder bei einer Präsentation vor der Jury] gezeigt wurden. ‹Beweise› sind die unter Eid erbrachten Aussagen von Zeugen, die als Beweis zugelassenen Beweisstücke und alles andere, was ich zu einem gültigen Beweis erkläre. ...»
«Sie müssen alles ignorieren, was Sie sehen oder hören, wenn das Gericht nicht tagt, auch wenn es von einer der beteiligten Parteien oder Zeugen getan oder gesagt wird» (Paragraf 104, *Judicial Council of California Criminal Jury Instructions,* 2006).

IDENTIFIZIEREN SIE SPÄTE ERGÄNZUNGEN

Die eintreffenden Polizisten sperren einen Tatort normalerweise sofort für die Kriminaltechniker ab. Anschliessend fotografieren und dokumentieren diese den Tatort gründlich. Wenn Jahre später ein Beweisstück entdeckt wird, von dem kein Originalfoto vorliegt, können wir aus gutem Grund davon ausgehen, dass es eine späte Ergänzung des Falls ist. Sind wir erst einmal sicher, dass eine Sache ein später Zusatz ist, können wir sie bei der Beurteilung der wahren Beweise getrost unbeachtet lassen.

ERKENNEN SIE DIE HERKUNFT VON GEGENSTÄNDEN

Was ist jedoch, wenn ein Gegenstand am Beginn der Ermittlung am Tatort gefunden wurde? Wie können wir bestimmen, ob er für den Fall wichtig ist? Einige Sachen erkennen wir direkt beim Eintreffen als bedeutungslos. Ich habe viele Fälle untersucht, in denen Rettungssanitäter noch vor der Polizei am Ort des Verbrechens ankamen. Sie bemühten sich, das im Sterben liegende Opfer vor der Ankunft der ersten Polizeibeamten zu retten. Als die Polizei dann kam, war der Tatort mit allen möglichen Dingen übersät, die die Sanitäter benutzt hatten. Verpackungsmaterial, Schläuche, Spritzen und eine Vielzahl von anderen eindeutig medizinischen Gegenständen waren jetzt Teil des Tatorts und wurden von den Kriminaltechnikern fotografiert, bevor ich eintraf. Diese Gegenstände sind zu einem Teil des Falls geworden, konnten aber schnell und leicht als Artefakte erkannt werden. Sie fielen total aus dem Rahmen; sie waren Beweise für die Rettungsbemühungen, nicht für das Verbrechen.

SUCHEN SIE NACH EINER ERKLÄRUNG

Viele Gegenstände am Tatort lassen sich auf einen nicht mit dem Verbrechen in Verbindung stehenden Grund zurückführen, der ihre Anwesenheit erklärt und sie als Beweise ausschliesst. Ich hatte mal einen Fall, bei dem ein Schuhabdruck ausserhalb des Hauses des Opfers fotografiert wurde. Anfangs dachten wir, er würde zum Mörder gehören, bis wir ihn mit dem des Vermieters verglichen, der das Opfer zuerst entdeckt hatte, als er nach der Frau in der Wohnung sehen wollte. Die Herkunft des Abdrucks wies ihn als Artefakt aus.

WAS PASSIERT, WENN SIE DEN GEGENSTAND ALS BEWEIS ANERKENNEN

Es gab Situationen, in denen ich unmöglich bestimmen konnte, ob ein Gegenstand ein Beweisstück war oder lediglich ein Artefakt am Tatort. Dann schuf ich einen hypothetischen Fall, der den Gegenstand als Beweis anerkannte, nur um zu sehen, ob sich dadurch der Ausgang des Falls veränderte. An einem Tatort wurde mal ein Bleistift auf dem Boden neben dem Opfer sichergestellt. Wir waren uns nicht sicher, ob er Teil des Verbrechens war oder zum Opfer oder zum Tatverdächtigen gehörte. Die gerichtsmedizinischen Untersuchungen lieferten keine DNA-Spuren oder Fingerabdrücke. Um auf Nummer sicher zu gehen, beschloss ich, ihn als Beweisstück zu betrachten. Schnell wurde mir klar, dass der Bleistift keinen Einfluss auf den Fall hatte. Als ich später die Beweise zusammensammelte, die auf einen bestimmten Tatverdächtigen hinwiesen, trug der Bleistift nichts dazu bei, meinen Verdacht zu erhärten oder abzuschwächen. Manchmal können wir einen Gegenstand ohne Weiteres ignorieren, weil er keinen Einfluss auf das Ergebnis hat, selbst wenn wir ihn als Beweisstück anerkennen würden.

VERLASSEN SIE SICH AUF DAS, WAS SIE WISSEN

Manche Gegenstände an einem Tatort werfen Probleme auf, weil sie im Widerspruch zur Mehrheit der bestätigten Beweisstücke zu stehen scheinen. Stellen Sie sich vor, wir arbeiten an einem Mordfall und haben 42 Beweisstücke sichergestellt, die einen Mann namens Ben Rogers als den Mörder ausweisen. Viele dieser Beweisstücke stammen vom Tatort, einschliesslich seiner DNA am Opfer, mehrerer seiner persönlichen, am Tatort zurückgelassenen Gegenstände und seiner Fingerabdrücke auf der Tatwaffe. Stellen Sie sich des Weiteren vor, dass wir einen Augenzeugen haben, der sah, wie er blutverschmiert vom Haus des Opfers weglief. Berücksichtigen Sie als Nächstes, dass wir auch ein Namensschild mit der Aufschrift Scotty Nichols sicherstellen konnten, einem Mann, der mit dem Opfer zusammengearbeitet hatte. Dieses Namensschild lag auf einem Nachttisch, der etwa zweieinhalb Meter vom Körper des Opfers entfernt stand. Als wir Scotty nach dem Schild befragten, sagte er uns, dass er es einen Tag vor dem Mord verloren hatte, und für den Tag des Verbrechens lieferte er uns ein überprüfbares Alibi. Warum sich sein Namensschild im Haus des Opfers befand, konnte er sich nicht erklären. Was sollen wir nun mit diesem Gegenstand machen? In Fällen wie diesen müssen wir uns fragen, ob der Fund des Namensschildes Einfluss hat auf das, was uns die anderen Beweisstücke vom Tatort verraten. Wenn die überwältigende Mehrheit des Beweismaterials in eine bestimmte Richtung weist, können wir uns vielleicht mit der Tatsache anfreunden, dass bei anderen Gegenständen vom Tatort eine gewisse Doppeldeutigkeit vorhanden ist.

KÖNNEN WIR ALSO DEN BIBLISCHEN BEWEISEN VERTRAUEN?

Diese Prinzipien können wir anwenden, wenn wir das Neue Testament untersuchen und fragwürdige Bibelstellen dahingehend beurteilen, ob sie Beweise oder Artefakte sind. Zum Glück haben wir «Fotos» vom frühen Tatort, die uns dabei helfen. Wir besitzen Hunderte von frühen, antiken Handschriften, die uns einen Schnappschuss von dem liefern, wie der Text aussah, bevor jemand der Erzählung etwas hinzufügte. Nachdem wir diese späten Ergänzungen erkannt haben, können wir diese Bibelstellen einfach als Artefakte ignorieren und uns auf den Rest konzentrieren, den wir als Beweismaterial ausgemacht haben.

Einige Bibelstellen erscheinen uns verdächtig, noch bevor uns auffällt, dass sie in den frühesten Kopien fehlen. Diese Stellen «heben sich ab», weil sie einen anderen *Charakter* zu haben scheinen (wie z. B. die medizinischen Gegenstände an unserem Tatort). Textkritiker haben beispielsweise die Geschichte von der Ehebrecherin untersucht und festgestellt, dass die verwendeten griechischen Wörter viel mehr dem Sprachgebrauch von Lukas ähneln als dem von Johannes. Die Stelle schien dem Johannesevangelium fremd zu sein, noch bevor man entdeckte, dass sie vor dem 5. Jahrhundert dort gar nicht Bestandteil war.

Als Nächstes können wir nach plausiblen Erklärungen suchen, die uns die Einfügung dieser Stellen begreiflich machen (so wie beim Schuhabdruck des Vermieters). Lassen Sie uns die vier bereits angeführten Beispiele aus dem Neuen Testament anschauen und nach vernünftigen Erklärungen suchen. Mit seiner textlichen Ergänzung schien ein Schreiber etwas klarmachen zu wollen, einen Punkt zu betonen oder ein Detail hinzuzufügen, das ihm bekannt war, der Apostel aber nicht genannt hatte. In Lukas 22,43-44 wird das Todesringen Jesu durch die ungewöhnliche Beschreibung betont, dass sein Schweiss wie Blutstropfen wurde. Das mag auf den Versuch zurückzuführen sein, den Todeskampf anschaulicher darzustellen, oder vielleicht bediente sich der Schreiber auch bei einem damals gängigen literarischen Stil für seinen Bericht. In Johannes 5,4 ist das sich auf den Teich von Bethesda beziehende Detail möglicherweise hinzugefügt worden, um Johannes 5,7 zu erklären, ein anerkannter Vers, der von der Bewegung des Wassers spricht, ohne dies weiter zu erklären. In 1. Johannes 5,7 ist der Schreiber möglicherweise der starken Versuchung erlegen, den Vers zu nehmen, der die Dreieinheit Gottes am klarsten beschreibt, und ihm eine Zeile hinzuzufügen, die diese Lehre unwiderlegbar macht. Obschon es viele Verse gibt, die auf das dreieinige Wesen Gottes hindeuten, sollte diese späte Einfügung (wenn sie denn stimmt) alle Zweifel ausräumen. In Apostelgeschichte 15,34 fügte der

Schreiber ein Detail über Silas hinzu, der in Antiochia blieb. Diese Tatsache könnte dem Schreiber (der möglicherweise aus der Gegend stammte) bekannt gewesen sein. Als Folge hat er sie eventuell in den Text eingefügt, um ein Detail zu ergänzen, das auch der örtlichen Leserschaft der Erzählung bekannt war.

GRÜNDE, WARUM SCHREIBER MANCHMAL DEN TEXT ÄNDERTEN

Klar ist, dass die Schreiber gelegentlich die biblischen Manuskripte beim Kopieren veränderten. Die überwiegende Mehrheit dieser Änderungen war vollkommen unabsichtlich (einfache Rechtschreibfehler oder grammatikalische Fehler). Andere hingegen geschahen mit Absicht:

1. Einige Änderungen wurden absichtlich vorgenommen, um Bibelstellen, die dasselbe Ereignis in zwei unterschiedlichen Evangelien beschreiben, aufeinander abzustimmen (Parallelstellen).
2. Einige absichtliche Änderungen geschahen, um Details hinzuzufügen, die dem Schreiber bekannt waren, von den apostolischen Autoren aber nicht geschildert wurden.
3. Einige absichtliche Änderungen entstanden, weil ein Schreiber eine Bibelstelle nach seinem Verständnis näher erläutern wollte (die Schreiber lagen mit ihrer Auslegung nicht immer richtig).

Manche Bibeltexte lassen sich jedoch schwerer als Artefakte bestimmen. Sie mögen in einigen antiken Texten vorkommen, in anderen aus demselben Zeitraum aber nicht. Wenn das der Fall ist, können wir uns dazu entschliessen, die Stelle hypothetisch aufzunehmen, als wäre sie ein verlässliches Beweisstück (wie der Bleistift in unserem Mordfall), um dann herauszufinden, welchen Einfluss es auf den Gesamtfall hat. Würde es unser Wissen über eine zentrale Aussage der Bibel verändern, wenn wir uns beispielsweise dafür entscheiden, die Geschichte von der Ehebrecherin als glaubwürdigen Teil der biblischen Erzählung aufzunehmen? Nicht im Geringsten. Die Geschichte scheint mit dem übereinzustimmen, was wir über das Wesen und die Lehre Jesu wissen. Angesichts der Dinge, die wir aus anderen Stellen über ihn wissen, können wir uns gut vorstellen, dass Jesus so etwas getan hat. Die Geschichte von der Ehebrecherin verändert nicht unser grundlegendes Verständnis von der Lehre der Schrift, wenn wir sie aufnehmen würden. Bei der überwiegenden Mehrheit der textlichen Ergänzungen zur Bibel, die im Lauf der Jahrhunderte vorgenommen wurden, waren die Veränderungen so unbedeutend, dass sie nur eine sehr geringe Auswirkung auf den Inhalt der Erzählung haben und praktisch keinen Einfluss auf wichtige Lehren des Christentums.

Letztlich müssen wir uns mit einer gewissen Unklarheit zufriedenzugeben. Kein Tatort ist frei von Artefakten, und der biblische *Tatort* bildet da keine Ausnahme. Es mag ein paar Schriftstellen geben, die *deplatziert* oder schwer verständlich erscheinen (wie das Namensschild von Scotty Nichols). In solchen Fällen müssen wir uns fragen, ob das verlässliche Zeugnis der biblischen Erzählung ausreicht, um ein ungeklärtes Artefakt zu verkraften. Wenn wir meinen, dass der biblische Text (nach Beseitigung der Artefakte) einen starken und klaren Fall ergibt (im zweiten Teil des Buches werden wir noch ausführlicher darauf eingehen), können wir uns das leichte Unbehagen über einige unbeantwortete Fragen erlauben.

DIE PUZZLETEILE ZUSAMMENSETZEN

Ich möchte Ihnen ein Beispiel geben, das Ihnen hilft, über das Verhältnis zwischen Beweisen und Artefakten nachzudenken. Stellen Sie sich vor, Sie öffnen morgen eine Schublade im Wohnzimmer und leeren den Inhalt auf den Tisch. Sie würden feststellen, dass sie allerlei Kram enthält, den Sie schon länger nicht mehr gesehen haben, wie z. B. Schlüssel, Büroklammern, Batterien und Münzen. Ausserdem finden Sie einige Puzzleteile. Da Sie neugierig sind, schauen Sie sich auch den restlichen Inhalt der Schublade an und entdecken weitere Puzzleteile. Um das Puzzle zusammensetzen zu können, müssen Sie die Puzzleteile von den Gegenständen trennen, die eindeutig nicht zum Puzzle gehören. Manche davon stechen sofort ins Auge. Sie wissen umgehend, dass Batterien und Münzen (wie die medizinischen Gegenstände am Tatort) nicht geeignet sind. Deshalb schieben Sie sie zur Seite und fangen an, die Teile zusammenzusetzen. Dabei fällt Ihnen aber auf, dass die Schublade zwei weitere Puzzleteile enthält, die einfach nicht zu den anderen passen. Während langsam ein Bild entsteht, wird klar, dass diese Puzzleteile nicht zu diesem speziellen Puzzle gehören; offensichtlich sind sie Teil eines anderen Spiels.

Lassen Sie mich Ihnen ein paar Fragen stellen. Gehören die passenden Puzzleteile nun nicht mehr zum Puzzle, nur weil in der Schublade auch ein paar andere Gegenstände zu finden sind? Nein, diese Gegenstände lassen sich leicht und schnell herausfiltern. Haben die nicht zum Puzzle gehörenden Teile das zusammengesetzte Bild verändert? Nein, diese zusätzlichen «Artefakte» stehen in keiner Verbindung zu dem Puzzlebild. Was ist mit den zwei Teilen, die nicht zum Rest zu passen scheinen? Macht es die anderen Teile unpassend, nur weil wir diese zwei Teile ebenfalls in der Schublade gefunden haben? Nein, die grosse Mehrheit der Puzzelteile passt gut mit den anderen zusammen (trotz der Tatsache, dass es zwei Teile gibt, die scheinbar nicht dazu passen). Was, wenn wir die beiden zusätzlichen Stücke zum Puzzle dazurechnen und sie zu integrieren versuchen? Würden sie das fertige Bild entscheidend verändern? Nein, selbst wenn wir sie als Teil des Puzzles akzeptieren und einen Weg fänden, sie einzufügen, würden wir das Bild nach wie vor erkennen.

Ein Tatort ist ganz ähnlich wie diese Schublade voller Gegenstände. Es gibt Teile am Tatort, die das vorliegende Verbrechen beweisen, und es gibt zusätzliche Artefakte, die nichts mit dem Verbrechen zu tun haben. Wenn wir die Artefakte erfolgreich von den Beweisen entfernen, bleibt nur das, was mit dem Tatort zu tun hat. Die blosse Anwesenheit der Artefakte stört uns nicht.

Auch der biblische Text gleicht unserer mit Gegenständen gefüllten Schublade. Es finden sich Textstellen, die als Beweise des Lebens Jesu gelten, und aussertextliche Artefakte, die davon getrennt werden müssen. Wenn wir die textlichen Artefakte erfolgreich von den biblischen Beweisen trennen, bleibt die Beschreibung dessen, was vor mehr als zweitausend Jahren geschah. Die blosse Anwesenheit der textlichen Artefakte stört uns nicht.

6 EIN WERKZEUG FÜR DIE EINSATZTASCHE, EIN TIPP FÜR DIE CHECKLISTE

Wenn Sie Ihre eigene Checkliste mit beweisorientierten Prinzipien erstellen, dann sollten Sie darin diesen wichtigen Ansatz in Bezug auf *Artefakte* aufnehmen. Als Atheist glaubte ich, die Existenz von beim Abschreiben entstandenen Änderungen in der Bibel würde den Wert der textlichen Beweislast alles in allem aufheben. Heute verstehe ich, dass dem nicht so ist. Jeder Tatort enthält Artefakte. Würde ich jede Erklärung der Wahrheit ablehnen, nur weil ich ein Artefakt zusammen mit verlässlichen Beweisen gefunden habe, könnte ich nie jemanden eines Verbrechens überführen. Alle antiken Dokumente enthalten ebenfalls textliche Artefakte. Wenn wir die gesamte Schrift ablehnen, nur weil sie Artefakte welcher Art auch immer enthält, sollten wir folglich auch die antiken Schriften von Platon, Herodot, Euripides, Aristoteles und Homer abweisen. Von diesen Texten existieren bei Weitem nicht so viele Manuskripte, und sie sind weit weniger zuverlässig. Wenn wir denselben Massstab für Perfektion auf andere antike Geschichten anwenden, den einige von der Bibel verlangen, dann müssten wir alles zurückweisen, von dem wir glaubten, es über die Antike zu wissen. Hilfreich ist nur, dass wir über eine Methodik verfügen, die es uns ermöglicht, Artefakte zu entdecken und sie vom Originaltext zu trennen. Mithilfe der *Textkritik* sind wir imstande, Handschriften miteinander zu vergleichen und zu bestimmen, was dazugehört und was nicht. Derselbe Prozess, der mir (als Skeptiker) die Stellen zeigte, denen man nicht trauen konnte, machte mir (als Christ) auch die Stellen deutlich, denen wir vertrauen können. Auf der Grundlage der Textkritik haben wir die Möglichkeit, das Wesen der Originaltexte zu bestimmen, während wir die textlichen Artefakte ausschliessen. Das sollte unser Vertrauen in die vorhandenen Texte *mehren* und nicht *mindern*.

Ich habe viele christliche Freunde, die nur ungern zugeben, dass die Bibel *überhaupt* textliche Artefakte enthält, weil sie die Bibel immer als *unfehlbar* (fehlerlos) verteidigt haben. Aber das Vorhandensein von textlichen Artefakten sagt nichts über den Originaltext, die *Urschrift*, an die wir denken, wenn wir über Unfehlbarkeit reden. Das Christentum anerkennt, dass Gott Menschen gebrauchte, um seinem Volk seine Wahrheit zu verkünden. Zur Zeit des Alten Testaments benutzte Gott Propheten, die zum Volk Israel sprachen. Zur Zeit des Neuen Testaments gebrauchte Gott die apostolischen Augenzeugen, die Zeugnis über seinen Sohn ablegten. Das Christentum anerkennt die Unfehlbarkeit der Originaldokumente dieser Augenzeugen, auch wenn sich darin (wie bereits beschrieben) besondere Eigenarten und persönliche Blickwinkel finden. Auch bei der Weitergabe dieser Augenzeugenberichte waren Menschen beteiligt. Wie die Autoren hatten auch die Schreiber eine persönliche Perspektive und menschliche Eigenheiten, die Einfluss gehabt haben könnten auf die Art und Weise, wie sie die Manuskripte kopierten. Obschon sie möglicherweise hier und dort kleine Teile des Texts veränderten, besitzen wir genügend vergleichbare Abschriften der antiken Dokumente, um diese Änderungen erkennen und sie aus den verlässlichen Berichten zu entfernen. Die textlichen Artefakte bezeugen den schonungslosen Realismus der biblischen Berichte. Wie bei anderen realen Sammlungen von Beweisstücken sind auch Artefakte unter den zuverlässigen Beweisen. Wie an anderen Verbrechensschauplätzen dürfen diese Artefakte nicht unserer Fähigkeit im Weg stehen, die Wahrheit zu bestimmen (und zu verteidigen).

Kapitel 7

Prinzip #7

WIDERSTEHEN SIE VERSCHWÖRUNGS-THEORIEN

«Charlie, dein Mitbewohner hat uns schon gesagt, wo wir das grüne karierte Hemd finden, das du gestern Abend getragen hast.» Charlie sass mit gesenktem Kopf und den Händen auf den Oberschenkeln da. Seine Körpersprache verriet, dass er sich permanent gegen meine Fragen stemmte. Aber der letzte Satz entlockte ihm die erste kleine Reaktion, die ich an diesem Nachmittag bei ihm sah. Schliesslich hob Charlie den Kopf und blickte mir in die Augen. «Sie und ich, wir beide wissen, dass ich das Blut des Opfers an diesem Hemd finden werde», sagte ich. Charlie sass still da. Ich erkannte, dass er meiner Lüge über seinen Mitbewohner glaubte.

EINIGE POPULÄRE VERSCHWÖRUNGS-THEORIEN

- Lee Harvey Oswald handelte nicht allein, als er Präsident Kennedy ermordete.
- Die US-Regierung war beteiligt am Terroranschlag vom 11. September 2001.
- Die Mondlandung der Apollo im Jahr 1969 war vorgetäuscht.
- In Roswell in New Mexico ist ein UFO abgestürzt.

Achtzehn Stunden zuvor hatten Charlie und sein Mitbewohner Vic versucht, Dennis Watkins auszurauben, als dieser vom Haus seiner Freundin nach Hause ging. Ein einfacher Raubüberfall auf der Strasse wurde zu einem Mordfall, als Dennis meinte, er wäre grösser als Charlie, und mit ihm um sein Messer kämpfte. Charlie stach nur einmal zu. Die Wunde im Brustbereich war tödlich. Der Überfall ereignete sich spätabends in einem schmalen Durchgang hinter einem Fastfood-Restaurant in unserer Stadt. Es gab keine Zeugen, und niemand war zu diesem Zeitpunkt auf der Strasse, aber Charlie wurde ohne sein Wissen von einer Überwachungskamera aufgenommen, die sich an einer Bank auf der anderen Seite der Gasse befand. Obwohl die Kamera zu weit entfernt war, um das Gesicht des Mörders zu erkennen, zeigte sie doch deutlich das ungewöhnliche grün karierte Hemd eines der beiden Angreifer und lieferte uns einen Eindruck von ihrer allgemeinen Grösse und Statur. Mehrere Stunden später hatten wir (mithilfe einer Reihe von Ermittlungsmassnahmen) Charlie und Vic verhaftet, aber leider standen uns nur wenige Beweise zur Verfügung, die ihre Beteiligung untermauerten. Wir brauchten klare Ergebnisse, wenn wir den Fall dem Staatsanwalt übergeben wollten.

Direkt nach ihrer Verhaftung trennten wir Charlie und Vic voneinander. Vic sass im zweiten Vernehmungsraum am Ende des Flurs. Ich hatte ihn noch nicht verhört, als ich Charlie über das Gespräch anlog. Vic hatte mir nicht erzählt, wo das karierte Hemd zu finden war. Charlie schien einfach besser der physischen Statur des Hauptverdächtigen auf dem Video zu entsprechen, deshalb versuchte ich es mit ihm als Tatverdächtigem, der das Hemd trug. Charlies Reaktion verriet mir, dass ich richtiglag. Er zappelte auf seinem Stuhl herum und schaute wieder auf den Boden. Ich blieb ruhig und liess meine Aussage im Raum stehen. Schliesslich blickte Charlie auf.

«Vic hat gelogen. Er hat mir das Hemd zu meinem Geburtstag geschenkt, aber er trägt es häufiger als ich.» Charlie verschränkte wieder seine Arme und lehnte sich zurück. Er versuchte, den Abstand zu mir zu vergrössern.

Das war tatsächlich alles, was ich brauchte – nur ein weiteres kleines Stückchen Information. Ich liess Charlie einen Augenblick allein und betrat das Zimmer, in dem Vic sass. Ich zog einen Stuhl an den Tisch heran, der zwischen uns stand, stellte mich kurz vor und kam gleich zur Sache.

«Vic, ich habe gerade mit Charlie gesprochen. Mord ist ein schweres Verbrechen, und er hat mir gesagt, dass du den Typ erstochen hast. Er hat mir auch von dem grün karierten Hemd erzählt. Er meinte, du hättest ihm das Hemd zum Geburtstag geschenkt, trägst es aber öfter als er. Er hat uns auch verraten, wo wir es finden können. Er sagte, auf dem Hemd wäre das Blut des Opfers, und er ist bereit, gegen dich auszusagen, Freundchen.»

In den nächsten fünfzehn Minuten berichtete uns Vic alles über die Straftat und bestätigte, was wir auf dem Video gesehen hatten. Er lieferte uns viele Details über ihren Plan für den Überfall, und er bestätigte seine untergeordnete Rolle bei dem Angriff. Ausserdem verriet er uns, dass Charlie Dennis niedergestochen hatte, und er zeigte uns, wo das Messer war. Vic glaubte alles, was ich ihm über Charlie gesagt hatte. Ich hatte gerade so viele richtige Informationen, um meine Lügen glaubhaft klingen zu lassen. Die Kombination war stark genug, um Vic davon zu überzeugen, dass Charlie ihn «verpfiffen» hatte. Jetzt war Vic bereit, es ihm heimzuzahlen.

REGELN FÜR GUTE VERSCHWÖRUNGEN

In meiner Tätigkeit als Ermittler habe ich viele Verschwörungen und *Verbrechen mit vielen Tatverdächtigen* untersucht. Auch wenn erfolgreiche Verschwörungen ein beliebtes Thema vieler Filme und Romane sind, habe ich gelernt, dass sie (in der Realität) äusserst schwer zu bewerkstelligen sind. Erfolgreiche Verschwörungen zeichnen sich durch einige Merkmale aus:

EINE KLEINE ZAHL VON VERSCHWÖRERN

Je weniger Verschwörer, umso wahrscheinlicher ist die Aussicht auf Erfolg. Das ist leicht zu verstehen. Lügen sind schwer aufrechtzuerhalten, und je weniger Personen an der Lüge beteiligt sind, desto besser.

PRÄZISE UND SOFORTIGE KOMMUNIKATION

Das ist entscheidend. Wenn Verschwörer nicht wissen, ob ihre Komplizen schon die Wahrheit gesagt haben, werden sie wahrscheinlich eher etwas sagen, um sich der Strafe zu entziehen. Ohne ausreichende und umgehende Kommunikation können Mitverschwörer Lügen nicht von der Wahrheit unterscheiden. Ermittler können sie leicht hinters Licht führen und sie gegeneinander ausspielen.

EIN KURZER ZEITRAUM

Es ist schon schwer, Lügen ein Mal zu erzählen, aber noch viel schwerer ist es, sie über einen langen Zeitraum ständig zu wiederholen. Aus diesem

Grund gilt: Je kürzer die Verschwörung dauert, desto besser. Die ideale Verschwörung umfasst nur zwei Verschwörer, und einer der beiden tötet den anderen direkt nach dem Verbrechen. Eine solche Verschwörung ist unglaublich schwer aufzudecken!

VERSCHWÖRUNGEN

Um klarzumachen, dass ein Angeklagter Teil einer verbrecherischen Verschwörung ist, muss ein Staatsanwalt im Staat Kalifornien beweisen, dass

1. Der Angeklagte beabsichtigte einzuwilligen und willigte auch ein, mit [einem oder mehr] (der anderen Angeklagten), ... [ein] mutmassliche[s] Verbrechen ... zu begehen;
2. Der Angeklagte und [einer oder mehr] der anderen mutmasslichen Mitglieder der Verschwörung beabsichtigten zum Zeitpunkt der Zustimmung, dass einer oder mehr von ihnen ... [ein] mutmassliche[s] Verbrechen begeht;
3. (Einer der) Angeklagten ... [oder alle] verübten [mindestens] eine der mutmasslichen offenkundigen Handlung[en], um das mutmassliche Verbrechen zu begehen (Paragraf 415, *Judicial Council of California Criminal Jury Instructions*, 2006).

EIN WICHTIGES BEZIEHUNGSVERHÄLTNIS

Wenn alle Mitverschwörer miteinander durch tiefgehende Beziehungen verbunden sind, ist es viel schwerer, einen von ihnen davon zu überzeugen, die anderen «fallen zu lassen». Sind zum Beispiel alle Verschwörer Angehörige einer Familie, ist das nahezu unmöglich. Je enger das Band zwischen allen Verschwörern ist, desto wahrscheinlicher ist eine erfolgreiche Verschwörung.

WENIG ODER KEIN DRUCK

Wenige Tatverdächtige bekennen die Wahrheit, bis sie sich der Gefahr des Scheiterns bewusst werden. Solange Verschwörer nicht zu einem Bekenntnis gedrängt werden, lügen sie einfach weiter. Der Druck muss nicht physischer Natur sein. Wenn Verdächtige fürchten, ins Gefängnis zu kommen oder von ihresgleichen geächtet zu werden, versuchen sie oft, ihr Gesicht zu wahren oder die eigene Haut zu retten. Das vervielfacht sich noch, je mehr Verschwörer beteiligt sind. Je grösser der Druck auf die Mitverschwörer wird, umso wahrscheinlicher ist es, dass die Verschwörung scheitert.

Charlies und Vics Verschwörung liess sich aus mehreren Gründen nur schwer aufrechterhalten. Obwohl es nur zwei Verschwörer gab, schafften sie es nicht, miteinander zu kommunizieren. Nachdem sie getrennt worden waren, bekamen sie nicht mehr mit, was der andere der Polizei sagte. Deshalb waren wir in der Lage, die beiden gegeneinander auszuspielen, ohne dass wir sie auf frischer Tat ertappt hatten. Ausserdem waren Charlie und Vic nur Mitbewohner. Je mehr wir mit ihnen redeten, umso deutlicher wurde, dass sie bereit waren, einander zu verraten, um der Strafe zu entkommen. Weder Charlie noch Vic waren je im Staatsgefängnis gewesen, aber sie hatten schon Bekanntschaft mit dem Bezirksgefängnissystem gemacht. Von anderen Insassen hatten sie Geschichten über die Zustände in kalifornischen Gefängnissen gehört, und die Angst, dort einsitzen zu müssen, war eine wichtige Motivation für ihre Kooperation. Besonders erfolgreich sind Verschwörungen, wenn alle von mir beschriebenen Merkmale zusammenkommen. In diesem Fall fehlten mehrere entscheidende Merkmale.

DIE CHRISTLICHE VERSCHWÖRUNG

Als Atheist erkannte ich, dass die wichtigste Behauptung der mutmasslichen apostolischen *Augenzeugen* mit der Auferstehung zu tun hatte. Das war eine wirklich grosse Sache, grösser als jedes andere angebliche Wunder, das Jesus jemals vollbracht hatte, und der Beweis, den die Apostel jedes Mal anzuführen schienen, wenn sie von Jesus sprachen. Ich ging stets davon aus, dass es eine Lüge war. Vielleicht war es nur mein skeptisches Wesen oder meine Erfahrung, die ich aufgrund meiner Arbeit mit Menschen gemacht hatte. Mir ist bewusst, wie Menschen lügen können, wenn es ihren Zielen dient. Meiner Meinung nach waren die Apostel davon nicht ausgenommen. Ich glaubte, diese zwölf Männer hätten sich die raffinierteste und einflussreichste Verschwörung aller Zeiten ausgedacht, durchgeführt und aufrechterhalten, um ihre Sache voranzutreiben und ihre eigene Position in der religiösen Gemeinschaft zu stärken. Als ich aber mehr über das Wesen von Verschwörungen lernte und die Möglichkeit bekam, mehrere Verschwörungsfälle zu untersuchen und zu entschlüsseln, begann ich, an der angeblichen «christlichen Verschwörung» zu zweifeln.

Die Apostel standen vor viel grösseren Herausforderungen als Charlie und Vic zweitausend Jahre später. Die für eine erfolgreiche Durchführung der christlichen Verschwörung erforderliche Zahl an Verschwörern wäre immens gewesen. In der Apostelgeschichte erfahren wir, dass nach der Himmelfahrt Jesu 120 Augenzeugen im Obersaal zusammengekommen waren (Apg 1,15). Gehen wir mal einen Augenblick davon aus, dass diese Zahl eine grobe Übertreibung ist. Lassen Sie uns mit einer weitaus kleineren Zahl arbeiten, um unseren Punkt zu veranschaulichen. Wir wollen uns auf die zwölf Apostel beschränken (mit Matthias als Ersatz für Judas). Diese Zahl ist für Verschwörungsverhältnisse schon ungeheuer gross, da keines der Merkmale für eine erfolgreiche Verschwörung auf die zwölf Apostel zutraf.

Die Apostel hatten kaum oder nur sehr geringe Möglichkeiten, effektiv, schnell und eingehend miteinander zu kommunizieren. Nachdem sie Jerusalem verlassen hatten, wurden die zwölf Jünger im ganzen Römischen Reich zerstreut und den ältesten Berichten zufolge letzten Endes weit voneinander entfernt verhört, wo sie auch als Märtyrer starben. Im 1. Jahrhundert verlief die Kommunikation noch schrecklich langsam, und im Gegensatz zu Charlie und Vic waren die Apostel nicht nur durch einen Flur getrennt. Von Petrus in Rom bis hin zu Jakobus in Jerusalem und Thomas in Mylapore scheinen die Apostel an Orten verhört worden zu sein, an denen sie nicht mal eben miteinander kommunizieren konnten. Sie hatten keine Ahnung, ob einer ihrer Mitverschwörer bereits «die Lügen aufgegeben» und sich gerettet hatte durch das *Bekenntnis*, dass Jesus überhaupt nicht auferstanden war. Obgleich Skeptiker manchmal behaupten, dass die dokumentierten Orte, an denen sie den Märtyrertod starben, wenig glaubwürdig seien, weil sie zu einem vorgefassten christlichen Bericht gehören, findet sich keine einzige nichtchristliche Aufzeichnung, die den Behauptungen von regionalen Gemeinschaften und Historikern über ihren Märtyrertod widerspricht.

Ausserdem hätten die Apostel ihre Verschwörungslügen für einen unglaublich langen Zeitraum schützen müssen. Der Apostel Johannes scheint am längsten gelebt zu haben, und das noch sechzig Jahre nach der Auferstehung. Charlie und Vic konnten ihre Verschwörung keine 36 Stunden aufrechterhalten; die Apostel hielten ihre angebliche Verschwörung viele Jahrzehnte lang aufrecht.

Erschwerend kommt hinzu, dass sich viele von ihnen vor ihrer gemeinsamen Zeit als Jünger Jesu völlig fremd waren. Manche waren Brüder, aber viele kamen im Lauf des irdischen Dienstes Jesu aus den verschiedensten Verhältnissen, Gemeinschaften und Familien hinzu. Unter den apostolischen Augenzeugen gab es zwar Familienangehörige, aber andere hatten keine Beziehung zueinander. Philippus, Bartholomäus, Thomas, Simon der Kananäer und Matthias standen in keinem familiären Verhältnis zu einem der Apostel. Wie die Verbindung dieser Männer auch immer gewesen sein mag, die kurze Zeit, die sie miteinander verbrachten, sollte bald schon verblassen im Vergleich zu den Jahrzehnten, die sie getrennt voneinander lebten, bis sie ihr Zeugnis gaben. Ab einem bestimmten Punkt wurden die Bande von Freundschaft und Gemeinschaft auf die Probe gestellt, wenn das Leben des Einzelnen in Gefahr war.

Erfolgreiche Verschwörungen sind Verschwörungen ohne Druck. Die Apostel hingegen wurden massiv verfolgt, als sie von Italien bis Indien zerstreut wurden. Den Aufzeichnungen und Berichten regionaler Gemeinschaften zufolge musste jeder von ihnen unfassbare physische Leiden ertragen und den Märtyrertod sterben. Antike Schriftsteller berichteten, dass Petrus in Rom mit dem Kopf nach unten gekreuzigt, Jakobus mit dem Schwert in Jerusalem getötet und Thomas von einem Mob in Mylapore umgebracht wurde. Jede Märtyrergeschichte ist schauriger als die andere, wenn wir uns die Liste der Todesfälle der Apostel anschauen. Dieser Druck war weitaus grösser als die Angst vor dem Staatsgefängnis, die Charlie und Vic empfanden, aber keiner der Zwölf schwor seinen Überzeugungen hinsichtlich der Auferstehung ab. Nicht einer.

Ich kann mir keine ungünstigeren Bedingungen für eine erfolgreiche Ver schwörung vorstellen als die, vor denen die zwölf Apostel standen. Wenn Sie das Problem nun mal zehn nehmen (wegen der 120 Jünger im Obersaal; Apg 1,15) oder mal vierzig wegen der 500 Augenzeugen, von denen Paulus sprach (1Kor 15,6), dann scheinen die Chancen auf eine glaubhafte Verschwörungstheorie noch schlechter zu stehen. Keiner dieser Augenzeugen hat je widerrufen, nicht einer liess sich von den Feinden des Christentums dazu bringen, der christlichen «Lüge» abzuschwören.

Verstehen Sie mich nicht falsch, jeden Tag finden erfolgreiche Verschwörungen statt. Aber normalerweise ist nur eine kleine Zahl von unglaublich eng verbundenen Personen beteiligt, die für einen sehr kurzen Zeitraum ohne äusseren Druck in ständigem Kontakt miteinander stehen. Das war bei den Jüngern aber nicht der Fall. Diese Männer und Frauen waren entweder an der grössten Verschwörung aller Zeiten beteiligt oder einfach nur Augenzeugen, die die Wahrheit erzählten. Je mehr Verschwörungen ich kennenlernte, umso wahrscheinlicher erschien mir die zweite Möglichkeit.

DIE ÜBERLIEFERTEN MÄRTYRERTODE DER APOSTEL

- Andreas wurde in Patras in Griechenland gekreuzigt.
- Bartholomäus (auch bekannt als Nathanael) wurde in Armenien zu Tode gepeitscht.
- Jakobus der Gerechte wurde vom Jerusalemer Tempel hinabgestürzt und anschliessend zu Tode geschlagen.
- Jakobus der Ältere wurde in Jerusalem enthauptet.
- Johannes starb im Exil auf der Insel Patmos.
- Lukas wurde in Griechenland gehängt.
- Markus wurde in Alexandria in Ägypten von Pferden zu Tode geschleift.
- Matthäus wurde in Äthiopien mit dem Schwert getötet.
- Matthias wurde in Jerusalem gesteinigt und anschliessend enthauptet.
- Petrus wurde mit dem Kopf nach unten in Rom gekreuzigt.
- Philippus wurde in Phrygien gekreuzigt.
- Thomas wurde in Indien mit einem Speer erstochen.

MÄRTYRERTUM IST NICHT IMMER EIN BEWEIS

Bevor ich das Thema Verschwörungen abschliesse, möchte ich noch einen Punkt ansprechen, der manchmal im Zusammenhang mit Märtyrertum und Wahrheit aufgeworfen wird. Die Geschichte ist voller Beispiele von Männern und Frauen, die sich ihren religiösen Ansichten so sehr verschrieben hatten, dass sie für ihre Überzeugungen bereitwillig den Märtyrertod auf sich nahmen. Die Entführer, die die Flugzeuge in die *Twin Towers* in New York steuerten, hielten sich zum Beispiel für religiöse Märtyrer. Konnte ihr Märtyrertod die Wahrheit ihrer Überzeugungen in ähnlicher Weise bezeugen wie derjenige der zwölf Apostel? Nein, wir müssen hier einen wichtigen Unterschied machen. Sie und ich mögen vielleicht für das sterben, was wir heute glauben, und den Aussagen der Augenzeugen vor Tausenden von Jahren vertrauen. Wir waren nicht dort und haben Jesus nicht mit eigenen Augen gesehen, aber wir glauben, ihr Zeugnis aus gutem Grund akzeptieren zu können. Unser Märtyrertod würde somit unser Vertrauen demonstrieren, nicht so sehr die Wahrheit bestätigen.

Die ursprünglichen Augenzeugen waren da in einer ganz anderen Position. Sie wussten aus erster Hand, ob ihre Behauptungen stimmten oder nicht. Sie mussten hinsichtlich ihres Zeugnisses nicht auf andere vertrauen; sie hatten alles selbst erlebt. Das Märtyrertum dieser Augenzeugen ist ganz anders als das der Menschen, die nach ihnen kamen. Wenn ihre Behauptungen eine Lüge waren, wussten sie es persönlich, im Gegensatz zu denen, die in den darauffolgenden Jahrhunderten den Märtyrertod erlitten. Natürlich ist es denkbar, dass wir für etwas sterben können, das wir *irrtümlich für wahr halten*, völlig undenkbar hingegen ist es, dass diese Männer für etwas starben, von dem sie *genau wussten*, dass es unwahr gewesen wäre.

EIN WERKZEUG FÜR DIE EINSATZTASCHE, EIN TIPP FÜR DIE CHECKLISTE

Eine gesunde Skepsis gegenüber Verschwörungstheorien ist ein wichtiges Werkzeug für unsere *Einsatztasche*. Den Behauptungen, die Apostel hätten sich verschworen, sollten wir skeptisch gegenüberstehen. Filme wie *The God*

Who Wasn't There[27] und *Zeitgeist*[28] haben die Vorstellung populär gemacht, dass das Christentum lediglich eine Neuauflage alter Mythen sei. Im Grunde behaupten diese Filme, dass eine Gruppe von Verschwörern die fiktionale Geschichte Jesu aus bereits existierenden Mythen zusammengetragen (ein bisschen von hier und ein bisschen von dort) und die ausgefeilte Lüge bis zu ihrem Tod aufrechterhalten habe. Auch wenn einige meiner skeptischen Freunde die Aussagen des Christentums nach wie vor ablehnen, hoffe ich, ihnen zumindest zu der Erkenntnis verhelfen zu können, dass erfolgreiche Verschwörungen im grossen Stil selten sind und die Vorstellung einer «christlichen Verschwörung» schlichtweg unvernünftig ist.

Als Christen muss uns klar sein, dass unsere Gesellschaft von Verschwörungstheorien fasziniert ist. Viele unserer Freunde und Familienangehörigen lassen sich schnell auf ausgeklügelte Verschwörungsinhalte ein, selbst wenn einfachere Erklärungen auf der Hand liegen. Mit meinem Wissen über die Schwierigkeiten, die erfolgreiche Verschwörungen an sich haben, kann ich den Skeptikern in meinem Umfeld helfen, die Aussagen der Apostel richtig einzuschätzen. Auch Sie können das. Wir alle müssen uns Zeit nehmen, die Aspekte erfolgreicher Verschwörungen zu verstehen, damit wir sie anderen vermitteln können. Um aber konsequent an unseren Überzeugungen und Erklärungen festzuhalten, müssen wir auch der Versuchung widerstehen, in jedem aktuellen Ereignis eine Verschwörung zu sehen. Wenn es abwegig ist, die Auferstehung als das Produkt einer Verschwörung zu betrachten, gilt das ebenso für andere Ereignisse, die eine grosse Zahl von Verschwörern und perfekte Bedingungen für eine Verschwörung erfordern. Lassen Sie uns vorsichtig sein und nicht vorschnell Verschwörungstheorien aus dem säkularen Bereich aufgreifen, während wir auf der anderen Seite versuchen, die angebliche Verschwörung der Apostel zu widerlegen. Wenn wir Verschwörungstheorien richtig verstehen und abweisen, können wir einer skeptischen Welt die Wahrheit der Auferstehung erfolgreich weitergeben.

---

27 *The God Who Wasn't There*, Regie Brian Flemming (Hollywood: Beyond Belief Media, 2005).
28 *Zeitgeist*, Regie Peter Joseph (GMP LLC, 2007).

Kapitel 8
Prinzip #8

RESPEKTIEREN SIE DIE «BEWEISMITTEL-KETTE»

«Detective Wallace, stimmt es, dass ...»

Etwas sagte mir, dass die Frage, die ich nun hören sollte, die Absicht hatte, meine Ermittlungsarbeit in einem unaufgeklärten Kriminalfall zu kritisieren. Einer der fähigsten Verteidiger des Staates stand hinter dem Podium und starrte mich mit einem dramatischen und misstrauischen Gesichtsausdruck an, als er seinen sechsten Vernehmungstag begann. Mittlerweile war ich mit seiner Vorgehensart vertraut; seine Fragen waren eher rhetorisch und dienten nicht so sehr der Beweisführung. Er versuchte, seinen Standpunkt deutlich zu machen und die ursprünglich am Prozess beteiligten Ermittler zu diffamieren. Wenn ein Verteidiger eine Frage so anfängt, stehen die Chancen gut, dass er als Nächstes etwas wenig Schmeichelhaftes sagt.

«Detective Wallace, stimmt es, dass es nicht ein einziges Foto von dem angeblichen Knopf vom Tatort gibt, von dem Sie sagen, er wäre am Ort des Mordes im Jahr 1985 gefunden worden?» Er stand jetzt etwas aufrechter da und rückte seinen Hosenbund zurecht, was die Hosenträger zum Vorschein kommen liess, die sonst unter seiner Anzugjacke verdeckt waren. Er trug den feinsten Anzug, den ich seit Langem in einem Gerichtssaal gesehen hatte. Gelegentlich stolzierte er hinter dem Podium auf und ab, um das gute Stück vor den Geschworenen zur Schau zu stellen.

«Sir, ich glaube, die Ermittler am Tatort haben damals ein Foto gemacht», erwiderte ich. Obwohl es stimmte, wusste ich, dass ihn meine Aussage nicht zufriedenstellen würde; ich konnte erkennen, in welche Richtung dies ging.

Der Knopf war ein Hauptbeweisstück, das auf den Angeklagten hindeutete. Während der Mord geschah, wurde er von seinem Hemd abgerissen und später am Tatort gefunden. Die Ermittler beantragten einen Durchsuchungsbefehl und stellten im Appartement des Angeklagten ein Hemd sicher, an dem ein Knopf fehlte. Forensische Vergleiche ergaben, dass der am Tatort gefundene Knopf zum Hemd des Angeklagten passte. Aber wir hatten ein Problem.

Die CSI-Beamten benutzten 1985 eine 35-mm-Kamera, und sie waren durch ihre Technologie begrenzt. Normalerweise verwendeten sie Filmrollen mit jeweils 12, 24 oder 36 Aufnahmen. Deshalb hatte ich weniger Fotos, als mir lieb gewesen wäre (heute machen Kriminaltechniker Hunderte von digitalen Fotos mit Kameras, die Tausende von Bildern speichern können). Und es kommt noch schlimmer: 1985 hatten die Fotografen keine Möglichkeit, die aufgenommenen Fotos vorher anzuschauen. Sie mussten warten, bis die Fotos entwickelt waren, um herauszufinden, ob ihre Fotos scharf und fokussiert sind. Wie sich herausstellte, war eines der wichtigsten an diesem Tatort geschossenen Fotos das des Knopfes, und ausgerechnet das gehörte zu den drei Fotos, die unscharf waren. Die CSI-Beamten machten insgesamt nur 48 Fotos, und auf keinem von ihnen war der Knopf deutlich zu erkennen.

BEWEISE FÄLSCHEN

Verteidiger deuten manchmal an, dass ein Beamter in einem Fall Beweise heimlich untergeschoben habe. Um eine derartige Anschuldigung aufrechtzuerhalten, muss jedoch bewiesen werden, dass

1. «Der [Beamte] vorsätzlich und absichtlich [ein Beweisstück] ... verändert, untergeschoben, platziert, gemacht, versteckt oder bewegt hat.
2. Der [Beamte] wusste, dass er [ein Beweisstück] ... verändert, untergeschoben, platziert, gemacht, versteckt oder bewegt hat.
3. Wenn der [Beamte] [das Beweisstück] ... veränderte, unterschob, platzierte, machte, versteckte oder bewegte, er mit seinem Handeln die Absicht verfolgte, dass jemand eines Verbrechens beschuldigt wird [oder das Beweisstück] zu Unrecht in einem Gerichtsverfahren ... als echt oder wahr vorgelegt wird»

(Paragraf 2630, *Judicial Council of California Criminal Jury Instructions*, 2006).

«Kommen Sie schon, Detective Wallace, Sie wissen ebenso gut wie ich, dass es nicht ein einziges Bild von diesem Knopf am Tatort gibt. Sie verweisen weiter auf diese verschwommenen Bilder und erwarten von der Jury, dass sie glauben soll, dass sie Ihr wichtigstes Beweisstück zeigen?» Das war ein gutes Argument. Wir hatten kein klares Bild von dem Knopf auf den Fotos vom Tatort. Dennoch wussten wir mit Sicherheit, dass der Knopf Teil des Tatorts war. Die ersten eintreffenden Beamten berichteten, ihn gesehen zu haben, und die Ermittler, die später hinzukamen, hielten den Knopf ebenfalls in ihren Notizen fest. Die CSI-Beamten sammelten den Knopf ein und fügten ihn später an diesem Tag dem Beweismaterial hinzu, zusammen mit anderen Gegenständen vom Tatort und einer Reihe von Dingen, die aufgrund des Durchsuchungsbefehls eingesammelt wurden.

«Stimmt es, dass der Knopf zum ersten Mal in einem formalen Polizeibericht erwähnt wurde, als die CSI-Beamten *nach* dem Durchsuchungsbefehl einen Eigentumsbericht erstellten?»

Was er sagen wollte, war klar. Wenn der Knopf am Tatort nicht fotografiert wurde, gab es keine Möglichkeit, sicherzugehen, dass die Beamten ihn nicht bei der Vollstreckung des Durchsuchungsbefehls gefunden und ihn von einem Hemd des Angeklagten gerissen hatten und dann behaupteten, er sei zum ersten Mal am Tatort aufgetaucht. Der Anwalt deutete vorsichtig an, dass die Ermittler bezüglich des Knopfes gelogen hätten, um die Beweise zu manipulieren und seinem Mandanten etwas anzuhängen.

Ich war besorgt, dass die Geschworenen diese verschlagene Erklärung über den Knopf akzeptieren könnten, aber meine Befürchtung war unangebracht. Nachdem die Geschworenen den Angeklagten verurteilt hatten, sagten sie uns, dass sie den Aussagen der eintreffenden Streifenpolizisten, CSI-Beamten und Ermittlern glaubten, die den Knopf in ihren Aufzeichnungen erwähnt hatten. Die Jury war nicht bereit zu glauben, dass sich eine Verschwörung dieser Grössenordnung gebildet hatte (unter der Beteiligung von sieben unterschiedlichen Beamten aus drei verschiedenen Abteilungen), um dem Angeklagten etwas unterzuschieben. Sie verurteilten ihn trotz der Tatsache, dass wir kein scharfes Bild des Knopfes vom Tatort hatten.

EINE «BEWEISMITTELKETTE» AUFBAUEN

Kriminalbeamte lernen schnell, wie wichtig es ist, Hauptbeweisstücke zu dokumentieren und nachzuverfolgen. Wenn mit dem Beweismaterial nicht vorsichtig umgegangen wird, kann der Fall von einer Reihe von Fragen überschattet werden, sobald er den Geschworenen präsentiert wird. Wurde ein bestimmtes Beweisstück wirklich am Tatort gefunden? Woher wissen wir, dass es tatsächlich dort war? Woher wissen wir, dass ein Beamter es nicht dort «platziert» hat? Derartige Fragen können vermieden werden, wenn wir die «Beweismittelkette» respektieren und aufbauen. An jedem Tatort befinden sich wichtige Beweisstücke, die letzten Endes einer Jury vorgelegt werden müssen, die dann vor Gericht über sie zu entscheiden hat. So musste unser Knopf beispielsweise den ganzen Weg vom Tatort bis in den Gerichtssaal finden. Unterwegs verbrachte er Jahre in der Asservatenkammer der Polizei und wurde auch von einer Reihe von Spezialisten angefasst, bis ich ihn schliesslich dort herausholte und ins Gericht brachte.

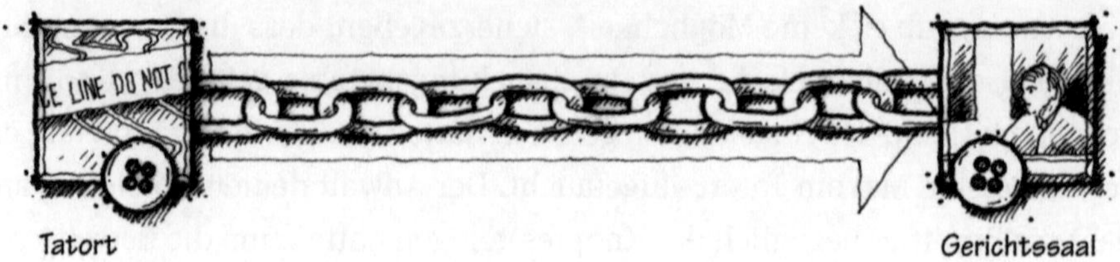

Jeder Schritt in diesem Prozess ist ein Glied in der Kette, die den Tatort mit dem Gerichtssaal verbindet. Wenn ich nachweisen kann, dass alle Glieder miteinander verbunden und ordnungsgemäss dokumentiert sind, können die Geschworenen der Tatsache vertrauen, dass der Knopf, den ich ihnen vor Gericht zeige, derselbe ist wie der, den wir am Tatort gefunden haben. Bei einer idealen Ermittlung hält der Polizist vor Ort den Fund des Knopfes in seinen Aufzeichnungen fest und bittet einen CSI-Beamten, den Gegenstand zu fotografieren. Der CSI-Beamte sammelt den Knopf anschliessend ein und fügt ihn dem Beweismaterial hinzu. Dann verstaut er ihn sorgsam und erwähnt ihn in seinem Bericht. Später kommt der Knopf in der Asservatenkammer zu den Beweisstücken, und Datum und Zeit der Aufnahme werden dokumentiert, zusammen mit dem Namen des diensthabenden Beamten. Jedes Mal, wenn der Knopf nun aus dem Lager entfernt wurde, um von Experten untersucht zu werden, wurde dies festgehalten. Berichte wurden geschrieben und Eigentumsnachweise geführt, um den Knopf auf seinem Weg zurückverfolgen zu können, von dem Punkt an, als er zum ersten Mal in der Asservatenkammer aufgenommen und schliesslich für den Prozess rausgeholt wurde. Wenn das korrekt gemacht wird, kann die Verteidigung nicht behaupten, dass der Knopf untergeschoben wurde.

Einige von uns erinnern sich vielleicht noch an den berüchtigten O.-J.-Simpson-Prozess. Ihm wurde zur Last gelegt, Nicole Brown Simpson und Ron Goldman getötet zu haben, und sein Verteidigungsteam behauptete, dass die Polizei Beweise gefälscht habe, um ihn mit der Tat in Verbindung zu bringen. Detective Mark Fuhrman vom LAPD (Polizeidienststelle Los Angeles) sagte aus, dass er einen blutbeschmierten Handschuh an dem Ort gefunden hatte, wo Nicole Brown Simpson und Ron Goldman ermordet wurden. Des Weiteren gab er zu Protokoll, dass er sich später am selben Abend auf den Weg zu O. J. Simpsons Haus gemacht und den ebenfalls blutbeschmierten zweiten Handschuh auf dem Anwesen von Simpson gefunden hatte, zusammen mit einer Reihe von Blutstropfen, die von Nicole stammten. Die Verteidigung behauptete, Fuhrman habe die Gegenstände vom Ort des Verbrechens weggenommen und sie auf Simpsons Grundstück platziert. Die Beweismittelkette stand im Mittelpunkt der Argumentation der Verteidigung.

EINE NEUTESTAMENTLICHE «BEWEISMITTELKETTE»

Menschen, die den neutestamentlichen Evangelien skeptisch gegenüberstehen, haben ähnliche Einwände hinsichtlich der Beweismittelkette. Die Evangelien behaupten, Augenzeugenberichte vom Leben und Dienst Jesu Christi zu sein. Diese Aufzeichnungen kamen schliesslich zu den «Gerichtsprotokollen» hinzu, als sie 363 n. Chr. auf dem Konzil von Laodizea als Teil der Heiligen Schrift anerkannt wurden. Dort haben die frühen christlichen Leiter zum ersten Mal den *Kanon* der christlichen Schriften festgelegt – die offizielle Liste der 27 Bücher und Briefe, die das Neue Testament bilden. Vor diesem Treffen im 4. Jahrhundert hatte kein Konzil die Liste der akzeptierten Bücher und Briefe (inklusive der Evangelien) offiziell anerkannt; die Beweise der Evangelien hatte vor diesem wichtigen Kirchenkonzil kein «Gericht» anerkannt. Wenn man das Leben Jesu als den christlichen «Tatort» bezeichnen kann, dann war dieses Konzil fraglos der «Gerichtssaal», wo das Beweismaterial der Augenzeugenaussagen zum ersten Mal offiziell anerkannt wurde.

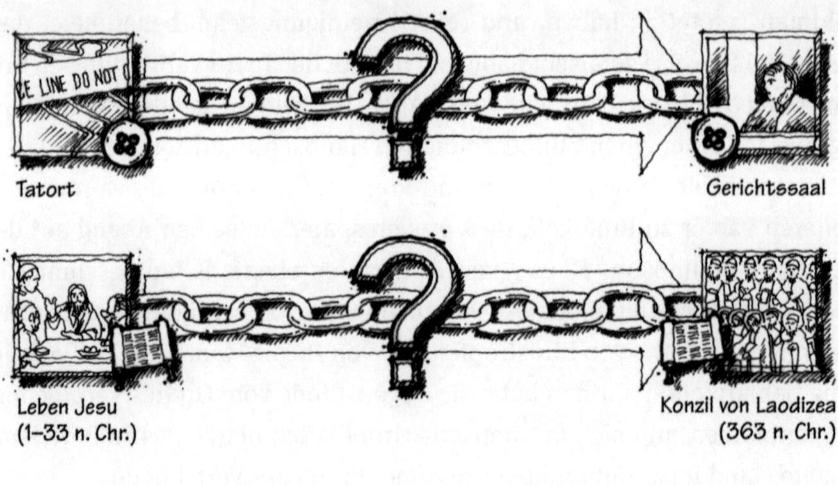

Das ist ein ziemlich langer Zeitraum zwischen dem «Tatort» und dem «Gerichtssaal», meinen Sie nicht? In 330 Jahren konnte eine Menge passieren. Ich dachte, es wäre schon schwierig, die Beweise in meinen Fällen aufzuspüren, und die lagen nur Jahrzehnte zurück! Stellen Sie sich einmal vor, Sie müssten die Beweise zehnmal so viele Jahre zurückverfolgen. Skeptiker haben über diese Zeitspanne nachgedacht und behauptet, dass die Augenzeugenbeweise in den Evangelien «untergeschoben» wurden. Wie der Strafverteidiger, der meinte, der Knopf wäre dem Beweismaterial nach dem Verbrechen hinzugefügt worden, behaupten Skeptiker oft, dass die Evangelien lange nach dem Leben Jesu geschrieben worden seien. Sie seien keine echten Beweise; sie seien von Verschwörern erfunden worden, die jene zum Narren halten wollten, die nicht am «Tatort» waren.

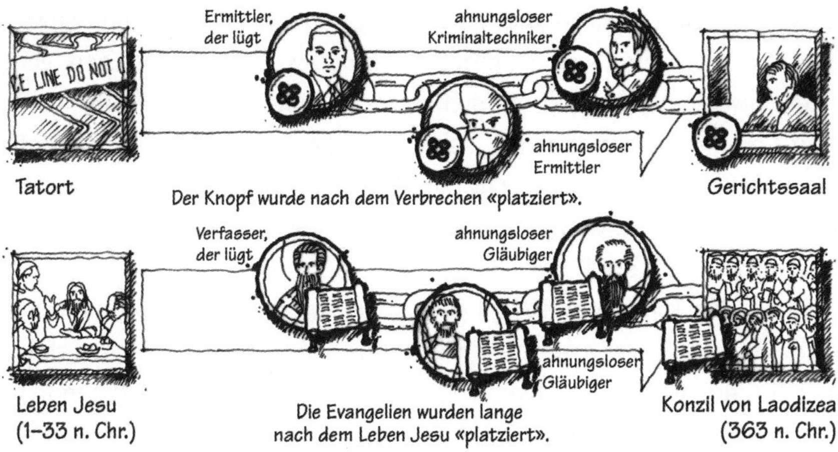

Am besten begegnet man einer derartigen Behauptung, indem man die Beweismittelkette zurückverfolgt. Dann sieht man, ob geklärt werden kann, wer sich mit dem Beweis vom «Tatort» bis zu seinem ersten Erscheinen im «Gerichtssaal» befasst hat.

BEWEISE, GESCHICHTE UND VERNÜNFTIGE ERWARTUNGEN

Auch wenn es nach einer leichten Aufgabe klingen mag, die Beweismittelkette nachzuverfolgen, kann es in sehr alten Fällen extrem schwierig sein. Vor diesem Problem stehe ich als Ermittler in ungelösten Fällen sehr häufig. Wenn ich einen Fall aus der Vergangenheit wieder aufnehme, versuche ich als Erstes, alle Originaldokumente zu beschaffen, die während der ersten Untersuchung geschrieben wurden. Das sollte einfach sein, oder? Ist es aber nicht immer. Obschon diese Fälle unserer Dienststelle wichtig sind, können unerwartete Probleme, die nichts mit der Untersuchung zu tun haben, die Sache hin und wieder erschweren. Manchmal ist etwas verloren gegangen, wenn eine Datenbank aufgrund einer neuen Speichertechnologie ein Upgrade bekommt. Ein andermal ist der Zustand von Aufzeichnungen oder anderen Berichten einfach so schlecht geworden, dass sie nicht mehr verwendbar sind. Oder Dokumente wurden versehentlich zerstört oder gelöscht. Je länger ein Vorfall zurückliegt, desto wahrscheinlicher ist es, dass ich ein Problem habe, alle Informationen zu bekommen, die ich zur Rückverfolgung der Beweismittelkette benötige. Dennoch war ich in der Lage, genug aus der Beweismittelkette zusammenzutragen, um der Jury das Mass an Verantwortung deutlich zu machen. Angesichts des Alters des Falls verstehen die Geschworenen, dass wir nicht dieselbe Menge an *präzisen Aufzeichnungen* erwarten können, wenn Einflüsse von aussen über lange Zeitabschnitte nicht kontrollierbar sind.

Manchmal passiert etwas Ähnliches, wenn man versucht, die Beweismittelkette für die Augenzeugenberichte in den Evangelien zurückzuverfolgen. Stellen Sie sich vor, sie wollten die Einflüsse von aussen über Tausende von Jahren kontrollieren und nicht bloss ein paar Jahrzehnte lang. Die «Originalberichte» des «ungelösten christlichen Falls» wurden auf Papyrus geschrieben, ein ausgezeichnetes Material, wenn man nach etwas suchte, das im ersten Jahrhundert ohne Weiteres zu bekommen war, aber ein schreckliches Material, wenn man nach etwas suchte, das bei häufigem Gebrauch nicht auseinanderfiel. Deshalb besitzen wir nicht mehr die Originaldokumente (manchmal auch «Urschriften» genannt). Die ersten Augenzeugenberichte wurden mehrfach kopiert, sodass sie in der ganzen Gemeinde verbreitet und trotz der besonderen Eigenschaften des Papyrus erhalten werden konnten. Heute ist es schwierig, den Weg, den die Evangelien im Lauf der Zeit genommen haben, präzise zurückzuverfolgen und eine Beweismittelkette aufzubauen.

Um überhaupt erfolgreich zu sein, müssen wir zuerst die Akteure ausmachen, die an einer solchen Kette beteiligt sein könnten. Bei alten unaufgeklärten Mordfällen gehören zu den Gliedern der Kette die zuerst eintreffenden Polizisten, die CSI-Beamten, die ersten Ermittler, die Kriminaltechniker und schliesslich die Ermittler, die sich Jahre später noch einmal mit dem Fall beschäftigen und ihn vor den Staatsanwalt bringen. Wen aber sollte man zur Beweismittelkette der Evangelien rechnen?

Um die neutestamentlichen Evangelien nachverfolgen zu können, müssen wir die ursprünglichen Augenzeugen und ihre unmittelbaren Jünger identifizieren, uns von einer Gruppe von Jüngern zur nächsten bewegen, bis wir die Evangelien von 33 bis 363 n. Chr. zurückverfolgt haben. Die Beweismittelkette des neutestamentlichen Evangeliums, sofern sie denn existiert, würde uns dann mit Sicherheit zeigen, dass die Berichte, die uns heute zur Verfügung stehen, ein präzises Spiegelbild dessen sind, was am «Tatort» beobachtet wurde. Diese «Glied für Glied»-Herangehensweise an die Geschichte der Berichte hilft uns auch, den Einwänden von Skeptikern zu begegnen, die behaupten, dass die Evangelien zu einem historisch späteren Zeitpunkt untergeschoben worden seien. Mit diesem Problem befassen wir uns noch ausführlicher in Teil 2 des Buches, und wir werden die historischen Glieder in dieser wichtigen Kette ausfindig machen.

EIN WERKZEUG FÜR DIE EINSATZTASCHE, EIN TIPP FÜR DIE CHECKLISTE

Als Kriminalbeamter lernte ich schnell, wie wichtig die Beweismittelkette ist, und als ich die Zuverlässigkeit der Evangelien zu untersuchen begann, holte ich dieses Prinzip schliesslich aus meiner Einsatztasche heraus. Bevor ich Christ wurde, hegte ich nur selten dasselbe Mass an Skepsis für andere alte Dokumente wie gegenüber den biblischen Berichten. Ich kann mich erinnern, dass ich schon seit meiner Zeit auf der Highschool ein starkes Interesse an antiker Geschichte besass. Ich hatte Unterricht bei einem wunderbaren, weisen Lehrer, Herrn Schultz, der die Fähigkeit besass, die Vergangenheit zum Leben zu erwecken, indem er unter anderem die antiken schriftlichen Überlieferungen von Herodot und Thukydides verwendete. Er lehrte auf der Grundlage dieser Berichte, als wären sie zuverlässig und wahr, und ich akzeptierte sie ohne grosse Fragen. Herr Schultz redete nie über die Tatsache, dass die frühesten verfügbaren Kopien dieser antiken Autoren etwa fünfhundert Jahre nach den von ihnen beschriebenen Ereignissen entstanden. Es gibt keine klare Beweismittelkette für diese historischen Berichte aus diesem Zeitraum. Wir wissen nicht, wem beispielsweise Herodot seine Schriften anvertraute. Uns ist nicht bekannt, wie seine Aufzeichnungen erhalten wurden oder was mit ihnen in diesen fünf Jahrhunderten geschah. So ergeht es natürlich der überwältigenden Mehrheit der antiken historischen Dokumente. Da wir diese Berichte als auf historischen Tatsachen beruhend ansehen, obwohl ihre Überlieferungsgeschichte fünfhundert Jahre oder länger nicht nachzuweisen ist, wäre es doch nur fair, wenn wir unsere historische Sicht über die Aufzeichnung der Evangelien überdenken, nachdem wir festgestellt haben, dass sie eine überprüfbare Beweismittelkette haben. Das sollten wir im Sinn behalten, wenn wir uns darauf vorbereiten, der Frage in Teil 2 gründlicher nachzugehen.

Von allen von Christen im 1. und 2. Jahrhundert geschriebenen Dokumenten waren die am besten behüteten Texte jene, die es in den *Kanon* der Heiligen Schrift schafften. Nur wenige von uns sind mit den *nichtkanonischen* Schriften aus der frühesten Periode der christlichen Geschichte vertraut. Viele frühe christliche Leser schrieben Briefe und Dokumente, die reich an theologischem Inhalt und historischen Details waren, auch wenn sie nicht als *kanonisch* betrachtet wurden. Diese frühen *nichtkanonischen* Dokumente der Gemeinde können uns viel über die Lehre der ursprünglichen Augenzeugen berichten. Sie werden letzten Endes Teil der Beweismittelkette, wenn wir die Übertragung der Evangelien in den ersten drei Jahrhunderten untersuchen. Es wäre gut, wenigstens etwas über die Identität der Schüler und Jünger der Apostel sowie über ihre Schriften zu wissen. Viele dieser Männer (wie Polykarp, Ignatius und Klemens von Alexandria) wurden als die «Väter der Alten Kirche» bekannt. Sie leiteten die Gemeinde nach dem Tod der

Apostel, und ihre Briefe und Schriften sind online und in gedruckter Form erhältlich. Die frühesten Werke dieser Kirchenväter sind oft interessant und bereichernd. Sie sind es wert, Zeit und Mühe zu investieren, insbesondere wenn wir die neutestamentliche Beweismittelkette und die Zuverlässigkeit der Evangelien als Augenzeugenberichte belegen wollen.

Kapitel 9

Prinzip #9

ERKENNEN SIE, WANN «GENUG GENUG IST»

«Ich war nicht überzeugt», sagte der Geschworene Nr. 8, während er über den Tisch die anderen Geschworenen anschaute. Einige von ihnen lachten und schüttelten den Kopf. Aber der Geschworene Nr. 8 blieb unbeirrt. «He, das ist mir wirklich wichtig. Ich muss mir sicher sein.»

Nach Abschluss des Prozesses und der Urteilsverkündigung sassen wir im Geschworenenzimmer an einem langen Tisch entspannt zusammen. Die Geschworenen waren versammelt und stellten uns eifrig Fragen. Sie sahen erschöpft, aber erleichtert aus. Der Prozess hatte sechs Wochen gedauert, und diese Jury hatte gewissenhaft eine weitere Woche beraten, bevor sie den Schuldspruch verkündete. Ich war nervös, als sich die Beratung über die ersten beiden Tage hinzog. Ich vermutete, dass ein Geschworener (oder mehr) das Urteil hinauszögerte und es auf eine Jury hinauslaufen könnte, die zu keinem Mehrheitsurteil kommt. In Kalifornien müssen bei Strafprozessen alle zwölf Geschworenen ein einstimmiges Urteil abgeben. Wenn sich einer sperrt, kommt es zu keinem Urteil, und der Fall muss noch einmal neu aufgenommen werden, wenn der Staatsanwalt davon ausgeht, den Angeklagten verurteilen zu können. Je länger die Beratung dauert, umso wahrscheinlicher ist die Jury gespalten. Ich befürchtete langsam, dass die Gruppe nicht weiterkommt, bis uns der Justizangestellte rief und uns mitteilte, dass wir ein Urteil haben.

Ganz ehrlich, ich dachte, die Entscheidung würde viel früher fallen. Dieser Fall sprengte den Rahmen. Wir hatten fast vierzig Beweisstücke, die auf den

Angeklagten als den Mörder hindeuteten. Zehn Tage nachdem er das Opfer in unserer Stadt getötet hatte, wurde er sogar beim Versuch erwischt, ein ähnliches Verbrechen zu begehen. Als er bei dieser zweiten Straftat ertappt wurde, hatte er ein Messer bei sich, das zu den Verletzungen an unserem Opfer passte. Der Fall war eindeutig und klar; ich dachte, die Geschworenen würden in weniger als einem Tag zu einem Urteil kommen. Normalerweise stehe ich dem Staatsanwalt zur Seite und befrage die Geschworenen nach ihrer Arbeit an einem unserer Fälle, weil ich von ihren Beobachtungen lernen möchte. Welche Beweise haben sie überzeugt? Was war relativ unwichtig? Was gab für sie den letzten Ausschlag in diesem Fall? Heute wollte ich unbedingt wissen, warum sie für eine Entscheidungsfindung so lange gebraucht hatten. Sie sagten mir, nachdem sie das Beweismaterial durchgesehen und das erste Mal abgestimmt hatten, sei der Geschworene Nr. 8 als einziger nicht der Meinung der anderen gewesen. Obschon alle von der Schuld des Angeklagten überzeugt waren, war sich der Geschworene Nr. 8 nicht sicher.

«Ich nehme die Sache mit dem ‹berechtigten Zweifel› ernst», sagte er. «Ich meine, mein Bauchgefühl sagte mir, dass er schuldig war, aber ich war mir nicht sicher, ob wir genug Beweismaterial hätten für den ‹Standard›, von dem der Richter sprach. Ich musste einfach noch mal die Beweise sehen.»

«Was hat Sie denn letzten Endes überzeugt?», fragte ich.

«Das Heftpflaster.»

Das Heftpflaster? Wirklich? Ich konnte es kaum glauben. Als der Angeklagte den Mord beging, schnitt er sich in einen Finger. Er ging nach Hause, verband die Stelle mit einem Heftpflaster, das er auch noch trug, als die Kriminalbeamten ihn später verhörten. Da er die Verletzung vor den Beamten verheimlichen wollte, nahm er das Pflaster ab und liess es in einer Ecke des Vernehmungsraums zurück. Die Kriminalbeamten bemerkten das Pflaster erst nach Ende des Verhörs. Später wurde es auf DNA-Spuren untersucht, um zu beweisen, dass es tatsächlich zum Angeklagten gehörte. Aber ich hielt dieses Pflaster nie für einen wichtigen Bestandteil des Falls. Der Staatsanwalt hätte es beinahe nicht in seiner Präsentation vor der Jury aufgenommen. Jetzt war ich sehr froh, dass er es doch getan hatte.

WO IST DER WENDEPUNKT?

Sie können nie wissen, welchen Einfluss ein bestimmtes Beweisstück auf die Personen hat, die sich mit Ihrem Fall befassen müssen. Manchmal sind die Dinge, denen Sie nicht viel Bedeutung beimessen, genau die Dinge, die einem anderen am wichtigsten sind. Seit mehreren Jahren produziere ich einen Podcast und betreibe eine Website (ColdCaseChristianity.com), und die Leute schreiben mir E-Mails mit ihren Fragen und Zweifeln in Bezug auf die Beweise für die christliche Weltanschauung. Skeptiker schreiben mir manchmal, um mir mitzuteilen, sie würden einfach nicht glauben, dass es genug Beweise für Gottes Existenz gibt. Christen schreiben mir hin und wieder und sagen mir, dass sie mit Zweifeln zu kämpfen haben, weil sie nicht sicher sind, ob die Beweise ausreichen. In vielerlei Hinsicht haben alle diese Leute ein Problem mit derselben Frage, vor der auch die Geschworenen in jedem Fall stehen. Wann ist genug genug? Wann ist es vernünftig, zu dem Schluss zu kommen, dass etwas wahr ist? Wann reichen die Beweise aus?

Für die *Linie*, die überschritten werden muss, bevor jemand zu dem Schluss kommen kann, dass etwas als wahr bewiesen wurde, gibt es den rechtlichen Begriff «Beweisstandard». Dieser Beweisstandard variiert abhängig von der Art des vorliegenden Falls. Das strengste dieser Kriterien ist der Standard «ohne einen berechtigten

DER AUFSTEIGENDE BEWEISSTANDARD

«Einige glaubwürdige Beweise»
Der geringste mögliche Standard (angewandt in manchen Anhörungen zum Kinderschutz). Dieser Standard legt nur fest, dass es genug Beweismaterial gibt, um mit einer Ermittlung, Untersuchung oder einem Prozess zu beginnen.

«Übergewicht an Beweisen»
Das ist der nächste Beweisstandard (angewandt in den meisten Zivilprozessen). Er wird festgestellt, wenn eine Aussage eher wahr als unwahr ist (z. B. bei einer Wahrscheinlichkeit von 51 Prozent oder mehr).

«Klare und überzeugende Beweise»
Das ist ein mittlerer Beweisstandard (angewandt in einigen Zivil- oder Strafprozessen). Er ist erfüllt, wenn eine Aussage deutlich eher wahr als unwahr ist.

«Ohne einen berechtigten Zweifel»
Das ist die höchste vom Gesetz festgesetzte Beweisebene (normalerweise reserviert für Strafprozesse). Dieser Standard ist erfüllt, wenn es keinen plausiblen Grund zu der Annahme gibt, dass eine Aussage unwahr ist.

Zweifel», der bei Strafprozessen erforderlich ist. Wie aber können wir wissen, wann wir die Linie überschritten haben und «ohne einen berechtigten Zweifel» sind? Die Gerichte haben sich mit dieser wichtigen Frage beschäftigt und uns eine Definition an die Hand gegeben:

«Ein berechtigter Zweifel wird wie folgt definiert: Es ist nicht nur ein möglicher Zweifel; denn alles, was mit menschlichen Beziehungen zu tun hat, ist offen für mögliche oder imaginäre Zweifel. Es ist der Punkt in einem Fall, der die Geschworenen, nachdem alle Beweise verglichen und berücksichtigt wurden, in dem Zustand zurücklässt, in dem sie nicht sagen können, dass sie dauerhaft von der Wahrheit der Anklage überzeugt sind.»[29]

Diese Definition ist von Bedeutung, weil sie den Unterschied anerkennt zwischen *berechtigt* und *möglich*, über den wir zu einem früheren Zeitpunkt gesprochen haben. Nach der Entscheidung des Gerichts gibt es «berechtigte Zweifel», «mögliche Zweifel» und «imaginäre Zweifel». Die Definition erkennt etwas Wichtiges an: In jedem Fall gibt es offene Fragen, die den Geschworenen Probleme bereiten. Alle Geschworenen werden bei ihrer Entscheidungsfindung Zweifel haben. Uns wird es nie gelingen, jede denkbare Unsicherheit zu beseitigen; deshalb heisst der Standard auch nicht «ohne jeden Zweifel». «Ohne einen berechtigten Zweifel» zu sein, verlangt von uns, unsere *möglichen* und *imaginären* Zweifel von den *berechtigten* zu unterscheiden.

DER WAHRHEIT «AUSWEICHEN»

Es gibt viele Gründe, warum Menschen die Wahrheit leugnen (oder ihr «ausweichen»). Nicht alle Gründe basieren auf Beweisen. Geschworene können eine wahre Aussage aus rationalen, emotionalen und willentlichen Gründen zurückweisen. Manchmal haben Geschworene *rationale*, evidenzbasierte Zweifel. Möglicherweise wurden sie von der Verteidigung überzeugt, dass die Beweise eher eine andere Erklärung stützen. Gelegentlich haben Geschworene rein *emotionale* Zweifel. Ich war an Fällen beteiligt, in denen Geschworene emotional auf den Staatsanwalt oder Verteidiger reagierten

29 Ochoa vs. Evans, 2009 U.S. Dist. LEXIS 112693 (C.D. Cal. 1. Oktober 2009).

und negative *Gefühle* überwinden mussten, um den Fall gerecht beurteilen zu können. Manchmal weisen Geschworene die Wahrheit *willentlich* zurück. Sie widersetzen sich vorsätzlich jeder Position, die von der Gruppe vertreten wird. Auf beiden Seiten geben Anwälte ihr Bestes, solche *dickköpfigen* Menschen bei der Auswahl der Geschworenen herauszufiltern, um sicherzugehen, dass die Jury aus Personen besteht, die den Argumenten anderer zuhören. Bei einer auf Beweisen basierenden Entscheidung ist es wichtig, dass wir die beschriebenen Hindernisse verstehen und uns auf rationale und berechtigte Zweifel beschränken.

Das macht den Prozess der Entscheidungsfindung viel einfacher. Bei der Beurteilung des Falls müssen wir einfach nur unsere Zweifel überprüfen und jene, die auf Beweisen beruhen (rationale Zweifel), von denen trennen, die das nicht tun (emotionale oder willentliche Zweifel). Wenn die noch bestehenden Zweifel in die zweite Kategorie fallen, können wir mit unserer Entscheidung zufrieden sein. Wenn wir erstmal festgestellt haben, dass unsere Zweifel nicht berechtigt sind, können wir ein Urteil fällen, auch wenn noch offene Fragen bleiben.

MAN WEISS NIE ALLES, WAS MAN WISSEN KANN

Wir müssen uns daran erinnern, dass wir die Wahrheit kennen können, auch wenn einige Fakten fehlen. Keiner von uns hat je eine Entscheidung getroffen, bei der ihm *alle* denkbaren Fakten vorlagen. Offene Fragen gibt es immer. Wenn ich versuche, Geschworenen diese Wahrheit begreiflich zu machen, verwende ich eine abgeänderte Illustration des Puzzlespiels (aus Kapitel 6). Wenn wir es mit einem Fall zu tun haben, der auf einen bestimmten Angeklagten hinweist, tragen wir die Beweisstücke zusammen, die die Identität des Mörders allmählich erkennen lassen. Wir fügen die Puzzleteile zusammen. Obschon es eine Menge an Beweisen in einem Strafverfahren geben mag, liegt in keinem Fall jedes mögliche Beweisstück vor. Kein Staatsanwalt ist in der Lage, jede denkbare Frage zu beantworten.

Wie bei diesem Puzzle fehlen in jedem Fall, an dem ich arbeite, bestimmte Teile. Einige dieser Teile sind offensichtlich und stechen sofort ins Auge. Aber berücksichtigen Sie, dass ihr Fehlen uns nicht am Gesamtbild zweifeln lässt; wir erkennen das Bild, obgleich manche Dinge nicht vorhanden sind. Wir sind uns sicher, weil die Teile, die wir besitzen, die Identität des Mörders preisgeben (in diesem Fall ist es Al Capone, der berühmte Gangster und Anführer eines Verbrechersyndikats aus den 1920ern in Chicago). Wir sind uns sicher, weil zusätzliche Teile, auch wenn sie anders sind, als wir uns vorstellen, die Identität, die wir in dem Puzzle erkennen, nicht wesentlich verändern würden. Wir können zu dem Schluss kommen, dass hier Al Capone abgebildet ist, obwohl das Puzzle unbeantwortete Fragen mit sich bringt.

Einige mögen es für voreilig und sogar gefährlich halten, Entscheidungen zu treffen, während es noch offene Fragen gibt. Was, wenn es aussergewöhnliche Tatsachen gibt, die wir noch nicht kennen? Was, wenn in ein paar Jahren neue, zusätzliche Informationen ans Licht kommen, die den Beweisen widersprechen, die uns heute vorliegen? Wäre es nicht klüger, uns mit dem Urteil zurückzuhalten, bis jede Frage beantwortet werden kann (einschliesslich der, an die wir noch gar nicht gedacht haben)? Aber den Geschworenen ist klar, wie wichtig es ist, nach unserem Wissen zu handeln, statt uns über das Gedanken zu machen, was wir *vielleicht* einmal wissen *könnten*. In ganz Amerika werden Geschworene in den Gerichten gebeten, (in der Gegenwart) aufgrund der vorhandenen Beweislage (aus der Vergangenheit) zu handeln, um zu beschliessen, was (in der Zukunft) geschehen soll. Sie treffen diese

Entscheidungen, weil *ihr Wissen* schwerer wiegt als das, was sie *möglicherweise noch wissen* würden, wenn jede Frage beantwortet werden könnte. Entweder reichen die Beweise heute aus oder nicht; Geschworene müssen nach dem urteilen, was gegenwärtig vor ihnen liegt, statt darüber zu spekulieren, was später noch herausgefunden werden könnte.

DIE HINLÄNGLICHKEIT DER BEWEISE UND DAS PROBLEM DES BÖSEN

Ein Hörer des *Cold-Case Christianity Podcast* sandte mir eine E-Mail, in der er angesichts des Bösen in der Welt seine Zweifel an der Existenz eines allmächtigen und liebevollen Gottes zum Ausdruck brachte. Das ist ein klassischer Einwand gegen den Theismus. Wenn Gott existiert, warum sollte er es dann den Menschen erlauben, böse Dinge zu tun? Entweder ist dieser «Gott» nicht imstande, Menschen davon abzuhalten, so zu handeln, wie sie es tun (in diesem Fall ist er nicht allmächtig), oder er will es nicht (dann ist er nicht liebevoll). Der Schreiber stellte mir diese Frage, da er wusste, womit ich meinen Lebensunterhalt verdiene.

EPIKUR UND DAS PROBLEM DES BÖSEN

Dem antiken griechischen Philosophen Epikur wird zugeschrieben, als Erster das «Problem des Bösen» in Bezug auf die Existenz Gottes aufgeworfen zu haben: «Entweder will Gott das Böse abschaffen, kann es aber nicht, oder er kann es, will es aber nicht. Wenn er es will, aber nicht kann, ist er machtlos. Wenn er es kann, es aber nicht will, ist er böse. Wenn Gott das Böse abschaffen kann, und er es auch wirklich will, warum gibt es dann noch Böses in der Welt?» (nach Lactantius [Laktanz], in: *De ira dei* [dt. *Vom Zorne Gottes*], ca. 313 n. Chr.).

«Ich wette, Sie sehen eine Menge schrecklicher Dinge, die die Menschen einander antun. Wie können Sie da noch an einen solchen Gott glauben?»

Da es emotional sehr aufgeladen ist, stellt das Problem des Bösen möglicherweise die schwierigste Streitfrage dar, die es zu diskutieren gilt. In solchen Situationen versuche ich, den Menschen zu helfen, zwischen *berechtigten Zweifeln* (rational begründet) und *möglichen Zweifeln* (emotional begründet) zu unterscheiden. Lassen Sie mich das erklären.

Zu Beginn müssen wir anerkennen, dass es viele gute Gründe für den Glauben an die Existenz Gottes gibt (einige davon haben wir in Kapitel 3 besprochen). Diese Puzzleteile wurden schon zusammengesetzt, bevor wir anfangen, über das Problem des Bösen zu reden. Ja, mit der Existenz des Bösen sind einige offene Fragen verbunden, aber wir müssen unsere Untersuchung mit der Annahme beginnen, dass das Puzzle kurz vor der Fertigstellung steht, auch wenn dieses Teil zu fehlen scheint. Als Nächstes müssen wir uns fragen, ob die Gegenwart des Bösen wirklich ein fehlendes Teil repräsentiert. Ist es denkbar, dass die Existenz des Bösen stattdessen ein weiteres Teil ist, das dazu beiträgt, das Puzzle noch vollständiger zu machen?

Wenn sich Leute beklagen, dass es Böses in der Welt gibt, dann ist das nicht bloss ihre Meinung. Vielmehr sagen sie, dass es echtes, objektives Böses gibt. Sie beklagen sich über böses Verhalten, als sollte dieses Verhalten von uns allen anerkannt werden, ungeachtet unserer persönlichen Vorlieben, Abneigungen oder Ansichten über menschliches Benehmen. Würde das Böse von einer Meinung abhängen, könnten wir es ausschliessen, indem wir sie einfach ändern. Menschen, die sich über böses Verhalten beklagen, müssen die Prämisse akzeptieren, dass es überhaupt echte, objektive Standpunkte wie «Richtig» und «Falsch» gibt. Sie müssen akzeptieren, dass manche Dinge moralisch überlegen und andere moralisch abstossend sind, ganz gleich, wer man ist, wo man wohnt oder zu welchem Zeitpunkt in der Geschichte man lebt. Diese Art von moralisch Bösem reicht über uns alle hinaus, wenn nicht, warum beschweren wir uns dann überhaupt? Wenn das Böse lediglich eine Frage von Meinungen ist, warum hat der Mann, der mir die E-Mail schickte, nicht einfach seine Meinung geändert?

Sie sehen, damit echtes Böses wirklich existieren kann (und der Verfasser der E-Mail einen berechtigten Grund hat, sich zu beklagen), muss es einen echten Massstab für Richtig und Falsch geben. Um eine Handlung objektiv als «schlecht» bezeichnen zu können, muss es einen objektiven Standard für «gut» geben, an dem dies gemessen werden kann. Was könnte dieser Standard sein, wenn nicht Gott? Kann er aus einem evolutionären Prozess entstanden sein? Kann er auf die langsame Entwicklung kultureller Gruppen zurückgehen? Wenn das der Fall ist, sind Moralvorstellungen bloss eine Frage von Meinung (wenngleich einer allgemein verbreiteten Meinung), und es gibt nichts objektiv Böses, worüber man sich beschweren könnte. Vergessen Sie nicht, dass selbst die abscheulichsten Regime in der Geschichte ihr eigenes Verhalten für moralisch überlegen hielten. Damit wirkliches Böses existieren kann, muss es eine Quelle für wahrhaft Gutes geben, das über alle Gruppen hinausgeht, die eine Behauptung über die Existenz des Bösen aufstellen. Mit anderen Worten, die Existenz des wirklich Bösen erfordert die Gegenwart Gottes als Massstab für das Gute. So zeigt sich, dass die Existenz des Bösen im Grunde ein weiterer Beweis für die Existenz Gottes ist, ein weiteres Puzzleteil, auf dem das Bild Gottes sichtbar wird.

Aber lassen Sie uns zum eigentlichen Problem des bösen Verhaltens zurückkehren. Warum erlaubt Gott es den Menschen, sich gegenseitig umzubringen, wenn er uns doch liebt und mächtig genug ist, es zu unterbinden? Diese Frage hat emotionale Kraft, und wir müssen uns fragen, ob es eine vernünftige Erklärung dafür gibt. Denken wir gründlich darüber nach, oder reagieren wir emotional? Lehnen wir die Existenz Gottes ab, weil es keine rationale Erklärung für die Existenz des Bösen gibt, oder widerstehen wir dem Gedanken willentlich, weil wir uns jeder angebotenen Erklärung hartnäckig verweigern?

Mir fallen eine ganze Reihe von guten Gründen ein, warum Gott es Men schen erlaubt, sich unmoralisch zu verhalten, obwohl er seine Schöpfung liebt und natürlich mächtig genug ist, das Böse aufzuhalten. Stellen Sie sich folgende Frage: Wer ist liebevoller, ein Gott, der eine Welt erschafft, in der Liebe möglich ist, oder ein Gott, der eine Welt erschafft, in der es keine Liebe geben kann? Es scheint durchaus sinnvoll, dass ein liebevoller Gott eine Welt erschafft, in der Liebe möglich ist und von Wesen erfahren werden kann, die «nach seinem Bild» gemacht wurden. Eine Welt, in der Liebe möglich ist, kann jedoch ein gefährlicher Ort sein. Liebe erfordert Freiheit. Echte Liebe setzt voraus, dass Menschen die Fähigkeit zur freien Entscheidung haben. Sie kann nicht erzwungen werden, wenn sie aufrichtig

THEODIZEE

«Das theologische Fachgebiet, das zu erklären versucht, wie die Existenz des Bösen in der Welt mit der Gerechtigkeit und Güte Gottes in Einklang gebracht werden kann» (*Webster's New World College Dictionary*, Wiley Publishing Inc., Cleveland, Ohio, 2010).

und von Herzen kommen soll. Das Problem ist natürlich, dass Menschen, die die Freiheit zu lieben besitzen, sich oft für den Hass entscheiden. Deshalb ist diese Art von Freiheit so wertvoll. Eine Welt, in der Menschen frei sind zu lieben und einander freundlich begegnen können, ist auch eine Welt, in der Menschen hassen und wirklich Böses tun können. Das eine gibt es nicht ohne das andere.

Ausserdem sind wir aus christlicher Sicht alle ewige Geschöpfe, die über unser Grab hinaus weiterleben werden. Wenn das stimmt, dann sind Fragen, warum Gott das Böse nicht aufhält, etwas verfrüht. Wir können bestenfalls nur sagen, dass Gott das Böse *noch nicht* aufgehalten hat. Aber Gott steht die ganze Ewigkeit zur Verfügung, dies zu tun. Unser ewiges Leben liefert Gott den Rahmen, gerecht mit denen zu handeln, die sich für Hass und böse Taten entscheiden. Gott *ist* mächtig genug, das Böse vollständig zu unterbinden, und Gerechtigkeit bedeutet ihm etwas. Als ewiges Wesen hat er sich womöglich entschlossen, sich nach seinem eigenen ewigen Ablauf darum zu kümmern. Verglichen mit der Ewigkeit ist diese sterbliche Existenz bloss ein Hauch, geschaffen von Gott als ein wunderbarer Ort, an dem Liebe möglich ist für Menschen, die sich dafür entscheiden.

Wenn es gute Gründe dafür gibt, warum Gott Böses in diesem Leben zulässt (so wie auch die Aufrechterhaltung des freien Willens und die Fähigkeit zu aufrichtiger Liebe), ist die Sorge, warum er jetzt nicht handelt, schlichtweg unnötig. Aufgrund des Problems des Bösen an der Existenz Gottes zu zweifeln, mag emotional zwar reizvoll sein, aber es mangelt an einer rationalen Grundlage, da rationale Erklärungen tatsächlich vorhanden sind. Obwohl man sich *mögliche Zweifel* hinsichtlich des Problems des Bösen vorstellen kann, zeigt eine sorgfältige Prüfung der Natur des objektiv Bösen, dass diese Zweifel nicht *berechtigt* sind. Wir sollten imstande sein, unsere Bedenken hinter uns zu lassen, denn das Problem des Bösen liefert uns keinen *berechtigten Zweifel*.

EIN WERKZEUG FÜR DIE EINSATZTASCHE, EIN TIPP FÜR DIE CHECKLISTE

Bei jeder meiner Untersuchungen hat mir das Prinzip der *ausreichenden Beweislage* geholfen, meine eigenen Schlussfolgerungen zu bewerten und festzulegen, ob sie berechtigt sind. Dieses wichtige Werkzeug in unserer *Einsatztasche* kann uns auch bei der Beurteilung der Behauptungen des Christentums helfen. Wir alle müssen anerkennen, dass wir jeden Tag Entscheidungen auf einer alles andere als perfekten Wissensgrundlage und bei fehlenden Informationen treffen. Bei unseren täglichen Entscheidungen handeln wir mit einer gewissen Sicherheit, auch wenn wir nicht alles wissen, was es über ein bestimmtes Thema zu wissen gibt. Wir lernen, unserem Auto zu vertrauen, obgleich wir seine mechanische Funktionsweise nicht abschliessend verstehen. Wir vertrauen unserem Ehepartner und unseren Kindern, auch wenn wir nicht alles wissen, was sie denken oder tun, wenn wir von zu Hause weg sind. Wir treten für das ein, was wir glauben, und wir akzeptieren die Tatsache, dass wir nicht alles wissen können. Kriminalfälle erfordern den höchsten gesetzlichen Standard; sie verlangen von einer Jury eine Entscheidung, die «ohne einen berechtigten Zweifel» ist. Die Entscheidungen von Geschworenen sind für die Angeklagten oft eine Frage von Leben und Tod. Wenn dieser Standard für Fälle, in denen es um *irdische* Fragen von Leben und Tod geht, angemessen ist, ist es umso berechtigter, diesen Standard auch auf den Fall anzuwenden, der unser *ewiges* Leben oder unseren ewigen Tod betrifft. Geschworene sind in der Lage, ein Urteil ohne einen berechtigten Zweifel zu fällen, obschon manche Fragen offen bleiben. Sie tun das, weil die vorliegenden Beweise stärker sind als die möglichen Fragen, die unbeantwortet bleiben. Wir sollten sichergehen, dass unsere Einwände und Zweifel weniger emotional oder willentlich begründet sind als vielmehr rational. Als Atheist habe ich mir nie die Zeit genommen, meine Zweifel in Kategorien wie «rational» oder «emotional» einzuteilen. Ich habe mich auch nie bemüht festzustellen, ob der Theismus (oder das Christentum) eine vernünftige Antwort auf meine Zweifel zu bieten hat. Wenn ich zurückblicke, so waren viele meiner Zweifel lediglich *mögliche Zweifel*, die auf einer emotionalen oder willentlichen Reaktion beruhten.

Ich bin oft frustriert, wenn ich meinen Glauben an Gott meinen skeptischen Freunden, Kollegen und Familienangehörigen mitteilen möchte. Jene unter uns, die unsere christliche Weltsicht auf rationale, evidenzbasierte Weise weitergeben wollen, stellen immer wieder fest, dass unsere Bemühungen völlig ergebnislos sind. So sehr wir es auch versuchen und stichhaltige und vernünftige Argumente für unsere Sicht bringen, unser Bemühen scheint auf unsere Zuhörer einfach keine Wirkung zu haben. Man wird leicht frustriert und beginnt an den eigenen Beweisen zu zweifeln. In solchen Zeiten müssen wir uns daran erinnern, dass viele Menschen, die wir zu erreichen suchen, die Wahrheit der Existenz Gottes emotional oder willentlich leugnen und nicht so sehr auf der Grundlage guter Beweise. Das soll nicht heissen, dass alle Atheisten irrational sind oder Beweise emotional und bewusst zurückweisen. Viele haben sich die Zeit genommen, ihre eigenen Argumente zu finden. Als Christen stehen wir in der Verantwortung, unsere Freunde und Familien so gut zu kennen, dass wir die Gründe für ihre ablehnende Haltung verstehen. Wenn sie sich aufgrund von Beweisen weigern, dann sollten wir die Fakten zusammen mit ihnen untersuchen und herausfinden, welche Erklärungen am vernünftigsten sind. Wenn sie sich aus anderen Gründen abweisend verhalten, sollten wir verständnisvoll genug sein, die Art von Fragen zu stellen, die uns zeigen, wo sie stehen, bevor wir sie voller Eifer mit unseren Beweisen überhäufen. Erwarten Sie nicht, dass jemand auf Ihre *gut durchdachten* Argumente reagiert, wenn die *Beweise* dieser Person nicht einleuchten.

Kapitel 10

Prinzip #10

BEREITEN SIE SICH AUF EINEN ANGRIFF VOR

Mein Partner schickte mir einen Witz über einen Verteidiger in einem Mordprozess. Der Witz machte in unserer Polizeidienststelle schon eine Zeit lang die Runde:

Ein Angeklagter stand wegen Mordes vor Gericht. Es gab eine Fülle von Indizienbeweisen, die auf seine Schuld hindeuteten, ungeachtet der Tatsache, dass der Körper des Opfers nie gefunden wurde. Nachdem der Prozess bereits wochenlang lief, war dem Angeklagten und seinem Anwalt klar, dass er wahrscheinlich verurteilt würde. In einem Akt der Verzweiflung griff der Verteidiger zu einem Trick.

«Meine Damen und Herren Geschworenen, ich habe eine Überraschung für sie», verkündete der Anwalt, während er auf seine Uhr schaute. «In den nächsten sechzig Sekunden wird die Person, von der sie glaubten, sie wäre ermordet worden, diesen Gerichtssaal betreten.»

Er drehte sich um und blickte zur Tür des Gerichtssaals. Die von der Ankündigung überraschten Geschworenen drehten sich ebenfalls erwartungsvoll zur Tür. Eine Minute verging. Nichts passierte.

Schliesslich sagte der Verteidiger: «Ich muss zugeben, dass ich Sie mit meiner letzten Aussage angelogen habe. Aber Sie haben sich alle mit mir umgedreht und voller Erwartung die Tür beobachtet. Das zeigt, dass Sie einen berechtigten Zweifel an diesem Fall haben, ob überhaupt jemand getötet wurde! Deshalb bestehe ich darauf, dass Sie auf nicht schuldig urteilen.»

Die Jury, die durch diesen cleveren Versuch deutlich aus dem Konzept gebracht wurde, zog sich zurück, um über diesen Fall zu beraten. Augenblicke später kam sie zurück und verkündete prompt das Schuldurteil. Der Verteidiger war entsetzt.

«Wie konnten Sie so schnell zu einem Urteil kommen?», fragte er die Geschworenen. «Sie müssen Zweifel gehabt haben. Ich sah, wie sie alle erwartungsvoll zur Tür schauten!»

Der Vorsitzende der Jury erwiderte: «Ja, wir haben hingeschaut, aber nicht Ihr Mandant.»

Im Lauf der Jahre war ich an einer Reihe von Mordprozessen beteiligt. In einigen unserer Fälle war die Beweislast riesig, andere hingegen waren schwieriger zu beweisen. In jedem dieser Fälle wurde der Angeklagte von einem sprachgewandten, intelligenten und engagierten Verteidiger vertreten, der die Verteidigung seines Mandanten sorgfältig vorbereitet hatte. Viele dieser Anwälte schienen unglaublich selbstsicher zu sein, trotz des gewaltigen Beweismaterials, das auf die Schuld ihrer Klienten hinwies.

Der Enthusiasmus und die Selbstsicherheit guter Strafverteidiger haben mich noch nie überrascht. Meiner Erfahrung gemäss gibt es viele Faktoren, die einen Anwalt zu einem sicheren und aggressiven Auftreten im Interesse des Angeklagten motivieren können. Ich vermute, manche Anwälte arbeiten so gewissenhaft, weil sie wirklich an die Unschuld ihrer Mandanten glauben. Einige tun es, weil sie am Glauben an eine faire und angemessene Vertretung in unserem Strafrechtssystem festhalten, auch wenn sie persönlich nicht denken, dass ihre Klienten unschuldig sind. Andere Anwälte mögen sorgfältig vorgehen, weil sie fest an ihre Karriere glauben. Eines ist sicher: Verteidiger tun das Beste, was sie können, selbst wenn sie nicht glauben, dass sie die Wahrheit verteidigen.

ZUNEHMENDE ANGRIFFE VON SKEPTIKERN

Ich wurde 1996 Christ. Bis 2001 war der Jim Wallace, den ich vor 1996 kannte, der sarkastischste Atheist, der mir je untergekommen war. Ich kann mich an einige Gespräche erinnern, die ich mit Christen führte, bevor ich zum Glauben kam, und heute ist mir mein Verhalten peinlich. Viele meiner Kollegen erinnern mich auch weiterhin an diese Zeit. Aber mein eigenes Mass an Sarkasmus wurde schnell von Atheisten überschattet, die 2001 nach dem Angriff auf das *World Trade Center* gegen Religion zu schreiben und zu reden begannen. Nach diesem schrecklichen Tag fing eine neue Ära der atheistischen Rhetorik an, als führende Atheisten auf das reagierten, was sie als den Beweis für das Übel des «religiösen Fundamentalismus» ansahen. Die Regale lokaler Buchläden wurden von einer Reihe von Büchern überschwemmt. Sam Harris schrieb 2004 *Das Ende des Glaubens: Religion, Terror und das Licht der Vernunft (The End of Faith: Religion, Terror and the Future of Reason)* und 2006 *Brief an ein christliches Land: Eine Abrechnung mit dem religiösen Fundamentalismus (Letter to a Christian Nation)*. Richard Dawkins schrieb 2006 *Der Gotteswahn (The God Delusion)*, und von Christopher Hitchens stammt das 2007 geschriebene *Der Herr ist kein Hirte: Wie Religion die Welt vergiftet (God Is Not Great: How Religion Poisons Everything)*. Der Angriff von Atheisten und Skeptikern wurde stärker und nahm neue Formen von Direktheit, Aggression und Sarkasmus an.

Viele Christen, insbesondere jene, die schon fast ihr ganzes Leben gläubig waren, wurden unvorbereitet erwischt von der Selbstsicherheit und der wortgewandten Opposition dieser Autoren sowie derer, die ihre negative Sicht vom Christentum teilten. Die Gesellschaft schien die einnehmende Kritik der Atheisten schnell aufzugreifen; die Verkäufe der Bücher dieser drei Autoren gingen durch die Decke. Die blosse Tatsache, dass jeder eine wohlüberlegte und ansprechende Verteidigung des Atheismus verfassen konnte, erschütterte das Vertrauen vieler Gläubiger, die ihren Glauben möglicherweise für selbstverständlich gehalten hatten. Es war nicht so, als würden diese Skeptiker etwas Neues anbieten. Vielmehr präsentierten sie alte Argumente mit neuem Eifer, Humor, Zynismus und Dringlichkeit. Sie ähnelten den Strafverteidigern, mit denen ich im Lauf der Jahre zu tun hatte.

Mir ist aufgefallen, dass gute Verteidiger normalerweise das Beste in Staatsanwälten und Ermittlern zum Vorschein bringen. Deshalb habe ich die Arbeit von Strafverteidigern, die mich dazu brachten, meinen Fall auf eine solide und vernünftige Basis zu stellen, schätzen gelernt. Die Tatsache, dass auf der anderen Seite ein Verteidiger steht, der lautstark gegen uns argumentiert, ist kein Grund zu glauben, dass er auch auf der Seite der Wahrheit steht. Verteidiger gehen so vor, auch wenn sie, wie sich herausstellt, eine Lüge verteidigen. Nur weil die Verteidigung ein gut verständliches Argument vorbringt, heisst das nicht, dass unsere Position geschwächt wird. Stattdessen sollte es uns Mut machen, unseren Fall besser zu kennen als jeder andere. Verteidiger sollten (ebenso wie jene, die die Behauptungen des Christentums ablehnen) das Beste in uns wecken.

DIE VERTEIDIGUNGSSTRATEGIE

Verteidiger nähern sich jedem Fall anders, aber mir sind eine Reihe von allgemeinen Strategien aufgefallen, die Anwälte anwenden, wenn sie meine Ermittlungsarbeit in ungelösten Fällen anfechten wollen. Wenn wir diese Verteidigungsstrategien untersuchen und sie mit dem Ansatz vergleichen, der häufig von Gegnern des Christentums gewählt wird, können wir den Wert dieser Taktiken einschätzen.

VERTEIDIGER STELLEN DAS WESEN DER WAHRHEIT INFRAGE

Wenn die ganze Wahrheit lediglich eine Frage der Perspektive und subjektiver Meinung ist, ist es nahezu unmöglich, jemanden eines Verbrechens zu überführen. Wir leben in einer Gesellschaft, die mit jeder neuen Generation zunehmend pluralistisch wird. Vielen jungen Erwachsenen wurde (auf Universitäten und Colleges und durch Film, Fernsehen und Literatur) beigebracht, dass es keine objektive Wahrheit gibt oder sie einfach nicht erkannt werden kann. Als Folge ist der Relativismus ein weit verbreitetes Merkmal unserer gesellschaftlichen Weltanschauung. Menschen fühlen sich zunehmend unwohler bei dem Gedanken, dass nur eine bestimmte Version der Wahrheit richtig ist. Viele halten eine solche Sicht von der Wahrheit für arrogant und engstirnig. Und noch schlimmer: Unsere Kultur hat eine neue Definition von «Toleranz» hervorgebracht. Toleranz war einmal eine Haltung, die wir anderen gegenüber einnahmen, wenn wir in einer wichtigen Sache nicht einer Meinung waren. Wir waren uns einig, einander mit Respekt zu begegnen, auch wenn wir es ablehnten, die andere Sicht zu einem bestimmten Thema zu unserer eigenen zu machen. Heute bedeutet Toleranz, alle Sichtweisen als gleichermassen wertvoll und wahr anzuerkennen *und zu übernehmen*, selbst wenn sie oft gegenteilige Behauptungen hinsichtlich der Wahrheit aufstellen. Laut dieser Neudefinition von Toleranz ist alles andere als Akzeptanz und Zustimmung engstirnig und fanatisch. Verteidiger schlagen Kapital aus dieser sich entwickelnden Neudefinition von Wahrheit und Toleranz. Wenn ein Rechtsanwalt eine Jury überzeugen kann, dass keine Version des Geschehens besser als die andere ist (weil alle Wahrheit bloss eine Frage der persönlichen Perspektive und Meinung ist), haben die Geschworenen Probleme, einen Angeklagten mit Überzeugung zu verurteilen. Aus diesem Grund fangen manche Verteidiger mit einem Angriff auf das Wesen der Wahrheit an, bevor sie über das Wesen der Anklagevertretung herfallen.

Der Verlust der klassischen Sicht von objektiver Wahrheit und Toleranz fordert seinen Tribut auch von denen, die eine christliche Weltsicht vertreten. Die Vorstellung, dass es nur einen Weg zu Gott geben könnte (oder nur eine Wahrheit über die Identität und das Wesen Gottes), ist vielen Skeptikern und Nichtchristen zu arrogant und intolerant. Wie die Staatsanwälte, die mit ähnlichen Missverständnissen über das Wesen der Wahrheit konfrontiert werden, müssen auch Christen die mit den neuen kulturellen Definitionen verbundenen logischen Probleme aufdecken. Es stimmt einfach nicht, dass alle Religionen, wie manche behaupten, im Grunde dasselbe sind. Die Weltreligionen vertreten konträre Standpunkte im Hinblick auf das Wesen Gottes. Östliche Religionen

«OBJEKTIVE WAHRHEIT»

Obwohl viele Wahrheiten sicherlich eine Frage des Standpunkts sind, sind andere vollkommen unabhängig von der persönlichen Sicht einer Person. Meine Aussage «Polizeiautos sind die coolsten Autos auf der Strasse» mag für mich zwar stimmen (da ich oft derjenige bin, der sie fährt), aber Sie sind da vielleicht absolut gegenteiliger Ansicht (vor allem wenn ich Sie durch ein Signal zum Anhalten veranlasse). Diese Aussage ist eine Frage meiner «subjektiven» Meinung, sie hängt von dem «Subjekt» ab, das sie vertritt. Die Aussage «Polizeiautos können mehr als 160 Kilometer pro Stunde fahren» ist jedoch nicht von meiner Sichtweise abhängig, sie ist entweder richtig oder falsch, abhängig von dem «Objekt» selbst. Die Geschwindigkeit von Polizeiautos hat nichts mit meiner «subjektiven» Meinung zu tun.

glauben an die Existenz eines unpersönlichen Gottes, wohingegen monotheistische Religionen wie Judentum, Christentum und Islam von einem persönlichen Gott ausgehen. Das Judentum weigert sich, Jesus als etwas anderes als einen «Rabbi» oder geistlichen Lehrer anzuerkennen, während das Christentum beansprucht, dass er Gott selbst ist. Der Islam leugnet den Kreuzestod Jesu, während das Christentum glaubt, dass Jesus bei der Kreuzigung starb und anschliessend von den Toten auferstand und so seine Gottheit bestätigte. Diese Behauptungen über Gott und Jesus mögen vielleicht alle falsch sein, aber wahr können sie definitiv nicht alle sein – sie widersprechen einander per Definition. Die Logik des «Nichtwiderspruchsprinzips» besagt, dass zwei widersprüchliche Aussagen nicht gleichzeitig wahr sein können. Wer die Behauptungen der Weltreligionen untersucht – so, wie Geschworene einen Strafprozess beurteilen –, muss sich entscheiden, welche Anschauung von den Beweisen gestützt wird, statt die Entscheidung einer irrenden Auffassung von Wahrheit zu überlassen.

Ausserdem mögen jene, die sich mit dem Christentum beschäftigen, noch einmal die jüngsten gesellschaftlichen Neudefinitionen von Wahrheit und Toleranz überdenken. Wer meint, die Wahrheit wäre eine Frage von Perspektive und Meinung, macht daraus viel mehr als eine Sache von Perspektive und Meinung. Sie möchten uns glauben machen, dass diese Definition objektiv wahr ist, auch wenn sie selbst die Existenz objektiver Wahrheit leugnen. Wenn eine Aussage nicht ihrem eigenen Standard von Wahrheit entspricht, wird gesagt, dass sie «sich selbst widerlegt». Die Behauptung «es gibt keine objektive Wahrheit» widerlegt sich selbst, da es eine objektive Aussage über Wahrheit ist. Mit der gegenwärtigen Neudefinition von Toleranz steht es nicht viel besser. Wer behauptet, Toleranz würde verlangen, dass alle Ideen und Perspektiven als ebenso wahr und wertvoll angesehen werden, bestreitet gleichzeitig die klassische Sicht von Toleranz. Mit anderen Worten, die neue Definition von Toleranz ist intolerant gegenüber der alten Definition. Sie kann sich nicht an ihre eigenen Regeln halten. Sie widerlegt sich ebenso wie die neue Definition von Wahrheit. Wir müssen den Menschen einfach klarmachen, dass hier Begriffsverdrehung vorliegt.

VERTEIDIGER KONZENTRIEREN SICH AUF DAS BESTE, WAS DIE ANKLAGE ZU BIETEN HAT

Obwohl auf Indizien basierende Fälle auf vielen Beweisstücken aufgebaut sind, die als Gruppe beurteilt werden müssen, sind manche Beweisstücke besser als andere (und wichtiger für den Fall). Aus diesem Grund fokussieren Verteidiger ihre Aufmerksamkeit auf den Kern der Anklage, die auffälligsten und brauchbarsten Beweisstücke, die präsentiert wurden. Wenn sie diese entscheidenden Beweismittel diskreditieren oder ausschalten können, könnte die Grundlage des Falls für die Staatsanwaltschaft zu bröckeln beginnen. Wenn ich wissen will, was die Verteidigung über meinen Fall denkt (und was sie für das verheerendste Beweisstück hält), muss ich nur darauf achten, was sie am stärksten angreift. Wenn mein Fall dünn oder schwach ist, wird die Verteidigung genau die Stelle bearbeiten, die in ihren Augen entscheidend ist. Wenn mein Fall überzeugend und stark ist, wird die Verteidigung versuchen, auf viel breiterer Basis anzugreifen, um die Gesamtwirkung des Beweismaterials zu begrenzen. Ich merke, wo mein Fall stark ist, wenn ich mir anschaue, was die Verteidigung zum Ziel ihres Angriffs auserkoren hat.

Skeptiker tun manchmal etwas Ähnliches, wenn sie die Aussagen des Christentums angreifen. Die christliche Weltsicht baut auf den Augenzeugenberichten der Evangelienschreiber auf. Aus diesem Grund ist es die primäre Taktik vieler Skeptiker, die Zuverlässigkeit der Evangelien anzugreifen, um den Fall des Christentums für sich zu entscheiden. Dieser konzentrierte Angriff auf die Evangelien zeigt, wie stark unser Fall ist. Wie Strafverteidi-

WAS IST EINE AUSSAGE, DIE AUF HÖRENSAGEN BERUHT?

Eine auf Hörensagen beruhende Aussage ist alles, was ausserhalb des Gerichtssaals (in einem Gerichtsverfahren) gesagt wurde und anschliessend im Gerichtssaal als Beweis für die Wahrheit der geltend gemachten Sache angeboten wird. Da die Geschworenen die Glaubwürdigkeit eines Zeugen zu beurteilen haben, verlangen Gerichte im Allgemeinen von den Zeugen, sich im Gerichtssaal aufzuhalten, damit 1) sie «schwören» oder beeiden können, dass ihre Aussage wahr ist, 2) sie im Verfahren persönlich anwesend sein können, sodass die Jury sie visuell einschätzen kann, und 3) sie von der Gegenpartei ins Kreuzverhör genommen werden können.

ger haben Skeptiker unser wertvollstes Beweisstück ausgemacht. Deshalb versuchen manche Kritiker, die Zuverlässigkeit der Evangelienschreiber als Augenzeugen zu untergraben (in Teil 2 werden wir noch ausführlicher darauf eingehen), während andere dieses Zeugnis als unzuverlässiges Hörensagen «rauswerfen» wollen, bevor es überhaupt beurteilt werden kann. Sie meinen, die Evangelienberichte entsprechen nicht dem gerichtlichen Standard, den wir an Augenzeugen in Strafprozessen anlegen. Zeugen müssen vor Gericht anwesend sein, damit ihre Aussage in einem Strafverfahren in Betracht gezogen werden kann. Für mich als Ermittler in alten ungelösten Fällen stellt das oft ein Problem dar. Einige meiner Fälle sind mittlerweile nicht mehr abzuschliessen, weil wichtige Zeugen gestorben sind und nicht mehr vor Gericht aussagen können. Es reicht nicht aus, jemanden zu haben, der hörte, was diese Zeugen einmal über einen Vorfall gesagt haben. Würde ich diese «zweitrangigen» Zeugen vor Gericht laden, würde ihre Aussage als «Hörensagen» eingestuft. Es wäre unzulässig, weil der Originalzeuge einfach nicht länger für ein Kreuzverhör zur Verfügung steht. Das ist ein berechtigter Standard für Kriminalprozesse; für uns als Gesellschaft gilt, dass es besser ist, «zehn schuldige Personen entkommen zu lassen ... als einen Unschuldigen leiden zu lassen»[30]. Aus diesem Grund haben wir einen strengen (und manchmal schwer verständlichen) rechtlichen Standard für Augenzeugen geschaffen.

Aber dieser Standard ist einfach zu hoch, um ihn an Aussagen von historischen Augenzeugen anzulegen. Die überwiegende Mehrheit der historischen Ereignisse muss beurteilt werden, obwohl die Augenzeugen heute tot sind und nicht vor Gericht aussagen können. Die Augenzeugen, die die Ausarbeitung und Unterzeichnung der Verfassung der Vereinigten Staaten beobachteten, stehen uns heute nicht mehr zur Verfügung. Menschen, die das Leben Abraham Lincolns bezeugen konnten, sind nicht mehr unter uns. Es ist eine Sache, das Kreuzverhör eines Augenzeugen zu einem Fall zu verlangen, der einen Angeklagten zum Tod in der Gaskammer verurteilt; eine andere ist es aber, die Geschichte einer solch unzumutbaren Notwendigkeit zu unterzie-

30 William Blackstone, *Commentaries on the Laws of England*, zitiert in Frederick Schauer, *Thinking Like a Lawyer: A New Introduction to Legal Reasoning* (Cambridge, MA: Harvard University, 2009), S. 221.

hen. Wenn wir diesen Massstab an historische Berichte anlegen, dann sollte uns klar sein, dass wir alles Wissen über die Vergangenheit aufgeben. Wir können nichts über die Geschichte wissen, wenn lebende Augenzeugen die einzig verlässlichen Zeugen sind, die wir befragen können. Wäre das der Fall, so wüssten wir nichts, was mit Sicherheit über die zwei oder drei letzten Generationen hinausgeht. Sind die Augenzeugen erst einmal gestorben, ist die Geschichte verloren gegangen. Aber wir haben grosses Vertrauen in viele historische Ereignisse, obgleich die Augenzeugen schon lange im Grab liegen. Wenn wir die Verfasser von historischen Berichten einschätzen wollen, müssen wir sie nach unserem besten Wissen entsprechend den vier in Kapitel 4 vorgetragenen Kriterien beurteilen (in Teil 2 werden wir diese Kriterien anwenden). Unsere Ziele sind dieselben wie bei vor Gericht geladenen lebenden Augenzeugen, aber unsere Erwartungen sind der Untersuchung der Geschichte angepasst. Angesichts des Wesens der Ereignisse, die in entfernter Vergangenheit geschehen sind, ist das nur vernünftig.

VERTEIDIGER GREIFEN DIE MIKROEBENE AN UND LENKEN VON DER MAKROEBENE AB

Wie wir bereits beschrieben haben, bauen starke indizienlastige Fälle auf einer grossen Beweissammlung auf. Je mehr Beweisstücke auf einen Tatverdächtigen verweisen, umso gewichtiger ist der Fall. Aus diesem Grund versuchen Verteidiger, die Geschworenen von grossen Sammlungen abzulenken, indem sie ihre Aufmerksamkeit auf einzelne Beweise richten. Das Letzte, was ein Verteidiger will, ist, dass die Jury erkennt, wie sich die Teile ineinanderfügen und ein vollständiges Puzzle ergeben. Stattdessen ist es die Absicht des Strafverteidigers, dass die Geschworenen jedes Puzzleteil getrennt von den anderen überprüfen, weil er hofft, dass der zu untersuchende Gegenstand ohne Bezug zu seinem Mandanten erklärt werden kann. Wenn es mehr als eine berechtigte Möglichkeit gibt, ein einzelnes Beweisstück zu interpretieren, verlangt das Gesetz, dass die Geschworenen zugunsten der Unschuld des Angeklagten entscheiden. Deshalb verbringen Verteidiger eine Menge Zeit damit, die Augen der Jury von der grossen Sammlung abzulenken und auf nebensächliche Details zu richten. Wird ein einzelnes Puzzleteil isoliert betrachtet, ist es ohne das Gesamtbild schwer einzuordnen. Ein einziges kleines Puzzleteil könnte zu einer ganzen Reihe von Puzzlespielen gehören; seine Zuordnung erkennen wir daran, wie es sich zu anderen Teilen fügt. Es ist die Aufgabe des Strafverteidigers, den Blick der Geschworenen davon abzulenken, wie die Teile zusammengehören.

Wer die Behauptungen des Christentums infrage stellt, entscheidet sich für einen ähnlichen Ansatz. Lassen Sie uns einmal anschauen, welchen Einfluss Petrus beispielsweise auf das Markusevangelium hatte. Skeptiker haben angemerkt, dass in Markus' Bericht das Detail fehlt, dass Petrus aus dem Boot stieg und beinahe unterging, als Jesus auf dem Wasser ging (worauf wir weiter oben bereits hingewiesen haben, vgl. Mk 6,45-52 mit Mt 14,22-33). Betrachtet man dieses Puzzleteil isoliert, kann man durchaus annehmen, dass Petrus absolut keinen Einfluss auf das Markusevangelium hatte (wie viele Skeptiker behaupten). Wie konnte Markus dieses Detail auslassen, wenn er wirklich im Kontakt mit Petrus stand? Skeptiker haben diese Bibelstellen benutzt, um sich gegen die Verfasserschaft eines Augenzeugen und die Zuverlässigkeit der Bibel auszusprechen. Wenn man diese einzelne Stelle aber zusammen mit anderen Versen über Petrus im Markusevangelium überprüft, kristallisiert sich umso deutlicher das Gesamtbild heraus. Erst wenn wir alle diese Stellen als Gruppe untersuchen, erkennen wir den Respekt und die Führung von Petrus, die Markus durchgehend zum Ausdruck bringt. Im grösseren Kontext sehen wir, dass Markus den Ruf und die Ehre von Petrus zu schützen versucht. Wenn wir diese Fakten mit den anderen Puzzleteilen in Kapitel 5 verbinden, wird Petrus' Einfluss auf das Markusevangelium deutlich. Wie Geschworene in einem Strafprozess müssen wir den Bemühungen derer widerstehen, die unseren Blick auf einzelne Puzzleteile lenken wollen, als wären sie nicht Teil eines grösseren Puzzles.

VERTEIDIGER GREIFEN DEN BOTEN AN

Fast jedes Beweisstück wurde im Gerichtssaal von einem Menschen vorgelegt. Aussagen von Augenzeugen sind ein offensichtliches Beispiel dafür, aber auch gerichtsmedizinische Beweise sind von menschlicher Beteiligung abhängig: von einem Ermittler, der sie zuerst aufgenommen hat, oder einem Kriminaltechniker, der sie später untersuchte. Manchmal greifen Verteidiger die Person an, die das Beweismaterial präsentiert, wenn ihnen nicht gefällt, was die Beweise über ihren Mandanten aussagen. Deshalb findet oft ein intensives (und kritisches) Kreuzverhör von wichtigen Zeugen statt; normalerweise diffamieren Verteidiger diese Zeugen und führen Befangenheit oder potenziell anstössiges Verhalten im beruflichen oder persönlichen Leben des Zeugen ins Feld. Wenn die Verteidigung es schafft, dass der Zeuge von der Jury gehasst wird, bekommt sie es vielleicht auch hin, dass die Geschworenen die vom Zeugen präsentierten Beweise ablehnen.

«AD HOMINEM»-ANGRIFFE

Ad hominem (Lateinisch für «auf den Menschen») ist eine Kurzform von argumentum ad hominem. Damit wird normalerweise ein logischer Fehlschluss bezeichnet: der Versuch, die Wahrheit einer Behauptung zu diskreditieren, indem man auf negative Eigenschaften, Verhaltensweisen oder Überzeugungen der Person hinweist, die die Behauptung ausspricht. Dictionary.com beschreibt ad hominem als «Angriff auf den Charakter des Gegners, statt auf seine Argumente zu antworten».

Das ist zu einer auffälligen Taktik von Skeptikern geworden, die die Behauptungen des Christentums ablehnen. Die Geschichte ist ohne Zweifel voller Beispiele von Menschen, die behaupteten, Christen zu sein, ohne dass ihr Verhalten dem entsprach. Viele Leute haben im Namen des Christentums grosse Gewalttaten verübt und behauptet, ihre christliche Weltsicht würde ihr Handeln autorisieren oder rechtfertigen, obwohl die Lehre Jesu ihrem Verhalten klar entgegenstand. Eine faire Überprüfung der Geschichte zeigt aber auch, dass Christen nicht die Einzigen mit Fehlverhalten waren. Menschen mit nahezu jeder Weltanschauung, von theistisch bis atheistisch, haben sich ebenso eines gewalttätigen Fehlverhaltens schuldig gemacht. Atheisten führen die Kreuzzüge und die Spanische Inquisition als Argumente gegen Christen an; mit demselben Ziel verweisen Theisten auf die atheistischen Regime von Josef Stalin und Mao Tse-tung. Man diskutiert über Todesstatistiken, um herauszufinden, welche Gruppen mehr Gewalt ausgeübt haben, aber man scheint nicht zu verstehen, worum es eigentlich geht. Der gemeinsame Nenner dieses gewaltsamen Fehlverhaltens war nicht die Weltanschauung, sondern die Beteiligung von Menschen.

Wenn wir die Wahrheit auf der Grundlage menschlichen Verhaltens herausfinden wollen, bekommen wir grosse Probleme, weil jede Weltanschauung unter dem widersprüchlichen und armseligen Verhalten ihrer Anhänger leidet. Ich rechne damit, dass in den Nachrichten weiterhin die offensichtliche Heuchelei von bekennenden Christen angeprangert wird. Im Gleichnis vom Unkraut (Mt 13,24-30) sagte Jesus voraus, dass falsche Christen («Unkraut») neben echten Nachfolgern Christi («Weizen») leben werden. Ich erwarte auch, dass Skeptiker die Ereignisse, an denen «falsche Christen» beteiligt sind, zu ihrem Vorteil nutzen und auf diese Leute zeigen, um das Beweismittel an sich für nichtig zu erklären. Die Diskussion ums Christentum scheint mit jedem neuen Jahr schärfer und erniedrigender zu werden. Im Zentrum öffentlicher Debatten stehen oft weniger stichhaltige Argumente als vielmehr Ad-hominem-Angriffe. Am Ende kommt es allerdings auf Beweise an. Aus diesem Grund weisen Staatsanwälte die Geschworenen auf den Unterschied zwischen persönlichen Angriffen und gut durchdachten Erklärungen hin. Taktiken, die auf Sarkasmus und Spott beruhen, dürfen nicht evidenz- und vernunftbasierte Argumente ersetzen.

VERTEIDIGER WOLLEN PERFEKTION

Jede polizeiliche Ermittlung (und Verfolgung) ist eine ernste Angelegenheit, und die Geschworenen wissen das. Gelegentlich schlagen Strafverteidiger Kapital aus der erwarteten ernsten Haltung von Geschworenen, indem sie die Tatsache kritisieren, dass die Anklage alles andere als perfekt vorbereitet war. Hätten die Autoritäten angesichts der ungeheuren Bedeutung dieser Fälle nicht alles in ihrer Macht Stehende tun müssen, um eine perfekte und einwandfreie Untersuchung zu gewährleisten? Hätte nicht jedes denkbare Beweisstück sichergestellt werden müssen? Hätte nicht jeder mögliche Zeuge ausfindig gemacht werden müssen? Indem sie die Unzulänglichkeit und Begrenztheit der Ermittlung betonen, versuchen Anwälte, mangelnde Sorgfalt und Genauigkeit nachzuweisen, was den Fall der Staatsanwaltschaft schwächen könnte.

Etwas Ähnliches geschieht, wenn Skeptiker auf die angeblich «unzureichenden» oder «unvollständigen» historischen Beweise hindeuten, die die Behauptungen des Christentums stützen. Warum verfügen wir beispielsweise nicht über einen vollständigen Dokumentensatz von allen Aposteln, die im ersten Jahrhundert geschrieben haben? Warum haben wir nicht einige der fehlenden Briefe, die im Neuen Testament erwähnt werden, wie z. B. den von Paulus in 1. Korinther 5,9 genannten vorangegangenen Brief an die Gemeinde in Korinth oder das in 3. Johannes 9 erwähnte Schreiben von Johannes an die Gemeinde des Diotrephes? Warum gibt es nicht mehr Beweise aus ausserbiblischen Quellen, die die in der Bibel beschriebenen Ereignisse bestätigen (mehr dazu in Kapitel 12)?

MIT ALLEN UNZULÄNGLICHKEITEN ARBEITEN

Die Geschworenen müssen verstehen, dass so etwas wie ein «perfekter» Fall gar nicht existiert. Ihnen wird im Voraus beispielsweise gesagt, dass sie nicht zu allem Zugang haben, was über den Fall gewusst werden kann. Richter belehren die Jury, dass «keine Seite alle Zeugen aufrufen muss, die Informationen über den Fall besitzen, oder alle physischen Beweise erbringen muss, die relevant sein könnten» (Paragraf 300, *Judicial Council of California Criminal Jury Instructions*, 2006). Den Geschworenen ist es nicht gestattet, über das zu spekulieren, was fehlen könnte. Vielmehr müssen sie sich auf die berechtigten Schlussfolgerungen konzentrieren, die aufgrund der vorhandenen Beweislage gezogen werden können.

Obschon die Erwartungen an Perfektion Verteidigern nützlich sein können, beim Angriff gegen den Fall der Staatsanwaltschaft sowie bei Skeptikern, die es auf die Behauptungen des Christentums abgesehen haben, sind derartige Erwartungen überzogen. Mir ist nie eine «perfekte» Untersuchung untergekommen, und ich selbst habe mit Sicherheit nie eine durchgeführt. Alle Ermittlungen und Untersuchungen der Wahrheit (einschliesslich historischer Untersuchungen) haben ihre ganz eigenen Mängel. Die Geschworenen wissen, dass sie mit dem arbeiten müssen, was ihnen zur Verfügung steht. Entweder reichen die Beweise aus oder nicht. Die Geschworenen können sich nicht mit dem beschäftigen, was «gewesen sein könnte» oder was «hätte getan werden können», es sei denn, sie haben Beweise und gute Gründe zu der Annahme, dass die Wahrheit unterwegs verloren gegangen ist. Jurys können nicht davon ausgehen, dass es eine bessere Erklärung gibt (als jene, die von der Staatsanwaltschaft angeboten wird), einfach nur, weil der Fall viele Mängel aufweist. Berechtigte Zweifel müssen mit Beweisen belegt werden. In ähnlicher Weise können Skeptiker nicht die vernünftigen Schlussfolgerungen aus den vorhandenen Beweisen ablehnen, nur weil es ein paar Beweise geben könnte, die wir *nicht* haben. Skeptiker müssen ihre Zweifel ebenfalls mit Beweisen belegen.

VERTEIDIGER LIEFERN ALTERNATIVE «MÖGLICHKEITEN»

Verteidiger tun ihr Bestes, die Geschworenen davon abzuhalten, die von der Anklage präsentierte Version der Ereignisse zu akzeptieren. Manchmal reicht es nicht aus, Löcher in den Fall der Staatsanwaltschaft zu bohren, um die Jury von der Gesamtheit des Beweismaterials abzulenken. Verteidiger liefern gelegentlich eine alternative Theorie über das Geschehen bei einem bestimmten Verbrechen. Sie bauen ihren eigenen Fall auf, um eine vollständig andere Erklärung anbieten zu können. Noch häufiger deutet die Verteidigung jedoch eine alternative Erklärung durch suggestive Fragen an, die eine Reihe von alternativen «Möglichkeiten» eröffnen, auch wenn sich diese «Möglichkeiten» nicht durch Beweise stützen lassen. Ziel ist es, den Geschworenen ein Narrativ an die Hand zu geben, das die Schuld des Angeklagten ausklammert. In solchen Situationen müssen Staatsanwälte den Geschworenen helfen, den Unterschied zwischen «möglich» und «berechtigt» zu erkennen, und sie ermutigen, ihre Beratungen auf Schlussfolgerungen zu begrenzen, die auf den Beweisen fussen, statt über ungestützte Möglichkeiten zu spekulieren.

ALTERNATIVE ERKLÄRUNGEN

Richter belehren die Geschworenen, sich vor Erklärungen in Acht zu nehmen, die nicht von Beweisen gestützt werden. Sie sagen ihnen, sie «müssen überzeugt sein, dass die einzige berechtigte, von den Indizienbeweisen gestützte Schlussfolgerung die Schuld des Angeklagten ist. Wenn Sie zwei oder mehr berechtigte Schlussfolgerungen aus den Indizienbeweisen ziehen können und eine von ihnen deutet seine Unschuld und die andere seine Schuld an, dann müssen Sie die akzeptieren, die auf die Unschuld hinweist. Bei der Abwägung von Indizienbeweisen dürfen Sie aber nur berechtigte Schlussfolgerungen akzeptieren und müssen jede nicht berechtigte zurückweisen» (Paragraf 224, *Judicial Council of California Criminal Jury Instructions*, 2006).

Jene, die die Historizität Jesu leugnen, wählen hin und wieder einen Ansatz, der dem von Strafverteidigern ähnelt. Einige Skeptiker haben die Existenz Jesu ganz und gar bestritten und eine alternative Möglichkeit vorgeschlagen. Indem sie Ähnlichkeiten zwischen Jesus und «Erlösermythologien» aus dem Altertum heranziehen, behaupten sie, dass Jesus lediglich eine weitere Erzählung ist, geschaffen von Leuten, die mit einer neuen religiösen Tradition beginnen wollten. Viele dieser Kritiker verweisen auf die antike Gottheit Mithra als wesentliches Beispiel für das fiktive Ausleihen, das sie bei der Entstehung des Christentums unterstellen. Sie beschrieben Mithra als einen Erlöser, der fast vierhundert Jahre vor den ersten Christen auftauchte, und sie weisen auf die folgenden Ähnlichkeiten hin:

Mithra wurde von einer Jungfrau geboren.
Mithra wurde in einer Höhle geboren, besucht von Hirten.
Mithra hatte zwölf Begleiter oder Jünger.
Mithra wurde in ein Grab gelegt und stand nach drei Tagen wieder auf.
Mithra wurde «der gute Hirte» genannt.
Mithra wurde sowohl mit dem Lamm als auch dem Löwen assoziiert.

Trotz dieser bemerkenswerten Ähnlichkeiten, die eine alternative Theorie zur Historizität Jesu zu unterstützen scheinen, zeigt ein kurzer prüfender Blick schnell, dass sie nicht auf Beweisen beruhen. Es existiert heute keine «Heilige Schrift Mithras», alle unsere Spekulationen über die Legende des Mithra basieren auf mithraischen Gemälden und Skulpturen und den Worten, die Christen über die Anbeter Mithras schrieben, die sie zwischen dem ersten und dritten Jahrhundert beobachtet haben. Aber selbst das Wenige, was wir wissen, macht deutlich, dass Mithra nicht von einer Jungfrau in einer Höhle geboren wurde. Angeblich entstammte Mithra einem Felsen und hinterliess an der Seite eines Berges eine Höhle. Es lassen sich auch keine Beweise dafür finden, dass Mithra zwölf Begleiter oder Jünger hatte. Diese Ähnlichkeit könnte auf ein Wandgemälde zurückgehen, das die zwölf Zeichen des Tierkreises um Mithra herum gruppiert. Ebenso wenig ist bewiesen worden, dass Mithra jemals als der «gute Hirte» bezeichnet wurde, und obwohl Mithra ein «Sonnengott» war und mit dem Tierkreiszeichen Löwe assoziiert wurde (dem Haus der Sonne in der babylonischen Astrologie), gibt es keine Beweise für eine Identifizierung mit dem Löwen von Juda. Es lassen sich auch keine Beweise finden, dass Mithra jemals gestorben ist, geschweige denn, dass er nach drei Tagen wieder auferstand. Diese Behauptungen von Skeptikern werden (ebenso wie die «Möglichkeiten», die Strafverteidiger anbieten) nicht von Beweisen gestützt. Wir sollten daran denken, dass eine «mögliche» Erwiderung nicht zwangsläufig eine «plausible» Widerlegung ist.

VERTEIDIGER LEGEN EINE GESELLSCHAFTLICH GEWINNENDE HALTUNG AN DEN TAG

Die meisten Verteidiger wissen um die Bedeutung des «ersten Eindrucks». Ich war an einer Reihe von öffentlichkeitswirksamen Fällen mit herausragenden Strafverteidigern beteiligt. Diese Anwälte waren in den Voruntersuchungen ungeheuer aggressiv, sarkastisch und giftig, während sie sich bei den Geschworenenprozessen sympathisch, liebenswert und charismatisch zeigten. Was ist der Unterschied? Die Anwesenheit einer Jury. Bei den Voruntersuchungen sind keine Geschworenen dabei. Verteidiger wissen, dass der Stil oft ebenso wichtig ist wie der Inhalt. Auf welche Art man einen Anspruch vermittelt, ist manchmal wichtiger als der Anspruch selbst. Aus diesem Grund beobachten Strafverteidiger sehr genau die Gesellschaft und bedienen sich bestimmter Manieren und sprachlicher Besonderheiten, um der Jury, die sie zu überzeugen versuchen, ihre Person und ihre Botschaft wirksam nahezubringen. Dabei sind die Fakten manchmal nur zweitrangig.

Die Skeptiker in unserer Mitte sind ebenso ausgebufft. Christen sind nicht die einzigen Leute, die ihre Weltsicht mit missionarischem Eifer vertreten. Viele beliebte Atheisten sind gleichermassen daran interessiert, die Menschen um sie herum zu bekehren. Ihnen ist absolut klar, was populär ist.

EINE PRÄSENTATION IST KEIN BEWEISSTÜCK

Geschworenen wird auch angeraten, die Worte des Anwalts nicht als Beweismittel anzusehen: «Nichts, was der Anwalt sagt, ist ein Beweis. In ihren einleitenden und abschliessenden Bemerkungen diskutieren Anwälte den Fall, aber ihre Äusserungen sind keine Beweise. Ihre Fragen sind keine Beweise. Nur die Antworten der Zeugen sind Beweise. Die Fragen der Anwälte sind nur dann von Bedeutung, wenn sie Ihnen helfen, die Antworten der Zeugen zu verstehen. Gehen Sie nicht davon aus, dass etwas wahr ist, nur weil einer der Anwälte eine Frage stellt, die nahelegt, dass es wahr ist» (Paragraf 104, *Judicial Council of California Criminal Jury Instructions*, 2006).

Als Teil der Gesellschaft versuchen sie, die Leute zu erreichen; sie wissen, was sich die Menschen im Fernsehen und im Internet anschauen. Sie sehen die angesagtesten Filme und hören die meistverkaufte Musik. Sie beherrschen die aktuelle Sprache und bestimmen Kunst, Musik und Literatur in unserer Gesellschaft. Christen stellen sie häufig als antiquierte, rückständige «Dinosaurier» dar, die keinen Kontakt mehr haben zu fortschrittlichen Konzepten und zur gegenwärtigen Kultur. Sie erkennen den wohlmeinenden Wunsch vieler Christen, die Dinge Gottes über die der Welt zu stellen (1Joh 2,15), und schlagen Kapital daraus. Skeptiker können ihre Opposition und ihre alternativen Theorien oft besser kommunizieren, einfach weil sie stärker mit der Kultur übereinstimmen, die sie zu beeinflussen versuchen.

Das zeigt sich oft deutlich in Fernsehdebatten zwischen Christen und Nichtchristen. Die wirkungsvollsten Skeptiker sind diejenigen, die (wie effektive Strafverteidiger) eine einnehmende Verbindung zum Publikum herstellen können. Sie sind sympathisch. Sie sind unterhaltsam. Sie verstehen die Zweifel und Sorgen, die die Menschen bezüglich des Christentums haben, und sie gehen darauf ein. Sie verwenden eine überzeugende Rhetorik, um ihren Standpunkt klarzumachen. Ich habe eine ganze Reihe von Diskussionen gesehen, in denen der Stellvertreter der christlichen Sicht die besten Argumente und Beweise anführte, aber dennoch rein kommunikativ weniger Einfluss auszuüben schien. In einer Kultur, in der das Bild wichtiger ist als die Information und der Stil über dem Inhalt steht, reicht es nicht aus, die Wahrheit auf seiner Seite zu haben. Man muss auch die Regeln der Darstellung in den Medien beherrschen.

Wenn die Staatsanwaltschaft einen Fall vor Gericht präsentiert, bleiben der Verteidigung drei mögliche Reaktionen: Sie kann eine Erklärung abgeben, zerstören oder ablenken. In seltenen Fällen vertritt die Verteidigung eine stichhaltige alternative Theorie, die erklärt, was in einem bestimmten Fall passiert ist. Das ist aber schwierig, denn es verlangt von der Verteidigung, ihr alternatives Szenario mit Beweisen zu untermauern. Im Grunde muss sie ihren Fall auf dieselbe Weise aufbauen, wie auch die Staatsanwaltschaft einen Fall gegen den Angeklagten aufgebaut hat. Aber häufiger verfolgen die Verteidiger einen anderen Ansatz: Sie fokussieren sich darauf, den Fall der Staatsanwaltschaft zu zerstören, indem sie die Beweise in Misskredit bringen. Wenn sie an den einzelnen Beweisstücken berechtigte Fehler finden, können sie den Fall der Staatsanwaltschaft Stück für Stück schwächen. Eine dritte Taktik ist in indizienbasierten Fällen häufig genauso effektiv. Unter Verwendung der in diesem Kapitel besprochenen Taktiken sind Strafverteidiger imstande, die Jury von der Wirkung des Indizienfalls abzulenken.

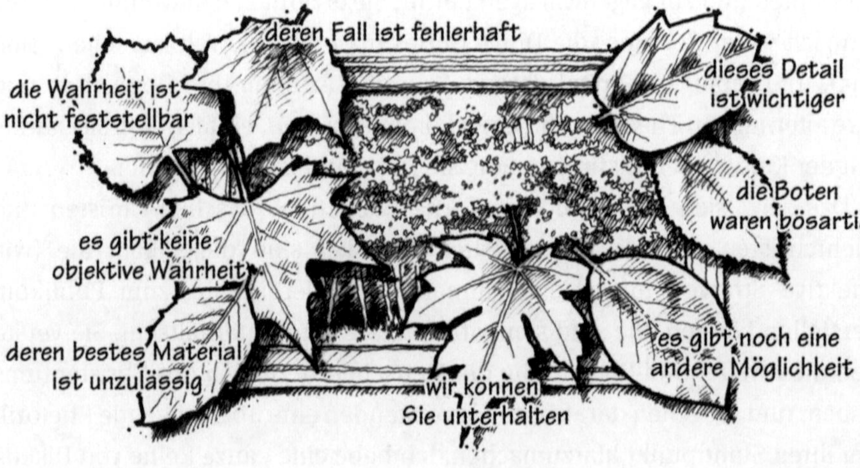

Indem sie das Wesen der Wahrheit angreifen, die Grundlage der Staatsanwaltschaft ins Visier nehmen, sich auf die Mikro- statt auf die Makroebene fokussieren, die Zeugen der Anklage diskreditieren, die Erwartung an Perfektion wecken, ungestützte Möglichkeiten anbieten und das alles auf gewinnende Weise präsentieren, versuchen Strafverteidiger die Aufmerksamkeit der Geschworenen vom Gesamtbild wegzulenken. Sie wollen, dass die Jury den Wald vor lauter Bäumen nicht sieht. Es ist ihre Absicht, die Sicht der Geschworenen auf die miteinander verbundenen und plausiblen Indizienbeweise zu vernebeln.

Wer die Ansprüche des Christentums ablehnt, wählt oftmals einen sehr ähnlichen Ansatz. Wie Strafverteidiger ignorieren sie immer wieder das grössere, für das Christentum sprechende Gesamtbild und konzentrieren sich auf Möglichkeiten und Behauptungen, die entweder nicht wahr sind oder keine Auswirkungen auf die Beweise haben.

EIN WERKZEUG FÜR DIE EINSATZTASCHE, EIN TIPP FÜR DIE CHECKLISTE

Auch wenn die Taktiken der Verteidiger nicht wie Werkzeuge erscheinen mögen, die für Ihre investigative *Einsatztasche* geeignet sind, betrachten Sie sie einfach als *vorbeugende* Prinzipien für Ihre *Checkliste*. Wenn diese Taktiken schon für Strafverteidiger anrüchig sind, wie viel mehr dann für Personen, die die Ansprüche des Christentums präsentieren. Wir sollten uns einen hohen Standard für die Art unserer Äusserungen zulegen, wenn wir von unseren Gegnern erwarten, dass sie ihre eigene Verantwortung erkennen. Es ist altbekannt, dass die «Beweislast» in Strafverfahren bei der Staatsanwaltschaft liegt. Solange ihnen keine Schuld nachgewiesen wurde, gelten Angeklagte als unschuldig. Sie sind keineswegs verpflichtet, sich zu verteidigen. Wenn ein Angeklagter aber in einem Mordprozess der Jury klarmachen will, dass er die Tat zur Selbstverteidigung begangen hat, liegt es an seinem Anwaltsteam, diesen Zweifel herauszuarbeiten. Skeptiker haben lange Zeit behauptet, dass die Beweislast für die Wahrheit der christlichen Weltsicht (z. B. die Existenz Gottes oder die Gottheit Jesu) bei den Christen liege; der Naturalismus sei hingegen die Position, die nicht bewiesen werden müsse. Das ist in Ordnung, sofern sie ihren Widerstand auf *zerstörerische* oder *ablenkende* Taktiken begrenzen, wenn sie aber eine alternative Möglichkeit anführen (z. B. dass Jesus eine Wiederbelebung von Mithra ist), geht die Beweislast auf sie über. *Mögliche Alternativen sind keine zulässigen Widerlegungen.* Wenn sie keine von Beweisen gestützte Erklärung anbieten können, versuchen sie wahrscheinlich zu *zerstören* oder *abzulenken.* Meine Hoffnung ist es, dass meine skeptischen Freunde die Defizite dieser beiden Ansätze erkennen. Zerstörerische Taktiken, die versuchen, die Evangelien zu disqualifizieren, wirken gleichermassen auch auf andere historische Texte. Wenn Skeptiker denselben Massstab auch an andere antike Dokumente anlegen würden, dann stünden sie vor dem Problem, überhaupt nichts aus der antiken Vergangenheit glauben zu können. Alle Bemühungen, vom Fall des Christentums durch eine Neudefinition der Wahrheit oder Diffamierung von Christen abzulenken, mögen zwar ihre Wirkung haben, vermögen aber nicht den Naturalismus als wahr auszuweisen. Ich habe viele Strafverteidiger kennengelernt, die hart gearbeitet haben, weil sie wirklich an die Unschuld ihrer

Klienten glaubten. Andere haben sich aus anderen Gründen angestrengt. Einigen meiner skeptischen Freunde geht es da ganz ähnlich. Manche lehnen das Christentum ab, weil sie glauben, dass es nicht evidenzbasiert ist, und sie sind bereit, einen alternativen Fall vorzutragen. Andere hingegen weisen das Christentum aus anderen Gründen zurück (vielleicht aufgrund von persönlichen Erfahrungen in der Vergangenheit oder aus dem Wunsch heraus, ihr Leben ohne religiöse Einschränkungen zu führen). In diesem Fall greifen sie oft zu *zerstörenden* oder *ablenkenden* Taktiken. Lassen Sie uns unseren zweifelnden Freunden helfen, das Wesen ihrer Einwände zu verstehen. Wir sollten uns darauf verlegen, die Vorteile unserer Position herauszustellen, ohne auf Taktiken zurückzugreifen, die unserer Weltanschauung nicht würdig sind.

Als ich noch Atheist war, wuchsen viele meiner christlichen Freunde entweder in einer Gemeinde auf oder lebten in ländlichen Gebieten, in denen ihrer christlichen Weltsicht wenig oder gar keine Opposition entgegengebracht wurde. Einige von ihnen wurden erschüttert, als ihnen nicht nur zum ersten Mal Widerstand begegnete, sondern diese Leute auch noch taktisch geschickt und einnehmend waren. Manche Christen wurden zum ersten Mal auf der Universität mit atheistischem Widerstand konfrontiert, entweder als Studenten oder als Eltern von Studenten. Die Zahl der jungen Christen, die den christlichen Glauben auf dem College aufgeben, ist laut nahezu jeder Studie zu diesem Thema erschreckend. Zum Teil ist es eine Frage der Vorbereitung. Obgleich wir bereit sind, viel Zeit mit Bibellesen, Beten oder der Teilnahme an Gemeindeprogrammen oder Gottesdiensten zu verbringen, sind sich nur wenige von uns bewusst, wie wichtig *eine gute Verteidigung* unseres christlichen Glaubens ist. Staatsanwälte sind erfolgreich, wenn sie die Fakten eines Falls beherrschen und mit den Taktiken der Verteidigung klarkommen. Christen können sich davon eine Scheibe abschneiden. Wir müssen die Fakten und Beweise kennen, die die Behauptungen des Christentums stützen, und die Taktiken derer voraussehen, die gegen uns sind. Eine derartige Vorbereitung ist eine Form von Anbetung. Wenn wir uns geistig so vorbereiten, verehren wir Gott mit unserem Verstand und tun genau das, wozu er uns berufen hat (Mt 22,37).

Teil 2

ÜBERPRÜFEN SIE DAS BEWEISMATERIAL

Wenden Sie die Ermittlungsprinzipien auf die Behauptungen des Neuen Testaments an

Ich lag auf dem Bett und starrte an die Decke.

«Ich denke, es könnte wahr sein», sagte ich zu meiner Frau.

«Was könnte wahr sein?», fragte sie.

«Der christliche Glaube.» Ich bin mir sicher, sie machte sich Sorgen wegen meiner zunehmenden fixen Idee. In den letzten Wochen konnte ich an nichts anderes mehr denken, und ich hatte ihr damit zu mehreren Gelegenheiten schon in den Ohren gelegen. Sie wusste, mir war es ernster als jemals zuvor, deshalb tolerierte sie geduldig meine fixe Idee und meine Worte darüber. «Je häufiger ich mir die Evangelien anschaue, umso mehr habe ich den Eindruck, dass sie echte Augenzeugenberichte sind», fuhr ich fort. «Und die Verfasser scheinen an das, worüber sie berichteten, geglaubt zu haben.»

Ich wusste, ich stand vor einer wirklich wichtigen Sache. Ich begann, die Evangelien zu lesen, um herauszufinden, was Jesus über ein gutes Leben lehrte, und stellte fest, dass er darüber hinaus viel über seine Identität als Gott und das Wesen des ewigen Lebens zu sagen hatte. Mir war klar, dass es einfach nicht geht, eine Dimension seiner Lehren zu akzeptieren und eine andere abzulehnen. Hätte ich gute Gründe zu glauben, dass die Evangelien verlässliche Augenzeugenberichte sind, müsste ich mich mit den Sachen auseinandersetzen, gegen die ich mich als Skeptiker immer gewehrt hatte. Was ist mit all den Wundern, die zwischen den bemerkenswerten Worten Jesu eingeflochten sind? Wie sollte ich das Wundersame vom Aussergewöhnlichen trennen? Und warum habe ich mich gegen die wundersamen Elemente immer so gesträubt?

Beim ersten Schritt auf meiner Reise in Richtung Christentum habe ich die Evangelien beurteilt. Ich verbrachte Woche um Woche mit der Untersuchung der Evangeliumsberichte, so, wie ich es mit jedem Augenzeugenbericht in einem Strafprozess tat. Ich setzte viele der Werkzeuge ein, die ich bereits beschrieben habe. Ich kam zu einer Entscheidung, die mein Leben für immer veränderte. Einige Aspekte dieser Untersuchung möchte ich mit Ihnen teilen.

Kapitel 11

WAREN SIE ANWESEND?

Warum war das Grab angeblich leer? Ich sage angeblich, weil ich ehrlich nicht weiss, ob es das war. Die erste Stelle, in der vom leeren Grab Jesu die Rede ist, findet sich im Markusevangelium, das vierzig Jahre später geschrieben wurde von jemandem, der in einem anderen Land lebte und gehört hatte, dass es leer war. Wie konnte er das wissen?[31]

— BART EHRMAN, NEUTESTAMENTLICHER GELEHRTER, PROFESSOR FÜR RELIGIONSSTUDIEN UND AUTOR VON *JESUS INTERRUPTED*

◊

Das sogenannte Johannesevangelium ist etwas Besonderes und zeigt … die hoch entwickelte Theologie eines christlichen Autors, der drei Generationen nach Jesus lebte.[32]

— GEZA VERMES, GELEHRTER, HISTORIKER UND AUTOR VON *THE CHANGING FACES OF JESUS*

◊

Nie wurde ein Kunstwerk, welcher Art auch immer, entdeckt, weder ein Gemälde, eine Gravur noch eine Skulptur oder ein anderes Relikt der Antike, das als ein zusätzlicher Beweis der Existenz dieser Evangelien betrachtet wurde und aus der Zeit vor der zweiten Hälfte des 2. Jahrhunderts stammte.[33]

— CHARLES BURLINGAME WAITE, HISTORIKER UND AUTOR VON *HISTORY OF THE CHRISTIAN RELIGION TO THE YEAR TWO HUNDRED*

◊

---

31 Bart Ehrman, *Jesus Interrupted* (New York: HarperOne, 2010), S. 177.

32 Geza Vermes, *The Changing Faces of Jesus* (New York: Penguin, 2002), S. 8.

33 Charles Burlingame Waite, *History of the Christian Religion to the Year Two Hundred* (San Diego: Book Tree, 2011), Kindle Edition, Kindle Locations 5080–5082.

WENN DIE EVANGELIEN SPÄTER GESCHRIEBEN WURDEN, SIND SIE EINE LÜGE

Als ich noch kein Christ war, akzeptierte ich die skeptischen Behauptungen von Leuten wie Ehrman, Vermes und Waite. Ich machte sogar ähnliche Äusserungen (auch wenn meine wesentlich weniger eloquent waren), wenn ich mit christlichen Freunden und Kollegen auf dem Revier stritt. Wie die von mir zitierten Skeptiker neigte ich dazu, die Evangelien als späte Erzählungen abzulehnen. Ich hielt sie für mythologische Berichte, die lange nach dem Tod aller echten Augenzeugen verfasst wurden. Sie wurden später geschrieben und waren somit eine Lüge.

In den frühen 1990ern arbeitete ich in unserem Bandensonderkommando und untersuchte viele von Gangs ausgeführte Überfälle. Einer von ihnen betraf eine Messerstecherei zwischen Mitgliedern zweier rivalisierender Gangs. Es war nicht leicht, festzustellen, wer von den zwei Bandenmitgliedern das Opfer war, da beide ziemlich schwer verletzt waren und kein Augenzeuge bereit war, uns Aufschluss über das wahre Geschehen zu geben. Ich arbeitete schon circa ein Jahr an dem Fall, als mich eine junge Frau anrief und mir erzählte, dass sie die ganze Tat bezeugen könne und bereit sei, mir Auskunft darüber zu geben. Sie sagte, dass sie das vergangene Jahr im Einsatz der Armee gestanden habe und ihr deshalb nicht klar gewesen sei, dass der Fall noch nicht gelöst ist. Nachdem ich etwas tiefer bohrte, kam heraus, dass diese «Augenzeugin» eine Cousine eines der Gangmitglieder war. Nach einem längeren Gespräch mit ihr gab sie schliesslich zu, dass sie zur Zeit der Messerstecherei in einem anderen Bundesstaat ausgebildet wurde. Sie hatte sogar erst eine Woche vor unserem Kontakt davon erfahren. Sie log, um das Mitglied der rivalisierenden Gang zu beschuldigen und ihren Cousin zu schützen. Sie hatte ihre Geschichte eindeutig lange nach dem Ereignis erfunden, um ihr Ziel zu erreichen. Sie war nicht einmal anwesend, als das Verbrechen geschah, und allein aus diesem Grund war sie für mich als *Zeugin* wertlos.

Als Skeptiker glaubte ich, dass die Evangelien im 2. Jahrhundert geschrieben wurden und ähnlich wertlos waren. Wenn sie so spät verfasst worden waren, waren sie keine Augenzeugenberichte. So einfach ist das. Echte Augenzeugen des Lebens Jesu lebten (und schrieben) im 1. Jahrhundert.

Das erste Kriterium für die Zuverlässigkeit eines Augenzeugen führt uns zur Frage: «Waren die angeblichen Augenzeugen überhaupt anwesend?» Wie die ungläubigen Gelehrten beantwortete ich diese Frage, indem ich behauptete, dass die Evangelien, im 2. oder 3. Jahrhundert geschrieben, zeitlich viel näher der Einrichtung des Christentums im Römischen Reich als dem angeblichen Leben Jesu standen:

Bevor ich die Evangelien als Augenzeugenberichte ernst nehmen konnte, musste ich mich entscheiden, wo sie auf der Zeitleiste einzuordnen sind. Wenn die Verfasser zum ersten Mal auf der rechten Seite auftauchten (näher an den Kirchenkonzilien und der formalen Einrichtung der katholischen Kirche), dann gab es einen guten Grund, daran zu zweifeln, dass sie echte Augenzeugen der Leiden Christi waren (1Petr 5,1) oder Jesus wirklich mit eigenen Augen gesehen hatten (1Joh 1,1-3). Standen sie hingegen auf der linken Seite der Zeitleiste, konnte ich sie zumindest ernsthaft in Erwägung ziehen. Je näher sie dem Leben und Dienst Jesu waren, desto ernster konnte ich ihre Behauptungen nehmen.

AUF DER ZEITLEISTE ZURÜCKGEHEN

Viele Indizienbeweise sprechen für ein frühes Datum der Evangelien. Es gibt mehrere gute Gründe, anzunehmen, dass die Evangelienschreiber auf der linken Seite der Zeitleiste zu finden sind. Je näher ich mir das Beweismaterial ansah, umso klarer wurde mir, dass die Evangelien früh genug in der Geschichte geschrieben wurden, um als Augenzeugenberichte ernst genommen zu werden. Bevor wir die einzelnen Ereignisse auf der Zeitleiste einordnen, wollen wir uns die Beweise einmal anschauen.

1 DAS NEUE TESTAMENT BESCHREIBT NICHT DIE ZERSTÖRUNG DES TEMPELS

Wir beginnen mit dem möglicherweise bedeutendsten historischen jüdischen Ereignis des 1. Jahrhunderts, der Zerstörung des Jerusalemer Tempels im Jahr 70 n. Chr. Als Reaktion auf den jüdischen Aufstand von 66 n. Chr. hatte Rom eine Armee nach Jerusalem gesandt. Die römische Armee (unter der Führung von General Titus) zerstörte den Tempel schliesslich 70 n. Chr.[34], so, wie Jesus es in den Evangelien vorausgesagt hatte (Mt 24,1-3). Man möchte meinen, dieses wichtige Detail wäre in den neutestamentlichen Aufzeichnungen enthalten, vor allem da es die Vorhersage Jesu bestätigt. Aber kein Bericht in den Evangelien beschreibt die Zerstörung des Tempels. In keinem neutestamentlichen Dokument wird dieses Ereignis erwähnt, obwohl es viele Stellen gibt, an denen die Beschreibung der Zerstörung dazu beigetragen hätte, ein theologisches oder historisches Argument zu festigen.

2 DAS NEUE TESTAMENT BESCHREIBT NICHT DIE BELAGERUNG JERUSALEMS

Noch vor der Zerstörung des Tempels wurde die Stadt Jerusalem angegriffen. Titus umstellte die Stadt mit vier grossen Einheiten von Soldaten und durchbrach letztlich die «Dritte Mauer» der Stadt mit einem Rammbock. Nach langen Kämpfen und Gefechten setzten die römischen Soldaten die Stadtmauern schliesslich in Brand, wodurch auch der Tempel zerstört wurde.[35] Diese dreijährige Belagerung wird nirgends in einem neutestamentlichen Dokument erwähnt, trotz der Tatsache, dass die Evangelienschreiber auf die Leiden, die der Belagerung folgten, hätten hinweisen können in Verbindung mit Aussagen zum Thema *Leid*.

---

34 Flavius Josephus, *Complete Works of Flavius Josephus: Wars of the Jews, Antiquities of the Jews, Against Apion, Autobiography*, Übersetzung Whiston (Boston: MobileReference), Kindle Edition, Kindle Locations 7243–7249.

35 Barbara Levick, *Vespasian*, Roman Imperial Biographies (New York: Routledge, 1999).

3 *LUKAS SAGTE NICHTS ÜBER DEN TOD VON PAULUS UND PETRUS*

Jahre vor der Belagerung Jerusalems und der Zerstörung des Tempels fanden weitere, für die christliche Gemeinschaft wichtige Ereignisse statt. 64 n. Chr. starb der Apostel Paulus den Märtyrertod in Rom und Petrus kurz darauf im Jahr 65 n. Chr.[36] Obgleich Lukas in der Apostelgeschichte ausführlich über Paulus und Petrus berichtete und sie heraushob, sagte er nichts über ihren Tod. Am Ende der Apostelgeschichte ergibt sich aus dem Bericht, dass Paulus noch am Leben war (und in Rom unter Hausarrest stand).

4 *LUKAS SAGTE NICHTS ÜBER DEN TOD VON JAKOBUS*

In der Apostelgeschichte befasste sich Lukas mit einer weiteren wichtigen Person aus der christlichen Geschichte. Jakobus (der Bruder Jesu) wurde zum Leiter der Jerusalemer Gemeinde und in Apostelgeschichte 15 in herausragender Position beschrieben. Jakobus starb 62 n. Chr.[37] in Jerusalem den Märtyrertod, aber wie der Tod von Paulus und Petrus fehlte seine Hinrichtung im biblischen Bericht, obgleich Lukas den Tod von Stephanus (Apg 7,54-60) und von Jakobus, dem Bruder des Johannes (Apg 12,1-2), erwähnt.

5 *DAS LUKASEVANGELIUM IST ÄLTER ALS DIE APOSTELGESCHICHTE*

Lukas schrieb die Apostelgeschichte und das Lukasevangelium. Diese beiden Texte enthalten Einleitungen, die sie in der Geschichte miteinander verbinden. In der Einleitung zur Apostelgeschichte schrieb Lukas:

> Den ersten Bericht habe ich verfasst, o Theophilus, über alles, was Jesus anfing zu tun und zu lehren, bis zu dem Tag, da er in den Himmel aufge-

36 Adam Clarke, *Adam Clarke's Commentary on the Bible* (Grand Rapids, MI: Baker, 1983), Kommentar zu Apg 28,31.

37 Josephus, *Complete Works of Flavius Josephus*, Kindle Locations 28589–28592.

> nommen wurde, nachdem er den Aposteln, die er erwählt hatte, durch den Heiligen Geist Befehl gegeben hatte. (Apg 1,1-2)

Das macht deutlich, dass das Lukasevangelium (sein «erster Bericht») vor der Apostelgeschichte entstanden ist.

PAULUS ZITIERTE DAS LUKASEVANGELIUM IN SEINEM BRIEF AN TIMOTHEUS

Als Paulus seinen ersten Brief an Timotheus schrieb, schien das Lukasevangelium um 63–64 n. Chr. allgemein bekannt gewesen zu sein. Beachten Sie die folgende Stelle:

> Die Ältesten, die gut vorstehen, sollen doppelter Ehre wertgeachtet werden, besonders die, welche im Wort und in der Lehre arbeiten. Denn die Schrift sagt: «Du sollst dem Ochsen nicht das Maul verbinden, wenn er drischt!», und «Der Arbeiter ist seines Lohnes wert». (1Tim 5,17-18)

Paulus zitierte hier diese beiden Stellen aus der «Schrift» – die eine aus dem Alten und die andere aus dem Neuen Testament. «Du sollst dem Ochsen nicht das Maul verbinden, wenn er drischt» stammt aus 5. Mose 25,4 und «Der Arbeiter ist seines Lohnes wert» aus Lukas 10,7. Daraus wird deutlich, dass das Lukasevangelium schon allgemein bekannt war und als Teil der Schrift akzeptiert wurde, als Paulus diesen Brief schrieb. Zugegeben, eine Reihe von Kritikern (wie Bart Ehrman) haben behauptet, dass Paulus nicht der Autor des 1. Timotheusbriefes sei. Sie meinen, dieser Brief wäre zu einem viel späteren Zeitpunkt in der Geschichte verfasst worden. Die Mehrheit der Gelehrten erkennt jedoch die Tatsache an, dass die frühesten Leiter der Gemeinde schon sehr früh mit 1. Timotheus vertraut waren.[38]

---

38 Kenneth Berding, *Polycarp of Smyrna's View of the Authorship of 1 and 2 Timothy, Vigiliae Christianae* 54, Nr. 4 (1999), S. 349–360.

PAULUS WIEDERHOLTE DIE BEHAUPTUNGEN DER EVANGELIENSCHREIBER

Obwohl einige moderne Kritiker die Urheberschaft der Pastoralbriefe von Paulus infrage stellen, sind sich selbst die skeptischsten Gelehrten einig, dass Paulus die Briefe an die Römer, Korinther und Galater geschrieben hat. Diese Briefe stammen aus der Zeit zwischen 48 n. Chr. und 60 n. Chr. Der Römerbrief (normalerweise auf 50 n. Chr. datiert) macht etwas Wichtiges deutlich. Paulus begann den Brief mit der Aussage, dass Jesus der auferstandene «Sohn Gottes» ist. Im ganzen Brief akzeptierte Paulus die Sicht von Jesus, die die Augenzeugen in ihren Evangelienberichten zum Ausdruck brachten. Siebzehn Jahre nach der Auferstehung wurde Jesus als Gott beschrieben. Er ist der menschgewordene Gott, so wie die Augenzeugen es in ihren Berichten in den Evangelien schilderten. Paulus' Überblick über das Leben Jesu entspricht dem der Evangelien. In 1. Korinther 15 (geschrieben zwischen 53 und 57 n. Chr.) fasste Paulus die Evangeliumsbotschaft zusammen und unterstrich die Tatsache, dass ihm die Apostel die Augenzeugenberichte beschrieben:

> Denn ich habe euch zuallererst das überliefert, was ich auch empfangen habe, nämlich dass Christus für unsere Sünden gestorben ist, nach den Schriften, und dass er begraben worden ist und dass er auferstanden ist am dritten Tag, nach den Schriften, und dass er dem Kephas erschienen ist, danach den Zwölfen. Danach ist er mehr als 500 Brüdern auf einmal erschienen, von denen die meisten noch leben, etliche aber auch entschlafen sind. Danach erschien er dem Jakobus, hierauf sämtlichen Aposteln. Zuletzt aber von allen erschien er auch mir, der ich gleichsam eine unzeitige Geburt bin. (1Kor 15,3-8)

In seinem Brief an die Galater (ebenfalls aus der Mitte des 1. Jh.) beschrieb Paulus seinen Umgang mit diesen Aposteln (Petrus und Jakobus) und sagte, dass er ihnen mindestens vierzehn Jahre vor dem Schreiben des Briefes begegnet war:

> Als es aber Gott, der mich vom Mutterleib an ausgesondert und durch seine Gnade berufen hat, wohlgefiel, seinen Sohn in mir zu offenbaren, damit ich ihn durch das Evangelium unter den Heiden verkündigte, ging ich sogleich nicht mit Fleisch und Blut zurate, zog auch nicht nach Jerusalem hinauf zu denen, die vor mir Apostel waren, sondern ging weg nach Arabien und kehrte wieder nach Damaskus zurück. Darauf, nach drei Jahren, zog ich nach Jerusalem hinauf, um Petrus kennenzulernen, und blieb fünfzehn Tage bei ihm. Ich sah aber keinen der anderen Apostel, nur Jakobus, den Bruder des Herrn. (Gal 1,15-19)
> Darauf, nach 14 Jahren, zog ich wieder hinauf nach Jerusalem mit Barnabas und nahm auch Titus mit. (Gal 2,1)

Das bedeutet, dass Paulus den auferstandenen Christus innerhalb von fünf Jahren nach der Auferstehung gesehen hat (die meisten Gelehrten setzen Paulus' Bekehrung zwischen 33 und 36 n. Chr. an, und Gal 1,18-19 zufolge besuchte er Petrus und Jakobus in den darauffolgenden drei Jahren) und von den Augenzeugen (Petrus und Jakobus) von den Evangeliumsberichten erfuhr. Aus diesem Grund war Paulus in der Lage, den Korinthern mitzuteilen, dass es noch «mehr als 500 Brüder» gab, die die Berichte von der Auferstehung bestätigen konnten (1Kor 15,6). Das ist eine mutige Behauptung für die Jahre 53–57 n. Chr., die seine Leser überprüfen und ihn einen Lügner strafen konnten, wenn sie nicht stimmte.

8 *PAULUS ZITIERTE DAS LUKASEVANGELIUM IN SEINEM BRIEF AN DIE KORINTHER*

Als er der Gemeinde in Korinth schrieb (nahezu zehn Jahre vor dem Brief an Timotheus), schien Paulus auch das Lukasevangelium gekannt zu haben. Achten Sie auf die Ähnlichkeit zwischen seiner Beschreibung des Mahls des Herrn und der im Lukasevangelium:

> Denn ich habe von dem Herrn empfangen, was ich auch euch überliefert habe, nämlich dass der Herr Jesus in der Nacht, als er verraten wurde, Brot nahm, und dankte, es brach und sprach: Nehmt, esst! Das ist mein

> Leib, der für euch gebrochen wird; dies tut zu meinem Gedächtnis! Desgleichen auch den Kelch, nach dem Mahl, indem er sprach: Dieser Kelch ist der neue Bund in meinem Blut; dies tut, sooft ihr ihn trinkt, zu meinem Gedächtnis! (1Kor 11,23-25)
> Und er nahm das Brot, dankte, brach es, gab es ihnen und sprach: Das ist mein Leib, der für euch gegeben wird; das tut zu meinem Gedächtnis! Desgleichen nahm er auch den Kelch nach dem Mahl und sprach: Dieser Kelch ist der neue Bund in meinem Blut, das für euch vergossen wird. (Lk 22,19-20)

Paulus scheint das Lukasevangelium zu zitieren – das einzige Evangelium, in dem Jesus zu den Jüngern sagt: «Das tut zu meinem Gedächtnis.» Wenn Paulus eine Beschreibung des Mahls verwendete, die zu diesem Zeitpunkt bereits bekannt war, dann muss dieser Bericht schon eine Zeitlang vor der Entstehung seines Briefes im Umlauf gewesen sein.

LUKAS ZITIERTE WIEDERHOLT MARKUS (UND MATTHÄUS)

Als Lukas sein Evangelium schrieb, gab er ehrlich zu, dass er kein Augenzeuge des Lebens und Dienstes Jesu war. Stattdessen beschrieb sich Lukas als Historiker, der die Aussagen der anwesenden Augenzeugen sammelte:

> Nachdem viele es unternommen haben, einen Bericht über die Tatsachen abzufassen, die unter uns völlig erwiesen sind, wie sie uns diejenigen überliefert haben, die von Anfang an Augenzeugen und Diener des Wortes gewesen sind, so schien es auch mir gut, der ich allem von Anfang an genau nachgegangen bin, es dir der Reihe nach zu beschreiben, vortrefflichster Theophilus, damit du die Gewissheit der Dinge erkennst, in denen du unterrichtet worden bist. (Lk 1,1-4)

Lukas wiederholte oder zitierte oft ganze Passagen von Markus (im Lukasevangelium finden sich 350 Verse von Markus) oder Matthäus (Lukas hat 250

Verse von Matthäus in seinem Bericht aufgenommen).[39] Diese Stellen wurden im Lukasevangelium aufgenommen, als hätte der Verfasser sie einfach nur aus anderen Berichten kopiert. Somit können wir zu dem Schluss kommen, dass der Bericht von Markus bereits anerkannt, akzeptiert und Lukas zugänglich war, als dieser sein Evangelium schrieb.

DAS MARKUSEVANGELIUM SCHEINT EIN FRÜHER «VERBRECHENSFUNK» ZU SEIN

Das Markusevangelium hat eine verblüffende Ähnlichkeit mit einem «Verbrechensfunk». Wenn die ersten Beamten am Tatort eintreffen, sammeln sie schnell alle mit dem Verbrechen in Verbindung stehenden Details zusammen und nehmen eine Beschreibung des Tatverdächtigen auf. Anschliessend übermitteln sie diese Details über Funk anderen Beamten, die sich in der Gegend aufhalten könnten. Dieser erste *«Verbrechensfunk»* ist kurz und konzentriert sich auf die wesentlichen Aspekte. Später ist dann Zeit, um weitere Einzelheiten hinzuzufügen, den Ablauf der Ereignisse zu klären und ausführliche Berichte zu schreiben. Die erste Funkmeldung wird von der Unmittelbarkeit des Augenblicks bestimmt; wir müssen unseren Partnern das Wesentliche mitteilen, da die Tatverdächtigen möglicherweise aus der Gegend fliehen könnten. Es herrscht eine Dringlichkeit, denn die Beamten versuchen die Flucht der bösen Jungs zu verhindern.

Obwohl das Markusevangelium die wichtigen Details des Lebens und Dienstes Jesu enthält, ist es ziemlich kurz, weniger geordnet als die anderen Evangelien und angefüllt mit Adjektiven und Verben, die «Handlungen» beschreiben. All dem haftet ein Gefühl von Dringlichkeit an. Genau damit können wir rechnen, wenn es tatsächlich ein früher Bericht des Dienstes Jesu war, der unter dem Eindruck von Dringlichkeit geschrieben wurde. Die Augenzeugen hatten eindeutig dieses Gefühl und glaubten, dass Jesus schon bald zurückkehren werde. Paulus schrieb, dass «unsere Errettung jetzt näher ist, als da wir gläubig wurden» (Röm 13,11), und Jakobus sagte: «Die Wieder-

---

39 F. F. Bruce, *The New Testament Documents: Are They Reliable?* (Downers Grove, IL: InterVarsity Press, 1984), Kindle Edition, Kindle Location 409.

kunft des Herrn ist nahe!» (Jak 5,8). Auch Petrus, der Mentor und Mitstreiter von Markus, war der Ansicht: «Es ist aber nahe gekommen das Ende aller Dinge» (1Petr 4,7). Markus stand unter demselben dringlichen Gefühl, als er die Erfahrungen von Petrus in seinem Evangelium aufnahm. Sein Bericht hat die Rolle eines «Verbrechensfunks» und übermittelt die wesentlichen Details, ohne auf Komposition oder Stil zu achten. Papias bestätigte das in seiner Aussage über das Bemühen von Markus:

> Nachdem er Petrus' Dolmetscher geworden war, schrieb Markus präzise auf, wenn auch nicht in der richtigen Reihenfolge, an was er sich von den Dingen erinnerte, die Christus gesagt oder getan hatte. Da er den Herrn weder selbst gehört noch ihm persönlich nachgefolgt war, folgte er, wie ich gesagt habe, Petrus nach, der seine Lehre den Bedürfnissen seiner Zuhörer anpasste, ohne aber einen zusammenhängenden Bericht von den Reden des Herrn abliefern zu wollen, sodass Markus keinen Fehler machte, als er einige Dinge so aufschrieb, wie er sich an sie erinnerte. Denn er war sorgsam darauf bedacht, nichts von dem auszulassen, was er gehört hatte, und nichts davon falsch wiederzugeben.[40]

Die Genauigkeit des Berichts war Markus wichtiger als alles andere; aller Kenntnis nach würde Jesus sowieso zurückkehren, bevor so etwas wie eine geordnete *Biografie* hätte geschrieben werden müssen. Markus war verantwortlich für den grundlegenden «*Verbrechensfunk*». Als die Jahre verstrichen und die Augenzeugen älter wurden, bemühten sich andere, die Erzählung mehr chronologisch zu ordnen. Papias scheint anzudeuten, dass Matthäus diese Absicht verfolgte:

> Deshalb brachte Matthäus die *Worte* in eine geordnete Abfolge in hebräischer Sprache, aber jeder deutete sie so gut, wie er konnte.[41]

40 Papias, zitiert in Eusebius, «Kirchengeschichte», *Nicene and Post-Nicene Fathers*, Hg. Philip Schaff und Henry Wallace (New York: Cosimo, 2007), S. 172–173.
41 Eusebius, *Kirchengeschichte*, 3.39.16, wie übersetzt von Bauckham in *Jesus and the Eyewitnesses*, S. 222.

Der Einleitung seines eigenen Evangeliums zufolge scheint Lukas etwas Ähnliches zu tun:

> So schien es auch mir gut, der ich allem von Anfang an genau nachgegangen bin, es dir der Reihe nach zu beschreiben, vortrefflichster Theophilus. (Lk 1,3)

Sowohl Matthäus als auch Lukas scheinen beim Schreiben eine ganz andere Absicht gehabt zu haben als Markus. Ihre Berichte sind stärker und geordneter. Während uns Markus den anfänglichen «Verbrechensfunk» zu liefern scheint, kümmern sich Matthäus und Lukas eher um den «Abschlussbericht».

11 *MARKUS SCHEINT WICHTIGE PERSONEN ZU SCHÜTZEN*

Wir haben bereits darüber gesprochen, wie wichtig es ist, «jedem Wort Bedeutung beizumessen». Während meiner Jahre als Ermittler gab es viele Situationen, in denen ein Zeuge seine Worte vorsichtig wählte, um nicht eine andere Person in den Fall hineinzuziehen. Das traf besonders auf Fälle zu, in die Banden involviert waren. Einige Male brachte ein Zeuge den Mut auf, uns mit Informationen zu versorgen, aber wenn es um die Identität anderer ging, die etwas Ähnliches beobachtet hatten, war er weniger auskunftsfreudig. Von der Angst beseelt, diese zusätzlichen Zeugen könnten in Gefahr geraten, erwähnte der Zeuge sie in seinem Bericht, ohne sie ausdrücklich zu identifizieren. Meistens versuchten die Zeugen einfach, jemanden zu schützen, den sie für wehrlos und verwundbar hielten.

In einigen alten ungelösten Fällen fiel mir das genaue Gegenteil auf. Wenn ich Zeugen noch einmal vernahm, die Jahre zuvor mit den Ermittlern gesprochen hatten, bemerkte ich, dass sie nun bereit waren, mir die Identität von Personen preiszugeben, die sie einst nicht nennen wollten. Manchmal lag es daran, dass sie mit den Jahren eine gewisse Feindseligkeit gegenüber diesen Leuten entwickelt hatten. Das galt insbesondere, wenn sich Partner getrennt hatten und nun bereitwillig über den anderen redeten. Hin und wieder hatte es damit zu tun, dass die Angst vor den Folgen einer Aussage abnahm. Wenn ein Tatverdächtiger starb, war es nicht ungewöhnlich, dass sich jemand bei der Polizei meldete und sich zu erkennen gab, einfach weil die Ursache der Angst weggefallen war.

Viele aufmerksame Leser des Markusevangeliums haben festgestellt, dass es eine Reihe von nicht identifizierten Personen in diesem Bericht gibt. Diese *anonymen* Figuren nehmen oft Schlüsselpositionen in der Erzählung ein, aber Markus entschied sich, sie nicht mit Namen zu nennen. Über das Geschehen im Garten Gethsemane schreibt Markus beispielsweise: «Einer aber von denen, die dabeistanden [als Jesus verhaftet wurde], zog das Schwert, schlug den Knecht des Hohenpriesters und hieb ihm ein Ohr ab» (Mk 14,47). Markus nannte weder den Namen des Angreifers noch den der angegriffenen Person, während Johannes in seinem Evangelium beide identifizierte (Petrus war der Angreifer und Malchus der Angegriffene). In ähnlicher Weise identifizierte Markus nicht die Frau, die Jesus im Haus Simons des Aussätzigen salbte (Mk 14,3-9), wohingegen Johannes uns mitteilte, dass es Maria war (Marthas Schwester), die das Salböl über das Haupt Jesu goss.[42] Obgleich Skeptiker eine Reihe von Erklärungen für diese Abweichung lieferten (sie behaupten z. B., dass sie späte Ausschmückungen sein könnten, um die wachsende Mythologie der Evangelien voranzutreiben), dürfte es einen viel einfacheren Grund dafür geben. Wenn Markus wie einige Mitglieder in meinen Bandenfällen die Identität von Petrus (als Angreifer von Malchus) und Maria (deren Salbung als Verkündigung der königlichen Stellung Jesu als Messias ausgelegt werden konnte) schützen wollte, ergibt es Sinn, dass er sie ungenannt lässt, sodass die jüdische Führung sie nicht so leicht ins Visier nehmen konnte. Markus beschrieb nicht einmal, wie Jesus Marias Bruder Lazarus von den Toten auferweckte. Auch das ergibt Sinn, wenn Markus versuchte, Lazarus' Identität in den ersten Jahren der christlichen Bewegung zu schützen, da seine Auferweckung für die jüdischen Führer von besonderem Interesse war und sie veranlasste, nach Jesus zu suchen, um ihn zu töten. Wenn Markus sein Evangelium zu einem frühen Zeitpunkt schrieb, als Maria, Lazarus, Petrus und Malchus noch lebten, ist es denkbar, dass Markus ihre

---

42 Bauckham, *Jesus and the Eyewitnesses*, Kindle Location 3072.

Namen nicht preisgeben wollte oder einfach die Berichte wegliess, die sie ursprünglich enthielten.

Im Allgemeinen erkennen Gelehrte an, dass das Johannesevangelium als letztes zu den neutestamentlichen Evangeliumsberichten hinzukam. Es wurde höchstwahrscheinlich zu einem Zeitpunkt geschrieben, als Petrus, Malchus und Maria bereits tot waren. Wie einige der Zeugen in meinen unaufgeklärten Fällen hatte Johannes die Freiheit, diese wichtigen Personen zu identifizieren. Ihnen konnte kein Schaden mehr zugefügt werden.

SIE TAUCHTEN FRÜH AUF DER ZEITLEISTE AUF

Angesichts dieser elf Indizienbeweise stellt sich die Frage: Zu welchem vernünftigen Schluss kann man hinsichtlich der Abfassungszeit des Evangeliums kommen? Als Erstes müssen wir erklären, warum in den neutestamentlichen Aufzeichnungen mehrere wichtige historische Ereignisse nicht erwähnt werden: die Zerstörung des Tempels, die Belagerung Jerusalems und der Tod von Petrus, Paulus und Jakobus. Diese Auslassungen sind durchaus erklärbar, wenn die Apostelgeschichte (der biblische Text, der diese Ereignisse eigentlich beschreiben sollte) vor 61–62 n. Chr. geschrieben wurde. Diese Ereignisse fehlen in den Berichten, weil sie noch nicht stattgefunden hatten.

Aus der Einleitung der Apostelgeschichte wissen wir, dass das Lukasevangelium zeitlich davor entstanden ist, aber wir müssen die übrig gebliebenen Indizienbeweise benutzen, um zu bestimmen, *wie viel* davor. Dass Paulus die Beschreibung der Evangelienschreiber über Jesus wiederholte, stimmt mit der Tatsache überein, dass er die Aussagen der Evangelien kannte, und seine Zitate aus dem Lukasevangelium im 1. Timotheusbrief und im 1. Korintherbrief bestätigen, dass der Bericht von Lukas schon recht früh existierte, circa vor 53–57 n. Chr. Paulus konnte das Lukasevangelium zitieren und sich darauf als einen Teil der Schrift stützen, weil es bereits geschrieben, eine Zeitlang kursiert und weitgehend akzeptiert war. Die Leser seiner Briefe erkannten aufgrund dieser Zitate, dass Paulus das Lukasevangelium als wahr einstufte.

Lukas erzählt uns, dass er Material von denen verwendete, «die von Anfang an Augenzeugen und Diener des Wortes gewesen sind» (Lk 1,2). Somit bezog er sich entweder auf über fünfhundert Verse aus dem Markus- oder Matthäusevangelium oder zitierte sie direkt. Daraus lässt sich schliessen, dass diese Berichte bereits existierten, als Lukas seine Nachforschungen aufnahm. Wenn das stimmt, dann hat das Markusevangelium ein viel früheres Abfassungsdatum als das von Lukas und kann entweder in die späten 40er- oder sehr frühen 50er-Jahre datiert werden. Das erklärt dann auch einige charakteristische Züge im Markusevangelium. Das Evangelium scheint ein Gefühl der Dringlichkeit auszustrahlen, ähnlich dem «*Verbrechensfunk*», den die zuerst am Tatort eintreffenden Beamten weitergeben, und Markus scheint in seinem Bericht einige wichtige Personen schützen zu wollen, als hätten sie beim Schreiben des Evangeliums noch gelebt.

Lassen Sie uns die Beweise auf der Zeitleiste einordnen, um herauszufinden, in welchem zeitlichen Abstand die Evangeliumsberichte zum Leben Jesu liegen:

Aus den Indizienbeweisen lässt sich der Schluss ziehen, dass die Evangelien sehr früh in der Geschichte geschrieben wurden, zu einer Zeit, als die ursprünglichen Augenzeugen und Evangelienschreiber noch lebten und bezeugen konnten, was sie gesehen hatten. Aus diesem Grund war Markus bemüht, wichtige Personen nicht zu identifizieren, und Paulus konnte auf fünfhundert lebende Augenzeugen verweisen, die die Auferstehung Jesu bezeugen konnten. Obschon Skeptiker gerne behaupten, dass die Evangelien weit nach dem angeblichen Leben der Apostel und in zeitlicher Nähe zu den Konzilien, die sie bestätigten, geschrieben wurden, deuten die Beweise auf einen anderen Sachverhalt.

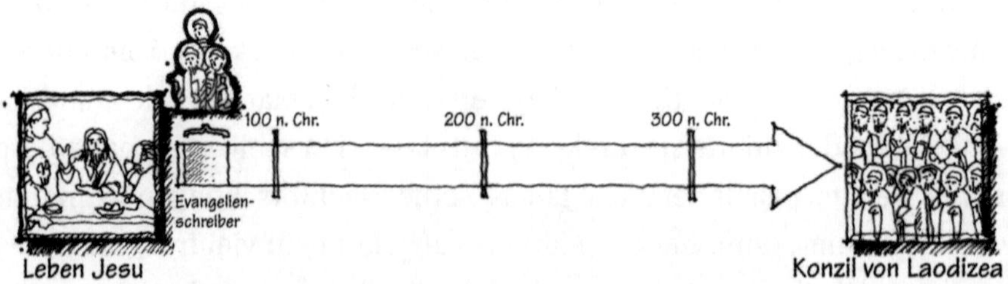

Die Indizienbeweise unterstützen ein frühes Abfassungsdatum der Evangelien. Die Evangelienschreiber tauchen in der Geschichte genau dort auf, wo wir sie auch erwarten, wenn sie tatsächlich Augenzeugen waren. Dieses frühe Datum allein garantiert nicht, dass die Evangelienberichte zuverlässig sind, aber es hält sie «im Rennen» und ist ein wichtiger Indizienbeweis an sich, wenn wir die Zuverlässigkeit der Evangelienschreiber prüfen.

WARUM LEUGNEN EINIGE ES ALSO WEITERHIN?

Manche zweifeln nach wie vor am frühen Abfassungsdatum der Evangelien, trotz der Indizienbeweise, die eine solche Schlussfolgerung unterstützen. Viele Skeptiker übernehmen schnell alternative Erklärungen, die die Evangelien zu einem späten geschichtlichen Zeitpunkt ansiedeln, an dem sie einfach nicht von Augenzeugen geschrieben worden sein konnten. Wie bei jedem *abduktiven Denkprozess* müssen wir uns auch die alternativen *Möglichkeiten* anschauen, um herauszufinden, ob sich darunter *berechtigte* (evidenzbasierte) Einwände befinden. Im Folgenden wollen wir einige der Gründe untersuchen, warum Skeptiker wie Ehrman, Vermes und Waite behaupten, dass die Evangelien entweder «vierzig Jahre später», «drei Generationen nach Jesus» oder in «der zweiten Hälfte des 2. Jahrhunderts» geschrieben worden seien.

DIE VERFASSER DER EVANGELIEN SIND ANONYM

Einige haben behauptet, dass die Evangelien ein spätes Abfassungsdatum haben, weil sich keiner der Verfasser ausdrücklich in den Texten zu erkennen gibt. Die fehlende Identifizierung wird als Beweis angesehen, dass die Berichte nicht im 1. Jahrhundert verfasst wurden, sondern zu Unrecht diesen Autoren viel später zugeschrieben wurden, um die Fälschungen zu legitimieren.

ABER ...

Die Evangelien sind nicht die einzigen antiken Dokumente, in denen die Autoren nicht im Text der Manuskripte genannt werden. Tacitus (55–120 n. Chr., römischer Senator und Historiker) verfasste eine Geschichte des Römischen Reiches von der Herrschaft von Kaiser Augustus bis Nero mit dem Titel *Annalen.* Obwohl Tacitus einen Grossteil dieser Zeit miterlebte, erwähnte er sich in keiner seiner Beschreibungen oder gab sich als Autor zu erkennen. Wie die Evangelien wurden auch die *Annalen anonym* verfasst, aber von Geschichtsgelehrten dennoch vorbehaltlos Tacitus zugeschrieben. Warum? Weil Tacitus' Verfasserschaft wie bei den Evangelien von externen Beweisen gestützt wird (wie z. B. die Hinweise anderer früher Schreiber, die Tacitus das Werk zurechneten). Die Evangelien wurden ebenfalls schon zu einem geschichtlich frühen Zeitpunkt ihren überlieferten Autoren zugeschrieben (ein Beispiel dafür ist Papias, der im späten 1. und frühen 2. Jh. lebte).

In der Antike wurden die Evangelien niemand anderem zugeschrieben als den vier überlieferten und akzeptierten Verfassern. Das an sich ist eine kraftvolle Aussage, insbesondere wenn man bedenkt, dass die betrügerischen Schriften von Fälschern, die versuchten, den apostolischen Augenzeugen falsche Evangelien unterzuschieben, von frühen Christen konsequent erkannt, identifiziert und abgelehnt wurden. *Die Überlieferungen des Matthias* (110–160 n. Chr.) wurden von den frühen Christen beispielsweise als Fälschung entlarvt und von Eusebius, dem «Vater der Kirchengeschichte», schliesslich in eine Liste mit anderen Fälschungen aufgenommen (ebenso wie die Evangelien von Thomas und Petrus).

Wenn diese Evangelienberichte zu Unrecht den heute akzeptierten Autoren zugerechnet worden wären, stellt sich auch die Frage, warum die Fälscher im 2. und 3. Jahrhundert nicht bessere *Pseudonyme* (falsche Zuschreibungen) ausgesucht hätten als diejenigen, denen die Schriften letztlich zugeschrieben wurden. Warum nahmen sie Markus oder Lukas, wenn sie sich doch ohne Weiteres auch für Petrus, Andreas oder Jakobus hätten entscheiden können? Markus und Lukas tauchen an keiner Stelle in den Evangelienberichten als Augenzeugen auf, warum sollten frühe Fälscher also auf diese beiden Männer zurückgegriffen haben, um ihre Lügen zu verbreiten, wenn es doch eindeutig bessere Kandidaten gab, die ihr Werk hätten legitimieren können?

Es ist nicht so, als wären die Evangelien von Markus, Matthäus, Lukas und Johannes in irgendeiner antiken Sammlung unter anderem Namen aufgetaucht. Die einzigen Kopien, die wir von diesen Evangelien besitzen, ungeachtet des Alters oder der geografischen Lage, werden je einem der vier überlieferten Autoren zugeschrieben. Kein früher Leiter der Gemeinde hat diese Evangelien jemals einer anderen Person zugerechnet als Markus, Matthäus, Lukas oder Johannes. Es findet sich keine alternative antike Überlieferung, die zum Beispiel behauptet, dass das Markusevangelium von einer anderen Person geschrieben worden sei als von Markus.

Obschon es *möglich* ist, dass die Evangelien nicht von den überlieferten Autoren aus dem 1. Jahrhundert verfasst wurden und diese Zuschreibungen erst später in der Geschichte erhalten haben, ist es aufgrund der Beweislage nicht *berechtigt*, davon auszugehen. Wenn Skeptiker gewillt sind, «im Zweifelsfall ebenso zugunsten» der Evangelien zu entscheiden, wie sie es bei anderen antiken Dokumenten tun, dann bestehen die Evangelien den Test der Autorschaft mit Leichtigkeit.

13 DIE ZERSTÖRUNG DES TEMPELS WURDE VORHERGESAGT

Obwohl es durchaus als Indizienbeweis gewertet werden kann, dass eine Beschreibung der Zerstörung des Tempels fehlt, was die frühe Abfassungszeit der neutestamentlichen Berichte stützt, verdrehen Skeptiker diese Tatsache manchmal ins Gegenteil, um sie für sich zu benutzen. Viele meinen, die auf die Zerstörung gemünzte Prophezeiung Jesu wurde aufgenommen, um den Text zu rechtfertigen und ihn so erscheinen zu lassen, als hätte er prophetische Kraft. Wenn das stimmt, dann sind die Evangelien eindeutig auf die Zeit *nach* dem Ereignis zu datieren (nach 70 n. Chr.), da die Verfasser bereits das Resultat kannten, bevor sie die Prophezeiung geschickt aufnahmen.

ABER ...

Diese Art von Skepsis hat ihre Wurzeln klar in der in Kapitel 1 beschriebenen Grundannahme. Wenn wir von der Position des philosophischen Naturalismus aus beginnen (der Annahme, dass das Übernatürliche unmöglich ist), dann haben wir keine andere Wahl und müssen die übernatürlichen Elemente in den Evangelien als Lügen brandmarken. Aus naturalistischer Sicht sind prophetische Aussagen unmöglich. Daher muss der Skeptiker eine andere Erklärung für die Prophezeiung Jesu über den Tempel finden. Für gewöhnlich verlegen Kritiker das Abfassungsdatum in die Zeit, als die Prophezeiung bereits erfüllt war, um den Anschein einer übernatürlichen Bestätigung zu vermeiden. Wie wir aber zuvor schon festgestellt haben, muss eine faire Überprüfung der Beweise, die das Übernatürliche stützen, zumindest die Möglichkeit des Supernaturalismus zulassen. Die naturalistische Voreingenommenheit dieser Kritiker hält sie davon ab, ein Datum anzunehmen, das vor der Zerstörung des Tempels im Jahr 70 n. Chr. liegt, und zwingt sie, alle Indizienbeweise zu ignorieren, die dieses frühe Datum unterstützen.

Wenn Skeptiker erklären sollen, warum die Zerstörung des Tempels an sich nicht in den Evangelien enthalten ist, behaupten sie, dass die Evangelienschreiber die Erfüllung absichtlich ausliessen, um den Anschein zu erwecken, dass die Berichte zu einem früheren Zeitpunkt geschrieben worden seien. Wenn das aber der Fall war, warum fürchteten sich die Evangelienschreiber nicht, prophetische Erfüllungen an anderen Stellen in den Evangelien aufzunehmen? Immer wieder finden wir die Erfüllung alttestamentlicher messianischer Prophezeiungen, die auf die eine oder andere Weise Jesus zugeschrieben werden. Ausserdem sagte Jesus zu mehreren Anlässen seine eigene Auferstehung voraus. In den Berichten über die Auferstehung schilderten die Evangelienschreiber die Erfüllung dieser Prophezeiungen. Warum sollten sie über diesen Aspekt erfüllter Prophetie sprechen, vor der Zerstörung des Tempels aber zurückschrecken?

Des Weiteren gab Lukas ehrlich zu, dass er kein Augenzeuge der in seinem Evangelium beschriebenen Ereignisse war. Von Anfang an berichtete er uns, dass er irgendwann nach diesen Ereignissen schrieb und dabei wie ein gewissenhafter Historiker vorging. Warum sollte er die Belagerung Jerusalems und die Zerstörung des Tempels auslassen? Dafür gab es keinen Grund. Andere alttestamentliche Autoren schrieben aus einer Perspektive, die sich an die geschilderten Ereignisse anschloss, und scheuten sich nicht, das auch mitzuteilen. Mose, Josua und Samuel sprachen beispielsweise wiederholt von Vorkommnissen, die lange vor ihrem schriftlichen Bericht stattgefunden hatten. Oftmals schrieben sie, dass die von ihnen geschilderten Zustände von dem Ereignis «bis zu diesem Tag» andauerten (was andeutete, dass sie zu einem späten Zeitpunkt schrieben). Warum hätte Lukas nicht einen ähnlichen Ansatz für die Zerstörung des Tempels wählen sollen, zumal er keinen Hehl daraus machte, als ein Historiker zu schreiben?

Natürlich ist es möglich, dass alle Evangelien nach der Zerstörung des Tempels geschrieben wurden, aber die Beweislage *berechtigt* nicht zu dieser Annahme. Die Hauptmotivation für die Leugnung einer frühen Autorschaft der Evangelien ist schlichtweg die Voreingenommenheit gegenüber dem Übernatürlichen, die Skeptiker veranlasst, die Abfassung der Schriften auf einen Zeitpunkt zu datieren, der nach der Erfüllung der Prophezeiung Jesu liegt.

14 *DIE BERICHTE SIND VOLLER WUNDERSAMER EREIGNISSE*

Viele Kritiker haben auf das Vorkommen von Wundern aufmerksam gemacht, um für eine späte Datierung der Evangelien zu argumentieren. Die Wunder seien natürlich erfunden. Wenn die Evangelienberichte zu einem frühen Zeitpunkt verfasst worden wären, hätten die Augenzeugen des Lebens Jesu sie als fiktiv entlarvt, nicht wahr? Ein Grossteil dieser kritischen Analyse entstammt einem literarischen Fachgebiet, das sich «Formkritik» nennt. Formkritiker versuchen, Teile der Schrift auf der Grundlage ihres literarischen «Typs», «Musters» oder ihrer «Form» zu klassifizieren. Hat man diese Stücke erst einmal innerhalb der Gesamterzählung isoliert, bemühen sich Formkritiker, ihren Ursprung zu erklären. Im Fall der Evangelien haben Formkritiker behauptet, dass sich die übernatürlichen Elemente von den Teilen der Erzählung unterscheiden, denen man als präzise Geschichtsschreibung vertrauen kann. Sie bezeichnen die «Paradigmen»[43], «Aussprüche»[44], «Wundergeschichten»[45] und «Legenden»[46] als späte Zusätze, die von lokalen christlichen Gemeinschaften eingefügt worden seien, um ein bestimmtes theologisches Argument deutlich zu machen oder aus Jesus mehr zu machen, als er war.

ABER ...

Mittlerweile haben Sie wahrscheinlich erkannt, dass die Grundannahme des Naturalismus (und die Voreingenommenheit gegenüber dem Supernaturalismus) erneut der Antrieb hinter der Kritik ist. In der Geschichte haben die *Formkritiker* (eine Bewegung, die am populärsten in der Mitte des 20. Jahrhunderts war) einfach die Möglichkeit abgelehnt, dass irgendeine Beschreibung eines Wunders sachlich wahr sein könnte. Es stellt sich heraus, dass der wundersame «Inhalt» dieser Stellen und nicht so sehr ihr gemeinsamer literarischer *Stil* oder ihre *Form* die Kritiker veranlasste, die Verse herauszufiltern, die ihrer Ansicht nach entfernt oder mit Misstrauen behandelt werden sollten. Sie wählten oft Stellen aus, die sich in Bezug auf ihre stilistische Form deutlich voneinander unterschieden. Manchmal waren es Stellen, die nicht ordentlich in eine ihrer Kategorien passten (oder eine Mischung aus mehr als einer literarischen Form zu sein schienen), und sie waren sich häufig nicht einig hinsichtlich der Identität bestimmter Arten literarischer *Formen* und Passagen. Aber in einem stimmten sie überein: Stellen, die wundersame Ereignisse enthalten, sollten nicht ernst genommen werden als Teil der ursprünglichen Erzählung.

---

43 Howard I. Marshall, Hg., *New Testament Interpretation: Essays on Principles and Methods* (Eugene, OR: Wipf and Stock, 2006), S. 155.

44 David Alan Black und David S. Dockery, *New Testament Criticism and Interpretation* (Grand Rapids, MI: Zondervan, 1991), S. 184.

45 Marshall, *New Testament Interpretation*, S. 156.

46 Black und Dockery, *New Testament Criticism and Interpretation*, S. 184.

Diese Skeptiker gehen bei den Evangeliumsberichten (wegen der vorhandenen Wunder) von der Annahme aus, dass Christen sie im 2. oder 3. Jahrhundert geschrieben haben, weil sie keine Angst haben mussten, dass ihre Lügen von Personen aus dem 1. Jahrhundert aufgedeckt würden. Diese Theorie ignoriert natürlich alle Beweise, die ein frühes Abfassungsdatum der neutestamentlichen Dokumente unterstützen. Zudem nimmt sie an, dass die Evangeliumsberichte falsch sind, solange sie nicht als wahr bewiesen werden. Das ist exakt der entgegengesetzte Ansatz, den wir bei Zeugenaussagen vor Gericht wählen. Wir sollen davon ausgehen, dass uns alle Zeugen die Wahrheit sagen, solange wir nicht das Gegenteil feststellen, und die Anwesenheit des Wundersamen an sich sollte uns nicht glauben lassen, dass die Augenzeugen in den Evangelien lügen.

Neben der Existenz übernatürlicher Elemente in den Evangeliumsberichten gibt es keinen Beweis, der die Annahme eines von Formkritikern angeregten späten Abfassungsdatums rechtfertigt. Obschon die Aufnahme wundersamer Elemente zu einem späteren Zeitpunkt in der Geschichte *möglich* sein könnte, *berechtigt* die Beweislage *nicht* zu dieser Annahme. Noch einmal, die Hauptmotivation für die Leugnung einer frühen Autorschaft der Evangelien ist schlichtweg die Voreingenommenheit gegenüber dem Übernatürlichen.

15 IM 2. JAHRHUNDERT GAB ES EINEN BISCHOF IN ANTIOCHIA NAMENS THEOPHILUS

Einige haben zu behaupten versucht, dass der von Lukas in der Einleitung seines Evangeliums und der Apostelgeschichte erwähnte «Theophilus» eigentlich Theophilus, der Bischof von Antiochia, war (der in der Stadt von ca. 169 bis 183 n. Chr. diente). Diese Behauptung stützen sie durch den Verweis darauf, dass einige antike Autoritäten meinten, Lukas sei ursprünglich aus dieser Stadt gekommen, sowie durch die Tatsache, dass Theophilus von Antiochia eine Verteidigungsschrift für das Christentum verfasste, die über den Kanon des Neuen Testaments diskutierte (was natürlich auch das Lukasevangelium umfasste). Skeptiker, die hinter dieser Identifizierung von Theophilus stehen, weisen auch auf den ersten Satz des Lukasevangeliums hin: «Nachdem viele es unternommen haben, einen Bericht über die Tatsachen abzufassen, die unter uns völlig erwiesen sind.» Ist es denkbar, dass Lukas auf die vielen falschen Evangelien aus dem späten 2. Jahrhundert anspielte (wie das Evangelium der Ägypter), die Theophilus von Antiochia veranlassten, seine eigene Verteidigungsschrift zu verfassen? Wenn das der Fall ist, sollte das Lukasevangelium ins 2. Jahrhundert datiert werden – nach dem Auftauchen dieser Irrlehren verbreitenden Evangelien und während der Amtszeit von Theophilus von Antiochia.

WER IST «THEOPHILUS»?

Viele haben versucht herauszufinden, wer «Theophilus» war. Obgleich niemand die Antwort wirklich kennt, gibt es doch einige denkbare Möglichkeiten:

Er ist jeder «Freund Gottes»

Manchen ist aufgefallen, dass das Wort Theophilus im Griechischen für «Freund Gottes» steht. Aus diesem Grund meinen sie, dass Lukas seine Werke für all jene schrieb, die Gottes Freunde und an den Aussagen Jesu interessiert waren.

Er ist ein römischer Beamter

Da Lukas den Ausdruck «vortrefflichster» nur für römische Beamte benutzt, glauben viele, dass Theophilus eine vergleichbare römische Position bekleidet haben musste. In seinem Roman The Flames of Rome legt Paul Maier dar, warum Titus Flavius Sabinus II. die Person war, der Lukas schrieb.

Er ist ein jüdischer Hohepriester

Andere haben zwei jüdische Hohepriester aus dem 1. Jahrhundert ins Auge gefasst (Theophilus ben Ananus oder Mattathias ben Theophilus) und meinen, dass Lukas' Fokus auf dem Tempel und dem jüdischem Brauchtum der Sadduzäer am besten erklärt werden kann, wenn einer dieser beiden Priester angesprochen war.

ABER ...

In der Einleitung zu seinem Evangelium sprach Lukas Theophilus mit «vortrefflichster» an. Dieser Autoritätstitel deutet an, dass Theophilus eine Führungsrolle einnahm. Wenn Theophilus bereits in einer lebenslangen christlichen Leitungsposition gewesen wäre (und die Gemeinde in Antiochia als Bischof angeführt und Lukas' Titel verdient hätte), hätte er dann wirklich so wenig gewusst über das Leben Jesu, dass Lukas ihm einen «der Reihe nach» verfassten Bericht senden musste, damit er «die Gewissheit der Dinge erkennt, in denen [er] unterrichtet worden» ist?

Lukas' Einleitung klingt so, als würde er mehr wissen als Theophilus. Es scheint eher so, als wäre Theophilus noch nicht sachkundig genug gewesen, um eine derart wichtige christliche Führungsposition einzunehmen.

Lukas' Ansprache macht es aber wahrscheinlich, dass Theophilus eine gewisse Führungsrolle innehatte. Gibt es berechtigte Hinweise aus dem 1. Jahrhundert, die mit den anderen Indizienbeweisen für ein Abfassungsdatum des Evangeliums im 1. Jahrhundert übereinstimmen? Ja, die gibt es tatsächlich. Lukas überliefert die Anrede an Felix (Apg 24,3) und Festus (Apg 26,25) mit «vortrefflichster» (in der Elberfelder 2003). Beide waren römische Beamte. Theophilus könnte somit ein römischer Beamter gewesen sein. Interessanterweise verwendete Lukas diesen Titel nicht, als er Theophilus in der Apostelgeschichte anredete. Das liegt möglicherweise daran, dass Theophilus nur vorübergehend eine Position in der römischen Regierung einnahm (und nicht lebenslang als Bischof in Antiochia diente). Vielleicht begann Theophilus seine Amtszeit, als Lukas sein Evangelium schrieb. Im 1. Jahrhundert standen solche Führungspositionen im Römischen Reich mit Sicherheit zur Verfügung.
Römische Beamte aus dem 1. Jahrhundert sind nicht die einzigen plausiblen Kandidaten für die Identität des Theophilus. Im 1. Jahrhundert gab es eine Reihe von jüdischen Führungspersonen mit diesem Namen, einschliesslich Theophilus ben Ananus (der von den Römern ernannte Hohepriester des Jerusalemer Tempels zwischen 37 und 41 n. Chr.).[47] Wenn das tatsächlich der von Lukas angesprochene Theophilus war, liesse sich erklären, warum Lukas am Anfang seines Evangeliums einen anderen Priester, Zacharias, und seine Tätigkeit im Tempel beschrieb. Das könnte auch erklären, warum nur Lukas so viel über den Weg schrieb, den Joseph und Maria mit Jesus zum Tempel nahmen nach den Tagen seiner Reinigung und noch einmal, als er zwölf Jahre alt war. Ebenso finden wir darin eine mögliche Erklärung, weshalb Lukas interessanterweise Kajaphas' Rolle bei der Kreuzigung Jesu unerwähnt liess (Kajaphas war der Schwager von Theophilus ben Ananus).

Obschon es *möglich* ist, dass Lukas Theophilus von Antiochia zu einem späten Zeitpunkt im 2. Jahrhundert schrieb, finden sich dafür *keine berechtigten* Beweise. Auch wenn wir nicht genug Beweise haben, um den *wahren* Theophilus genau zu identifizieren, lassen sich doch ein paar Erklärungen anführen, die auf das 1. Jahrhundert hindeuten. Ausserdem stimmt die Art

47 Erwähnt von Josephus, *Jüdische Altertümer* (Unabridged Books, 2011), Buch 17, Kapitel 5, Abschnitt 3.

und Weise, wie Lukas Theophilus in Lukas 1 beschreibt, nicht mit Theophilus von Antiochia überein.

16 *LUKAS STIMMTE MIT EINEM GROSSTEIL DER BERICHTE VON JOSEPHUS ÜBEREIN*

Einige Skeptiker haben die Schriften des Titus Flavius Josephus untersucht, des römisch-jüdischen Historikers, der von 37 bis ca. 100 n. Chr. lebte und über das Leben im Gebiet von Palästina schrieb, einschliesslich der Belagerung Jerusalems und der Zerstörung des Tempels. In den frühen 90ern (93–94 n. Chr.) entstand Josephus' Werk *Jüdische Altertümer*. Kritiker führen eine Reihe von Ähnlichkeiten zwischen Lukas und Josephus an und behaupten, dass Lukas Josephus als eine Quelle für sein eigenes Werk benutzte. Das würde natürlich bedeuten, dass Lukas irgendwann nach den frühen 90ern schrieb, vielleicht sogar erst Anfang des 2. Jahrhunderts.

ABER ...

Die Tatsache, dass Josephus historische Details erwähnt, die auch von Lukas beschrieben wurden (z. B. die Volkszählung unter Kyrenius, den Tod von Herodes Agrippa, die Identität des Tetrarchen Lysanias und die Hungersnot während der Herrschaft des Claudius), bedeutet nicht zwangsläufig, dass Lukas Josephus als Quelle benutzte. Josephus könnte ebenso gut auch Bezug auf Lukas' Werk nehmen; beide könnten sich beim Werk eines anderen bedienen, der vor ihnen schrieb; oder sie erwähnen die historischen Fakten einfach unabhängig voneinander. Auf jeden Fall sollten uns die Dubletten das Vertrauen schenken, dass die Aufzeichnungen von Lukas historisch korrekt sind.

Wenn Lukas Josephus als Quelle verwendete (auf ähnliche Weise wie bei Markus oder Matthäus), warum zitierte er dann Josephus nicht? Das würde sicherlich mit seiner einleitenden Erklärung übereinstimmen, dass er sich auf andere Quellen bezieht, um seine Geschichte zu erstellen. Da Lukas Markus zitierte und viele Parallelberichte aufnahm, die auch in den Aufzeichnungen von Matthäus zu finden sind, warum sollte er nicht auf ähnliche Weise Josephus zitieren oder widerspiegeln? Aber das tat Lukas nicht, und sein Werk weist keine Ähnlichkeit auf mit dem literarischen Stil von Josephus.

Obgleich es sicherlich *möglich* ist, dass sich Lukas bei Josephus bediente, finden sich dafür *keine berechtigten* Beweise. Es gibt ein paar nicht zusammenhängende Indizienbeweise, die auf ein frühes Datum des Lukasevangeliums hindeuten, fast vierzig Jahre vor dem Werk von Josephus. Alle angeblichen *Beweise*, die die Behauptung stützen, dass sich Lukas auf Josephus bezieht, können ebenso gut verwendet werden für die Behauptung, dass Josephus auf Lukas zurückgriff. Die gesammelten Indizienbeweise für ein frühes Abfassungsdatum helfen uns bei der Bestimmung, welche dieser Möglichkeiten am wahrscheinlichsten ist.

DIE WAHRSCHEINLICHSTE SCHLUSSFOLGERUNG

Wir können jetzt wieder *abduktives Denken* anwenden, wenn wir feststellen wollen, welche Erklärung für ein Abfassungsdatum am geeignetsten erscheint. Wie bei unserem Tatort mit Leichenfund in Kapitel 2 beginnen wir mit der Auflistung aller Beweise, die wir bis zu diesem Punkt überprüft haben, inklusive der Beweise, die Skeptiker ausgemacht haben. Als Nächstes beschreiben wir die beiden möglichen Erklärungen für das Beweismaterial:

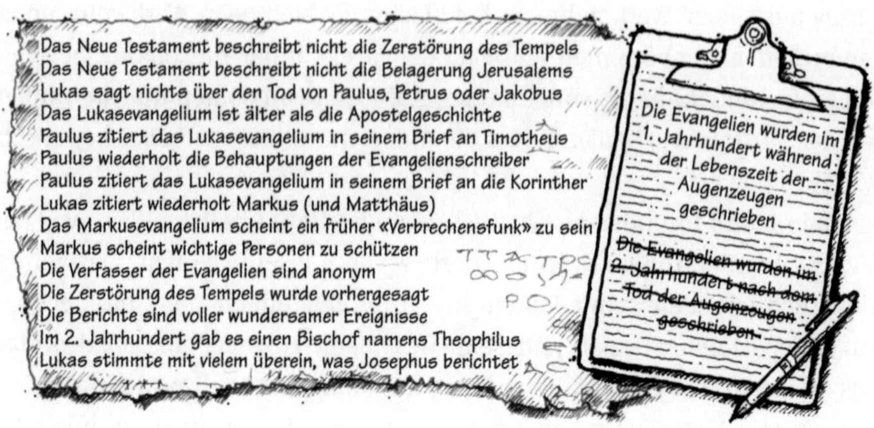

Wenn wir die Lebenszeit der vermeintlichen Augenzeugen (der Evangelienschreiber) und die Zerstörung des Tempels als Orientierungspunkte nehmen, erlaubt das Beweismaterial nur zwei mögliche Schlussfolgerungen: Entweder wurden die Evangelien vor der Zerstörung des Tempels geschrieben (und während des Zeitraums, als die vermeintlichen Augenzeugen lebten), oder die Evangelien wurden deutlich nach der Zerstörung des Tempels und lange nach dem Tod der mutmasslichen Augenzeugen verfasst. Wenn wir die erste Erklärung akzeptieren, können wir alle Beweise integrieren und annehmen, ohne jeglichen Widerspruch oder Spannung zwischen den einzelnen Teilen. Die zweite Erklärung mag für die letzten fünf Beweisstücke gelten, führt aber (bestenfalls) zu grossen Problemen, die ersten elf zu erklären. Die Schlussfolgerung, dass die Evangelien im 1. Jahrhundert vor der Zerstörung des Tempels geschrieben wurden (und während der Lebenszeit derer, die behaupteten, Jesus gesehen zu haben), ist die beste Erklärung. Sie ist *glaubhaft*, *direkt* und *logisch*. Sie *umfasst* alle von uns gesammelten Beweise und ist der alternativen Erklärung *überlegen*. Sie erfüllt die fünf Kriterien, die wir für abduktives Denken aufgestellt haben. Wir können uns sicher sein, die vernünftigste Erklärung gefunden zu haben.

DIE EVANGELIEN BESTEHEN DEN ERSTEN TEST

Die Geschworenen werden aufgefordert, Augenzeugen anhand der vier in Kapitel 4 beschriebenen Kategorien zu beurteilen. Sie beginnen damit, sicherzustellen, dass die Zeugen zur Zeit des Verbrechens tatsächlich anwesend waren. Bei der Beurteilung der Evangelienschreiber ist die wahrscheinlichste Schlussfolgerung ein frühes Abfassungsdatum. Bedeutet das, dass sie zuverlässig sind? Nicht unbedingt, es gilt, noch weitere Kriterien zu berücksichtigen. Aber die Evangelien haben den ersten Test bestanden; sie tauchten früh genug in der Geschichte auf, um zu bestätigen, dass die Evangelienschreiber wirklich dort waren, und um zu bezeugen, was sie behaupteten.

Kapitel 12

WURDEN SIE BESTÄTIGT?

Das Wort Gott ist für mich nichts weiter als Ausdruck und Produkt menschlicher Schwäche, die Bibel eine Sammlung ehrenwerter, aber dennoch primitiver und ziemlich kindischer Legenden. Keine Auslegung, ganz egal wie subtil, kann das (für mich) ändern.[48]

— ALBERT EINSTEIN, VATER DER MODERNEN PHYSIK

◊

Gibt es in der Welt heute irgendeinen intelligenten Mann oder eine intelligente Frau, die die Geschichte vom Garten Eden glauben? Wenn ja, dann mögen sie hier anklopfen (er schlug sich gegen die Stirn) und sie werden ein Echo hören. Da gibt es Raum zu vermieten.[49]

— ROBERT GREEN INGERSOLL, POLITISCHER FÜHRER IM AMERIKA DES 19. JAHRHUNDERTS, BEKANNT ALS «DER GROSSE AGNOSTIKER»

◊

Ich denke, dass die Leute, die meinen, Gott habe ein Buch geschrieben, welches Bibel genannt wird, einfach nur kindisch sind.

— BILL MAHER, KOMIKER, TV-HOST UND POLITISCHER KOMMENTATOR

◊

48 Albert Einstein, wie zitiert aus seinem Gutkind-Brief (3. Januar 1954) in James Randerson, «Childish superstition: Einstein's letter makes view of religion relatively clear», *Guardian*, 12. Mai 2008, Zugriff am 25. April 2012, www.guardian.co.uk/science/2008/may/12/peopleinscience.religion.

49 Robert Green Ingersoll, *Lectures of Col. R. G. Ingersoll, Latest* (Valde Books, 2009), Kindle Edition, Kindle Location 1319.

ES SOLLTE UNTERSTÜTZUNG VORHANDEN SEIN

Die Heilige Schrift der Christen ist nicht nur eine Ansammlung von Sprichwörtern oder Geboten für ein moralisches Leben, auch wenn das Alte Testament sicherlich solche Elemente enthält. Die Bibel hat einen geschichtlichen Anspruch. Wie andere Augenzeugenberichte erzählt uns die Bibel, dass etwas in der Vergangenheit auf eine bestimmte Weise zu einer bestimmten Zeit geschehen ist und zu einem bestimmten Ergebnis geführt hat. Wenn die Berichte wahr sind, sind sie nicht bloss «Legenden» oder «kindische» Geschichten, auch wenn sie wundersame Elemente enthalten mögen, die für Skeptiker schwer zu akzeptieren sind. Es überrascht nicht, dass diejenigen, die das Übernatürliche ablehnen, denen nicht glauben, die behaupten, etwas Wundersames gesehen zu haben. Ebenso wenig überrascht es, dass diese Skeptiker Behauptungen über Wunder bestätigt sehen wollen.

Obschon mir manchmal nur Augenzeugenaussagen als Beweis zur Verfügung stehen, werden die meisten meiner Fälle von anderen Beweismitteln gestützt, die die Augenzeugen bestätigen. Ich hatte einmal einen Fall aus dem Jahr 1982, bei dem eine Zeugin (Aimee Thompson) behauptete, sie habe gesehen, wie ein Mordverdächtiger (Danny Herrin) vor dem Haus des Opfers stand, wenige Minuten bevor der Mord geschah. Während der ursprünglichen Untersuchung identifizierte Aimee Danny anhand einer «aus sechs Fotos bestehenden Gegenüberstellung», einer Reihe von sechs Männern (die Aimee absolut fremd waren), die ihr in einer Fotomappe vorgelegt wurden. Aimee kannte Danny nicht persönlich, aber sie erkannte sein Gesicht auf dem Foto. Sie erinnerte sich, dass er ein beliebtes T-Shirt mit einem Logo der Band *Journey trug, auf dem für ihre Tour mit dem Album Escape* geworben wurde. Ausserdem sagte sie mir, dass der von ihr beobachtete Mann etwas nach vorne gekrümmt dastand, als hätte er eine Art von körperlicher Verletzung. Ich wusste, dass Danny auch diese ungewöhnliche Körperhaltung hatte und die Beschreibung zu ihm passte. Angesichts dieser Anhaltspunkte fuhr ich in die Stadt, in der Danny lebte, und verhörte ihn. Als ich mit ihm redete, bestritt er, dass er sich auch nur in der Nähe des Hauses des Opfers aufgehalten hatte. Er behauptete sogar, an dem besagten Tag nicht einmal in derselben Stadt wie das Opfer gewesen zu sein. Es wäre zwar schön gewesen, wenn wir am Tatort forensische Beweise gefunden hätten, die Aimees Beobachtungen untermauerten, aber das war leider nicht der Fall. Die ursprünglichen Ermittlungsbeamten fanden aber eine Tankquittung in Dannys Auto, die vom Tag des Mordes stammte, von einer Tankstelle nur eine Viertelmeile vom Haus des Opfers entfernt. Zudem vernahm ich später noch Dannys Schwester, die mir davon erzählte, dass Danny am Tag des Mordes beim Opfer vorbeischauen wollte.

Es stimmt zwar, dass die Tankquittung und die Aussage seiner Schwester allein nicht ausreichten, um zu beweisen, dass Danny das Opfer umgebracht hatte, aber diese beiden zusätzlichen Fakten bestätigten Aimees Behauptungen. Diese wurden noch glaubhafter durch ihre Beobachtung, dass der Tatverdächtige eine ungewöhnliche Körperhaltung hatte. Hier trafen zwei Dinge zusammen und bestätigten sich. Erstens enthielt Aimees Aussage eine *innere* Bestätigung. Sie beschrieb etwas Wahres über den Tatverdächtigen (seine Haltung). Das konnte Aimee nur wissen, weil sie, wie sie angab, vor Ort war. Zu diesem inneren Beweis kamen *äussere* Beweise hinzu, die ihre Behauptung bekräftigten. Die Tankquittung und die Aussage von Dannys Schwester waren unabhängig von Aimee, passten aber zu dem, was sie sagte. Zusammen *stimmten* die inneren und die äusseren Beweise mit Aimees Aussagen als Augenzeugin überein.

BESTÄTIGUNG «VON INNEN NACH AUSSEN»

Wie sich zeigt, finden wir eine ähnliche Bestätigung, wenn wir die Behauptungen der Evangelien untersuchen. Ein Teil dieser Bestätigung kommt von *innen* (Beweise innerhalb der Evangelien, die mit den Behauptungen des Texts übereinstimmen), andere von *aussen* (Beweise, die von den Dokumenten der Evangelien unabhängig sind, aber die Behauptungen des Texts untermauern). Viel wurde über die inneren Beweise geschrieben, die die Zuverlässigkeit der neutestamentlichen Autoren stützen. Gelehrte haben die Verwendung der Sprache und griechischer Idiome studiert, um herauszufinden, ob die Schreibstile jedes Verfassers die mit ihnen in Verbindung gebrachten neutestamentlichen Behauptungen bestätigen. Gebraucht Johannes Sprache so, wie ein Fischer es im 1. Jahrhundert tat? Stimmt Lukas' Sprache mit der eines Arztes im 1. Jahrhundert überein? Obschon diese Überlegungen aus Sicht eines Gelehrten interessant sein mochten, weckten sie nicht meine investigative Neugier als Ermittler. Zwei Bereiche mit inneren Beweisen interessierten mich allerdings als jemand, der Hunderte von Zeugen vernommen hatte.

DIE EVANGELIENSCHREIBER LIEFERTEN EINE UNABSICHTLICHE AUGENZEUGEN-UNTERSTÜTZUNG

Wie wir bereits in Kapitel 4 besprochen haben, ist es eine der wichtigsten Aufgaben eines Ermittlers, aufmerksam zuzuhören, wenn mehrere Augenzeugen berichten, was sie am Ort des Verbrechens beobachtet haben. Es ist mein Job, ein vollständiges *Bild* der Ereignisse am Tatort zu erstellen. Kein einzelner Zeuge hat jedes Detail gesehen, deshalb muss ich die Berichte zusammensetzen und zulassen, dass die Beobachtungen eines Augenzeugen *die Lücken füllen*, die in den Beobachtungen anderer zu finden sein mögen. Daher ist es auch so wichtig, dass Augenzeugen bei der Vernehmung voneinander getrennt werden. Zugegeben, zuverlässige Augenzeugenberichte sind nie vollständig identisch. Vielmehr sind sie unterschiedliche Teile desselben Puzzles, die sich unabsichtlich gegenseitig unterstützen und ergänzen und so alle Details des Geschehens liefern.

Als ich mich zum ersten Mal mit einem forensischen Fokus durch die Evangelien las und jene Stellen verglich, an denen zwei oder mehr Evangelienschreiber dasselbe Ereignis beschrieben, fiel mir augenblicklich die gegenseitige Unterstützung unter ihnen auf. Die Berichte *fügen sich so zusammen*, wie man es von unabhängigen Augenzeugen erwarten kann. Wenn ein Augenzeuge bei der Beschreibung eines Ereignisses ein Detail ausliess, warf das eine Frage auf, die dann unabsichtlich von einem anderen Evangelienschreiber beantwortet wurde (dieser liess seinerseits oftmals ein Detail weg, das vom ersten Evangelienschreiber aufgegriffen wurde). Diese gegenseitige Abhängigkeit zwischen den Berichten kann auf zweierlei Art erklärt werden. Es ist denkbar, dass die Autoren zusammenarbeiteten und genau zur selben Zeit und am selben Ort schrieben, um eine raffinierte und subtile Lüge zu ersinnen, die nur sehr wenige Menschen durchschauen. Die zweite Möglichkeit ist, die Evangelien wurden von verschiedenen Augenzeugen geschrieben, die das Ereignis gesehen hatten und diese ungeplanten unterstützenden Details aufnahmen. Sie beschrieben einfach Dinge, die wirklich passierten.

Weil ich mich in der Bibel noch nicht so gut auskannte, versuchte ich her auszufinden, ob dieses Phänomen schon anderen aufgefallen war. Dabei stiess ich auf ein Buch des Theologieprofessors namens J. J. Blunt 1847 mit dem Titel *Undesigned Coincidences in the Writings of the Old and New Testament, an Argument of Their Veracity; with an Appendix, Containing Undesigned Coincidences between the Gospels and Acts, and Josephus* («Unbeabsichtigte Übereinstimmungen in den Schriften des Alten und Neuen Testaments, ein Argument für ihre Richtigkeit; mit einem Anhang, der unbeabsichtigte Übereinstimmungen zwischen den Evangelien und der Apostelgeschichte sowie Josephus enthält»). Es war eines der ersten Bücher über die Bibel, die ich mir kaufte. In dem Abschnitt über die Evangelien und die Apostelgeschichte stellte Blunt dieselben Parallelstellen heraus, die auch mir aufgefallen waren, als ich die Evangelien aus forensischer Perspektive untersucht hatte. Blunt beschrieb das Phänomen als «nicht beabsichtigte Zufälle» und listete mehr als vierzig neutestamentliche Stellen, wo das Merkmal der unabsichtlichen Augenzeugenunterstützung in der Bibel zu finden ist. Ich möchte Ihnen ein paar Beispiele dafür geben.

WEITERE «UNABSICHTLICHE UNTERSTÜTZUNG»

In den Augenzeugenberichten der Evangelien lassen sich viele Beispiele für «nicht beabsichtigte Zufälle» finden. Hier noch ein paar mehr:

Frage: Matthäus 8,16
Warum warteten sie bis zum Abend, bis sie die zu ihm brachten, die Heilung nötig hatten?

Antwort: Markus 1,21; Lukas 4,31
Weil es Sabbat war.

Frage: Matthäus 14,1-2
Warum sagte Herodes zu seinen Dienern, dass er Jesus für den aus den Toten auferstandenen Johannes den Täufer hielt?

Antwort: Lukas 8,3; Apostelgeschichte 13,1
Viele Nachfolger Jesu stammten aus dem Haushalt des Herodes.

Frage: Lukas 23,1-4
Warum fand Pilatus keine Anklage gegen Jesus, obwohl Jesus behauptete, König zu sein?

Antwort: Johannes 18,33-38
Jesus sagte Pilatus, dass sein Reich nicht von dieser Welt sei.

DIE BERUFUNG DER JÜNGER

Als jemand, der mit der Bibel nicht vertraut ist, erschien mir die Berufung von Petrus, Andreas, Jakobus und Johannes seltsam, als ich darüber zum ersten Mal im Matthäusevangelium las.

> Als Jesus aber am See von Galiläa entlangging, sah er zwei Brüder, Simon, genannt Petrus, und dessen Bruder Andreas; die warfen das Netz in den See, denn sie waren Fischer. Und er spricht zu ihnen: Folgt mir nach, und ich will euch zu Menschenfischern machen! Da verliessen sie sogleich die Netze und folgten ihm nach. Und als er von dort weiterging, sah er in einem Schiff zwei andere Brüder, Jakobus, den Sohn des Zebedäus, und dessen Bruder Johannes, mit ihrem Vater Zebedäus ihre Netze flicken; und er berief sie. Da verliessen sie sogleich das Schiff und ihren Vater und folgten ihm nach. (Mt 4,18-22)

Das war alles? Jesus ging auf sie zu und sagte: «Folgt mir nach», und schon liessen sie «sogleich» alles stehen? Wer würde so etwas tun? Woher wussten sie denn, wer Jesus war oder ob etwas an ihm eine derartige Hingabe überhaupt wert wäre? Wäre der Bericht von Matthäus das einzige Zeugnis, das uns zur Verfügung stünde (und für viele Gemeinschaften in der antiken Welt war er genau das, zumindest für ein paar Jahre), bliebe es ein Rätsel. Ich glaube, in Matthäus' Version der Ereignisse findet sich ein Hinweis (das Flicken der Netze), aber die von Matthäus aufgeworfenen Fragen bekommen wir erst von Lukas beantwortet:

> Es begab sich aber, als die Menge sich zu ihm drängte, um das Wort Gottes zu hören, dass er am See Genezareth stand; und er sah zwei Schiffe am Ufer liegen; die Fischer aber waren aus ihnen ausgestiegen und wuschen die Netze. Da stieg er in eines der Schiffe, das Simon gehörte, und bat ihn, ein wenig vom Land wegzufahren; und er setzte sich und lehrte die Volksmenge vom Schiff aus. Als er aber zu reden aufgehört hatte, sprach er zu Simon: Fahre hinaus auf die Tiefe, und lasst eure Netze zu einem Fang hinunter! Und Simon antwortete und sprach zu ihm: Meister, wir haben die ganze Nacht hindurch gearbeitet und nichts

> gefangen; aber auf dein Wort will ich das Netz auswerfen! Und als sie das getan hatten, fingen sie eine grosse Menge Fische; und ihr Netz begann zu reissen. Da winkten sie den Gefährten, die im anderen Schiff waren, dass sie kommen und ihnen helfen sollten; und sie kamen und füllten beide Schiffe, sodass sie zu sinken begannen. Als aber Simon Petrus das sah, fiel er zu den Knien Jesu nieder und sprach: Herr, gehe von mir hinweg, denn ich bin ein sündiger Mensch! Denn ein Schrecken überkam ihn und alle, die bei ihm waren, wegen des Fischzuges, den sie gemacht hatten; gleicherweise auch Jakobus und Johannes, die Söhne des Zebedäus, die Simons Teilhaber waren. Und Jesus sprach zu Simon: Fürchte dich nicht; von nun an sollst du Menschen fangen! Und sie brachten die Schiffe ans Land, verliessen alles und folgten ihm nach. (Lk 5,1-11)

Die Jünger sind nicht einfach aus einer Laune heraus bei Jesus *eingestiegen*. Matthäus interessierte die Beschreibung, wie die Jünger berufen wurden, aber Lukas war daran gelegen, weitere Einzelheiten zu liefern. Wenn wir die Aussagen aller Zeugen in Einklang bringen, erhalten wir das ganze Bild. Die Jünger hörten Jesus predigen und sahen das Wunder des üppigen Fischfangs. Der war so beeindruckend und umfangreich, dass er ihre Netze zerriss. Erst nachdem sie ans Ufer zurückgekehrt waren (und Jakobus und Johannes ihre Netze flickten), rief Jesus sie auf, ihm nachzufolgen. Sie liessen ihr Leben als Fischer hinter sich, weil sie Jesus predigen gehört und das Wunder gesehen hatten.

DIE SCHLÄGE GEGEN JESUS

Im nächsten Beispiel wollen wir aus dem 26. Kapitel des Matthäusevangeliums die Beschreibung ansehen, wie Jesus geschlagen wurde. In dieser Szene, als Jesus vor Kajaphas steht, teilt uns Matthäus mit, dass die Hohepriester und die Ratsmitglieder Jesus schlugen und ihm Backenstreiche gaben, nachdem er «gelästert» hatte, indem er sich als der «Sohn des Menschen» zu erkennen gab:

> Da spuckten sie ihm ins Angesicht und schlugen ihn mit Fäusten; andere gaben ihm Backenstreiche und sprachen: Christus, weissage uns! Wer ist's, der dich geschlagen hat? (Mt 26,67-68)

Diese Frage der Ratsmitglieder scheint sonderbar. Seine Angreifer standen direkt vor ihm, warum also sollten sie ihn fragen: «Wer ist's, der dich geschlagen hat?» Es dürfte kein Problem gewesen sein, da Jesus sie anschauen und leicht identifizieren konnte. Lukas verrät uns mehr:

> Die Männer aber, die Jesus festhielten, verspotteten und misshandelten ihn; und nachdem sie ihn verhüllt hatten, schlugen sie ihn ins Angesicht und fragten ihn und sprachen: Weissage uns, wer ist's, der dich geschlagen hat? Und viele andere Lästerungen sprachen sie gegen ihn aus. (Lk 22,63-65)

Wieder stützte in den Evangelien ein Augenzeuge einen anderen unabsichtlich durch, wie J. J. Blunt es nannte, einen «nicht beabsichtigten Zufall». Matthäus' Erzählung ergibt Sinn, wenn wir bei Lukas lesen, dass Jesus «verhüllt» war. Stellen Sie sich einen Moment vor, Sie gehörten zu den Ersten, die sich zum Christentum bekehrt haben, zu einer Zeit und an einem Ort in der Geschichte, als das Matthäusevangelium der einzige erhältliche Bericht war (in Kapitel 13 finden wir ein Beispiel, wie das Matthäusevangelium in den frühen Tagen des Christentums zur Belehrung neuer Gläubiger in Gebieten in Ostafrika benutzt wurde). Diese Stelle würde uns Rätsel aufgeben und eine Frage aufwerfen, die vielleicht nie beantwortet würde, hätten wir nicht die anderen Augenzeugenberichte. Als Kriminalbeamter für alte unaufgeklärte Fälle habe ich etwas Ähnliches schon viele Male erlebt. Oft bleiben Fragen, die ein Augenzeuge zur Zeit des Verbrechens

WEITERE «UNABSICHTLICHE UNTERSTÜTZUNG»

In den Augenzeugenberichten der Evangelien lassen sich viele Beispiele für «nicht beabsichtigte Zufälle» finden. Hier noch ein paar mehr:

Frage: Matthäus 26,71
Warum ist Petrus der Magd aufgefallen?

Antwort: Johannes 18,16
Ein Jünger redete mit ihr, als er Petrus hineinführte.

Frage: Markus 15,43
Warum sagte Markus, dass Joseph von Arimathia «kühn» handelte (Elberfelder 2003)?

Antwort: Johannes 19,38
Joseph war zuvor ein geheimer Jünger, der Angst hatte vor den Juden.

aufwirft, unbeantwortet, bis sich Jahre später ein anderer Zeuge findet. Das ist ein Merkmal der Ergänzung echter, zuverlässiger Augenzeugenberichte.

DIE SPEISUNG DER FÜNFTAUSEND

Das möglicherweise schönste Beispiel für unabsichtliche Unterstützung findet sich in einer Begebenheit, die in allen vier Evangelien enthalten ist: das Wunder der «Speisung der Fünftausend». Markus' Bericht über dieses Wunder wirft eine Frage auf, wenn man die anderen Evangelienschreiber nicht kennt. Er schrieb, dass Jesus direkt vor diesem Ereignis Jünger aussandte, die in den umliegenden Städten und Dörfern Busse predigen sollten. Als sie zurückkamen, sahen sie sich von einer Menschenmenge umringt:

> Und die Apostel versammelten sich bei Jesus und verkündeten ihm alles, was sie getan und was sie gelehrt hatten. Und er sprach zu ihnen: Kommt ihr allein abseits an einen einsamen Ort und ruht ein wenig! Denn es waren viele, die gingen und kamen, und sie hatten nicht einmal Zeit zu essen. Und sie fuhren allein zu Schiff an einen einsamen Ort. Und die Leute sahen sie wegfahren, und viele erkannten ihn; und sie liefen aus allen Städten zu Fuss dort zusammen und kamen ihnen zuvor und versammelten sich bei ihm. Und als Jesus ausstieg, sah er eine grosse Volksmenge; und er hatte Erbarmen mit ihnen, denn sie waren wie Schafe, die keinen Hirten haben. Und er fing an, sie vieles zu lehren. Und als nun der Tag fast vergangen war, traten seine Jünger zu ihm und sagten: Dieser Ort ist einsam, und der Tag ist fast vergangen. Entlasse sie, damit sie in die Höfe und Dörfer ringsumher gehen und sich Brot kaufen; denn sie haben nichts zu essen. Er aber antwortete und sprach zu ihnen: Gebt ihr ihnen zu essen! Und sie sprachen zu ihm: Sollen wir hingehen und für 200 Denare Brot kaufen und ihnen zu essen geben? Er aber sprach zu ihnen: Wie viele Brote habt ihr? Geht hin und seht nach! Und als sie es erkundet hatten, sprachen sie: Fünf, und zwei Fische. Und er befahl ihnen, dass sich alle in Gruppen ins grüne Gras setzen sollten. Und sie setzten sich gruppenweise, zu hundert und zu fünfzig. Und er nahm die fünf Brote und die zwei Fische, blickte zum Himmel auf und dankte, brach die Brote und gab sie seinen Jüngern, damit sie ihnen austeilten; auch die zwei Fische

> teilte er unter alle. Und sie assen alle und wurden satt. Und sie hoben zwölf Körbe voll an Brocken auf, und auch von den Fischen. Und die, welche die Brote gegessen hatten, waren etwa 5 000 Männer. (Mk 6,30-44)

Laut Markus gingen viele Leute in der Gegend ein und aus, noch bevor Jesus und seine Jünger zum Mittelpunkt dieser Menge wurden. Warum hielten sich all diese Menschen überhaupt dort auf? Markus teilt es uns nicht mit. Die Frage, die sein Bericht aufwirft, wird erst durch das Zeugnis von Johannes beantwortet.

> Danach fuhr Jesus über den See von Galiläa bei Tiberias. Und es folgte ihm eine grosse Volksmenge nach, weil sie seine Zeichen sahen, die er an den Kranken tat. Jesus aber ging auf den Berg und sass dort mit seinen Jüngern beisammen. Es war aber das Passah nahe, das Fest der Juden. Da nun Jesus die Augen erhob und sah, dass eine grosse Volksmenge zu ihm kam, sprach er zu Philippus: Wo kaufen wir Brot, damit diese essen können? (Das sagte er aber, um ihn auf die Probe zu stellen, denn er selbst wusste wohl, was er tun wollte.) Philippus antwortete ihm: Für 200 Denare Brot reicht nicht aus für sie, dass jeder von ihnen auch nur ein wenig bekommt! Da sprach einer von seinen Jüngern, Andreas, der Bruder des Simon Petrus, zu ihm: Es ist ein Knabe hier, der hat fünf Gerstenbrote und zwei Fische; doch was ist das für so viele? Jesus aber sprach: Lasst die Leute sich setzen! Es war nämlich viel Gras an dem Ort. Da setzten sich die Männer; es waren etwa 5 000. Und Jesus nahm die Brote, sagte Dank und teilte sie den Jüngern aus, die Jünger aber denen, die sich gesetzt hatten; ebenso auch von den Fischen, so viel sie wollten. Und als sie gesättigt waren, sprach er zu seinen Jüngern: Sammelt die übrig gebliebenen Brocken, damit nichts verdirbt! Da sammelten sie und füllten zwölf Körbe mit Brocken von den fünf Gerstenbroten, die denen übrig geblieben waren, welche gegessen hatten. (Joh 6,1-13)

Johannes beantwortete die Frage, die Markus aufgeworfen hatte. Die grosse Menschenmenge war das Ergebnis zweier Umstände: Erstens berichtete uns nur Johannes, dass die Menschen nach Jesus suchten, weil sie wussten, dass er Wunderheilungen gewirkt hatte. Zweitens sagte allein Johannes, dass es kurz vor dem Passahfest war, dem heiligen jüdischen Feiertag, zu dessen Feierlichkeiten Tausende nach Jerusalem reisten. Markus erwähnte zwar die Menschenmenge, aber nur Johannes erzählte uns, warum sie überhaupt dort war. Indem er aber unabsichtlich die von Markus aufgeworfene Frage beantwortete, brachte Johannes selbst eine unbeantwortete Frage ins Spiel. Sein Bericht erwähnt ausdrücklich Philippus und Andreas. Das fiel mir nur auf, weil die Forensische Aussagenanalyse einen besonderen Fokus auf den Gebrauch von Pronomen und Eigennamen legt. Andreas und Philippus sind keine Hauptfiguren in den Evangelien; die Evangelienschreiber erwähnen sie nur selten, insbesondere im Vergleich zu Petrus, Johannes und Jakobus. Aus diesem Grund wirft ihr Auftauchen an dieser Stelle ein paar Fragen auf. Warum fragte Jesus Philippus, wo sie Brot kaufen sollten? Warum mischte sich Andreas in die Sache ein? Ausserdem berichtete Johannes ein Detail, das sich in der kürzeren Schilderung von Markus nicht findet. Johannes sagte, die Jünger gaben der Menge «Gerstenbrote» zu essen. Johannes wiederholte auch Markus' Aussage, dass es an dem Ort «viel Gras» gab. Um einen Sinn hinter den von Johannes aufgeworfenen Fragen zu erkennen, sowie zur Rolle, die das Gras und die Gerstenbrote spielen, wollen wir uns zum Abschluss den Bericht von Lukas anschauen:

«HARMONISIERUNG» ODER «INTERPOLATION»?

Wenn ein Ermittler zwei oder mehr Augenzeugenberichte in Erwägung zieht, ist es seine Aufgabe, sie miteinander in Einklang zu bringen. Aus jedem Bericht müssen die Details zusammengesetzt werden, ohne die Aussagen zu verändern oder Punkte hinzuzufügen, die die Zeugen überhaupt nicht beobachtet haben. Am Ende liefert uns die abschliessende «Harmonie» eine Version der Ereignisse, bei der die Stimmen aller Augenzeugen klar und deutlich gehört werden, auch wenn sie unterschiedliche Einzelheiten liefern. Kriminalbeamte müssen sich vor «Interpolation» in Acht nehmen, dem Einfügen von zusätzlichem oder nicht dazugehörigem Material in die Aussagen der Augenzeugen.

> Und die Apostel kehrten zurück und erzählten ihm alles, was sie getan hatten. Und er nahm sie zu sich und zog sich zurück an einen einsamen Ort bei der Stadt, die Bethsaida heisst. Als aber die Volksmenge es erfuhr, folgten sie ihm nach; und er nahm sie auf und redete zu ihnen vom Reich Gottes, und die, welche Heilung brauchten, machte er gesund. Aber der Tag fing an, sich zu neigen; und die Zwölf traten herzu und sprachen zu ihm: Entlasse das Volk, damit sie in die Dörfer und die Höfe hingehen und einkehren und Speise finden; denn wir sind hier an einem einsamen Ort! Er aber sprach zu ihnen: Gebt ihr ihnen zu essen! Sie sprachen: Wir haben nicht mehr als fünf Brote und zwei Fische; oder sollen wir hingehen und für diese ganze Menge Speise kaufen? Denn es waren etwa 5 000 Männer. Er sprach aber zu seinen Jüngern: Lasst sie sich gruppenweise setzen, je fünfzig und fünfzig! Und sie machten es so und liessen alle sich setzen. Und er nahm die fünf Brote und die zwei Fische, blickte zum Himmel auf und segnete sie; und er brach sie und gab sie den Jüngern, damit diese sie der Menge austeilten. Und sie assen und wurden alle satt; und es wurde aufgehoben, was ihnen von den Brocken übrig blieb, zwölf Körbe voll. (Lk 9,10-17)

Lukas ist der Einzige, der uns erzählt, dass dieses Ereignis stattfand, als sich Jesus in die Stadt Bethsaida zurückzog. Das löst das Geheimnis, weshalb Johannes ausdrücklich Philippus und Andreas erwähnte: Sie stammten beide aus Bethsaida (Joh 1,44). Das haben wir nicht von Lukas erfahren (der uns berichtete, dass sich das Wunder in Bethsaida ereignete), sondern von Johannes (der diese Tatsache ohne Verbindung zu dem Wunder erzählte). Jesus fragte Philippus, woher sie Brot bekommen könnten, weil er wusste, dass Philippus aus diesem Teil des Landes stammte. Philippus und Andreas gaben ihr Bestes, da sie beide prädestiniert waren, die Frage Jesu zu beantworten.

Was ist mit dem Gras und den Gerstenbroten? Warum wurden diese Details in die Erzählung aufgenommen? Stimmen sie mit dem überein, was Augenzeugen gesehen oder erlebt hatten? Wie sich zeigt, fand das Passahfest zu einer Zeit statt (im April), die sich an die fünf regenreichsten Monate im Gebiet Bethsaida anschloss. Des Weiteren stand das Passahfest am Ende der

Gerstenernte.[50] Diese nichtssagenden Details sind genau das, was ich von Augenzeugen zu hören erwarte, die einfach nur beschreiben, was sie sahen, einschliesslich der Dinge, die im grossen Zusammenhang der Erzählung nicht wirklich von Bedeutung sind.

DIE EVANGELIENSCHREIBER GABEN NAMEN RICHTIG AN

Bei der Vernehmung von Augenzeugen höre ich aufmerksam ihrer Beschreibung der Tatverdächtigen und der Umgebung, in welcher sich das Verbrechen ereignete, zu. Ihre Beobachtungen, wenn sie ehrlich sind, sollten das wahre Wesen der Zeit und des Tatorts wiedergeben. Als Aimee von ihren Beobachtungen des Tatverdächtigen im Jahr 1982 erzählte, beschrieb sie ein Konzert-T-Shirt der Band *Journey*, das für ein 1981 veröffentlichtes Album (*Escape*) warb. Die Beschreibung des Hemds passte zum Zeitrahmen des Mordes. Hätte Aimee ein Hemd beschrieben, das man beispielsweise erst 1990 hätte kaufen können, hätte ich gedacht, dass ihre Aussage entweder versehentlich ungenau oder absichtlich falsch war.

Etwas Ähnliches lässt sich in den Evangelienberichten beobachten. Die Evangelienschreiber haben ihre Berichte an verschiedenen geografischen Orten verfasst. Markus schrieb wahrscheinlich in Rom, Matthäus in Judäa, Lukas entweder in Antiochia oder Rom und Johannes in Ephesus.[51] Skeptiker haben behauptet, dass diese Berichte nicht von Personen geschrieben worden seien, die das Leben und den Dienst Jesu aus erster Hand kannten, sondern lediglich Generationen später von Leuten erfunden wurden, die mit den beschriebenen Orten überhaupt nicht vertraut waren. Alle Evangelienschreiber beschrieben in ihren Zeugnissen eine grosse Zahl von Personen und nannten dabei oft deren Namen. Wie sich herausstellt, geben uns diese Namen wichtige Hinweise, die uns helfen zu bestimmen, ob die Evangelien-

---

50 Weitere Informationen bei Oded Borowski, *Agriculture in Iron Age Israel: The Evidence from Archaeology and the Bible* (Boston: American Schools of Oriental Research, May 1987), S. 7.

51 Weitere Informationen zu den Orten, an denen die Evangelien geschrieben wurden, siehe Eusebius, *The History of the Church* (Neeland Media LLC, 2009), Kap. VIII.

schreiber wirklich mit dem Leben in Palästina im ersten Jahrhundert vertraut waren.

Richard Bauckham[52] untersuchte das Werk von Tal Ilan[53] und nutzte Ilans Angaben bei der Überprüfung des biblischen Namensgebrauchs. Ilan verfasste ein Lexikon aller aufgezeichneten Namen, die zwischen 330 v. Chr. und 200 n. Chr. von den Juden in Palästina verwendet wurden. Sie untersuchte die Schriften von Josephus, die neutestamentlichen Texte, Dokumente aus der judäischen Wüste und Masada und die frühesten rabbinischen Werke der Zeit. Des Weiteren untersuchte sie aus Jerusalem stammende Inschriften von Ossuarien (Knochenkästen fürs Begräbnis). Ilan nahm auch die neutestamentlichen Schriften in ihr Studium auf. Sie stellte fest, dass die beliebtesten Männernamen in Palästina (in dem Zeitraum, der die Evangeliumsberichte umfasste) Simon und Joseph waren. Die beliebtesten Frauennamen waren Maria und Salome. Möglicherweise kennen Sie diese Namen aus den Evangelien. Als Bauckham alle von Ilan entdeckten Namen untersuchte, fand er heraus, dass die neutestamentlichen Erzählungen nahezu dieselben Prozentsätze aus allen von Ilan untersuchten Dokumenten widerspiegeln:

BESTÄTIGUNG DURCH DIE SPRACHE

Die Evangelienschreiber taten mehr, als nur die populären Namen palästinischer Juden im ersten Jahrhundert richtig zu zitieren. Sie scheinen auch in einem Stil geschrieben zu haben, der dem Stil von damals lebenden Personen entsprach. Ausserbiblische Papyrusstücke und Töpferwaren aus dem 1. Jahrhundert liefern uns Muster von dem Griechisch, das im antiken Nahen Osten geläufig war. Das von den Evangelienschreibern verwendete Griechisch ist dem umgangssprachlichen «gewöhnlichen» Griechisch sehr ähnlich, das von anderen benutzt wurde, die zu dieser Zeit in der Region lebten. (Weitere Details in *The New Testament Documents: Are They Reliable?* von F. F. Bruce)

52 Weitere Informationen bei Bauckham, *Jesus and the Eyewitnesses*, Kindle Location 1113.

53 Weitere Informationen bei Tal Ilan, *Lexicon of Jewish Names in Late Antiquity: Palestine 330 BCE–200 CE* (Philadelphia: Coronet Books, 2002).

POPULARITÄT DER IN DER PALÄSTINISCHEN LITERATUR DER DAMALIGEN ZEIT VERWENDETEN NAMEN	POPULARITÄT DER VON DEN NEUTESTAMENTLICHEN AUTOREN VERWENDETEN NAMEN
15,6 % der Männer trugen den Namen Simon oder Joseph	**18,2 %** der Männer trugen den Namen Simon oder Joseph
41,5 % der Männer trugen einen der neun beliebtesten Namen	**40,3 %** der Männer trugen einen der neun beliebtesten Namen
7,9 % der Männer trugen einen Namen, den kein anderer hatte	**3,9 %** der Männer trugen einen Namen, den kein anderer hatte
28,6 % der Frauen trugen den Namen Maria oder Salome	**38,9 %** der Frauen trugen den Namen Maria oder Salome
49,7 % der Frauen trugen einen der neun beliebtesten Namen	**61,1 %** der Frauen trugen einen der neun beliebtesten Namen
9,6 % der Frauen trugen einen Namen, den keine andere hatte	**2,5 %** der Frauen trugen einen Namen, den keine andere hatte[54]

54 Bauckham, *Jesus and the Eyewitnesses*, Kindle Location 1189.

Die beliebtesten Namen in den Evangelien sind zufällig auch die beliebtesten Namen in Palästina im 1. Jahrhundert. Das ist umso bemerkenswerter, wenn man die antiken populären palästinisch-jüdischen Namen mit antiken populären ägyptisch-jüdischen Namen vergleicht:

DIE HÄUFIGSTEN JÜDISCHEN MÄNNERNAMEN IN PALÄSTINA	DIE HÄUFIGSTEN JÜDISCHEN MÄNNERNAMEN IN ÄGYPTEN
Simon	Eleasar
Joseph	Sabbatai
Eleasar	Joseph
Juda	Dositheos
Johanan	Pappos
Josua	Ptolemäus

Hätten die Evangelienschreiber hinsichtlich der Namen, die sie in ihren Berichten verwendeten, einfach Vermutungen angestellt, dann wären diese aber äusserst genau ausgefallen. Viele beliebte jüdische Namen in Palästina unterschieden sich von den populären Namen in Ägypten, Syrien oder Rom. Der Gebrauch dieser Namen durch die Evangelienschreiber deckt ihre Behauptung, dass sie ihre Berichte auf der Grundlage der Erlebnisse wahrer Augenzeugen verfassten.

Wenn Namen sehr verbreitet sind, müssen sie voneinander durch das Hinzufügen von Zusätzen unterschieden werden. Mein Name ist Jim Wallace, aber ich werde oft verwechselt mit Jim Wallis, dem Gründer und Herausgeber des Magazins *Sojourners*. Aus diesem Grund füge ich manchmal die zusätzliche Beschreibung «von ColdCaseChristianity.com» hinzu, wenn ich mich vorstelle. Ich bin Jim Wallace «von ColdCaseChristianity.com» (im Gegensatz zu Jim Wallis «von *Sojourners*»). Wenn man eine zusätzliche Beschreibung anfügt, kann man sicher sein, dass der ergänzte Name in der entsprechenden Region oder zum gegenwärtigen Zeitpunkt wahrscheinlich geläufig ist. Das finden wir in allen Evangelienberichten. Die Evangelienschreiber stellen uns mehrere Männer namens Simon vor: Simon «Petrus», Simon «der Zelot», Simon «der Gerber», Simon «der Aussätzige» und Simon «von Kyrene». Der Name Simon war im 1. Jahrhundert in Palästina so verbreitet, dass die Evangelienschreiber ihm einen Zusatz hinzufügen mussten, um einen Simon vom anderen zu unterscheiden. Das ist zu erwarten, wenn sich die Evangelienschreiber im 1. Jahrhundert wirklich in

BESTÄTIGUNG DURCH DEN ORT

Die Evangelienschreiber waren offenbar äusserst vertraut mit den Orten, über die sie schrieben. Während späte nichtkanonische Fälschungen, die ausserhalb von Palästina geschrieben wurden, selten eine andere Stadt als Jerusalem erwähnen (die berühmteste Stadt, von der jeder wusste, dass sie in Israel liegt), nahmen allein die Evangelienschreiber die genauen Namen von weniger bekannten Städten und Dörfern im 1. Jahrhundert auf. Sie erwähnten oder beschrieben Änon, Arimathia, Bethphage, Cäsarea Philippi, Kana, Chorazin, Dalmanutha, Emmaus, Ephraim, Magadan, Nain, Salim und Sichar. Einige dieser Orte sind so wenig bekannt, dass nur Personen, die mit der Region vertraut sind, wissen, dass sie einmal existierten.

Palästina aufhielten und mit den gängigen Namen der Region vertraut waren (und Personen mit diesen beliebten Namen näher beschreiben mussten).

Jesus (hebr. Jeschua) war einer dieser beliebten Namen im 1. Jahrhundert in Palästina und stand unter den Männernamen an sechster Stelle. Aus diesem Grund war Jesus einer der Namen, die um der Klarheit willen oft einen Zusatz verlangten. Interessanterweise verzichteten die Evangelienschreiber (wenn sie als Erzähler fungierten) auf einen Namenszusatz für Jesus, auch wenn sie innerhalb der Erzählung Personen zitierten, die ihm einen gaben. Matthäus nannte Jesus beispielsweise wiederholt einfach nur «Jesus», wenn er beschrieb, was Jesus tat oder sagte. Wenn er aber andere zitierte, die den Namen Jesu benutzten, zitierte Matthäus sie mit Worten wie «Jesus von Nazareth in Galiläa», «Jesus, der Galiläer», «Jesus von Nazareth», «Jesus, den man Christus nennt» oder «Jesus, der Gekreuzigte». Warum diese Unterschiede? Als Erzähler der Geschichte nannte Matthäus Jesus viele Kapitel lang einfach nur mit seinem Namen. Seine Leser waren bereits vertraut mit der Person Jesus, die er schon früh in seinem Bericht vorgestellt hatte. Aber Matthäus hielt auch korrekt fest, wie die Leute Jesus im Kontext des 1. Jahrhunderts identifizierten. Er scheint lediglich ein Augenzeuge zu sein, der die Fakten festhält und sich auf «Jesus» beschränkt, wenn er von ihm spricht, aber die Aussagen anderer über Jesus mit Zusatz wiedergibt.

Die Art und Weise, wie die Evangelienschreiber von Einzelheiten berichteten (und einander unabsichtlich unterstützten), sowie ihr Ansatz, wenn sie von Personen sprachen (unter Verwendung der Namen und Namenszusätze, die wir im 1. Jh. in Palästina erwarten würden), sind eine *innere* Bestätigung ihrer Zeugnisse. Die Evangelienberichte wirken «von innen nach aussen» authentisch. Die Worte der Evangelien stimmen mit dem überein, was wir von Augenzeugen erwarten.

BESTÄTIGUNG «VON AUSSEN NACH INNEN»

Wenn die Evangelien wahr sind, sollten wir erwarten können, dass sie sich auch von *aussen* bestätigen lassen. Aimees Aussage wurde beispielsweise von zwei zusätzlichen Beweismitteln bekräftigt (der Tankquittung und der Aussage von Dannys Schwester). Die Evangelien werden in ähnlicher Weise «von aussen nach innen» bestätigt durch das Zeugnis von Leuten, die von der Wahrheit berichteten, auch wenn sie keine Christen waren und nicht zwangsläufig den Aussagen der Evangelienschreiber glaubten. Diese nichtchristlichen Augenzeugen standen der wachsenden christlichen Bewegung und den Behauptungen der Evangelien oft kritisch und sogar feindlich gegenüber. Dennoch bestätigten sie viele Details, die die Evangelienschreiber erzählten.

Als Ermittler alter ungelöster Fälle ist mir so etwas viele Male begegnet. Ich hatte einmal einen Fall, bei dem das Opfer in seiner Eigentumswohnung umgebracht wurde. Der Hauptverdächtige in diesem Mordfall bestritt anfangs, überhaupt in ihrem Haus gewesen zu sein. Ich verhörte ihn ein zweites Mal und sagte ihm, dass wir seine DNA im Haus entdeckt hatten, in genau dem Raum, wo das Opfer ermordet wurde. Er veränderte seine Geschichte und erzählte mir, er könne sich daran erinnern, dass das Opfer ihn rief und ihn bat, zu ihr rüberzukommen, um ihr zu helfen, ein paar Kisten aus diesem Raum in die Garage zu tragen. Der Tatverdächtige sagte, er sei am Tag des Mordes zu ihr gegangen und nur sehr kurz im besagten Raum gewesen, um ihr mit den Kisten zu helfen. Seine Beteiligung an dem Mord bestritt er aber nach wie vor. Dennoch enthielt seine neue Aussage zwei *unfreiwillige Eingeständnisse*. Jetzt gab der Verdächtige zu, dass er an dem Tag in dem Raum gewesen war, wo das Opfer getötet wurde. Obschon er noch immer die Tatsache leugnete, das Verbrechen begangen zu haben, *räumte er unfreiwillig* zwei Dinge *ein*, die zusammen mit anderen Indizienbeweisen schliesslich gegen ihn sprachen.

3 AUSSERBIBLISCHE AUGENZEUGEN BESTÄTIGTEN DIE EVANGELIEN

Antike Beobachter und Autoren, die dem Christentum feindlich gesinnt waren, *räumten* ähnlich *widerwillig* mehrere wichtige Fakten *ein*, die die Behauptungen der christlichen Augenzeugen bestätigen, auch wenn sie leugneten, dass Jesus der war, der er zu sein behauptete. Lassen Sie uns einige dieser *unfreiwilligen Eingeständnisse* unter die Lupe nehmen und das Bild, das sie von Jesus zeichnen, rekonstruieren.

JOSEPHUS (37 – CA. 100 N. CHR.) BESCHRIEB JESUS

Josephus beschrieb die Christen in drei verschiedenen Zitaten in seinem Werk *Jüdische Altertümer*. An einer dieser Stellen berichtete Josephus vom Tod Johannes des Täufers, in einer anderen erwähnte er die Hinrichtung von Jakobus (dem Bruder Jesu), und in der dritten Stelle bezeichnete er Jesus als einen «weisen Mann». Es gibt eine Kontroverse um Josephus' Schriften, da frühe Christen anscheinend einige Kopien seines Werkes veränderten, um die Anspielungen auf Jesus *weiter auszuführen*. Wenn wir uns also mit den Aussagen von Josephus beschäftigen, die von Jesus handeln, werden wir uns auf einen Text stützen, von dem Gelehrte glauben, dass er unverändert geblieben ist. 1971 veröffentlichte Shlomo Pines, Gelehrter für antike Sprache und *Distinguished Professor* an der *Hebrew University of Jerusalem*, den lange verschollenen arabischen Text aus dem 10. Jahrhundert eines melchitischen Bischofs aus Hierapolis namens Agapius. Diese arabische Führungsperson zitierte Josephus in arabischer Sprache, im Gegensatz zum Griechischen, das von anderen Autoren aus der Antike verwendet wurde. Da offene christliche Anspielungen, die in anderen antiken Versionen des Berichts von Josephus zu finden sind, im Zitat von Agapius fehlen, glauben Gelehrte, dass diese Version den Originaltext von Josephus am besten wiedergibt:

> Zu dieser Zeit gab es einen weisen Mann, der Jesus genannt wurde. Sein Verhalten war gut, und [er] war als rechtschaffen bekannt. Und viele Menschen aus den Juden und anderen Völkern wurden seine Jünger. Pilatus verurteilte ihn zur Kreuzigung und zum Tod. Und jene, die seine Jünger geworden waren, gaben ihre Jüngerschaft nicht auf. Sie berichteten, dass er ihnen drei Tage nach seiner Kreuzigung erschienen war und lebte; folglich war er möglicherweise der Messias, über den die Propheten Wunder berichtet haben.[55]

Es gibt noch viele andere Versionen von Josephus' Zitat, die das Wesen der Wunder Jesu, sein Leben, seine Auferstehung und Stellung als «der Chris-

55 Shlomo Pines, *An Arabic Version of the Testimonium Flavianum and Its Implications* (Israel Academy of Sciences and Humanities: Jerusalem, 1971), Kindle Edition, Kindle Locations 9–10, 16.

tus» deutlicher machen, aber diese kurze und zurückhaltende Version des Textes von Josephus gibt unfreiwillig einige wichtige Fakten über Jesus zu. Aus dem Text können wir schliessen, dass Jesus lebte, ein weiser und rechtschaffener Lehrer war, der Wunderkraft demonstrierte, von Pilatus verurteilt und gekreuzigt wurde, Anhänger hatte, die berichteten, dass er ihnen nach seinem Kreuzestod erschien, und der für den Messias gehalten wurde.

THALLUS (CA. 5 – 60 N. CHR.) BESCHRIEB JESUS

Thallus war ein samaritischer Historiker, der Mitte des 1. Jahrhunderts einen umfangreichen (dreibändigen) Bericht von der Geschichte des Mittelmeerraums verfasste, nur zwanzig Jahre nach der Kreuzigung Jesu. Wie die Schriften vieler antiker Historiker ist ein Grossteil seines Werks verloren gegangen. Aber ein anderer Historiker, Sextus Julius Africanus, schrieb 221 n. Chr. einen Text mit dem Titel *Geschichte der Welt* und zitierte eine wichtige Stelle aus Thallus' Originalbericht. Thallus zeichnete die Kreuzigung Jesu auf und lieferte eine Erklärung für die Finsternis, die beim Tod Jesu zu beobachten war. Africanus beschrieb kurz die Erklärung von Thallus:

> Auf der ganzen Welt lag eine fürchterliche Finsternis; und die Felsen wurden von einem Erdbeben zerrissen; und viele Orte in Judäa und anderen Gebieten wurden niedergeworfen. Diese Finsternis nennt Thallus in seinem dritten Geschichtsband, wie mir erscheint ohne Grund, eine Sonnenfinsternis.[56]

Es ist schade, dass wir keinen vollständigen Bericht und keine umfassende Erklärung von Thallus haben. In seiner Erklärung für die Finsternis *gesteht* Thallus aber *unfreiwillig* wichtige Details ein, die Teile der Evangelien bestätigen. Auch wenn die Finsternis zur Zeit der Kreuzigung für Thallus keinen übernatürlichen Grund hatte, bestätigte er doch die Behauptung, dass Jesus wirklich gekreuzigt wurde und Finsternis das Land bedeckte, als er am Kreuz starb.

---

56 Zitiert in *Ante-Nicene Christian Library: Translations of the Writings of the Fathers Down to A.D. 325*, Hg. Alexander Roberts und James Donaldson, Bd. 9, *Irenaeus, Vol. II – Hippolytus, Vol. I – Fragments of Third Century* (Edinburgh: T & T Clark, 1870), S. 188.

TACITUS (56 – CA. 117 N. CHR.) BESCHRIEB JESUS

Cornelius Tacitus war bekannt für seine Analyse und Überprüfung historischer Dokumente und gehört zu den vertrauenswürdigsten Historikern der Antike. Er war Senator unter Kaiser Vespasian und auch Prokonsul der Provinz Asia. In seinen *Annalen* von 116 n. Chr. beschrieb er die Reaktion des Kaisers Nero auf das grosse Feuer in Rom sowie Neros Behauptung, dass die Christen daran schuld waren:

> Um das Gerücht aus der Welt zu schaffen, konzentrierte sich Nero auf die Schuldfrage und fügte die schlimmsten Qualen einer Gruppe zu, die für ihre Abscheulichkeiten gehasst und von der breiten Masse der Bevölkerung Christen genannt wurde. Christus, auf den der Name zurückging, erlitt die höchste Strafe unter der Herrschaft des Tiberius durch einen unserer Prokuratoren, Pontius Pilatus, und ein bösartiger Aberglaube, der so für einen Augenblick unter Kontrolle gebracht wurde, brach wieder aus, nicht nur in Judäa, der Ursprungsquelle des Bösen, sondern auch in Rom, wo alle scheusslichen und schändlichen Dinge aus allen Teilen der Welt ihr Zentrum finden und populär werden.[57] (*Annalen*, 15:44)

Indem Tacitus das Handeln Neros und die Anwesenheit der Christen in Rom beschrieb, *gab er unfreiwillig* mehrere wichtige Kernpunkte über das Leben Jesu *zu*. Er bestätigte, dass Jesus in Judäa lebte, unter Pontius Pilatus gekreuzigt wurde und Anhänger hatte, die aufgrund ihres Glaubens an ihn verfolgt wurden.

MARA BAR-SERAPION (70 N. CHR. – UNBEKANNT) BESCHRIEB JESUS

Irgendwann nach 70 n. Chr. schrieb ein syrischer Philosoph namens Mara Bar-Serapion seinem Sohn, um ihm Mut zu machen. Er verglich Leben und Verfolgung Jesu mit dem Schicksal anderer Philosophen, die für ihre Ideen

57 Cornelius Tacitus, *Works of Cornelius Tacitus. Includes Agricola, The Annals, A Dialogue concerning Oratory, Germania and The Histories* (Boston: MobileReference, 2009), Kindle Edition, Kindle Locations 6393–6397.

verfolgt wurden. Die Tatsache, dass er Jesus als eine reale Person mit einem derartigen Einfluss beschrieb, ist bedeutsam:

> Welchen Vorteil hatten die Athener, als sie Sokrates töteten? Hungersnot und Seuche kamen über sie als Gericht für ihr Verbrechen. Welchen Vorteil hatten die Männer von Samos, als sie Pythagoras verbrannten? In einem Augenblick wurde ihr Land von Sand bedeckt. Welchen Vorteil hatten die Juden, als sie ihren weisen König hinrichteten? Kurz danach wurde ihr Königreich abgeschafft. Gott rächte diese drei weisen Männer zu Recht: die Athener starben vor Hunger; die Bewohner von Samos wurden vom Meer überflutet; und die Juden, die vernichtet und aus ihrem Land vertrieben wurden, leben in vollständiger Zerstreuung. Aber Sokrates starb nicht für immer; er lebte weiter in den Lehren des Platon. Pythagoras starb nicht für immer; er lebte weiter in der Statue von Hera.

ANTIKE JÜDISCHE BESTÄTIGUNG

Der jüdische Talmud (die Schriften und Beratungen der Rabbis in der Antike) datiert aufs 5. Jahrhundert, aber es wird angenommen, dass er die alten Lehren aus der frühen tannaitischen Periode aus dem 1. und 2. Jahrhundert enthält. Viele Schriften des Talmuds sprechen von Jesus:

«Jesus praktizierte Magie und brachte Israel auf Abwege» (b. Sanhedrin 43a; vgl. t. Sabbat 11.15; b. Sabbat 104b).

«Rabbi Chisda (gest. 309) sagte, dass Rabbi Jeremia bar Abba sagte: ‹Was bedeutet das, dass geschrieben steht: Kein Unglück wird dir zustossen und keine Plage zu deinem Zelt sich nahen»? (Ps 91,10). ... «Kein Unglück wird dir zustossen» (bedeutet), dass dich böse Träume und Gedanken nicht versuchen werden; «und keine Plage zu deinem Zelt sich nahen» (bedeutet), dass du keinen Sohn oder Jünger haben wirst, der sein Essen vergeudet wie Jesus von Nazareth›» (b. Sanhedrin 103a; vgl. b. Berachot 17b).

«Es wurde gelehrt: Einen Tag vor Passah hängten sie Jesus auf. Ein Bote ging vierzig Tage vor ihm her (und verkündete): ‹Er wird gesteinigt werden, weil er Magie praktizierte und Israel in die Irre führte. Jeder, der etwas zu seinen Gunsten zu sagen hat, möge vortreten und ihn verteidigen.› Aber nichts wurde gefunden, was für ihn sprach, und sie hängten ihn am Tag vor Passah auf» (b. Sanhedrin 43a).

Aus diesen Passagen, die den Namen Jesus erwähnen, können wir nur schliessen, dass Jesus magische Kraft besass, die Juden von ihrem Glauben wegführte und am Tag vor dem Passahfest hingerichtet wurde.

> Auch der weise König starb nicht für immer; er lebte weiter in den Lehren, die er uns gab.[58]

Obwohl Mara Bar-Serapion Jesus keine herausragende Stellung zukommen lässt (er nennt ihn lediglich neben anderen historischen Lehrern wie Sokrates und Pythagoras), gibt er doch mehrere wichtige Tatsachen zu. Zumindest können wir daraus schliessen, dass Jesus ein weiser und einflussreicher Mann war, der für seine Überzeugungen starb. Wir können auch zu dem Schluss kommen, dass die Juden eine Rolle beim Tod Jesu spielten und die Anhänger Jesu ein Leben führten, das den Überzeugungen Jesu entsprach.

PHLEGON (80 – 140 N. CHR.) BESCHRIEB JESUS

Ähnlich wie bei seinem Zitat von Thallus schrieb Sextus Julius Africanus auch über einen Historiker namens Phlegon, der gegen 140 n. Chr. eine Aufzeichnung der Geschichte verfasste. In seinem historischen Bericht erwähnte Phlegon auch die Finsternis, die die Kreuzigung umgab:

> Phlegon berichtet, dass es zur Zeit von Kaiser Tiberius zum Vollmond eine vollständige Sonnenfinsternis gab von der sechsten Stunde bis zur neunten.[59]

Der in Alexandria geborene Origenes, Theologe und Gelehrter der frühen Kirche, zitierte Phlegon ebenfalls mehrfach in einem Buch, das er als Reaktion auf die Kritik eines griechischen Schriftstellers namens Celsus schrieb:

> Im 13. oder 14. Buch seiner Chroniken schrieb Phlegon Jesus nicht nur ein Wissen über zukünftige Ereignisse zu (auch wenn er manche Dinge hinsichtlich Petrus so durcheinanderbrachte, als würden sie sich auf Jesus beziehen), sondern bezeugte auch, dass das Ergebnis seinen Vorhersagen entsprach. So dass er durch diese Eingeständnisse hinsicht-

---

58 «Letter from Mara Bar-Serapion to His Son», zitiert in Bruce, *New Testament Documents*, Kindle Locations 1684–1688.

59 Zitiert in *Ante-Nicene Christian Library*, Hg. Roberts und Donaldson, Bd. 9, S. 188.

> lich der Vorkenntnis, als wäre es gegen seinen Willen, seine Meinung zum Ausdruck brachte, dass die von den Vätern unseres Systems gelehrten Lehren nicht ohne göttliche Kraft waren.
> Und über die Sonnenfinsternis zur Zeit des Kaisers Tiberius, während dessen Herrschaft Jesus gekreuzigt worden zu sein scheint, und das grosse Erdbeben, das stattfand, hat Phlegon meines Erachtens auch im 13. oder 14. Buch seiner Chroniken geschrieben.
> Er denkt auch, das Erdbeben und die Finsternis waren eine Erfindung; aber entsprechend unseren Fähigkeiten haben wir diesbezüglich auf den vorangegangenen Seiten unsere Verteidigung *[sic]* zum Zeugnis des Phlegon angeführt, der erzählt, dass diese Ereignisse zu der Zeit der Leiden unseres Erlösers stattfanden.[60]

Obschon Phlegon kein Nachfolger Jesu war und viele Behauptungen der Evangelienschreiber bestritt, *räumten* seine Aussagen *unfreiwillig ein*, dass Jesus die Fähigkeit besass, die Zukunft präzise vorauszusagen, und unter der Herrschaft des Kaisers Tiberius gekreuzigt wurde.
Diese Autoren aus dem späten ersten und frühen zweiten Jahrhundert waren keine Freunde des Christentums. Sie standen der neuen christlichen Bewegung grösstenteils sogar gleichgültig gegenüber. Sie alle lieferten dennoch wichtige, bestätigende Details über das Leben Jesu, wenn auch nur *unfreiwillig*. Hätte man alle christlichen Dokumente vernichtet, wären wir nach wie vor in der Lage, aus ihren Schriften eine einfache Beschreibung von Jesus zu rekonstruieren.

Die antike (und «unfreiwillige») ausserbiblische Beschreibung von Jesus enthält die Tatsache, dass er eine reale historische Person und ein rechtschaffener, weiser Mann war, der Wunder wirkte, die Zukunft präzise voraussagte und seine Jünger belehrte. Seine Lehren zogen viele Juden und Nichtjuden an; man erkannte ihn als den «Christus» und glaubte, dass er der Messias war. Er war weithin als der «weise König» der Juden bekannt. Seine Jünger

---

60 Origenes, «Origen Against Celsus», The Ante-Nicene Fathers, Hg. Alexander Roberts und James Donaldson, Bd. 4, Tertullian, Part Fourth; Minucius Felix; Commodian; Origen, Parts First and Second (Buffalo: Christian Literature, 1885), S. 437, 445, 455. Zu weiteren Informationen über Origenes' Zitate von Phlegon, siehe www.newadvent.org/fathers/04162.htm oder William Hansen, Phlegon of Tralles' Book of Marvels, University of Exeter Press: Exeter Studies in History (Exeter, UK: University of Exeter Press, 1997).

wurden schliesslich Christen genannt. Seine ergebenen Nachfolger wurden zu einer Bedrohung für die jüdische Führung, und als Folge legten diese Führungspersonen den römischen Autoritäten Anschuldigungen gegen ihn vor. Während der Herrschaft des Kaisers Tiberius verurteilte Pontius Pilatus Jesus zur Kreuzigung. Eine grosse Finsternis fiel über das Land, als Jesus gekreuzigt wurde, und ein Erdbeben erschütterte ein grosses Gebiet im Umkreis der Hinrichtung. Nachdem er hingerichtet worden war, verbreitete sich ein «bösartiger Aberglaube» über ihn von Palästina bis nach Rom.

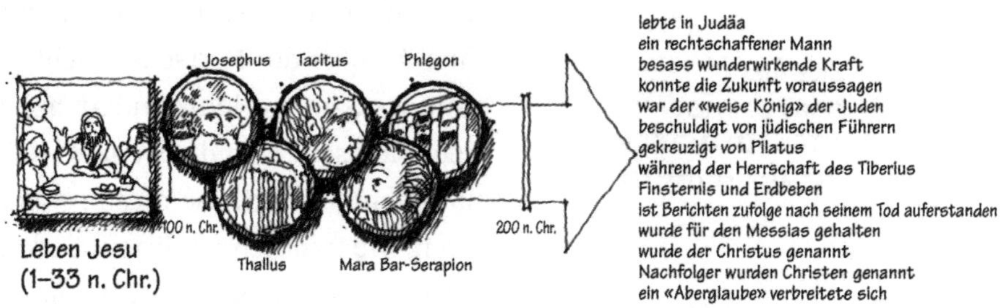

Obschon diese Beschreibung über Jesus unvollständig ist, ähnelt sie doch sehr der Beschreibung der Evangelienschreiber. Frühe, externe, nichtchristliche Quellen bestätigen das Zeugnis der neutestamentlichen Autoren.

4 *DIE ARCHÄOLOGIE BESTÄTIGT ZUDEM DIE EVANGELIEN*

Da das Christentum historische Ansprüche anmeldet, sollte die Archäologie ein Instrument sein, mit dem sich feststellen lässt, ob diese Behauptungen wirklich wahr sind. Die archäologischen Bemühungen der vergangenen zwei Jahrzehnte haben mehrere Details bestätigt, die Skeptiker als *Schwachstellen* des Christentums angezeigt hatten. Es gibt eine Vielzahl von Bibelstellen, die mittlerweile von antiken nichtchristlichen Zeugen und archäologischen Beweisen bestätigt wurden. Hier nur ein paar:

KYRENIUS WURDE BESTÄTIGT

Lukas schrieb, dass Joseph und Maria nach Bethlehem zurückkehrten, weil ein syrischer Statthalter namens Kyrenius eine Volkszählung durchführte (Lk 2,1-3). Josephus bestätigte die Existenz dieses Statthalters, gab seine Amtszeit aber von 5 bis 6 n. Chr. an.[61] Dieser Zeitraum ist aber zu spät angesetzt, denn Matthäus schrieb, dass Jesus zur Zeit der Herrschaft Herodes des Grossen geboren wurde (der neun Jahre vor Kyrenius' Statthalterschaft starb, wie Josephus berichtete). Viele Jahre lang führten Skeptiker diese Unstimmigkeit als Beweis an, dass das Lukasevangelium erst später von jemandem geschrieben wurde, der mit der zeitlichen Abfolge der Herrscher nicht vertraut war. Im 19. Jahrhundert haben archäologische Funde weitere Informationen geliefert, die diesen scheinbaren Widerspruch auflösten. So kam heraus, dass Kyrenius (oder jemand mit demselben Namen) von 11 v. Chr. bis zum Tod des Herodes auch Prokonsul von Syrien und Cilicien war. Kyrenius' Name wurde auf einer Münze aus dieser Zeit gefunden[62] und auf dem Sockel einer Statue, die in Antiochia in Pisidien errichtet war.[63] Die Archäologie bestätigte jetzt die frühe Existenz von Kyrenius als Statthalter zur Zeit der von Lukas erwähnten Volkszählung.

ANDERE BEDEUTENDE ARCHÄOLOGISCHE BESTÄTIGUNGEN

Erastus

In Römer 16,23 schrieb Paulus: «Es grüsst euch Erastus, der Stadtverwalter.» 1929 entdeckte man in Korinth ein Stück Bürgersteig, das seine Existenz bestätigte.

Ikonium

In Apostelgeschichte 13,51 beschrieb Lukas diese Stadt in Phrygien. Einige antike Autoren (wie Cicero) schrieben, dass Ikonium in Lykaonien lag, nicht in Phrygien, aber 1910 wurde ein Monument entdeckt, das Ikonium als eine Stadt in Phrygien bestätigte.

---

61 Josephus, *Antiquities of the Jews* (Unabridged Books, 2011), Buch 17, Kap. 18, Abs. 2, V. 1.

62 Jerry Vardaman, aus einem unveröffentlichten Manuskript (*The Year of the Nativity: Was Jesus Born in 12 B.C.? A New Examination of Quirinius [Luke 2:2] and Related Problems of New Testament Chronology*) wie zitiert in John McRay, *Archaeology and the New Testament* (Grand Rapids, MI: Baker Academic, 2009), Kindle Edition, Kindle Locations 6332–6334.

63 Sir William Ramsay, *The Bearing of Recent Discovery on the Trustworthiness of the New Testament* (Primedia eLaunch, 2011), Kindle Edition, Kindle Locations 3446–3448.

LYSANIAS WURDE BESTÄTIGT

Lukas erwähnte auch einen Tetrarchen namens Lysanias und schrieb, dass dieser Mann über Abilene herrschte, als Johannes der Täufer seinen Dienst begann (Lk 3,1). Auch Josephus berichtete von der Existenz eines Mannes namens Lysanias,[64] aber dieser Mann war ein König, der von 40 bis 36 v. Chr. über die Region herrschte (lange vor der Geburt Johannes des Täufers). Skeptiker hatten diese scheinbare Unstimmigkeit benutzt, um Lukas' Bericht in Zweifel zu ziehen. Die Archäologie scheint das Problem gelöst und Lukas' Aussage bestätigt zu haben. Zwei Inschriften wurden gefunden, die Lysanias namentlich erwähnen. Eine von ihnen datiert in die Zeit 14–37 n. Chr. und identifiziert Lysanias als Tetrarchen in Abila nahe Damaskus.[65] Diese Inschrift bestätigt die Existenz von zwei Männern namens Lysanias, der eine herrschte vor der Geburt Jesu, und der andere war ein Tetrarch, der exakt zu der von Lukas beschriebenen Zeit regierte.[66]

BESTÄTIGUNG DER REGIERUNG

Lukas beschrieb präzise die Regierung, die im 1. Jahrhundert in Palästina unter römischer Herrschaft existierte. Sein Bericht macht deutlich, dass er zur angegebenen Zeit und am angegebenen Ort schrieb:

- In Apostelgeschichte 22,28 beschrieb er korrekt zwei Wege zur römischen Staatsbürgerschaft.
- In Apostelgeschichte 24,1-9 beschrieb er korrekt den Prozess, wie angeklagte Kriminelle vor Gericht gebracht wurden.
- In Apostelgeschichte 25,6-12 beschrieb er korrekt die Art, wie sich ein Mann auf seine römische Staatsbürgerschaft berufen und seinen Fall vor den Kaiser bringen konnte.
- In Apostelgeschichte 28,16.30-31 beschrieb er korrekt die Bewachung eines Gefangenen durch einen römischen Soldaten sowie die Bedingungen einer Unterbringung auf eigene Kosten. (Siehe Norman Geislers *Baker Encyclopedia of Christian Apologetics*.)

DER TEICH VON BETHESDA WURDE BESTÄTIGT

Johannes erwähnte den Teich von Bethesda (Joh 5,1-9) und sagte, dass er im Gebiet von Jerusalem lag, nahe

64 Josephus, *Complete Works of Flavius Josephus*, Kindle Edition, Kindle Locations 1292–1295.

65 John McRay, *Archaeology and the New Testament* (Grand Rapids, MI: Baker Academic, 2009), Kindle Edition, Kindle Locations 2091–2095.

66 Sir William Ramsay, *The Bearing of Recent Discovery on the Trustworthiness of the New Testament* (Primedia eLaunch, 2011), Kindle Edition, Kindle Locations 3630–3658.

dem Schaftor, umgeben von fünf Säulengängen. Viele Jahre lang gab es keinerlei Beweise für einen solchen Ort, nur den Hinweis im Johannesevangelium. Skeptiker verwiesen auf diese Passage und behaupteten, das Johannesevangelium sei erst zu einem späteren Zeitpunkt von jemandem verfasst worden, der sich mit den Besonderheiten der Stadt nicht auskannte. Aber 1888 begannen Archäologen mit den Ausgrabungen in der Gegend nahe der Annakirche in Jerusalem und entdeckten die Überreste des Teiches, zusammen mit Stufen, die von einer Seite herabführten, sowie fünf flachen Säulengängen an einer anderen Seite.[67] Zudem bestätigen uns auch die im 20. Jahrhundert entdeckten Schriftrollen von Qumran die Existenz des Teiches. In der Kupferrolle von Qumran (geschrieben zwischen 25 und 68 n. Chr.) findet sich eine Liste mit Orten in Jerusalem, die auch einen Teich mit der Bezeichnung «beth eschdathajin» nahe einer Eingangshalle enthält.[68] Ein weiteres Mal wurden die Behauptungen der Evangelienschreiber von der Archäologie bestätigt.

DER TEICH VON SILOAH WURDE BESTÄTIGT

Johannes erwähnte auch den «Teich von Siloah» (Joh 9,1-12) und beschrieb ihn als einen Ort der zeremoniellen Reinigung. Obwohl der Teich auch im Alten Testament vorkommt (Jes 8,6; 22,9), war Johannes der einzige andere antike Autor, der seine Existenz erwähnte. Bis er 2004 im Bereich der Stadt Davids in Jerusalem entdeckt wurde, waren die Gelehrten nicht in der Lage, den Teich mit Sicherheit zu lokalisieren. Die Archäologen Ronny Reich und Eli Shukrun haben den Teich ausgegraben und ihn auf 100 v. Chr. bis 100 n. Chr. datiert (basierend auf den Merkmalen des Teiches und den gefundenen Münzen).[69] Dieser Fund untermauerte die Zuverlässigkeit der christlichen Schriften und des Zeugnisses des Johannes.

---

67 Bruce, *New Testament Documents*, Kindle Locations 1393–1400. Shimon Gibson, The Final Days of Jesus: The Archaeological Evidence (New York: HarperCollins e-books, 2009), Kindle Edition, Kindle Location 73.

68 John McRay, *Archaeology and the New Testament* (Grand Rapids, MI: Baker Academic, 2009), Kindle Edition, Kindle Locations 2537–2543.

69 Gibson, *The Final Days of Jesus*, Kindle Location 71.

PONTIUS PILATUS WURDE BESTÄTIGT

Die einzige Bestätigung, die wir viele Jahre lang für die Existenz von Pontius Pilatus (den Statthalter von Judäa, der die Kreuzigung Jesu anordnete) hatten, war ein kurzes Zitat von Tacitus (wie im vorangegangenen Abschnitt beschrieben). 1961 wurde jedoch ein Stück Kalkstein gefunden, das eine Inschrift mit dem Namen Pilatus trug.[70] Die Inschrift stammte aus Cäsarea, einer Provinzhauptstadt während der Amtszeit von Pilatus (26–36 n. Chr.), und sie hielt fest, dass Pilatus dem Kaiser Tiberius ein Gebäude widmete. Dieser einzelne Fund bestätigt, was die Evangelienschreiber berichteten über die historische Existenz von Pilatus, seine Stellung in der Regierung und seine Beziehung zu Kaiser Tiberius.

ANDERE BEDEUTENDE ARCHÄOLOGISCHE BESTÄTIGUNGEN

Politarches

Viele Jahrzehnte lang war Lukas der einzige antike Autor, der das Wort Politarches für die «Obersten der Stadt» verwendete. Skeptiker bezweifelten, dass es ein anerkannter griechischer Bergriff war, bis neunzehn Inschriften entdeckt wurden. Fünf von ihnen standen in Verbindung mit Thessalonich (genau der Stadt, in der Lukas angab, den Ausdruck gehört zu haben).

Sergius Paulus

In Apostelgeschichte 13 erwähnte Lukas Sergius Paulus, einen Prokonsul in Paphos. Skeptiker zweifelten die Existenz dieses Mannes an und meinten, dass eine Führungsperson in dieser Gegend eher ein «Proprätor» war als ein Prokonsul. Aber eine in Soli auf Zypern gefundene Inschrift belegte seine Existenz und identifizierte ihn als Prokonsul.

DER BRAUCH DER KREUZIGUNG WURDE BESTÄTIGT

Die Evangelienschreiber waren nicht die Einzigen, die die römische Hinrichtungsart der Kreuzigung beschrieben. Auch Josephus erwähnte diese Praktik, als er die Zerstörung Jerusalems schilderte.[71] Doch obwohl Tausende verurteilte Kriminelle und Kriegsgefangene auf diese Weise hingerichtet wurden, fand man von keinem die sterblichen Überreste in einer Ausgrabungsstätte. Einige skeptische Gelehrte sahen den

70 McRay, *Archaeology and the New Testament*, Kindle Location 1922.

71 Josephus, *Complete Works of Flavius Josephus*, Kindle Edition, Kindle Locations 31292–31294.

Grund darin, dass hingerichtete Kriminelle dieser Art keine ordentliche Beerdigung bekamen. Sie wurden normalerweise in ein Gemeinschaftsgrab geworfen zusammen mit anderen ähnlich hingerichteten Gefangenen. Aber die Evangelienschreiber machten deutlich, dass Jesus ein anständiges Begräbnis erhielt. Skeptiker bezweifelten das, weil ihnen Beweise dafür fehlten, dass ein Kreuzigungsopfer jemals so beerdigt wurde. 1968 fand Vassilios Tzaferis jedoch die ersten Überreste eines Kreuzigungsopfers namens Yohanan Ben Ha'galgol in einem anständigen jüdischen «kôkhîm-artigen» Grab.[72] Yohanans Überreste zeigten, dass ihm durch beide Füsse und zwischen die Unterarmknochen Nägel getrieben worden waren. Die Entdeckung seines Grabs bestätigt die Tatsache, dass manche Kriminelle tatsächlich ähnliche Bestattungen bekamen wie die von den Evangelienschreibern erwähnten.

Viele andere Details aus den Evangelien wurden von der Archäologie bestätigt; solche Funde bekräftigen auch weiterhin die Behauptungen der Evangelienschreiber «von aussen nach innen». Auch wenn die schriftlichen Berichte ausserbiblischer Autoren aus der Antike dem Zeugnis der Evangelienschreiber zu widersprechen scheinen, lösen archäologische Funde die scheinbaren Widersprüche auf und bestätigen die Behauptungen des Neuen Testaments.

GROBE ZÜGE UND KLEINE DETAILS

Die *inneren* und die *äusseren* Beweise bestätigen die Evangelienberichte und zeichnen ein Bild vom Leben und Dienst Jesu. Die groben und allgemeinen Elemente der Evangelien werden uns von den antiken ausserbiblischen Autoren des 1. und frühen 2. Jahrhunderts vorgestellt und von archäologischen Berichten bestätigt. Dieser Teil der Heiligen Schrift nimmt nicht viel Raum ein und hat auch nicht viel Aufmerksamkeit erhalten, aber das Bild ist deutlich genug, um es zu erkennen. Es entspricht (in groben Zügen) dem Zeugnis des Evangeliums im Neuen Testament. Ausser dieser allgemeinen

72 McRay, *Archaeology and the New Testament*, Kindle Location 2820.

Bestätigung finden wir in den vielen konkreten Details in den Evangelienberichten auch noch innere Beweise. Je mehr wir Beispiele für *unabsichtliche Unterstützung* zwischen den Evangelienschreibern finden (die J. J. Blunt «nicht beabsichtigte Zufälle» nannte), Eigennamen und Orte richtig identifizieren und das zu Region und Zeit passende Griechisch erkennen, umso sicherer können wir uns sein, dass diese Berichte Details enthalten, die mit dem Palästina des 1. Jahrhunderts übereinstimmen.

Unser Bild von Jesus wird klarer durch die Bestätigung der *inneren* Beweise, die wiederum die *äusseren* Beweise untermauern und die Behauptungen der Evangelienschreiber verifizieren.

WARUM LEUGNEN ES MANCHE NOCH IMMER?

Einige Kritiker des Evangeliums zeigen sich unbeeindruckt von den inneren und äusseren Beweisen, die wir bis jetzt besprochen haben, ungeachtet der Tatsache, dass diese Beweise so vielfältig und miteinander in Harmonie sind.

Viele Skeptiker haben behauptet, in den Evangelien gebe es nach wie vor Stellen, die anhand von ausserbiblischen Beweisen verstanden und unterstützt werden müssen. Lassen Sie uns einen Blick auf die Einwände von Skeptikern werfen, die sich auf diese inneren und äusseren Beweispunkte beziehen, um zu begreifen, warum manche (wie Albert Einstein) die Evangelien als «Ausdruck und Produkt menschlicher Schwäche» bezeichnet haben.

5 *EINIGE ORIGINALSCHRIFTEN ANTIKER AUTOREN FEHLEN*

Viele Kritiker haben einen Teil der von uns besprochenen äusseren Bestätigung durch antike nichtchristliche Autoren wie Thallus und Phlegon abgelehnt. Sie behaupteten, die Originaltexte dieser beiden antiken Historiker würden uns nicht zur Verfügung stehen. Stattdessen haben wir Zitate von diesen Schriftstellern untersucht, wie sie von christlichen Autoren zitiert wurden (Sextus Julius Africanus und Origenes), die zu einem viel späteren geschichtlichen Zeitpunkt geschrieben haben. Woher wissen wir, dass diese antiken christlichen Apologeten Thallus und Phlegon nicht verzerrt oder falsch wiedergegeben haben? Skeptiker meinen, wir könnten den uns heute verfügbaren Zitaten nicht vertrauen, weil wir nicht auf die Kopien der vollständigen Texte von Thallus oder Phlegon zurückgreifen können.

ABER ...

Sowohl Africanus als auch Origenes zitieren das Werk von Thallus und Phlegon aus skeptischer und nicht aus zustimmender Sicht. Africanus sagte, Thallus sprach von einer Sonnenfinsternis, um die Finsternis bei der Kreuzigung Jesu zu erklären, aber Africanus pflichtete dieser Schlussfolgerung nicht bei. Er sagte, Thallus habe diese Behauptung «ohne Grund» aufgestellt. Ganz ähnlich meinte Origenes, dass Phlegon in vielen Aspekten seines Berichts danebenliege («er brachte manche Dinge hinsichtlich Petrus durcheinander»), auch wenn Phlegon unfreiwillig zugab, dass Jesus die Zukunft voraussagen konnte. Weder Africanus noch Origenes sterilisierten die von ihnen zitierten Berichte und entfernten Details, die ihre Sicht nicht stützten. Stattdessen zitierten beide je ein Werk von Thallus und Phlegon, obschon sie nicht immer einer Meinung mit deren Schlussfolgerungen waren. Die beste aus diesen Beweisen zu ziehende Schlussfolgerung ist, dass Africanus und Origenes ihre Quellen richtig und ehrlich zitierten, zumal uns keine anderen antiken Zitate von Thallus und Phlegon vorliegen, die dem widersprechen, was Africanus und Origenes berichteten.

EINIGE AUSDRÜCKE IN DEN EVANGELIEN SIND NACH WIE VOR «SCHWIERIG»

Einige Kritiker haben eine Reihe von Ausdrücken angeführt, die von den Evangelienschreibern scheinbar falsch verwendet wurden. Sie meinen, diese falsch verstandenen Begriffe machten deutlich, dass die Evangelienschreiber nicht mit der von ihnen beschriebenen Zeit und Region vertraut waren, oder dass die Evangelien viel später geschrieben wurden, als einige behaupten. Als Beispiel haben Skeptiker auf die Bergpredigt verwiesen und behauptet, dass die Aussagen Jesu über das öffentliche Beten, wie es die Heuchler in den Synagogen taten (Mt 6,5), fehl am Platze seien. Einige jüdische Gelehrte haben behauptet, dass die Juden zur Zeit Jesu nicht in den Synagogen beteten und diese Praxis erst nach der Zerstörung des Tempels im Jahr 70 n. Chr. ihren Anfang nahm.[73] Wenn das der Fall war, enthält das Matthäusevangelium eine Behauptung, die seltsamerweise aus der Reihe tanzt. Es finden sich eine Handvoll anderer ähnlicher Beispiele von Kritikern, die meinen, dass es Ausdrücke gibt, die für die Evangelienschreiber entweder sonderbar und einmalig sind, oder in anderen antiken Schriften der Zeit scheinbar auf einzigartige Weise verwendet wurden.

ABER ...

Einwände wie diese gehen davon aus, dass wir die im 1. Jahrhundert herrschenden Bedingungen in Palästina vollständig kennen. Bei diesem konkreten Einwand lassen sich beispielsweise keine archäologischen oder auf antike Dokumente gestützte Beweise finden, die den Behauptungen der Evangelienschreiber widersprechen. Vielmehr haben sich Kritiker gegen die

73 Gerald Friedlander, *The Jewish Sources of the Sermon on the Mount*, Elibron Classics (Whitefish, MT: Kessinger Publishing, LLC, 2011), S. 266.

Evangelien ausgesprochen, weil ihnen noch keine äussere Unterstützung für die biblischen Behauptungen vorliegt. Wir haben aber schon einige Beispiele für andere Behauptungen in den Evangelien gesehen, die einst nicht bestätigt waren (z. B. der Teich von Bethesda) oder widersprüchlich zu sein schienen (z. B. die Identität von Kyrenius oder Lysanias), letzten Endes aber von der Archäologie untermauert wurden. Ein Grossteil der Skepsis gegenüber dem biblisch-historischen Bericht basiert auf der unbewiesenen Grundannahme, dass er falsch ist, solange keine Bestätigung vorliegt. Im Grunde sind die Evangelienschreiber schuldig, solange nicht ihre Unschuld bewiesen wurde. Für die neutestamentlichen Autoren gilt keine Unschuldsvermutung. Im Gegensatz zu anderen antiken historischen Zeugen wird den Autoren der Evangelien nicht der Luxus einer angenommenen Glaubwürdigkeit zugestanden, wenn andere antike Quellen zu einer bestimmten Behauptung keine Aussagen liefern.

Ein Grossteil dieser Skepsis geht auf die Grundannahme des philosophischen Naturalismus zurück, über den wir in Kapitel 1 gesprochen haben. In den Evangelien werden übernatürliche Dinge beschrieben: Heilungen, prophetische Äusserungen und Wunder. Da Kritiker leugnen, dass solche Dinge möglich sind, lehnen sie die biblischen Berichte ab und suchen nach Wegen, wie sie sie als abwegig brandmarken können. Diese Grundannahme lässt viele Skeptiker behaupten, dass die Evangelien zu einem späten Zeitpunkt in der Geschichte verfasst wurden, weit entfernt von der Region, in der diese wundersamen Ereignisse angeblich stattgefunden haben. Wie sonst hätten die Evangelienschreiber so viele Menschen mit ihren übernatürlichen Geschichten zum Narren halten können? Natürlich konnten sie diese Berichte nicht zu der Zeit oder an dem Ort geschrieben haben, wo echte Augenzeugen ihre Lügengeschichten hätten blossstellen können, nicht wahr? Die Beweise, die uns Archäologie und antike Quellen liefern, unterstützen nicht die Behauptung, dass die Evangelien später oder an einem anderen Ort entstanden sind. Um 53–57 n. Chr. schrieb Paulus in seinem Brief an die Korinther (1Kor 15,6), dass noch viele Augenzeugen vorhanden waren, die die Wunder Jesu bestätigen konnten (insbesondere seine Auferstehung). Wenn wir unsere Voreingenommenheit gegenüber Beschreibungen des Übernatürlichen überwinden können, sind die Aussagen der Evangelien sehr überzeugend.

7 DIE ARCHÄOLOGIE KANN NICHT JEDES DETAIL DER EVANGELIEN BESTÄTIGEN

Einige Skeptiker haben behauptet, dass die Archäologie die Berichte eines historischen Schriftstellers oder eines antiken Augenzeugen einfach nicht zufriedenstellend bestätigen könne. In den Evangelienberichten finden sich viele Abschnitte, die von den gegenwärtigen archäologischen Funden nicht gestützt werden, und es gibt (wie wir deutlich aufgezeigt haben) eine Reihe von biblischen Behauptungen, die anderen antiken Berichten zu widersprechen scheinen und von der Archäologie jahrhundertelang nicht beantwortet wurden. Wenn die Archäologie so begrenzt ist, wie sie zu sein scheint, wie können wir ihr dann zutrauen, die Behauptungen der Evangelienschreiber vollständig zu untermauern? Welche archäologischen Beweismittel könnten jemals die in der Bibel beschriebenen Wunder bestätigen? Selbst wenn wir davon ausgehen, dass es vernünftig ist, an Wunder zu glauben, welcher archäologische Beweis könnte schon bestätigen, dass Jesus den blinden Mann geheilt hat? Für diese Skeptiker ist Archäologie zwar interessant, aber sie ist zu begrenzt, um Beweiskräftiges zu liefern.

ABER ...

Die von uns in diesem Kapitel besprochenen archäologischen Beweise bilden nur eine Beweiskategorie in dem auf Indizien beruhenden Fall, den wir hier für die Bestätigung der Evangelien vertreten. Wie bei allen auf Indizien basierenden Fällen reicht kein einzelnes Beweisstück aus, um einen Fall umfassend zu entscheiden. Diese Art von Fällen baut auf die Stärke mehrerer Beweislinien sowie die Tatsache, dass alle individuellen Stücke auf dieselbe Schlussfolgerung hindeuten. Die archäologische Unterstützung, die wir für die Evangelienberichte haben, ist (wie die archäologische Unterstützung für jedes antike Ereignis) begrenzt und unvollständig. Das sollte uns nicht überraschen. Dr. Edwin Yamauchi, Historiker und emeritierter Professor an der Universität Miami, hat zu Recht bemerkt, dass das archäologische Beweismaterial eine Sache von «Bruchteilen» ist. Nur ein Bruchteil der archäologischen Beweise in der Welt bleibt im Boden erhalten. Ausserdem wurde nur ein Bruchteil der möglichen archäologischen Fundstätten entdeckt. Von diesen fanden nur bei einem Bruchteil Ausgrabungen statt, und das auch nur teilweise. Das Ganze wird noch dadurch erschwert, dass nur ein Bruchteil dieser partiellen Ausgrabungen gründlich untersucht und die Ergebnisse veröffentlicht wurden. Somit hat nur ein Bruchteil dessen, was untersucht und veröffentlicht wurde, etwas mit den Aussagen der Bibel zu tun![74] Trotz dieser Einschränkungen sollten wir nicht zögern, das zu verwenden, was wir aufgrund von archäologischen Erkenntnissen und anderen Beweislinien wissen. Die Archäologie mag zwar nicht in der Lage sein, uns alles zu verraten, aber sie kann uns bei der Bestätigung der Evangelienberichte helfen, *die Lücken* in unserem auf Indizienbeweisen basierenden Fall *zu füllen*.

Wir sollten uns auch daran erinnern, dass viele von Skeptikern vorgebrachte Einwände auf der Annahme beruhen, dass die Evangelien zu einem späten Zeitpunkt geschrieben wurden, lange nachdem alle gestorben waren, die das wahre Geschehen wirklich hätten bezeugen können. Das Beweismaterial aus Kapitel 11 lässt jedoch wenig Zweifel daran, dass die Evangelien in der Lebenszeit der Augenzeugen entstanden sind. Wenn das Lukasevangelium zu einem so frühen Zeitpunkt geschrieben wurde, wie die Beweise nahelegen, ist jede Behauptung, dass Lukas irrtümlich eine bestimmte Amtszeit anführte oder bei der Abfolge von Führungspersonen danebenlag, unhaltbar. Wäre das der Fall gewesen, dann wäre den frühen Lesern des Lukasevangeliums aus dem 1. Jahrhundert, die sich noch an die wahren Ereignisse erinnern konnten, Lukas' Fehler von Anfang an aufgefallen. Wir würden zumindest erwarten, dass ein früher Kopist versucht hätte, die Erzählung zu ändern, um die falsche Geschichte zu korrigieren. Eine derartige Änderung fand aber nie statt, und die frühe Leserschaft des Lukasevangeliums stellte Lukas' Bericht nicht infrage. Das Evangelium war ihnen zu einem frühen Zeitpunkt zugänglich, als sie noch die richtige Reihenfolge von Statthaltern und Königen kannten. Zweitausend Jahre später zweifeln wir Lukas anfänglich vielleicht an, nur um dann überrascht festzustellen, dass die Archäologie seinen Bericht bestätigt. Wenn das Beweismaterial das frühe Abfassungsdatum des Lukasevangeliums stützt, sollten wir jedoch nicht erstaunt sein, dass Lukas letzten Endes rehabilitiert wird.

---

74 Weitere Informationen über die «bruchstückhaften» Begrenzungen der biblischen Archäologie siehe Edwin Yamauchi, *The Stones and the Scripture* (Grand Rapids, MI: Baker Book House, 1981), S. 146–162.

GRÜNDE FÜR DIE BESTÄTIGUNG

Dieser auf Indizien gestützte Fall kann durch *abduktives Denken* untersucht werden, wenn wir herausfinden wollen, ob die Evangelien zu Recht bestätigt wurden. Wir wollen noch einmal alle Beweise anführen, die wir bis jetzt untersucht haben, einschliesslich der Behauptungen der Skeptiker. Ist die Schlussfolgerung vernünftig, dass die Evangelien ausreichend bestätigt wurden?

Auch unter Berücksichtigung der Grenzen der Archäologie und der *internen* literarischen Analyse ergibt sich aus den vorhandenen Beweisen als wahrscheinlichste Schlussfolgerung, dass die Evangelien äusserst glaubwürdig sind, insbesondere wenn man das Wesen solcher Berichte betrachtet. Nur wenige antike Aufzeichnungen wurden so kritisch begutachtet wie die neutestamentlichen Evangelien. Nur wenige andere Dokumente aus der Antike wurden so stark infrage gestellt und geprüft. Diese anhaltende Überprüfung hat uns ausgestattet mit einer robusten und detaillierten Reihe von Beweisen, die wir durch abduktives Denken untersuchen können.

Wenn wir die erste Erklärung akzeptieren (dass die Evangelien zuverlässig und vertrauenswürdig sind), können wir alle Beweise ohne jeglichen Widerspruch oder Spannung zwischen den einzelnen Teilen integrieren und annehmen. Die zweite Erklärung mag sich die letzten drei Behauptungen zunutze machen, kann aber nicht die ersten sieben Wahrheiten erklären. Die Schlussfolgerung, dass die Evangelien glaubwürdig sind und mit anderen zeitgenössischen Beweisen übereinstimmen, ist die beste Erklärung. Sie ist *glaubhaft*, *direkt* und *logisch*. Sie ist der alternativen Erklärung *überlegen*. Noch einmal, sie erfüllt die Kriterien, die wir für abduktives Denken aufgestellt haben. Wir können uns sicher sein, die vernünftigste Erklärung gefunden zu haben.

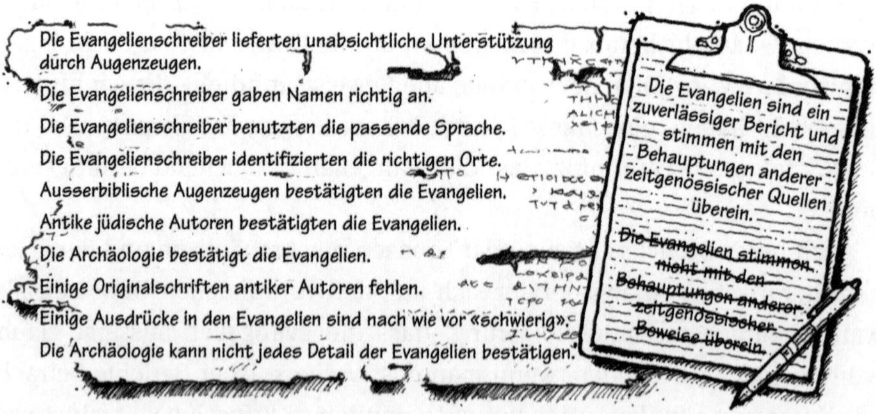

DIE EVANGELIEN BESTEHEN DEN ZWEITEN TEST

Bis jetzt haben wir zwei Bereiche untersucht, die die Geschworenen bei der Beurteilung von Augenzeugen in Betracht ziehen. Das Beweismaterial unterstützt die Tatsache, dass die Evangelienschreiber im 1. Jahrhundert vor Ort waren, und ihre Behauptungen stimmen mit vielen bestätigenden Beweisstücken überein. Bedeutet das, dass sie zuverlässig sind? Noch nicht, aber den halben Weg haben wir schon zurückgelegt. Die ersten beiden Tests haben die Evangelien aber bereits bestanden: Ihr Zeugnis taucht früh genug in der Geschichte auf, und ihre Behauptungen können bestätigt werden. Jetzt müssen wir uns vergewissern, dass sie im Lauf der Zeit nicht verfälscht wurden. Wir müssen herausfinden, ob die uns heute vorliegenden Berichte präzise wiedergeben, was ursprünglich von den Augenzeugen geschildert wurde.

Kapitel 13

WAREN SIE PRÄZISE?

Die in der Bibel dargestellten Figuren und Ereignisse ... sind erfunden. Jede Ähnlichkeit mit tatsächlichen Personen, lebendig oder tot, ist rein zufällig.[75]

— KOMIKER UND ZAUBERKÜNSTLER «PENN UND TELLER»

◊

Woher wissen wir, dass unsere heiligen Bücher frei von Irrtümern sind? Weil die Bücher es selbst sagen. Erkenntnistheoretische Schwarze Löcher dieser Art entziehen unserer Welt schnell das Licht.[76]

— SAM HARRIS, NEUROWISSENSCHAFTLER, REDNER UND AUTOR VON *THE END OF FAITH: RELIGION, TERROR, AND THE FUTURE OF REASON*

◊

75 Penn Jillette und Raymond Joseph Teller, *Penn and Teller: Bullshit!*, Staffel 2, Episode 11, Showtime Network (2005).

76 Sam Harris, *The End of Faith: Religion, Terror, and the Future of Reason* (New York: W.W. Norton & Company, 2005), S. 35.

ZEIT, DOKUMENTATION UND LÜGEN

Menschen, die behaupten, die biblischen Erzählungen wären reine Fiktion und voller Fehler, gehen davon aus, dass die biblischen Autoren die Evangelien lange nach den beschriebenen Ereignissen und weit entfernt von den erwähnten Orten verfassten. In einen Bericht können falsche, erfundene Elemente eingefügt werden, nachdem alle lebenden Augenzeugen tot sind, die sie als Lügen identifizieren könnten. Wenn echte historische Aufzeichnungen nicht gut erhalten oder vor Zersetzung geschützt wurden, können sich ausserdem unbemerkt Fehler einschleichen. Wenn das bei den Evangelien der Fall war, sind sie unzuverlässig. Selbst wenn sie an mehreren Stellen von archäologischen Funden oder inneren Beweisen bestätigt wurden, können sie dennoch in Bezug auf eine ganze Reihe beschriebener Ereignisse ungenau sein.

Ermittler von ungelösten Fällen wissen um das Verhältnis von Zeit und Zuverlässigkeit. Wir müssen die vorangegangenen Aussagen von Zeugen und Tatverdächtigen beurteilen und unser Bestes geben, um herauszufinden, ob sie der Wahrheit entsprechen oder ob sie erfunden sind. Manchmal bringt es den Ermittlern, die einen alten Fall nach längerer Zeit wieder aufnehmen, einen Vorteil, den die ursprünglich mit dem Fall beschäftigten Kriminalbeamten nicht hatten. Zeit deckt oft die Ungenauigkeit von Augenzeugen und die Lügen von Tatverdächtigen auf. Das habe ich mir im Lauf der Jahre zunutze gemacht.

Ich hatte einmal einen Fall, bei dem der Verdächtige (Jassen) ein Alibi vorlegen konnte, als damals im Jahr 1988 gegen ihn ermittelt wurde. Jassen sagte, er sei zur Mordzeit zum Haus eines Freundes gefahren, aber wegen einer Reifenpanne nicht angekommen. Diese Aussage hielten die ermittelnden Beamten in ihren Notizen fest. In ihrem Abschlussbericht liessen sie Jassens Aussage jedoch unerwähnt. Sie hatten nicht genug Beweise, um Jassen festzunehmen, und deshalb schrieben sie auch keinen Haftbericht. Ihre abschliessenden Berichte waren längst nicht so vollständig wie bei jemandem, der wegen dieses Verbrechens inhaftiert worden wäre.

Jahre später nahm ich den Fall wieder auf und untersuchte die Originalberichte und Notizen der damaligen Kriminalbeamten. Sie wurden sorgfältig aufbewahrt in dem dafür zuständigen Ressort in unserer Abteilung, wo sie einst kopiert und auf Mikrofiche archiviert wurden. Ich fand Jassens Originalaussage in den Notizen des Ermittlers und bat diesen um ein Treffen. Er erzählte mir, wie er Jassen verhört hatte, und ohne in seine Notizen zu schauen, erinnerte er sich noch sehr genau an die Details der Aussage Jassens. Als ich ihm die Kopie seiner Notizen zeigte, erkannte er sie sofort.

Als Nächstes arrangierte ich ein spontanes Gespräch mit Jassen. Während sich der damalige Kriminalbeamte 1988 sorgfältig Notizen von diesem Verhör gemacht hatte, hatte Jassen nichts schriftlich festgehalten. Im Lauf der Zeit hatte Jassen vergessen, was er dem Kriminalbeamten damals mitgeteilt hatte. Die Geschichte, die er mir jetzt erzählte, unterschied sich völlig von der, die er anfangs zum Besten gegeben hatte. Verschwunden war seine Behauptung, dass er zum Haus eines Freundes fuhr. Verschwunden war seine Behauptung, dass er eine Reifenpanne hatte. Jetzt sagte Jassen, er habe zur Tatzeit einen Ölwechsel in seiner Garage vorgenommen. Als ich ihn mit der Originalgeschichte von damals konfrontierte, erkannte er sie nicht als seine eigene und leugnete sogar hartnäckig, jemals so etwas gesagt zu haben. Jassen konnte sich nicht an seine ursprüngliche Lüge erinnern (oder sie wiederholen). Je länger ich mit ihm sprach, umso deutlicher wurde, dass die Originalgeschichte erfunden war. Als er erkannte, dass er sich in einer Lüge verstrickt hatte, begannen sein Alibi und sein Selbstvertrauen zu bröckeln.

Jassen wurde schliesslich wegen schweren Mordes verurteilt. Die Jury war überzeugt, dass die Originalnotizen des Kriminalbeamten echt und gut erhalten waren. Sie kamen zu der Überzeugung, dass die Notizen eine genaue Beschreibung der ersten Aussage Jassens enthielten und seine nachfolgende Aussage falsch war.

WAS HABEN SIE GESAGT, UND WIE GUT IST ES ERHALTEN GEBLIEBEN?

Woher wissen wir, dass die uns heute zur Verfügung stehenden biblischen Dokumente präzise und glaubwürdig sind? Woher wissen wir, dass sie nicht mit der Zeit verfälscht wurden und kaum mehr als Fiktion enthalten? Wie bei unseren Untersuchungen an ungelösten Fällen benötigen wir Gewissheit in zwei wichtigen Bereichen. Erstens müssen wir sicherstellen, dass wir die Originalaussagen der Evangelien kennen. Zweitens müssen wir wissen, ob es einen guten Grund zu der Annahme gibt, dass diese Dokumente im Lauf der Zeit gut erhalten geblieben sind. Jassens Aussage von 1988 war gut dokumentiert und erhalten. Wir waren später in der Lage, die Genauigkeit seiner Aussage vor einer Jury zu belegen. Kann auch die Genauigkeit der Evangelien nachgewiesen werden? Um das herauszufinden, werden wir uns anschauen, was die Evangelienschreiber ursprünglich sagten, und anschliessend untersuchen, wie diese Aussagen im Lauf der Zeit überliefert wurden.

Eine Möglichkeit, dem Inhalt und dem Wesen der frühen Augenzeugenaussagen zu vertrauen, ist, das Beweismaterial für die *Weitergabe* des Neuen Testaments zu untersuchen. In Kapitel 8 haben wir darüber geredet, wie wichtig es ist, die ursprünglichen Augenzeugen und ihre unmittelbaren Schüler ausfindig zu machen, um eine neutestamentliche Beweismittelkette festzulegen. Wenn wir untersuchen können, was diese ersten Augenzeugen ihren Schülern sagten, dann können wir den Inhalt der Evangelien von ihrer angeblichen Abfassungszeit bis zu den frühesten existierenden Kopien zurückverfolgen. Die älteste, vollständig erhalten gebliebene Kopie des Neuen Testaments, die wir besitzen (der Codex Sinaiticus), wurde im Katharinenkloster am Berg Sinai gefunden. Konstantin von Tischendorf entdeckte und veröffentlichte ihn im 19. Jahrhundert. Gelehrte glauben, dass er irgendwann um 350 n. Chr. entstanden ist.[77] Der Text des Codex Sinaiticus liefert uns ein Bild von dem, was das Neue Testament im 4. Jahrhundert sagte, und Gelehrte verwenden ihn seit vielen Jahren, um den Inhalt von Bibelübersetzungen zu bewerten und zu bestätigen. Indem wir die neutestamentliche Beweismittelkette untersuchen, werden wir versuchen, die Behauptungen der ursprünglichen Autoren mit diesem Bild vom Leben und Dienst Jesu aus dem 4. Jahrhundert zu verbinden.

Als ich anfing, die «Kette» zu überprüfen, durchsuchte ich historische Aufzeichnungen, um die ersten Schüler der Apostel ausfindig zu machen. Schliesslich behaupteten die Apostel, Jesus gesehen und mit ihm gelebt zu haben. Ich wollte wissen, was genau sie ihren Schülern gesagt hatten.

---

77 «Date», Codex Sinaiticus, Zugriff am 12. April 2012, http://codexsinaiticus.org/en/codex/date.aspx.

Obschon die Apostel eine Menge Schüler hatten, wurde nicht jeder aus dieser zweiten Generation von Christen eine Führungsperson oder in der Geschichte namentlich genannt. Nicht jeder apostolische Schüler bekam die Gelegenheit, eine Gruppe zu leiten oder einen Brief zu schreiben, der deutlich machte, was ihn die ersten Jünger gelehrt hatten. Während viele Schüler der Apostel etwas über das Zeugnis ihrer Lehrer aufgeschrieben haben mögen, sind nur ein paar dieser Dokumente erhalten geblieben. Angesichts des Alters der zu untersuchenden Ereignisse sollte uns das nicht überraschen. Dennoch war ich in der Lage, mehrere *Beweismittelketten* zu identifizieren, die uns eine Vorstellung geben von dem, was die Apostel beobachteten und lehrten. Ich schätze, wir können allein anhand der Briefe der Apostelschüler ein genaues Bild von Jesus rekonstruieren, selbst wenn die ganze Heilige Schrift für uns verloren gegangen wäre. Lassen Sie uns einen Blick auf die neutestamentliche «Beweismittelkette» werfen:

DIE SCHÜLER DES JOHANNES BESTÄTIGTEN DIE GENAUIGKEIT DER EVANGELIEN

Der Apostel Johannes (ca. 6–100 n. Chr.) war der Jüngste der Jünger Jesu. Er war der Sohn des Zebedäus und der Salome und der Bruder von Jakobus. Im Gegensatz zu allen anderen Jüngern (die als Märtyrer starben) scheint es, dass Johannes circa 94 Jahre alt wurde und eines natürlichen Todes starb. Johannes unterrichtete zwei wichtige Schüler und legte sein Evangelium in ihre treuen Hände.

JOHANNES UNTERRICHTETE IGNATIUS

Ignatius (ca. 35–117 n. Chr.) nannte sich selbst auch «Theophorus» (was «Gott-Träger» bedeutet). Über sein frühes Leben ist nicht viel bekannt, obwohl frühe Kirchenberichte Ignatius als eines der Kinder anführen, die Jesus in den Evangelien gesegnet haben soll. Wir wissen allerdings, dass Ignatius ein Schüler des Johannes war und schliesslich Bischof von Antiochia (Türkei) wurde, wo er die Nachfolge des Petrus antrat. Er schrieb mehrere wichtige Briefe an die frühe Gemeinde, und sieben echte Briefe von ihm sind bis heute erhalten geblieben (sechs an örtliche Gemeindegruppen und einer an Polykarp).[78] Einige dieser Briefe wurden in späteren Jahrhunderten verfälscht und mit zusätzlichen Passagen ergänzt. Wir besitzen jedoch Kopien von den kürzeren, echten Versionen jedes Briefes, und diese zeigen den Einfluss des Johannes (und anderer Apostel) auf Ignatius. Es ist wichtig, uns daran zu erinnern, dass es nicht Ignatius' Wunsch war, die Evangeliumsberichte noch einmal zu erzählen. Seine Schriften gehen davon aus, dass diese Evangelien seinen Lesern bereits zur Verfügung standen. Ignatius' Ziel war es, örtliche Gemeindegruppen zu ermutigen und zu ermahnen. Dabei verwies er aber auf die neutestamentlichen Dokumente und das Wesen Jesu, auch wenn das nicht sein Hauptziel war. Aus den Briefen des Ignatius wird ersichtlich, dass er viele der Apostel kannte, da er sie häufig erwähnte und so von ihnen sprach, als würden viele seiner älteren Leser sie ebenfalls kennen. Gelehrte haben die Briefe eingehend studiert (verfasst zwischen 105 und 115 n. Chr.) und festgestellt, dass Ignatius sieben bis sechzehn neutestamentliche Bücher zitierte (oder auf sie anspielte); dazu gehörten auch die Evangelien von Matthäus, Johannes und Lukas sowie mehrere, wenn nicht alle, Briefe von Paulus. Obgleich das die Tatsache belegt, dass die neutestamentlichen Konzepte und Dokumente schon sehr früh in der Geschichte existierten, geben uns Ignatius' Briefe auch ein Bild von Jesus und einen Blick darauf, wie der Apostel Johannes ihn (als Augenzeuge) beschrieb. Als ich mich durch Ignatius' Briefe durcharbeitete, fand ich das folgende Porträt von Jesus:

> Die Propheten sagten Jesus voraus und warteten auf ihn.[79]
> Jesus stammte aus der königlichen Linie Davids.[80]
> Er war (und ist) der «Sohn Gottes».[81]
> Er wurde vom Heiligen Geist gezeugt.[82]
> Ein Stern kündigte seine Geburt an.[83]
> Er ging aus von Gott dem Vater.[84]

---

78 Weitere Informationen über Ignatius, siehe *Early Christian Writings: The Apostolic Fathers* (London: Penguin, 1968). Kindle Edition.
79 Ignatius von Antiochia, *The Epistle of Ignatius to the Magnesians* (OrthodoxEbooks), Google eBook, S. 126.
80 Ignatius von Antiochia, *The Epistle of Ignatius to the Ephesians* (OrthodoxEbooks), Google eBook, S. 114.
81 Ignatius von Antiochia, *The Epistle of Ignatius to the Romans* (OrthodoxEbooks), Google eBook, S. 154.
82 Ignatius, *The Epistle of Ignatius to the Ephesians*, S. 114.
83 Ignatius, *The Epistle of Ignatius to the Ephesians*, S. 114.
84 Ignatius, *The Epistle of Ignatius to the Magnesians*, S. 124.

Er wurde geboren von der Jungfrau Maria.[85]
Er wurde getauft von Johannes dem Täufer.[86]
Er war der «vollkommene» Mensch.[87]
Er zeigte den Willen und die Erkenntnis Gottes des Vaters.[88]
Er lehrte und übte einen «Dienst» auf der Erde aus.[89]
Er war die Quelle der Weisheit und lehrte viele Gebote.[90]
Er redete die Worte Gottes.[91]
Das Haupt Jesu wurde mit Öl gesalbt.[92]
Er wurde von den Menschen ungerecht behandelt und verurteilt.[93]
Er musste leiden und wurde gekreuzigt.[94]
Er starb am Kreuz.[95]
Jesus brachte sich für uns Gott dem Vater als Opfer dar.[96]
Das alles fand während der Amtszeit von Pontius Pilatus statt.[97]
Der Tetrarch Herodes war König.[98]
Jesus wurde auferweckt.[99]
Er hatte einen physischen Auferstehungsleib.[100]
Nach der Auferstehung erschien er Petrus und den anderen.[101]
Nach der Auferstehung forderte er die Jünger auf, ihn zu berühren.[102]
Er ass mit den Jüngern nach der Auferstehung.[103]
Sein Erscheinen nach der Auferstehung überzeugte die Jünger.[104]

---

85 Ignatius, *The Epistle of Ignatius to the Ephesians*, S. 114.
86 Ignatius, *The Epistle of Ignatius to the Ephesians*, S. 114.
87 Ignatius von Antiochia, «The Epistle of Ignatius to the Smyrneans», *A Collection of Gospels, Epistles, and Other Pieces Extant from the Early Christian Centuries but Not Included in the Commonly Received Canon of Scripture* (Glasgow: Thomson, 1884), S. 85.
88 Ignatius, *The Epistle of Ignatius to the Ephesians*, S. 100.
89 Ignatius, *The Epistle of Ignatius to the Magnesians*, S. 123.
90 Ignatius, *The Epistle of Ignatius to the Ephesians*, S. 105.
91 Ignatius, *The Epistle of Ignatius to the Romans*, S. 154.
92 Ignatius, *The Epistle of Ignatius to the Ephesians*, S. 113.
93 Ignatius, *The Epistle of Ignatius to the Ephesians*, S. 107.
94 Ignatius, *The Epistle of Ignatius to the Ephesians*, S. 112.
95 Ignatius von Antiochia, *The Epistle of Ignatius to the Philadelphians* (OrthodoxEbooks), Google eBook, S. 166.
96 Ignatius, *The Epistle of Ignatius to the Ephesians*, S. 98.
97 Ignatius, *The Epistle of Ignatius to the Magnesians*, S. 128.
98 Ignatius, «The Epistle of Ignatius to the Smyrneans», S. 85.
99 Ignatius, *The Epistle of Ignatius to the Ephesians*, S. 116.
100 Ignatius, «The Epistle of Ignatius to the Smyrneans», S. 85.
101 Ignatius, «The Epistle of Ignatius to the Smyrneans», S. 85.
102 Ignatius, «The Epistle of Ignatius to the Smyrneans», S. 85.
103 Ignatius, «The Epistle of Ignatius to the Smyrneans», S. 85.
104 Ignatius, «The Epistle of Ignatius to the Smyrneans», S. 85.

Die Jünger hatten keine Angst, nachdem sie den auferstandenen Christus gesehen hatten.[105]
Jesus kehrte zurück zu Gott, dem Vater.[106]
Jesus lebt jetzt in uns.[107]
Weil wir an Christus glauben, leben wir für immer.[108]
Er hat die Kraft, uns zu verwandeln.[109]
Jesus ist die Offenbarung Gottes des Vaters.[110]
Er ist vereint mit Gott dem Vater.[111]
Er ist unser einziger Herr[112] und der Sohn Gottes.[113]
Er ist die «Tür»[114], das «Brot des Lebens»[115] und das «ewige Wort».[116]
Er ist unser Hohepriester.[117]
Jesus ist «Herr».[118]
Jesus ist «Gott».[119]
Er ist «unser Erlöser»[120] und der Weg zum «wahren Leben».[121]
Sein Opfer verherrlicht uns.[122]
Der Glaube an das Werk Christi am Kreuz errettet uns.[123]
Seine Erlösung und Vergebung sind Gnadengaben Gottes.[124]
Jesus liebt die Gemeinde.[125]
Als Gemeinde feiern wir das Mahl des Herrn, um Jesus zu ehren.[126]

105 Ignatius, «The Epistle of Ignatius to the Smyrneans», S. 85.
106 Ignatius, *The Epistle of Ignatius to the Magnesians*, S. 124.
107 Ignatius, *The Epistle of Ignatius to the Magnesians*, S. 129.
108 Ignatius, *The Epistle of Ignatius to the Ephesians*, S. 116.
109 Ignatius, «The Epistle of Ignatius to the Smyrneans», S. 85.
110 Ignatius, *The Epistle of Ignatius to the Magnesians*, S. 124.
111 Ignatius, *The Epistle of Ignatius to the Magnesians*, S. 124.
112 Ignatius, *The Epistle of Ignatius to the Magnesians*, S. 125.
113 Ignatius, *The Epistle of Ignatius to the Magnesians*, S. 125.
114 Ignatius, *The Epistle of Ignatius to the Philadelphians*, S. 167.
115 Ignatius, *The Epistle of Ignatius to the Romans*, S. 154.
116 Ignatius, *The Epistle of Ignatius to the Magnesians*, S. 125.
117 Ignatius, *The Epistle of Ignatius to the Philadelphians*, S. 167.
118 Ignatius, *The Epistle of Ignatius to the Ephesians*, S. 99.
119 Ignatius, *The Epistle of Ignatius to the Ephesians*, S. 114.
120 Ignatius, *The Epistle of Ignatius to the Ephesians*, S. 97.
121 Ignatius, *The Epistle of Ignatius to the Ephesians*, S. 108.
122 Ignatius, *The Epistle of Ignatius to the Ephesians*, S. 98.
123 Ignatius von Antiochia, *The Epistle of Ignatius to the Trallians* (OrthodoxEbooks), Google eBook, S. 139.
124 Ignatius, *The Epistle of Ignatius to the Ephesians*, S. 116.
125 Ignatius, «Epistle of Ignatius to Polycarp», zitiert in *The Ante-Nicene Fathers: Translations of the Writings of the Fathers down to A.D. 325*, Hg. Alexander Roberts und James Donaldson, Bd. 1, *The Apostolic Fathers – Justin Martyr – Irenaeus* (Buffalo: Christian Literature, 1885), S. 95.
126 Ignatius, «The Epistle of Ignatius to the Smyrneans», S. 86.

Die Briefe von Ignatius zeigen, dass die Schriften und Behauptungen des Neuen Testaments schon früh in der Geschichte existierten. Ignatius scheint mit den Evangelien und den Briefen des Paulus sehr vertraut gewesen zu sein. Ausserdem beschrieb Ignatius Jesus ganz ähnlich wie Johannes.

JOHANNES UNTERRICHTETE POLYKARP

Polykarp (69–155 n. Chr.) war ein Freund von Ignatius und ein Schüler des Johannes. Später bezeugte Irenäus (mit ihm werden wir uns gleich beschäftigen), dass er einmal hörte, wie Polykarp über seine Gespräche mit Johannes redete, und von Polykarp war bekannt, dass er durch das Zeugnis der Apostel zum Christentum gekommen war. Er wurde schliesslich Bischof von Smyrna[127] (das heutige Izmir in der Türkei) und schrieb der Gemeinde in Philippi einen Brief als Reaktion auf ihren Brief an ihn. Der Inhalt seines Briefes (ein antikes Dokument, geschrieben zwischen 100 und 150 n. Chr. und historisch zur Genüge beglaubigt) bezieht sich auf Ignatius persönlich und stimmt völlig mit dem Inhalt der Briefe von Ignatius überein. Polykarp scheint auch mit den anderen lebenden Aposteln und Augenzeugen des Lebens Jesu vertraut gewesen zu sein. Er schrieb über Paulus, anerkannte dessen Beziehung zur Gemeinde in Philippi und bestätigte, dass Paulus das Leben eines Apostels führte. In seinem Brief ermutigte Polykarp die Philipper und erinnerte sie an ihre Pflicht, entsprechend der neutestamentlichen Lehre, mit der sie vertraut waren, zu leben. Er erwähnte, dass die Philipper von den «heiligen Schriften» gut unterrichtet waren, und führte Paulus' Brief an die Epheser als Beispiel für diese Schriften an. Polykarp zitierte bzw. spielte an auf vierzehn bis sechzehn neutestamentliche Bücher (u. a. die Evangelien von Matthäus, Lukas und Johannes, die Apostelgeschichte, Römer, 1. Korinther, Galater, Epheser, Philipper, 1. Thessalonicher, 2. Thessalonicher, 1. Timotheus, 1. Petrus und 1. Johannes, wobei einige Gelehrte weitere Verweise auf 2. Timotheus und 2. Korinther erkannt haben). Des Weiteren zeichnete er das Bild von Jesus, das er seinem Lehrer, dem Apostel Johannes, entlehnte, und beschrieb Jesus folgendermassen:

---

127 Weitere Informationen über Polykarp, siehe *Early Christian Writings: The Apostolic Fathers* (London: Penguin, 1968), Kindle Edition.

Jesus war sündlos.[128]
Er lehrte Gebote.[129]
Er lehrte die Bergpredigt.[130]
Er litt und starb am Kreuz.[131]
Er starb für unsere Sünden.[132]
Sein Kreuzestod errettet uns.[133]
Unser Glaube an das Werk Jesu am Kreuz errettet uns.[134]
Wir sind durch Gnade errettet.[135]
Jesus wurde von den Toten auferweckt.[136]
Seine Auferstehung stellt sicher, dass auch wir auferweckt werden.[137]
Jesus fuhr in den Himmel auf und sitzt nun zur Rechten Gottes.[138]
Jesus sind alle Dinge unterworfen.[139]
Er wird die Lebenden und die Toten richten.[140]
Jesus ist unser «Erlöser».[141]
Jesus ist «Herr».[142]

Wie die von Ignatius bestätigen auch die Schriften von Polykarp die frühe Existenz des neutestamentlichen Kanons und widerspiegeln die Lehren des Johannes über das Wesen und den Dienst Jesu. Ignatius und Polykarp sind wichtige Glieder in der neutestamentlichen Beweismittelkette, die Johannes' Augenzeugenaussagen mit der nächsten Generation von christlichen «Hütern des Beweismaterials» verbindet. Wir haben ein Bild vom «Tatort», das der Apostel Johannes (in seinem eigenen Evangeliumsbericht) aufge-

128 Polykarp, «The Epistle of Polycarp to the Philippians», *The Epistle to the Philippians*, Hg. J. J. S. Perowne (Cambridge University Press, 1895), S. 26.
129 Polykarp, «The Epistle of Polycarp to the Philippians», S. 25.
130 Polykarp, «The Epistle of Polycarp to the Philippians», S. 25.
131 Polykarp, «The Epistle of Polycarp to the Philippians», S. 26.
132 Polykarp, «The Epistle of Polycarp to the Philippians», S. 25.
133 Polykarp, «The Epistle of Polycarp to the Philippians», S. 27.
134 Polykarp, «The Epistle of Polycarp to the Philippians», S. 25.
135 Polykarp, «The Epistle of Polycarp to the Philippians», S. 25.
136 Polykarp, «The Epistle of Polycarp to the Philippians», S. 26.
137 Polykarp, «The Epistle of Polycarp to the Philippians», S. 25.
138 Polykarp, «The Epistle of S. Polycarp», zitiert in *Apostolic Fathers*, Hg. J. B. Lightfoot und J. R. Harmer (Whitefish, MT: Kessinger), S. 95.
139 Polykarp, «The Epistle of Polycarp to the Philippians», S. 25.
140 Polykarp, «The Epistle of Polycarp to the Philippians», S. 25.
141 Polykarp, «The Epistle of Polycarp to the Philippians», S. 24.
142 Polykarp, «The Epistle of Polycarp to the Philippians», S. 24.

nommen hat. Dieses Bild wurde gewissenhaft an Ignatius und Polykarp überreicht, die es ihrerseits als heiliges Beweisstück wertschätzten und es an die weitergaben, die nach ihnen kamen.

IGNATIUS UND POLYKARP UNTERRICHTETEN IRENÄUS

Irenäus (120–202 n. Chr.) wurde in Smyrna geboren, der Stadt, in der Polykarp als Bischof diente. Er wuchs in einer christlichen Familie auf und war ein «Hörer» des Polykarp (jemand, der seiner Lehre zuhörte). Später erinnerte er sich daran, dass Polykarp über seine Gespräche mit dem Apostel Johannes redete. Er wurde schliesslich Bischof von Lugdunum in Gallien (heute Lyon, Frankreich).[143] Irenäus reifte zu einem Theologen und Hüter des Christentums heran und schrieb ein wichtiges Werk mit dem Titel *Gegen die Häresien*. Diese anspruchsvolle Verteidigung des Christentums gab Irenäus die Gelegenheit, das Thema «geistliche Autorität» anzusprechen, und er stellte 24 neutestamentliche Bücher heraus, die er der Heiligen Schrift zurechnete (u. a. Matthäus, Markus, Lukas, Johannes, Apostelgeschichte, Römer, 1. Korinther, 2. Korinther, Galater, Epheser, Philipper, Kolosser, 1. Thessalonicher, 2. Thessalonicher, 1. Timotheus, 2. Timotheus, Titus, 1. Petrus, 1. Johannes, 2. Johannes und die Offenbarung). Irenäus ist ein weiteres Glied in der Beweismittelkette; er bestätigte die etablierten Augenzeugenberichte und bewahrte sie für die nächste Generation, da er die Schüler der Apostel mit der nach ihm kommenden Generation verband.

IRENÄUS UNTERRICHTETE HIPPOLYT

Einer dieser Christen der «nächsten Generation» war ein mutiger Mann namens Hippolyt (170–236 n. Chr.). Hippolyt wurde in Rom geboren und war ein Schüler und Jünger von Irenäus.[144] Als er in eine Führungsrolle hineinwuchs, widerstand er den römischen Bischöfen, die ihre Überzeugungen veränderten, um die grossen Mengen an «Heiden» aufzunehmen, die in der Stadt zum Glauben kamen. Durch seinen orthodoxen Standpunkt wurde Hippolyt

143 Weitere Informationen über Irenäus, siehe Robert M. Grant, *Irenaeus of Lyons*, The Early Church Fathers (London: Routledge, 1996).

144 Weitere Informationen über Hippolyt, siehe Christopher Wordsworth, *St. Hippolytus and the Church of Rome in the earlier part of the third century. From the newly-discovered Philosophumena* (Charleston: Nabu Press, 2010).

als erster «Gegenpapst» in der Geschichte des Christentums bekannt. Er war ein begabter Redner von grosser Gelehrsamkeit, der Einfluss hatte auf eine Reihe wichtiger christlicher Führer wie Origenes von Alexandria. Hippolyt schrieb eine gewaltige, zehn Bände umspannende Abhandlung mit dem Titel *Widerlegung aller Häresien*. In diesem umfassenden Werk führte Hippolyt 24 neutestamentliche Bücher an, die er der Schrift zurechnete (u. a. Matthäus, Markus, Lukas, Johannes, Apostelgeschichte, Römer, 1. Korinther, 2. Korinther, Galater, Epheser, Philipper, Kolosser, 1. Thessalonicher, 2. Thessalonicher, 1. Timotheus, 2. Timotheus, Titus, Philemon, 1. Petrus, 1. Johannes, 2. Johannes und die Offenbarung). Leider wurde Hippolyt unter Kaiser Maximus Thrax verfolgt und ins Exil nach Sardinien verbannt, wo er höchstwahrscheinlich in den Minen starb. Die Schriften des Hippolyt (so wie auch die Schriften des Irenäus vor ihm) bestätigen, dass die neutestamentlichen Berichte bereits in den ersten Jahren der christlichen Bewegung anerkannt waren.

Da Hippolyt ins Exil musste und als Märtyrer starb, endet diese spezielle Beweismittelkette ohne ein eindeutiges *nächstes Glied*, obschon sicher ist, dass Hippolyt viele wichtige Schüler hatte, die die Heilige Schrift mit derselben Leidenschaft beschützten, wie er es als Schüler von Irenäus tat. Obwohl sich Origenes von Alexandria als Jünger des Hippolyt betrachtet haben mag, liegen uns dafür keine konkreten Beweise vor. Wir müssen anerkennen, dass die Geschichte die Identität der Schüler von Hippolyt noch nicht preisgegeben hat. Aber eines wissen wir mit Sicherheit: Die Wahrheit über das Leben und den Dienst Jesu (und der *Kanon der Heiligen Schrift*) wurde im ersten Jahrhundert etabliert. Der Augenzeugenbericht des Johannes (zusammen mit den anderen neutestamentlichen Dokumenten) wurde aufgezeichnet und an seine Jünger weitergegeben.

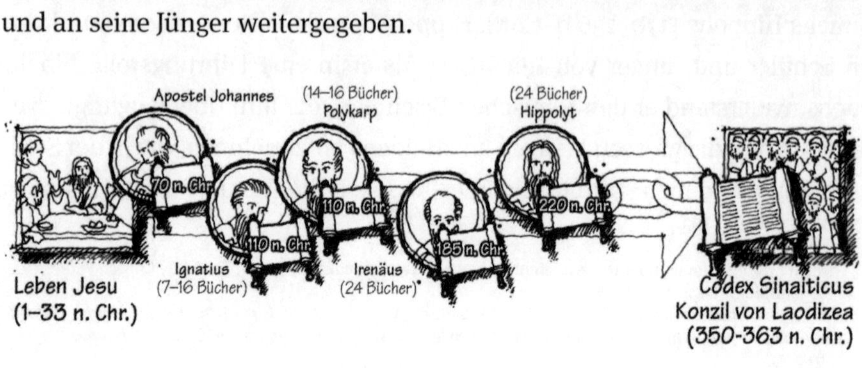

Die Schüler des Johannes hielten seine Lehren fest und identifizierten die Quellen für spätere Generationen. Lange bevor der Codex Sinaiticus geschrieben wurde oder das Konzil von Laodizea den Kanon formell bestätigte, war das Neue Testament als zuverlässiger Augenzeugenbericht anerkannt.

DIE SCHÜLER DES PAULUS BESTÄTIGTEN DIE GENAUIGKEIT DER EVANGELIEN

Der Apostel Paulus (5–67 n. Chr.) schrieb den grössten Teil des Neuen Testaments und stand in enger Verbindung mit mehreren wichtigen Aposteln, Historikern und Augenzeugen, die dabei halfen, die uns heute vorliegenden Schriften zu dokumentieren und zu bewahren. Paulus' Freund Lukas war beispielsweise ein akribischer Historiker, der Kontakt zu den Augenzeugen hatte und persönlich an der Geschichte der neutestamentlichen Gemeinde beteiligt war. Wie in Kapitel 11 beschrieben, zitierte Paulus in 1. Timotheus 5,17-18 und 1. Korinther 11,23-25 aus dem Lukasevangelium. Wer Paulus kannte, war vermutlich vertraut mit den Schriften von Lukas. Paulus hatte mehrere wichtige Schüler und Jünger, die seine Schriften beschützten und sie an die nächste Generation von christlichen Führungspersonen weitergaben (zusammen mit den auftauchenden Schriften anderer Augenzeugen, inklusive Lukas). Paulus' Beweismittelkette ist viel schwerer nachzuverfolgen als die von Johannes, aber wir können seinen Einfluss in der frühen Leitungsposition in Rom erkennen bis hin in entlegene Gegenden wie Syrien.

PAULUS UNTERRICHTETE LINUS UND CLEMENS VON ROM

Paulus verbrachte seine letzten Jahre in Rom unter Hausarrest, wo er auf seinen Prozess wartete. In dieser Zeit konnte er andere Gläubige treffen und unterrichtete viele Männer, die später die Gemeinde leiteten. Zwei dieser Männer kennen wir näher. Irenäus beschrieb einen Mann namens Linus, einen von Paulus' Mitarbeitern (in 2. Timotheus 4,21 erwähnte Paulus ausdrücklich einen Mitarbeiter namens Linus, zusammen mit Eubulus, Pudens und Claudia). Die Geschichte verrät uns, dass Linus in der Toskana geboren wurde als Sohn von Herculanus und Claudia. Nach dem Tod von Petrus und Paulus wurde er Papst von Rom.

Die Geschichte ist nicht eindeutig, was die exakte Reihenfolge der Päpste in diesen Jahren angeht, und manche frühen Aufzeichnungen deuten an, dass Clemens von Rom noch vor Linus Papst war.[145] Clemens war ebenfalls ein Mitarbeiter von Paulus (ausdrücklich genannt in Philipper 4,3), der in den ersten Jahren in Rom ein wichtiger Assistent für Paulus und Petrus wurde.[146] Petrus scheint sowohl Linus als auch Clemens in Führungspositionen erhoben zu haben, sodass er sich auf Gebet und Predigt konzentrieren konnte. Clemens schrieb mehrere Briefe, und einer von ihnen (*Der erste Clemensbrief an die Korinther*) ist als frühestes christliches Dokument ausserhalb des Neuen Testaments erhalten geblieben. Mit seinem Brief (80–140 n. Chr.) wollte er die Gemeinde in Korinth ermutigen und zu einem heiligen Leben aufrufen. Clemens verwies auf eine Reihe von alttestamentlichen Beispielen und bezog sich auf das Leben und die Lehren Jesu, wie Paulus und Petrus sie ihm weitergegeben hatten. Er sprach über die Beweismittelkette, die von den apostolischen Augenzeugen bis zu den Lesern seiner eigenen *zweiten Generation* existierte. Clemens sagte den Gläubigen in Korinth, dass «die Apostel das Evangelium unseres Herrn Jesus Christus um unseretwillen empfangen haben. Jesus Christus wurde von Gott gesandt. Somit ist Christus von Gott und die Apostel sind von Christus gesandt. Beide kamen daher in der entsprechenden Reihenfolge nach dem Willen Gottes.»[147] Clemens verstand die «festgesetzte Reihenfolge» der «Beweismittelkette» der Augenzeugen. Bei gründlicher Untersuchung des Briefes stellten Gelehrte fest, dass Clemens beim Schreiben seines Werkes sieben neutestamentliche Bücher zitierte oder auf sie anspielte (Markus, Matthäus oder Johannes, Römer, Galater, Epheser und Philipper). Er berichtete auch von der Person und dem Werk Jesu und wiederholte die Beschreibung von ihm, die zuerst von den Augenzeugen übermittelt wurde. Clemens beschrieb Jesus ganz ähnlich wie Ignatius und Polykarp:

---

145 Weitere Informationen über Linus und Clemens, siehe George Edmundson, *The Church in Rome in the First Century* (Charleston: BiblioBazaar, 2009).

146 Weitere Informationen über Clemens, siehe *Early Christian Writings: The Apostolic Fathers* (London: Penguin, 1968), Kindle Edition.

147 Clemens von Rom, «Epistle to the Corinthians», *Documents of the Christian Church*, Hg. Henry Bettenson und Chris Maunder (Oxford University Press, 2011), S. 67.

Die Propheten sagten das Leben und den Dienst Jesu voraus.[148]
Jesus gab seinen Jüngern wichtige Anweisungen.[149]
Er lehrte Prinzipien, wie sie Markus und Lukas beschrieben haben.[150]
Er war demütig und bescheiden.[151]
Er wurde geschlagen.[152]
Er litt und starb für unsere Errettung.[153]
Er starb, um unsere Sünden zu bezahlen.[154]
Er wurde von den Toten auferweckt.[155]
Er lebt und herrscht mit Gott.[156]
Seine Auferstehung macht unsere Auferstehung sicher.[157]
Wir sind errettet durch die «Gnade» Gottes[158] mittels des Glaubens an Jesus.[159]
Er ist «Herr»[160] und der Sohn Gottes.[161]
Er verfügt über ewige Herrlichkeit und Majestät.[162]
Die ganze Schöpfung gehört ihm.[163]
Er ist unsere «Zuflucht»[164] und unser «Hohepriester».[165]
Er ist unser «Verteidiger» und «Helfer».[166]
Die Gemeinde gehört ihm.[167]

Obwohl Clemens klar davon ausging, dass seine Leser die Wahrheit über Jesus aus den von ihm zitierten Bibelstellen bereits verstanden hatten, erwähnte er viele Merkmale Jesu, die mit dem von Petrus, Paulus und den

148 Clemens von Rom, *The First Epistle of Clement to the Corinthians* (Whitefish, MT: Kessinger), S. 12.
149 Clemens, *The First Epistle of Clement to the Corinthians*, S. 10.
150 Clemens, *The First Epistle of Clement to the Corinthians*, S. 27.
151 Clemens, *The First Epistle of Clement to the Corinthians*, S. 11.
152 Clemens, *The First Epistle of Clement to the Corinthians*, S. 11.
153 Clemens, *The First Epistle of Clement to the Corinthians*, S. 11.
154 Clemens, *The First Epistle of Clement to the Corinthians*, S. 11.
155 Clemens, *The First Epistle of Clement to the Corinthians*, S. 16.
156 Clemens, *The First Epistle of Clement to the Corinthians*, S. 22.
157 Clemens, *The First Epistle of Clement to the Corinthians*, S. 16.
158 Clemens, *The First Epistle of Clement to the Corinthians*, S. 7.
159 Clemens, *The First Epistle of Clement to the Corinthians*, S. 15.
160 Clemens, *The First Epistle of Clement to the Corinthians*, S. 10.
161 Clemens, *The First Epistle of Clement to the Corinthians*, S. 22.
162 Clemens, *The First Epistle of Clement to the Corinthians*, S. 14.
163 Clemens, *The First Epistle of Clement to the Corinthians*, S. 22.
164 Clemens, *The First Epistle of Clement to the Corinthians*, S. 14.
165 Clemens, *The First Epistle of Clement to the Corinthians*, S. 22.
166 Clemens, *The First Epistle of Clement to the Corinthians*, S. 22.
167 Clemens, *The First Epistle of Clement to the Corinthians*, S. 27.

Evangelienschreibern gezeichneten Bild übereinstimmten. Clemens schrieb natürlich mehr als nur diesen einen Brief und bestätigte möglicherweise eine viel grössere Zahl an Texten. Sein erhalten gebliebener Brief an die Korinther schenkt uns ein weiteres Glied in der Beweismittelkette und macht deutlich, dass die Augenzeugenberichte von den ursprünglichen Augenzeugen an die nächste Generation von Gläubigen weitergereicht wurden.

CLEMENS GAB DIE WAHRHEIT WEITER VON EVARISTUS BIS PIUS

Linus und Clemens von Rom gründeten die Linie von Bischöfen, die Paulus (und Petrus) in Rom folgten.[168] Sie lehrten, diskutierten und gaben die Augenzeugenberichte weiter an ihre Nachfolger, von Evaristus (?–109 n. Chr.) über Alexander I. (?–115 n. Chr.), Sixtus I: (?–125 n. Chr.), Telesphorus (?–136 n. Chr.), Hyginus (?–140 n. Chr.) bis Pius I. (90–154 n. Chr.). Die Schriften von Ignatius, Polykarp und Clemens zeigen, dass die zweite Generation von christlichen Führungspersonen die Schriften der Augenzeugen bereits als Teil der Heiligen Schrift betrachtete. Daher können wir den Schluss ziehen, dass auch die päpstlichen Führer, die auf Clemens folgten, die Augenzeugenberichte schätzten und ehrten. Sie verstanden, wie wichtig es war, diese Berichte für zukünftige Generationen zu bewahren.

PIUS I. UND JUSTIN DER MÄRTYRER SCHÜTZTEN DIE BERICHTE

In den frühen Jahren der christlichen Gemeinde war Rom voller Menschen, die entweder vor Ort zum Glauben kamen (unter der Predigt der Apostel oder ihrer Jünger) oder sich von irgendwo aus dem Römischen Reich dort hinbegaben, nachdem sie gläubig geworden waren. Zu ihnen gehörte auch Justin von Cäsarea (103–165 n. Chr.), ein bedeutender Philosoph, der wichtige Beiträge zur Geschichte des Christentums lieferte. Justin der Märtyrer, unter diesem Namen wurde er bekannt, war einer der frühesten christlichen Apologeten.[169] Geboren wurde er in Flavia Neapolis (heute Nablus, Palästina) als Sohn griechischer Eltern. Er wurde als Heide erzogen und nannte sich selbst

168 Für weitere Informationen über die ersten Päpste siehe Thomas Meyrick, *Lives of the Early Popes. St. Peter to St. Silvester* (BiblioBazaar, 2009).

169 Für weitere Informationen über Justin den Märtyrer siehe *The Writings of Justin Martyr*, Hg. Alexander Roberts und James Donaldson (Berkeley: Apocryphile Press, 2007).

einen Samariter, studierte aber Philosophie und bekehrte sich schliesslich zum Christentum. Während Pius I. die christliche Gemeinschaft leitete, verbreitete er in Rom die christliche Lehre. Er verfasste mehrere umfangreiche und wichtige Werke, inklusive *Erste Apologie*, *Zweite Apologie* und den *Dialog mit dem Juden Trypho*. In diesen frühen christlichen Texten zitierte Justin der Märtyrer Matthäus, Markus, Lukas, Johannes und die Offenbarung oder spielte auf sie an. Obschon wir von einigen der frühesten Bischöfe und Päpste von Rom (u. a. Pius I.) keine erhalten gebliebenen Schriften besitzen, schenkte Justin der Märtyrer uns einen zeitgenössischen Blick darauf, wie diese Männer die Augenzeugenberichte betrachteten und sie für die Zukunft aufbewahrten.

JUSTIN UNTERRICHTETE TATIAN

Nicht jeder, der eine Rolle in der biblischen Beweismittelkette spielte, hatte orthodoxe Glaubensüberzeugungen. Viele erkannten (und schrieben über) die Augenzeugenberichte, auch wenn sie sie für sich selbst und ihre Anhänger falsch auslegten. Der Assyrer Tatian (120–180 n. Chr.) war ein solches Beispiel.[170]

Tatian wurde in Assyrien geboren (und starb dort wahrscheinlich auch). Er kam jedoch eine Zeitlang nach Rom und studierte das Alte Testament. Er traf Justin den Märtyrer, wurde sein Schüler und bekehrte sich zum Christentum. Viele Jahre lang studierte Tatian bei Justin in Rom und eröffnete dort schliesslich eine christliche Schule. Mit der Zeit entwickelte er eine strenge Form des Christentums, die die Ehe und das Essen von Fleisch verbot. Als Justin starb, wurde Tatian aus der Gemeinde in Rom vertrieben. Er reiste nach Syrien und verfasste letztlich seinen berühmtesten Beitrag, das *Diatessaron*, eine biblische Paraphrase oder *Evangelienharmonie*, die die Existenz der vier Augenzeugenberichte der Evangelien anerkannte, auch wenn er versuchte, sie in einem Dokument miteinander zu verbinden. Die frühesten kirchlichen Aufzeichnungen in Syrien (die auf Tatian zurückgehen) identifizierten einen frühen Kanon, in welchem das *Diatessaron*, die Briefe des Pau-

170 Für weitere Informationen über Tatian siehe Emily J. Hunt, *Christianity in the Second Century: The Case of Tatian*, Routledge Early Church Monographs (London: Routledge, 2003).

lus und die Apostelgeschichte enthalten waren. Zusammen mit seiner antiken kanonischen Liste anerkennt das Werk von Tatian die frühe Erstellung des Kanons in der Beweismittelkette von Paulus bis ins späte 2. Jahrhundert.

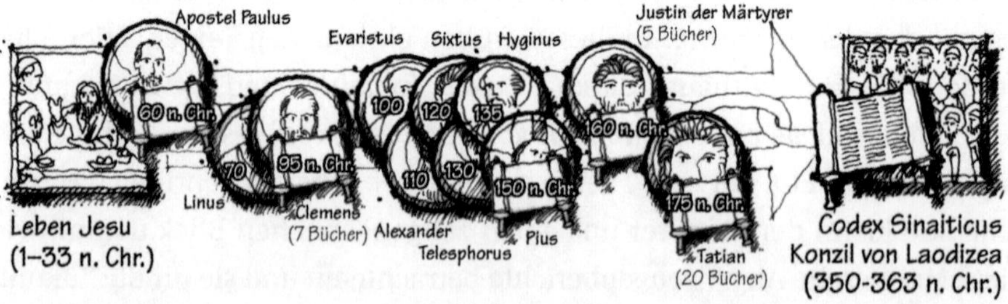

Die Geschichte liefert uns keine präzisen Informationen über das nächste Glied in dieser speziellen Beweismittelkette. Diese Abfolge von Zeugen nach Paulus anerkennt auf jeden Fall, dass die Augenzeugenberichte existierten, schon sehr früh als Teil der Heiligen Schrift behandelt und sorgfältig von einer Generation zur nächsten weitergereicht wurden. Das alles geschah viele Jahre bevor irgendein Konzil bestimmte, was offiziell zum Neuen Testament werden sollte.

3 DIE SCHÜLER DES PETRUS BESTÄTIGTEN DIE GENAUIGKEIT DER EVANGELIEN

Der Apostel Petrus (ca. 1 v. Chr. bis 67 n. Chr.) war möglicherweise der älteste Jünger Jesu. Er war auch bekannt als Simon Kephas (die aramäische Version seines Namens). Er war der Sohn von Jona (Johannes) und wuchs in Bethsaida (in Galiläa) auf. Wie sein Bruder Andreas war er ein Fischer, als er Jesus zum ersten Mal begegnete und kurz darauf sein Jünger wurde. Seine Geschichte ist nur allzu bekannt, ganz erfüllt von menschlichem Versagen und Triumphen. Nach der Himmelfahrt gründete Petrus die Gemeinde in Antiochia und diente ihr sieben Jahre lang als Bischof. Schliesslich reiste er nach Rom und wurde auch dort ein Bischof. In Kapitel 5 haben wir über die Beweise gesprochen, die die Behauptung stützen, dass der Augenzeugenbericht des Petrus im Markusevangelium von Markus verfasst wurde. Dieses Evangelium (wie auch das von Johannes) ist ein entscheidendes Beweisstück vom «Tatort», und Petrus reichte es gewissenhaft weiter an seine eigenen Schüler und Jünger (zusammen mit anderen Augenzeugentexten, die im 1. Jh. entstanden):

PETRUS KOMMUNIZIERTE DURCH MARKUS

Johannes Markus war der Cousin von Barnabas, und das Zuhause seiner Kindheit war Petrus sehr vertraut (Apg 12,12-14). Markus war Petrus so nahe, dass Petrus ihn als «meinen Sohn» bezeichnete (1Petr 5,13). Petrus bewahrte seinen Augenzeugenbericht durch seinen Hauptjünger und Schüler, der ihn seinerseits an die nächste Generation in Form des «Markusevangeliums» weitergab.

MARKUS UNTERRICHTETE ANIANUS, AVILIUS, KEDRON, PRIMUS UND JUSTUS

Markus gründete die Gemeinde in Alexandria und begann sofort zu predigen und neue Gläubige zu taufen. Die Geschichte berichtet, dass er mindestens fünf Jünger hatte, und diese Männer wurden letzlich Gemeindeleiter in Nordafrika.[171] Markus unterrichtete seine Jünger Anianus (?–82 n. Chr.), Avilius (?–95 n. Chr.), Kedron (?–106 n. Chr.), Primus (ca. 40–118 n. Chr.) und Justus (?–135 n. Chr.) und gab sein Evangelium sowie die anderen frühen neutestamentlichen Berichte der apostolischen Augenzeugen weiter. Diese fünf Männer wurden nach dem Tod von Markus Bischöfe in Alexandria (einer nach dem anderen). Treu bewahrten sie die Augenzeugenberichte und reichten sie weiter, eine Generation nach der anderen.

JUSTUS GAB DIE WAHRHEIT AN PANTAENUS WEITER

Noch zu seinen Lebzeiten ernannte Markus seinen Jünger Justus zum Leiter der Katechetenschule in Alexandria. Diese bedeutende Schule wurde zu einem angesehenen Ort des Lernens, wo die Augenzeugenberichte und Schriften gesammelt und beschützt wurden. Eine wichtige Person bei der frühen Entwicklung dieser Schule war ein ehemaliger Philosoph der Stoiker,

171 Für weitere Informationen über die frühen Päpste in Nordafrika siehe Stephen J. Davis, *The Early Coptic Papacy: The Egyptian Church and Its Leadership in Late Antiquity*, Päpste von Ägypten (The American University in Cairo Press, 2005).

der sich zum Christentum bekehrte. Sein Name war Pantaenus.[172] Er wurde zu einem wichtigen Lehrer und Missionar und bereiste Gebiete östlich von Alexandria (möglicherweise sogar bis nach Indien). Er berichtete davon, dass es im Osten bereits Gläubige gab, und er benutzte das in hebräischen Buchstaben geschriebene Matthäusevangelium. Auf jeden Fall stellte Pantaenus ein weiteres wichtiges Glied in der Beweismittelkette dar, weil das Schriftstück eines seiner Schüler bis heute erhalten geblieben ist. Darin werden die neutestamentlichen Bücher genannt, die bereits als heilig angesehen wurden.

PANTAENUS UNTERRICHTETE KLEMENS VON ALEXANDRIA

Titus Flavius Clemens (ca. 150–215 n. Chr.) war auch bekannt als Klemens von Alexandria.[173] Er war ein Schüler von Pantaenus und wurde schliesslich der Leiter der Katechetenschule in Alexandria. Klemens war sehr vertraut mit der heidnischen Literatur seiner Zeit und hinterliess ein umfangreiches schriftliches Werk. In drei bedeutenden Bänden (*Protreptikos*, *Paidagogos* und *Stromateis*) spricht er über christliche Moral und christliches Verhalten. Besonders wichtig ist, dass Klemens über die damals existierenden Teile der Schrift schreibt (wie sie ihm von Pantaenus übergeben wurden) und alle neutestamentlichen Bücher zitiert oder auf sie anspielt ausser Philemon, Jakobus, 2. Petrus, 2. Johannes und 3. Johannes. Klemens scheint dieselben neutestamentlichen Dokumente empfangen und akzeptiert zu haben, die auch seinen Vorgängern in der «Beweismittelkette» bekannt gewesen waren.

KLEMENS VON ALEXANDRIA UNTERRICHTETE ORIGENES

Origenes (ca. 185–254 n. Chr.) bewahrte und identifizierte jene antiken Augenzeugenberichte, die von der christlichen Gemeinde im Mittelmeerraum verwendet wurden. Er war ein bekehrter Ägypter, der an der Katechetenschule in Alexandria lehrte.[174] Er war ein produktiver Autor und verfasste Kommentare zu nahezu jedem Buch der Bibel. Dabei zitierte er alle neutestamentlichen

172 Für weitere Informationen über Pantaenus siehe Vincent J. O'Malley, *Saints of Africa* (Huntington, IN: Our Sunday Visitor 2001).

173 Weitere Informationen über Klemens von Alexandria, siehe Philip Schaff, *Fathers of the Second Century: Hermas, Tatian, Athenagoras, Theophilus, and Clement of Alexandria*, Kindle Edition.

174 Für weitere Informationen über Origenes siehe Joseph W. Trigg, *Origen*, The Early Church Fathers (London: Routledge, 1998).

Bücher. In Bezug auf Jakobus, 2. Petrus, 2. Johannes und 3. Johannes war er zögerlich, nahm sie aber dennoch in seine Liste der zuverlässigen orthodoxen Augenzeugendokumente auf. Origenes spielte eine entscheidende Rolle, da er eine ganze Reihe von Schülern hatte, die wichtige Glieder in der neutestamentlichen Beweismittelkette wurden.

PAMPHILUS VON CÄSAREA ÜBERNAHM DAS WERK VON ORIGENES

Später in seinem Leben floh Origenes aus Alexandria (unter der Verfolgung eines Erzbischofs, der Origenes ausschloss, weil er nicht ordnungsgemäss geweiht war) und liess sich in Cäsarea Maritima nieder. Nachdem sich Pamphilus[175] lange in Alexandria aufgehalten hatte, liess auch er sich in Cäsarea Maritima nieder, wo er sich den Werken von Origenes widmete und sogar eine fünfbändige Abhandlung mit dem Titel *Apologie für Origenes* verfasste. Pamphilus beschützte und verteidigte das Werk von Origenes und hielt die Augenzeugenberichte der Schrift ebenfalls für zuverlässig. Seinen Schülern gegenüber brachte er sein Vertrauen in diese Dokumente zum Ausdruck.

PAMPHILUS VON CÄSAREA UNTERRICHTETE EUSEBIUS

Einer von Pamphilus' Schülern war Eusebius von Cäsarea (ca. 263–339 n. Chr.), ein Mann, der später zu einem bedeutenden Kirchenhistoriker, Kirchenvater und hingebungsvollen Gelehrten wurde, der Pamphilus' Laufbahn in einem dreibändigen Werk mit dem Titel *Vita* festhielt.[176] Eusebius war ein produktiver Autor, und ein Grossteil seines Werkes ist bis heute erhalten geblieben, inklusive seiner *Kirchengeschichte*. Wer sich näher mit seinem Werk befasst, stellt fest, dass er 27 neutestamentliche Bücher als Teil der Heiligen Schrift anerkannte. Für besonders zuverlässig hielt er die Evangelien von Matthäus, Markus, Lukas und Johannes, die Apostelgeschichte, Römer, 1. Korinther, 2. Korinther, Galater, Epheser, Philipper, Kolosser, 1. Thessalonicher, 2. Thessalonicher, 1. Timotheus, 2. Timotheus, Titus, Philemon,

---

175 Für weitere Informationen über Pamphilus siehe *History of the Martyrs in Palestine: Discovered in a Very Ancient Syriac Manuscript* (Charleston: Nabu Press, 2010).

176 Für weitere Informationen über Eusebius von Cäsarea siehe Robert Van De Weyer, *Eusebius: The First Christian Historian*, Early Christian Writings (Berkhamsted, UK: Arthur James Ltd, 1997).

1. Petrus, 1. Johannes und die Offenbarung und etwas weniger Jakobus, Judas, 2. Petrus, 2. Johannes und 3. Johannes.

Diese biblische Beweismittelkette von Petrus bis Eusebius führt uns in die Zeit, als der Codex Sinaiticus geschrieben wurde, und an die Schwelle des Konzils von Laodizea. Klar ist, dass die Augenzeugenberichte und Schriften der Apostel in diesem Zeitraum von Generation zu Generation gesammelt, bewahrt und weitergegeben wurden.

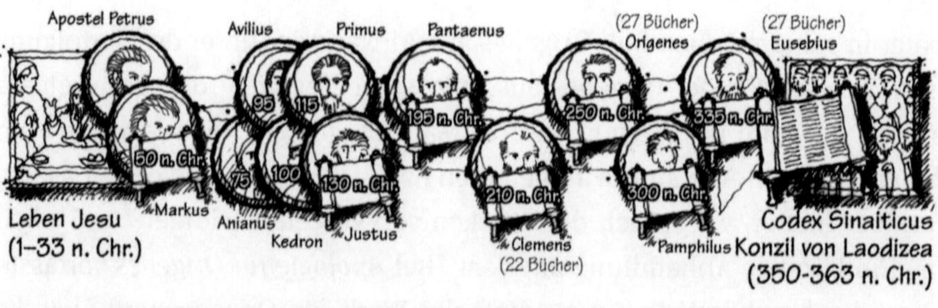

Die neutestamentliche Beweismittelkette bewahrte die Vorrangigkeit und die heilige Bedeutung der Augenzeugendokumente und reichte sie treu an jene weiter, die sie später öffentlich auf den Konzilien identifizierten, auf denen unser gegenwärtiger Kanon der Schrift festgelegt wurde. Diese Konzilien *schufen* nicht den Kanon oder eine Sicht auf Jesus, die uns vertraut ist, sie erkannten den Kanon und die von den Augenzeugen gelieferte Beschreibung von Jesus einfach nur an.

WAS WIR AUF JEDEN FALL LERNEN KÖNNEN

Stellen wir uns jetzt einmal für einen Moment vor, dass alle angeblichen christlichen *Augenzeugenberichte* zerstört worden wären. Wir nehmen an, dass uns nur die schriftlichen Aufzeichnungen einiger weniger Schüler dieser angeblichen Augenzeugen zur Verfügung stehen. Wäre das der Fall, müssten wir uns auf die Schriften von Markus, Ignatius, Polykarp und Clemens verlassen. Dieser verbliebene Bericht würde sicher ausreichen, um die Wahrheit über Jesus zu erfahren, schliesslich war Markus damit beauftragt worden, die Erinnerungen von Petrus aufzuzeichnen und einen eingehenden Bericht zu schreiben. Machen wir die Herausforderung noch etwas grösser und entfernen auch das Markusevangelium aus unseren Überlegungen. Wir zwingen uns dazu, nur die *nichtbiblischen* Briefe der anderen drei Schüler in Erwägung zu ziehen, obschon diese Schüler nicht bewusst beschlossen hatten, die Details des Lebens und Dienstes Jesu aufzuzeichnen. Was lernen wir über Jesus von diesen drei Männern? Würde ihre Beschreibung bestätigen, was uns die Bibel im 21. Jahrhundert mitteilt?

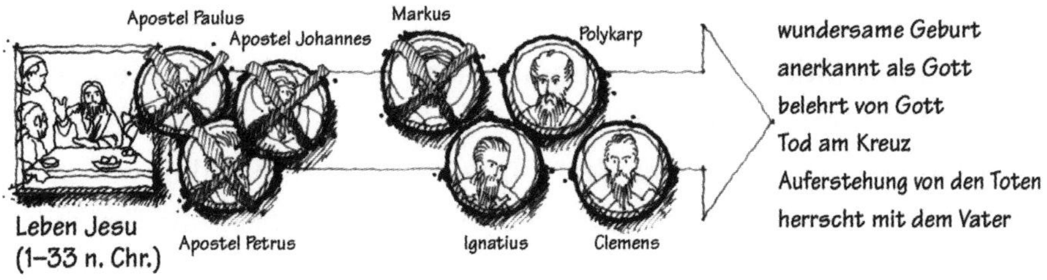

Ab den frühesten *nichtbiblischen* Aufzeichnungen würden wir Folgendes lernen: Jesus wurde von den alttestamentlichen Propheten vorausgesagt; er war ein Mann aus der Abstammungslinie Davids, gezeugt vom Heiligen Geist als der eingeborene Sohn Gottes, geboren von der Jungfrau Maria und angekündigt von einem Stern. Er kam von Gott, ausgestattet mit dem Willen und der Erkenntnis Gottes. Er wurde von Johannes dem Täufer getauft, führte ein demütiges, bescheidenes, vollkommenes und sündloses Leben, sprach die Worte Gottes und lehrte die Menschen viele wichtige göttliche Wahrheiten (einschliesslich der Prinzipien, die wir aus der Bergpredigt kennen). Obschon Jesus mit Öl gesalbt wurde, wurde er ungerecht behandelt und verurteilt, geschlagen und zum Schluss am Kreuz hingerichtet. Seine Hinrichtung fand in der Amtszeit von Pontius Pilatus und der Herrschaft des Tetrarchen Herodes statt. Der Tod Jesu war ein persönliches Opfer, das er Gott darbrachte, um die Schuld unserer Sünde zu begleichen. Jesus bewies seine Gottheit, indem er körperlich von den Toten auferstand, Petrus und den anderen Jüngern erschien, mit ihnen ass und sie aufforderte, ihn zu berühren und ihn von Angesicht zu Angesicht zu sehen. Nachdem die Jünger den auferstandenen Jesus gesehen hatten, waren sie so gestärkt, dass sie keine Angst mehr hatten und begriffen, dass die Auferstehung Jesu ihr ewiges Leben garantierte ebenso wie die Auferstehung all derer, die an ihn glaubten. Jesus kehrte zurück zu Gott dem Vater und herrscht jetzt im Himmel, auch wenn er in jedem Menschen lebt, der sein Angebot der Vergebung und Errettung akzeptiert hat. Jesus ist die «Tür», das «Brot des Lebens», das «ewige Leben», der «Sohn Gottes», unser «Hohepriester», «Erlöser», «Meister», «Hüter», «Herr» und unsere «Zuflucht». Jesus und der Vater sind eins; Jesus verfügt über ewige Herrlichkeit und Majestät. Die ganze Schöpfung gehört ihm und ist ihm unterworfen. Jesus wird die Lebenden und die Toten richten. Jesus ist «Gott».

Das alles würden wir nicht aufgrund der Evangelienberichte lernen, sondern auf der Grundlage dessen, was die frühesten Schüler der Evangelienschreiber aus dem 1. Jahrhundert lehrten (und auch nur drei von ihnen)! Die Briefe von Ignatius, Polykarp und Clemens bestätigen die Genauigkeit der Evangelien. Selbst wenn wir als Skeptiker die kleinsten Details in jedem Augenzeugenbericht anzweifeln würden, kann es doch keinen Zweifel an den Hauptthemen und Aussagen der Evangelien geben. Jesus wurde als Gott beschrieben, lebte mit seinen Jüngern zusammen, lehrte die Massen, starb am Kreuz und stand von den Toten auf. Diese Version von Jesus ist keine späte Erfindung oder Übertreibung, es ist die Version, die von Anfang an existierte. Sie wurde von den Evangelienschreibern bezeugt und exakt beschrieben und von ihren Schülern bestätigt. Im Gegensatz zu dem Mann, den ich verhört hatte (Jassen), dessen erste Geschichte *nicht* mit der Version übereinstimmte, die er zwanzig Jahre später zum Besten gab, entspricht der früheste Bericht der Geschichte Jesu (wie sie von den Augenzeugen und ihren Schülern im 1. Jh. erzählt wurde) der Version, die uns auch zweitausend Jahre später noch vorliegt.

DIE JÜDISCHE DOKUMENTENABTEILUNG

Aber woher wissen wir, ob die anderen Details in den Evangelien (die von den Schülern der Apostel nicht ausdrücklich erwähnt werden) genau sind? Woher wissen wir, dass diese Teile der Evangelien nicht in der Zeit vom 1. Jahrhundert bis zum Schreiben des Codex Sinaiticus verfälscht wurden? In Jassens Fall baute ich auf die Notizen des Ermittlers, weil ich Vertrauen in die Fähigkeiten meiner Dokumentenabteilung hatte, solche Beweisstücke sorgfältig aufzubewahren. Mir war bewusst, wie präzise und gründlich sie die Akten alter Fälle kopierten und lagerten. Gibt es irgendeinen guten Grund zu der Annahme, dass die frühen Christen des 1. Jahrhunderts ebenso bereit und fähig waren, ihre Schriftstücke zu erhalten?

4 *DIE AUGENZEUGEN HANDELTEN GEWISSENHAFT UND SCHÜTZEND*

In Kapitel 4 haben wir uns die Rolle angeschaut, die die Apostel als Augenzeugen spielten. Sie verstanden, wie ernst und wichtig ihr Zeugnis war. Die Apostel erkannten, dass ihre Rolle im Plan Gottes darin bestand, ihre Erfahrungen mit Jesus und die Beobachtung seiner Auferstehung an andere weiterzugeben. Dass Menschen, die sich als wichtige Augenzeugen betrachteten, die Genauigkeit ihres Zeugnisses sorgfältig bewahren, ist durchaus ein vernünftiger Gedanke. In den ersten Jahren war ihr Beitrag ein mündliches Zeugnis. Angesichts der Dringlichkeit, die die Apostel verspürten, weil sie mit einer zeitlich nahen Rückkehr Jesu rechneten, ist das nur allzu verständlich. Als aber die Monate und Jahre ohne seine Ankunft verstrichen, schrieben die Apostel ihr Zeugnis auf, um ihre Beobachtungen anderen Gemeinden mitzuteilen. Wenn die Evangelien zu einem frühen Zeitpunkt geschrieben wurden (in der Lebenszeit dieser Augenzeugen), darf man davon ausgehen, dass die Zeugen den Inhalt ihres Zeugnisses einem *Faktencheck* unterzogen hatten, da sie es an andere weitergaben. Wenn das Markusevangelium so früh geschrieben wurde, wie es die Indizienbeweise in Kapitel 11 nahelegen, dann sollten wir annehmen, dass Petrus jeden Fehler bemerkt (und korrigiert) hätte.

5 *DIE KOPISTEN UND SCHREIBER ARBEITETEN AKRIBISCH GENAU*

Die alte jüdische Religionskultur war im 1. Jahrhundert schon fest etabliert, und genau dieser Kultur entstammten die Apostel und ersten Gläubigen. Klar ist, dass die Juden die Heilige Schrift mit äusserster Sorgfalt und Genauigkeit bewachten. Seit der nachexilischen Zeit von Esra (und sogar davor) gab es Priester (5Mo 31,24-26) und Schriftgelehrte (*Soferim* genannt), die dafür verantwortlich waren, die heiligen Texte zu kopieren und sie sorgfältig zu pflegen. Die Schriftgelehrten waren auch noch zur Zeit Jesu tätig und wurden im ganzen Neuen Testament von den Augenzeugen neben den Pharisäern und anderen religiösen jüdischen Führern erwähnt. Die alttestamentlichen Schriften wurden in diesem Zeitraum verehrt und beschützt, grösstenteils weil die frühen Gläubigen sie zusammen mit den neutestamentlichen Dokumenten als das heilige Wort Gottes ansahen. Paulus betrachtete das Lukasevangelium als einen Teil der Heiligen Schrift (1Tim 5,17-18), und auch Petrus glaubte, dass die Briefe des Paulus zur Heiligen Schrift gehörten (2Petr 3,15-16). Paulus wies die Ortsgemeinden an, seine Briefe entsprechend zu behandeln, und stellte sie anderen Gemeinden zur Verfügung, damit sie bei ihren Treffen vorgelesen werden konnten (Kol 4,16; 1Thes 5,27). Es ist eine vernünftige Schlussfolgerung, dass man die neutestamentlichen Dokumente auf ähnliche Weise behandelte, wie andere antike Schriften geschätzt und bewahrt wurden.

Die exakte Methode, mit der die christlichen Schreiber die heiligen Texte im 1. Jahrhundert kopierten und pflegten, ist nicht mit absoluter Sicherheit herauszufinden, aber wir wissen, dass sie sich in einer religiösen Tradition bewegten, die Hunderte von Jahren umspannte, sowohl vor als auch nach dem 1. Jahrhundert. Die masoretische Tradition gibt uns beispielsweise Einblick in die geradezu zwanghafte Sorgfalt, mit der jüdische Schreiber historisch ihre heiligen Texte behandelten. Schreiber, die als die Masoreten bekannt waren (eine Gruppe von jüdischen Kopisten, die in erster Linie in Tiberias und Jerusalem lebten und arbeiteten), kopierten die alte Heilige Schrift genau und reichten sie an spätere Generationen weiter. Sie entwickelten den sogenannten masoretischen Text.[177] Diese Dokumente sind als äusserst zuverlässige Kopie der Originalschrift anerkannt worden, und wir haben gelernt, diesen Texten zu vertrauen, weil wir verstehen, wie sie kopiert wurden. Um die Genauigkeit ihrer Kopien sicherzustellen, entwickelten die Masoreten eine Reihe von strengen Richtlinien, die garantieren sollten, dass

177 Für weitere Informationen über die Rolle der Masoreten bei der Weitergabe der Bibel siehe Norman Geisler und William Nix, *General Introduction to the Bible* (Chicago: Moody, 1986).

jede neue Kopie eine exakte Reproduktion des Originals war. Die Regeln der Masoreten waren ebenso ausführlich wie jedes andere Regelwerk, das in heutigen Dokumentenabteilungen zum Einsatz kommt. Sie kopierten und behandelten ihre Dokumente mit der ganzen ihnen zur Verfügung stehenden Präzision.

Die Geschichte hat die unglaubliche Genauigkeit dieser alten Schriftgelehrten gezeigt, die davon überzeugt waren, dass die zu kopierenden Dokumente von Gott stammten. Die Entdeckung der Schriftrollen von Qumran bestätigt ihre erstaunliche Fertigkeit. 1947 fand ein beduinischer Hirte einige ungewöhnliche Tonkrüge in Höhlen nahe des Toten Meeres. Die Krüge enthielten eine Reihe von Schriftrollen, die die religiösen Überzeugungen der Mönche aufzeigten, die von 150 v. Chr. bis 70 n. Chr. im Tal gelebt hatten. Als die Römer in das Gebiet dieser Gruppe einmarschierten, steckten sie ihre wertgeschätzten Rollen in die Krüge und versteckten sie in den Höhlen. Die Schriftrollen von Qumran enthalten Fragmente von fast jedem Buch des Alten Testaments und, was von besonderer Bedeutung ist, eine vollständige Kopie des Buches Jesaja. Diese Schriftrolle datiert auf ca. 100 v. Chr. und war Historikern und Textexperten äusserst wichtig, da sie ungefähr tausend Jahre älter war als jede masoretische Kopie von Jesaja. Diese Version von Jesaja

DIE AKRIBISCH GENAUEN MASORETEN

Die Masoreten legten umfassende Verfahren fest, um den Text vor Veränderungen zu schützen:

Wenn sie einen offensichtlichen Fehler im Text bemerkten, dann markierten sie ihn mit «Ketib» («es ist geschrieben») und setzten ein Korrekturzeichen, «Qere» («es ist zu lesen»), an den Rand.

Wenn sie ein Wort textlich, grammatisch oder exegetisch für fragwürdig hielten, setzten sie Punkte über das Wort.

Sie legten ausführliche Statistiken an, um Fehlern vorzubeugen. 3. Mose 8,8 wurde beispielsweise als der Vers in der Mitte der Thora ermittelt. In 3. Mose 10,16 wurde das Wort «darasch» als das Wort in der Mitte der Thora ermittelt, und in 3. Mose 11,42 wurde das «Waw» im hebräischen Wort gachon als der Buchstabe in der Mitte der Thora erkannt.

Auch dem Ende eines jeden Buches fügten sie Statistiken an, die u. a. die Gesamtzahl der enthaltenen Verse, Wörter und Buchstaben angaben. Durch Statistiken wie diese konnten sie jedes Buch «mathematisch vermessen» und so feststellen, ob ein Kopierfehler vorlag. (Siehe Gleason Archer, *A Survey of Old Testament Introduction*.)

gestattete es den Gelehrten, den Text über diesen Zeitraum zu vergleichen und herauszufinden, ob die Kopisten gewissenhaft vorgegangen waren. Was sie entdeckten, verblüffte die Experten.

Ein Vergleich der Jesaja-Manuskripte von Qumran «erwies sich Wort für Wort zu mehr als 95 Prozent des Textes identisch mit unserer hebräischen Standardbibel.»[178] Ein Teil der abweichenden 5 Prozent war lediglich eine Frage der Rechtschreibung (vergleichbar mit den deutschen Wörtern *Fotografie* bzw. *Photographie*). Es gab ein paar grammatische Unterschiede (wie das Wort *und*, um zwei Ideen oder Objekte in einem Satz miteinander zu verbinden). Schliesslich wurde um der Klarheit willen manchmal noch ein weiteres Wort eingefügt (wie das hebräische Wort für «Licht» am Anfang von 53,11 in dem Satzteil «wird er ... sehen»; vgl. Anm. in der Revidierten Elberfelder Bibel 2006). Keine dieser grammatischen Abweichungen veränderte auch nur ansatzweise die Bedeutung des Textes.

Was bewog die antiken Schreiber, diese Dokumente mit einer solchen Genauigkeit und akribischen Sorgfalt zu behandeln? Es war ihre klare Überzeugung, dass die Dokumente selbst heilig und ihnen von Gott übergeben worden waren. Als Paulus und Petrus die neutestamentlichen Dokumente als Teil der Heiligen Schrift anerkannten (wie das Lukasevangelium und die Briefe von Paulus), stellten sie sicher, dass sie in einer Weise geehrt und sorgsam behandelt wurden, die der masoretischen Tradition entsprach. Die christlichen Schreiber des 1. Jahrhunderts verfügten weder über Fotokopierer, Mikrofiche noch digitale Bildverarbeitung wie heutige Dokumentenabteilungen der Polizei, aber sie verstanden, wie wichtig es war, die göttlichen Dokumente zu erhalten. Sie benutzten die technologische Entsprechung des 1. Jahrhunderts (die akribisch genaue Tradition ihrer Vorgänger), um die Genauigkeit der Texte zu garantieren.

178 Gleason Archer, *A Survey of Old Testament Introduction* (Chicago: Moody, 2011), Kindle Edition, Kindle Locations 473–475.

ÜBEREINSTIMMEND UND GUT ERHALTEN

Welche vernünftige Schlussfolgerung über die Genauigkeit der Evangelien können wir ziehen angesichts der Beweise aus der Beweismittelkette und des Wissens über das sorgfältige Vorgehen der Kopisten des 1. Jahrhunderts? Im Gegensatz zu Jassens Aussage in meinem Mordfall ist die Botschaft der Apostel im Lauf der Zeit unverändert geblieben. Sie ist dieselbe im 1. und im 21. Jahrhundert. Wie die Notizen des ersten Ermittlers sind auch die Details des Berichts aus dem 1. Jahrhundert erhalten geblieben. Die *jüdische Dokumentenabteilung* war fähig und effizient; sie kopierte und hütete die Augenzeugenberichte im Lauf der Zeit.

WARUM LEUGNEN ES MANCHE NOCH IMMER?

Manche sind nach wie vor skeptisch in Bezug auf die Genauigkeit der Evangelien – trotz der klaren Indizienbeweise, die eine solche Schlussfolgerung stützen. Wir wollen mal sehen, ob uns ein wenig *abduktives Denken* helfen kann bei der Bestimmung, ob die Einwände der Kritiker berechtigt sind, wenn sie die Schriften als «frei erfunden» bezeichnen.

6 IGNATIUS, POLYKARP UND CLEMENS HABEN DIE SCHRIFT NICHT PRÄZISE ZITIERT

Einige haben behauptet, die von den Apostelschülern stammenden Schriften aus dem 1. Jahrhundert liessen sich entweder nicht bestätigen, oder sie zitierten die Evangelien nicht so präzise, dass sie für ihre Genauigkeit bürgen könnten. Diese Kritiker meinen, dass die beispielsweise Ignatius zugeschriebenen Briefe in Wirklichkeit nicht von diesem Schüler des Johannes stammen. Viele haben sogar angeregt, dass die Stellen, in denen die Schüler der *zweiten Generation* aus einem Evangelium zu zitieren scheinen (wie z. B. ihre Verweise auf die Bergpredigt), keine präzisen *Wort-für-Wort*-Zitate sind. Sie meinen, die Schüler hätten nur vage und unzuverlässige Anspielungen auf frühe mündliche Berichte vorgenommen, die nicht auf Papyrus festgehalten und die verfälscht wurden, lange bevor sie abgeschlossen waren.

ABER …
Obwohl es um einige von Ignatius' Briefen Kontroversen gab, besteht kein Grund, die Echtheit der sieben Briefe anzuzweifeln, die wir in unserer Beweismittelkette isoliert haben. Ja, es existieren weitere Briefe, die spät in der Geschichte auftauchten und fälschlicherweise Ignatius zugeschrieben wurden, aber die betreffenden sieben Briefe kommen bereits in den frühesten Auflistungen seines Werkes vor, und sie werden vom Brief des Polykarp bestätigt (der sich auf Ignatius bezieht).

Es stimmt, Ignatius, Polykarp und Clemens gaben Bibelstellen oft so wieder, dass sie die Bedeutung einer Passage einfingen, ohne den entsprechenden Vers *Wort für Wort* zu zitieren. Das war aber nicht unüblich für Autoren zu jener Zeit. Auch Paulus gab die Heilige Schrift (das Alte Testament) zu bestimmten Gelegenheiten (z. B. 1Kor 2,9, wo Paulus wahrscheinlich Jes 64,3 und 65,17 umschrieb) mit anderen Worten wieder. Die Umschreibungen von Polykarp und Clemens sind kein Beweis dafür, dass die neutestamentlichen Dokumente noch nicht existierten, als diese Autoren der zweiten Generation ihre Briefe schrieben, genauso wenig wie die Umschreibung von Paulus beweist, dass es das Alte Testament nicht gab, als er seine Briefe verfasste.

Ganz wichtig: Der in diesen Briefen beschriebene Jesus ist identisch mit dem Jesus, der von den apostolischen Augenzeugen erwähnt wird, auch wenn die Schüler der Apostel ihre eigenen Worte benutzten, um ihn zu beschreiben.

7 VIELE EINFÜGUNGEN VON KOPISTEN SIND OFFENSICHTLICHE VERFÄLSCHUNGEN

Skeptiker haben auch manche der späten Einfügungen infrage gestellt, über die wir in Kapitel 6 gesprochen haben. Es scheint, als hätten einige Kopisten die von ihnen abgeschriebenen Manuskripte absichtlich verfälscht, entweder um Details aufzunehmen oder um einen theologischen Punkt einzubringen, der im Originaltext fehlte. Wenn das der Fall ist, wie können wir dann darauf vertrauen, dass irgendetwas, das wir haben, zuverlässig und genau ist? Wenn einige Teile des Texts verfälscht wurden, können wir dem kompletten Text nicht vertrauen.

ABER ...

Die Tatsache, dass diese Verfälschungen *offensichtlich* sind, sollte uns auf etwas aufmerksam machen. Warum sind die Verfälschungen und späten Zusätze, die wir in Kapitel 6 erwähnen, so klar erkennbar? Sie heben sich so deutlich ab, weil wir Hunderte von antiken Kopien der Evangelien besitzen, die wir miteinander vergleichen können. Es gibt keine besser nachgewiesene antike Dokumente als die neutestamentlichen Evangelien. Der griechische Forscher und Historiker Herodot verfasste im 5. Jahrhundert v. Chr. seine *Historien*. Wir vertrauen darauf, dass wir eine exakte Kopie des Textes haben, auch wenn uns nur acht antike Exemplare vorliegen. Im Gegensatz dazu besitzen wir Tausende von alten Kopien der neutestamentlichen Dokumente. Sie stammen aus der ganzen antiken Welt im Mittelmeerraum. Vergleicht man sie miteinander, machen die Manuskripte, die von einer Reihe unterschiedlicher christlicher Gruppierungen aus verschiedenen Regionen kommen, augenblicklich die Abweichungen deutlich. Es wird *offensichtlich*, wo sie vom Text abweichen, weil wir über eine reiche Schatztruhe von Manuskripten verfügen, die wir untersuchen und vergleichen können. Bei so vielen Kopien sind wir problemlos in der Lage, die Abweichungen zu bestimmen und auszuschliessen. Deshalb können wir die späten Zusätze entfernen und das Original mit einem hohen Mass an Sicherheit rekonstruieren.

Ich möchte Ihnen ein Beispiel geben, wie dieser Vergleichsprozess funktioniert. Stellen Sie sich vor, Sie sind mein Partner und wir patrouillieren am Nachmittag im Revier 514C. Wir bekommen eine Meldung auf unserem MDT (dem mobilen Computer unserer Polizeieinheit), die uns zu einem Raubüberfall auf einen lokalen Minimarkt ruft. Dummerweise erhalten wir falsche Informationen bezüglich Adresse und Waffe. Uns wird klar, dass es in unserer Stadt keine Strasse mit diesem Namen gibt. Aber wir kennen eine ähnliche Strasse (mit denselben hohen Hausnummern) in unserem Revier. Während wir uns auf den Weg machen, erhalten wir eine neue Nachricht mit dem richtigen Strassennamen. Bei dieser Nachricht finden wir allerdings einen weiteren Fehler, das falsch geschriebene Wort *Makt*. Wieder informieren wir den Kollegen und empfangen eine neue Botschaft, die aber erneut einen Rechtschreibfehler enthält. Der Beamte unternimmt zwei weitere Male den Versuch, den Fehler zu beheben, schafft es aber aufgrund des Zeitdrucks (zur Erinnerung: noch immer findet ein Raubüberfall statt) nicht so ganz:

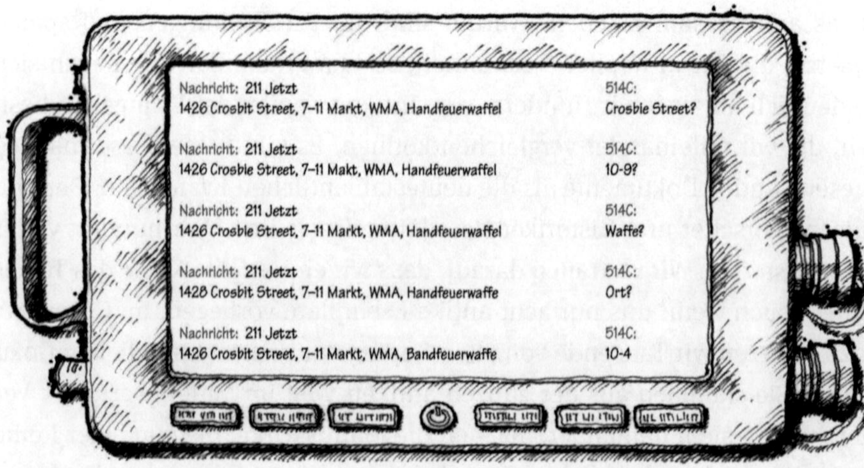

Ich frage Sie jetzt: Sollten wir angesichts des noch immer laufenden Überfalls und des Zeitfaktors unseren Polizeiwagen anhalten und darauf warten, dass die Nachricht richtig geschrieben wird, oder haben wir durch die vielen ähnlichen Zeilen genügend Informationen, unseren Weg fortzusetzen? Je häufiger die Nachricht wiederholt wird, wenn auch mit einer Reihe von Tippfehlern, umso sicherer können wir uns sein, worum es sich hier handelt und wo die Straftat stattfindet. Je mehr Kopien wir besitzen, desto mehr können wir sie miteinander vergleichen und die ursprüngliche Bedeutung bestimmen und desto mehr Vertrauen können wir in unsere Schlussfolgerung haben.

Ganz ähnlich ist es, wenn wir die alten biblischen Handschriften untersuchen. Ja, wir erkennen die Fehler und späten Zusätze, aber der Vorteil unserer grossen Manuskriptsammlung ist: Sie erlaubt es uns, die Ungenauigkeiten sicher zu entfernen.

VIELE BIBLISCHE GESCHICHTEN UNTERSCHEIDEN SICH VONEINANDER

Skeptiker haben zudem bemerkt, dass die Evangelienschreiber über dasselbe Ereignis unterschiedlich berichtet haben. Deshalb behaupten sie, diese Abweichungen würden *Widersprüche* darstellen, die sich nicht miteinander vereinbaren lassen. Diese unüberbrückbaren Unterschiede widerlegen den Skeptikern zufolge die Genauigkeit des biblischen Berichts.

ABER …

In Kapitel 4 haben wir bereits über das Wesen von Augenzeugenaussagen gesprochen, und wir wissen, dass wir bei echten Augenzeugenberichten mit Unterschieden *rechnen* müssen. Diese zu erwartenden Abweichungen sind für die Kriminalbeamten unter uns kein Problem, solange wir Perspektiven, Interessen und Standorte der einzelnen Zeugen berücksichtigen. Als zuständige Ermittler müssen wir verstehen, wie Augenzeugenaussagen miteinander in Einklang gebracht werden können, um eine möglichst ausgewogene Sicht des Ereignisses zu erhalten.

DIE WAHRSCHEINLICHSTE SCHLUSSFOLGERUNG

Lassen Sie uns noch einmal zum Prozess des *abduktiven Denkens* zurückkehren, um herauszufinden, welche Erklärung für die Genauigkeit der Evangelien am einleuchtendsten ist. Wieder listen wir alle Beweise auf, die wir uns in diesem Kapitel angesehen haben, inklusive derer, die von Skeptikern stammen. Ausser diesen Fakten berücksichtigen wir die zwei möglichen Erklärungen, die für das infrage kommen, was wir bis jetzt gesehen haben.

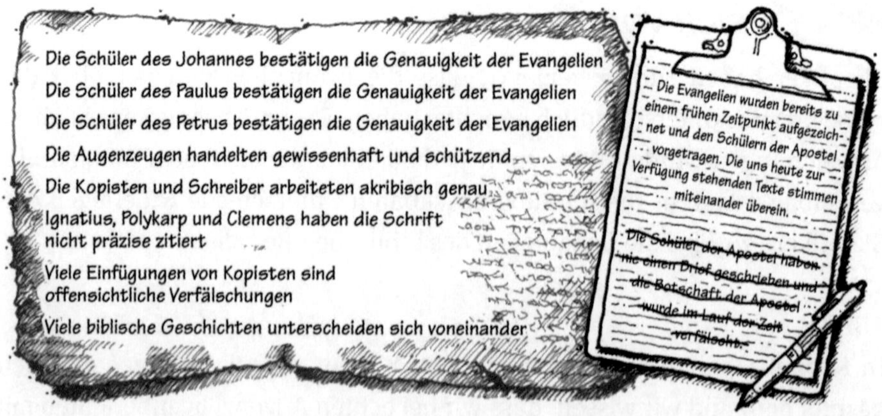

Angesichts der Aufzeichnungen der zweiten Generation von Jüngern von Johannes, Paulus und Petrus können wir uns sicher sein, dass die wesentlichen Lehren der Evangelien zweitausend Jahre lang unverändert geblieben sind. Die erste Erklärung, dass die Evangelien und andere neutestamentliche Dokumente schon zu einem frühen Zeitpunkt geschrieben und den Schülern der Apostel gelehrt wurden, ist am vernünftigsten. Sie stimmt auch mit den Beweisen für ein frühes Abfassungsdatum überein, die wir in Kapitel 11 untersucht haben. Die Beweise aus der Beweismittelkette und dem Wesen der Kopisten unterstützen die erste Erklärung, die uns vernünftige Antworten auf die Herausforderungen von Skeptikern gibt. Die zweite Erklärung liefert hingegen nichts, was die Beweise von Ignatius, Polykarp und Clemens plausibel erscheinen lässt. Die erste Erklärung ist *glaubhaft*, *direkt* und *logisch*. Sie *umfasst* alle von uns gesammelten Beweise und ist der alternativen Erklärung *überlegen*. Noch einmal, sie ist die vernünftigste Erklärung.

DIE EVANGELIEN BESTEHEN DEN DRITTEN TEST

Wir haben uns jetzt mit den Augenzeugenberichten aus den Evangelien in drei von vier Bereichen befasst, die auch bei der Beurteilung von Zeugen in Strafprozessen von Bedeutung sind. Der vernünftigste Schluss, den wir aus dem Beweismaterial ziehen können, deutet darauf hin, dass die Evangelienschreiber *anwesend* waren und sich gegenseitig *bestätigten*. Schaut man sich die Beweismittelkette und die Art und Weise an, wie diese Aufzeichnungen im Lauf der Zeit bewahrt wurden, kommen wir jetzt zu der Schlussfolgerung, dass sie auch *präzise* sind. Sind wir an dem Punkt angelangt, wo wir sagen können, dass sie zuverlässig sind? Fast. Noch bleibt uns ein Bereich, den wir untersuchen müssen.

Kapitel 14

WAREN SIE VOREINGENOMMEN?

Was wir über die Christen nach dem Tod Jesu wissen, ist, dass sie sich an ihre Schriften hielten und versuchten, einen Sinn darin zu erkennen. ... Wie konnte Jesus, der Messias, nur den Tod eines gewöhnlichen Verbrechers sterben? Christen hielten sich an ihre Schriften und versuchten, es zu verstehen, und sie fanden Stellen, die davon sprachen, dass der Gerechte Gottes den Tod erleiden musste. Aber in diesen Stellen wie Jesaja 53 und Psalm 22 und Psalm 61 wird der Bestrafte oder Getötete auch von Gott rehabilitiert. Christen haben aufgrund ihrer Schriften geglaubt, dass Jesus der Gerechte war und Gott ihn rehabilitiert haben muss. Und deshalb dachten die Christen, dass Jesus, auch wenn er gekreuzigt worden war, in den Himmel erhoben wurde, ganz ähnlich wie Elia und Henoch in den hebräischen Schriften. ... Wenn Jesus aber erhoben wurde, ist er nicht länger tot, und deshalb begannen Christen, die Geschichte seiner Auferstehung zu verbreiten.[179]

— BART EHRMAN, NEUTESTAMENTLICHER GELEHRTER, PROFESSOR FÜR RELIGIONSSTUDIEN UND AUTOR VON *FORGED: WRITING IN THE NAME OF GOD – WHY THE BIBLE'S AUTHORS ARE NOT WHO WE THINK THEY ARE*

◊

179 Bart Ehrman, aus seinen Schlussworten in einer Diskussion mit William Lane Craig, «Is There Historical Evidence for the Resurrection of Jesus?» im College of the Holy Cross in Worcester, Massachusetts, 28. März 2006, Zugang am 13. April 2012, https://www.reasonablefaith.org/media/debates/is-there-historical-evidence-for-the-resurrection-of-jesus-the-craig-ehrman.

DREI MOTIVE

Jeder hat ein Motiv. Wenn wir dieses Wort hören, neigen wir dazu, an Kriminelle zu denken, aber die Geschworenen müssen auch Motive in Erwägung ziehen, wenn sie Augenzeugen, die in einem Gerichtsprozess Aussagen gemacht haben, einschätzen und beurteilen. Den Geschworenen wird mitgeteilt, dass sie darüber nachdenken müssen, ob ein Zeuge «von einem Faktor beeinflusst wurde wie Voreingenommenheit oder Vorurteilen, einer persönlichen Beziehung zu einem am Fall beteiligten Menschen oder einem persönlichen Interesse am Ausgang des Falls». Bei einer Frage wie dieser liegen zwei Faktoren vor: *Voreingenommenheit* und *Motive*. Erzählten die Jünger eine Lüge über die Auferstehung, wie Bart Ehrman behauptet? Basierten ihre Behauptungen auf religiösen Erwartungen oder Voreingenommenheit? Wenn ja, was erhofften sie sich von dieser raffinierten Lüge? Wenn die Apostel wollten, dass Jesus Gott ist, würde eine kunstvolle Lüge ihn noch lange nicht dazu machen, zumindest nicht in den Augen der Apostel. Lügen können Menschen täuschen, die nicht anwesend waren, aber nicht jene, die es besser wussten. Was hofften die Jünger zu gewinnen, wenn ihre Geschichten falsch waren? Lassen Sie uns über Motive nachdenken und unsere Reise mit einer Untersuchung der potenziellen *Voreingenommenheit* von christlichen Augenzeugen beenden.

In all meinen Jahren als Mordermittler habe ich festgestellt, dass es drei wesentliche Motive für Mord gibt. Wie sich zeigt, entfalten diese drei Beweggründe Triebkräfte auch zu anderen Arten von Fehlverhalten. Es sind die Gründe, weshalb wir manchmal denken, was wir nicht denken sollten, sagen, was wir nicht sagen sollten, oder tun, was wir nicht tun sollten.

FINANZIELLE HABGIER

Das ist häufig die treibende Kraft hinter den Verbrechen, mit denen ich es zu tun habe. Manche Morde gehen auf einen misslungenen Überfall zurück. Andere finden statt, weil sich der Tatverdächtige einen finanziellen Vorteil davon erhofft. So habe ich beispielsweise einmal am Mord eines Ehemannes gearbeitet, der nicht wollte, dass seine Frau einen Teil seiner Rente bekommt.

SEXUELLES VERLANGEN ODER BEZIEHUNGSMOTIVE

Ich habe auch einige Mordfälle untersucht, denen ein sexuelles (oder beziehungsorientiertes) Motiv zugrunde lag. Manche Opfer sexueller Übergriffe werden umgebracht, damit sie später nicht gegen den Täter aussagen können. Einige Morde geschehen auch einfach deswegen, weil ein eifersüchtiger Freund es nicht mit ansehen kann, dass sich seine Freundin mit einem anderen Mann trifft.

MACHTHUNGER

Schliesslich begehen manche Menschen einen Mord, um eine Machtposition zu bekommen oder zu erhalten. Es ist möglicherweise die Rivalität zwischen zwei Leuten, die beide dieselbe Beförderung anstreben. Andere haben nur deswegen jemanden getötet, weil sie von der betreffenden Person vor anderen schlecht oder «respektlos» behandelt wurden.

Sex, Geld und Macht sind die Motive, die allen Verbrechen zugrunde liegen, die wir als Kriminalbeamte untersuchen. Diese drei Motive stecken auch hinter geringeren Sünden. Denken Sie an das letzte Mal, als Sie etwas getan haben, was Sie nicht hätten tun sollen. Wenn Sie sich Ihre Motivation genau ansehen, erkennen Sie wahrscheinlich, dass sie ungefähr in eine der drei Kategorien passt.

Wenn ein Motiv vorliegt, bedeutet das nicht immer, dass der Tatverdächtige das Verbrechen begangen hat. Vielleicht verfügt jemand über das Motiv zu einer Straftat, ist aber imstande, der Versuchung zu widerstehen und die Handlung nicht auszuführen. Manchmal machen Verteidiger aber auch *das Fehlen eines Motivs* geltend, wenn sie auf die Unschuld ihres Klienten hinweisen wollen. «Warum hätte mein Klient so etwas tun sollen, wenn es ihm doch keinerlei Vorteil eingebracht hätte?» Das ist eine durchaus berechtigte Frage, die auch wir uns stellen müssen, wenn wir die Behauptungen der Apostel überprüfen.

DIE MOTIVATION DER APOSTEL

Hatten die angeblichen Augenzeugen des Lebens und Dienstes Jesu niedrige Beweggründe, als sie die Evangelien schrieben? Haben wir guten Grund zu der Annahme, dass die Apostel aufgrund eines der eben genannten Motive zum Lügen getrieben wurden? Nein. Nichts in der Geschichte (weder in der christlichen noch in der säkularen Geschichte) legt nahe, dass die Jünger einen Nutzen aus ihrem Zeugnis für Jesus ziehen konnten:

1 DIE APOSTEL WURDEN NICHT VON FINANZIELLEM GEWINN ANGETRIEBEN

Es gibt viele antike Berichte, die das Leben der Apostel nach der in der Apostelgeschichte erwähnten Zeit beschreiben. Gläubige in einer Vielzahl antiker Gemeinschaften hielten das Handeln der einzelnen Jünger schriftlich fest, während sie das Evangelium in ihrer Region predigten. Keiner dieser Texte sagt auch nur über einen der Jünger, dass er materiell reich war. Die Jünger erscheinen als Männer, die von Ort zu Ort gejagt wurden, wiederholt ihren Besitz aufgeben und ihre angemieteten Häuser räumen mussten. Die Jünger waren an diese Art zu leben gewöhnt; als sie Jesus nachzufolgen begannen, entschlossen sie sich, ihre Häuser und ihre Familien zurückzulassen. Genau davon sprach Petrus, als er zu Jesus sagte: «Petrus: Siehe, wir haben alles verlassen und sind dir nachgefolgt!» (Lk 18,28). Die Jünger lehnten jeglichen materiellen Reichtum ab, weil sie glaubten, dass die Wahrheit des Evangeliums ewiges Leben gibt, etwas, das viel mehr wert war. Paulus beschrieb ihre finanziell armen Verhältnisse viele Male und erinnerte seine Zuhörer daran, dass die Apostel «Hunger und Durst und Blösse leiden, geschlagen werden und keine Bleibe haben» (1Kor 4,11). Die Apostel lebten «als Unbekannte und doch wohlbekannt, als Sterbende – und siehe, wir leben; als Gezüchtigte, und doch nicht getötet; als Betrübte, aber immer fröhlich, als Arme, die doch viele reich machen; als solche, die nichts haben und doch alles besitzen» (2Kor 6,9-10). Hätten die Jünger und Apostel für finanziellen Gewinn gelogen, so schienen ihre Lügen nicht zu funktionieren. Wer Paulus genau beobachtete, wusste, dass er sich dem geistlichen Leben und nicht dem finanziellen Gewinn verschrieben hatte: «Silber oder Gold oder Kleidung habe ich von niemand begehrt» (Apg 20,33).

Die anderen Apostel befanden sich in einer ähnlichen finanziellen Situation. Als Petrus und Johannes in der ersten Hälfte des 1. Jahrhunderts in Jerusalem waren, trat ein armer behinderter Mann an sie heran und bat um Geld. Petrus sagte zu ihm: «Silber und Gold habe ich nicht; was ich aber habe, das gebe ich dir: Im Namen Jesu Christi, des Nazareners, steh auf und geh umher!» (Apg 3,6). Über die Jünger wurde wiederholt gesagt, dass sie ein Leben in materieller Armut gewählt hatten und nach geistlicher Wahrheit strebten. Als Jakobus die Reichen beschrieb (wie in Jak 5,1-5), tat er das stets in der zweiten Person. Sich selbst schloss er nicht ein. Die Apostel stellten sich nie als reich dar; vielmehr warnten sie die Reichen, dass ihr Reichtum ihre Sicht auf ewige Dinge trüben könnte. Wie die anderen apostolischen Autoren beschrieb Jakobus seine Mitgläubigen als arm, aber voller Freude: «Hat nicht Gott die Armen dieser Welt erwählt, dass sie reich im Glauben würden und Erben des Reiches, das er denen verheissen hat, die ihn lieben?» (Jak 2,5).

MOTIVE

Richter raten den Geschworenen, über die Motive nachzudenken, wenn sie die Schuld von Angeklagten einschätzen:
«Das Volk muss nicht beweisen, dass der Angeklagte ein Motiv hatte, eine ihm vorgeworfene (Straftat / die spezielle Straftat) zu begehen. Bei der Urteilsfindung mögen Sie aber darüber nachdenken, ob der Angeklagte ein Motiv hatte.»
«Ist ein Motiv vorhanden, könnte das ein Faktor sein, der möglicherweise darauf hindeutet, dass der Angeklagte schuldig ist. Ist kein Motiv vorhanden, könnte das ein Faktor sein, der möglicherweise darauf hindeutet, dass der Angeklagte nicht schuldig ist» (Paragraf 370, *Judicial Council of California Criminal Jury Instructions*, 2006).

Die Apostel hatten durch ihr Zeugnis des Lebens und Dienstes Jesu keinen finanziellen Gewinn. Paulus schrieb seine neutestamentlichen Briefe zu einem sehr frühen Zeitpunkt an Menschen, die ihn persönlich kannten. Wenn er sie hinsichtlich seiner finanziellen Situation angelogen hätte, wäre es seinen Lesern aufgefallen. Alle ausserbiblischen Berichte über das Leben der Apostel, ob berechtigt oder sagenumwittert, bestätigen, dass die Jünger arm waren, während sie durch die Welt reisten und ihr Zeugnis weitergaben. Die wahrscheinlichste Schlussfolgerung, die sich aus den frühen Aufzeichnungen der neutestamentlichen Dokumente und der Übereinstimmung mit den ausserbiblischen Berichten ziehen lässt, ist, dass die neutestamentlichen Schreiber in ihrem Predigtdienst auch ohne finanziellen

Gewinn zufrieden waren. Wir können mit Sicherheit davon ausgehen, dass finanzielle Habgier nicht das Motiv war, das diese Männer veranlasste, die Evangelien zu schreiben. In erster Linie blieben sie arm wegen ihrer Hingabe an ihr Zeugnis.

DIE APOSTEL WURDEN NICHT VON SEXUELLEM VERLANGEN ODER BEZIEHUNGSMOTIVEN ANGETRIEBEN

Ebenso abwegig ist, dass die Apostel von Begierde oder Beziehungen motiviert gewesen wären. Obwohl die neutestamentlichen Dokumente wenig über das «Liebesleben» der apostolischen Augenzeugen aussagen, wissen wir, dass Petrus verheiratet war und eine Schwiegermutter hatte (Mt 8,14). Paulus bestätigte das und legte nahe, dass Petrus nicht der einzige Verheiratete gewesen war, als er in seinem Brief an die Korinther fragte: «Sind wir nicht berechtigt, eine Schwester als Ehefrau mit uns zu führen, wie auch die anderen Apostel und die Brüder des Herrn und Kephas [Petrus]?» (1Kor 9,5). Die frühen Kirchenväter legten ebenfalls nahe, dass alle Apostel verheiratet waren, mit der möglichen Ausnahme des jüngsten Apostels, Johannes. Klemens von Alexandria schrieb, dass Petrus und Philippus Kinder hatten[180] und Paulus, obschon verheiratet, seine Frau nicht mit auf seine Reisen als Apostel nahm:

> Der einzige Grund, weshalb er sie nicht mit sich nahm, war, dass es Unannehmlichkeiten für seinen Dienst bedeutet hätte. ... In Übereinstimmung mit ihrem speziellen Dienst widmeten sich [die Apostel] ohne Ablenkung dem Predigen und nahmen ihre Ehefrauen nicht als Frauen mit, mit denen sie eheliche Beziehungen pflegten, sondern als Schwestern, um auch Hausfrauen dienen zu können.[181]

180 Klemens, zitiert in Eusebius, *Kirchengeschichte* (Cambridge, MA: Harvard University, 1980), S. 269.
181 Klemens, zitiert in *Women in Religion: The Original Sourcebook of Women in Christian Thought*, Hg., Elizabeth A. Clark und Herbert Richardson (New York: HarperCollins, 1996), S. 29. Weitere Informationen über Klemens' Schriften, siehe Alexander Roberts, *Ante-Nicene Fathers, vol. 2, Early Church Fathers* (Grand Rapids, MI: Eerdmans, 1988).

Klemens deutet hier an, dass die Apostel nicht nur verheiratet waren, sondern sich nach der Himmelfahrt Christi auch des sexuellen Kontakts mit ihren Frauen enthielten, um denen besser dienen zu können, die sie mit ihrem Zeugnis zu erreichen suchten. Ignatius bezeichnete die Apostel ebenfalls als verheiratete Männer:

> Denn ich, von Gott für würdig befunden, bete dafür, dass ich im Reich Gottes zu ihren Füssen gefunden werde, zu den Füssen Abrahams und Isaaks und Jakobs, zu den Füssen Josephs und Jesajas und dem Rest der Propheten, zu den Füssen von Petrus und Paulus und dem Rest der Apostel, die verheiratete Männer waren. Denn sie traten in diese Ehe nicht des sexuellen Verlangens wegen ein, sondern zur Vermehrung der Menschheit.[182]

Wie Klemens von Alexandria berichtete auch Ignatius, dass die Apostel ihr Zeugnis für wichtiger hielten als ihre persönlichen sexuellen Wünsche. Das bestätigte ein weiterer christlicher Autor namens Tertullian, der im frühen 3. Jahrhundert schrieb:

> [Die] Apostel hatten eine «Lizenz» zum Heiraten und ihre Ehefrauen (mit sich) zu führen. Sie hatten auch eine «Lizenz», «nach dem Evangelium zu leben».[183]

Die Apostel hatten das Recht, ihre Frauen mit auf ihre Reisen zu nehmen, und einige taten das möglicherweise auch. Sowohl der biblische Bericht als auch die ausserbiblische Geschichtsschreibung machen auf jeden Fall deutlich, dass die Apostel ein tadelloses Sexualleben führten. Während andere Männer in ihrer Kultur oft mehr als eine Frau hatten, liessen die Apostel nur Männer mit einer Frau zur Leiterschaft zu (1Tim 3,2).

---

182 Ignatius, *The Epistle of Ignatius to the Philadelphians*, S. 162. Weitere Informationen über Ignatius' Schriften, siehe Alexander Roberts, James Donaldson und A. Cleveland Coxe, Hg., *Ante-Nicene Fathers*, Bd. 1, *Apostolic Fathers, Justin Martyr, Irenaeus* (Grand Rapids, MI: Eerdmans, 1950).

183 Tertullian, zitiert in *The Ante-Nicene Fathers*, Hg. Alexander Roberts und James Donaldson, Bd. 4, *Tertullian, Part Fourth; Minucius Felix; Commodian; Origen, Parts First and Second* (Buffalo: Christian Literature, 1885), S. 55.

Die zwölf Apostel waren nicht zwölf unverheiratete Männer auf der Suche nach einer guten Gelegenheit. Sie benutzten ihre Position oder ihr Zeugnis nicht, um den begehrten Frauen im Dorf den Hof zu machen. Dass die Apostel von sexuellem Verlangen motiviert gewesen wären, findet sich weder in den damaligen antiken Schriften noch in ihren eigenen Texten. Es waren (höchstwahrscheinlich) verheiratete Männer, die viel Wert auf sexuelle Enthaltsamkeit und Reinheit legten. Angesichts dessen, was wir über das Leben der Apostel wissen, ist die wahrscheinlichste Schlussfolgerung, dass sie nicht von sexuellem Verlangen oder beziehungsorientierten Motiven angetrieben wurden, als sie ihre Behauptungen in den Evangelien aufstellten.

3 *DIE APOSTEL WURDEN NICHT VON MACHTHUNGER ANGETRIEBEN*

Einige Skeptiker haben behauptet, die Apostel wären vom Verlangen nach Macht in ihrer religiösen Gemeinschaft motiviert gewesen. Sie verweisen oft auf die Macht, die christliche Führungspersonen in Rom hatten, als das Christentum im 4. Jahrhundert zur staatlich geförderten Religion wurde. Es gibt keinen Zweifel, dass die Päpste der römisch-katholischen Kirche unglaublich mächtig wurden, sowohl in religiöser als auch in politischer Hinsicht. Wenn wir uns aber das Leben der Apostel im 1. Jahrhundert anschauen, so finden wir wenig Ähnlichkeit mit dem der römisch-katholischen Päpste.

Macht hat Vorteile, von denen die Fähigkeit, sich selbst zu verteidigen, nicht der geringste ist. Diese Art von Macht stand den Aposteln nie zur Verfügung. Die frühe christliche Bewegung sah sich augenblicklich der Feindschaft derer ausgesetzt, die im 1. Jahrhundert an der Macht waren. Schnell verbreiteten sich Gerüchte, dass die Christen Rituale praktizierten, die römische Befindlichkeiten verletzten, und dass sie nicht bereit waren, Kaiser Nero als Gott anzubeten. Tacitus beschreibt Neros Reaktion:

> Um das Gerücht aus der Welt zu schaffen, konzentrierte sich Nero auf die Schuldfrage und fügte die schlimmsten Qualen einer Gruppe zu, die für ihre Abscheulichkeiten gehasst und von der breiten Masse der Bevölkerung Christen genannt wurde. Christus, auf den der Name zurückging,

> erlitt die höchste Strafe unter der Herrschaft des Tiberius durch einen unserer Prokuratoren, Pontius Pilatus, und ein bösartiger Aberglaube, der so für einen Augenblick unter Kontrolle gebracht wurde, brach wieder aus, nicht nur in Judäa, der Ursprungsquelle des Bösen, sondern auch in Rom, wo alle scheusslichen und schändlichen Dinge aus allen Teilen der Welt ihr Zentrum finden und populär werden. Entsprechend wurden zunächst alle, die sich schuldig bekannten, gefangen genommen; dann wurde aufgrund ihrer Informationen eine gewaltige Menge an Personen verurteilt, nicht so sehr des Verbrechens, die Stadt in Brand gesetzt zu haben, sondern wegen des Hasses gegen die Menschheit. Spott jeder Art wurde ihrem Tod noch hinzugefügt. Bedeckt mit Tierhäuten wurden sie von Hunden zerrissen und kamen um, oder sie wurden an Kreuze genagelt oder den Flammen übergeben und verbrannten, um als nächtliche Lichtquelle zu dienen, nachdem das Tageslicht erloschen war.[184]

Zu diesem frühen Zeitpunkt in der Geschichte des Christentums war Leitung in der christlichen Gemeinschaft eher eine Last als ein Vorteil. Führende Gläubige und Leiter, die ihre Ergebenheit gegenüber Jesus öffentlich zugaben («sich schuldig bekannten») und sich weigerten, dieser Treue abzuschwören, waren die Ersten, die starben. In dieser Zeit wurden Petrus und Paulus in Rom hingerichtet, aber sie waren nicht die einzigen Apostel, deren christliche Führungsposition sie das Leben kostete. Die ausserbiblischen Historien und Schriften über das Leben und den Dienst der zwölf Apostel verkündeten durchweg, dass sie verfolgt wurden und letzten Endes den Märtyrertod für ihr Zeugnis starben. Die apostolischen Augenzeugen lehnten es ab, ihr Zeugnis über das, was sie gesehen hatten, zu verändern, obwohl sie unvorstellbaren Qualen und der Hinrichtung ausgesetzt waren. Allein Johannes scheint dem Märtyrertod entkommen zu sein, aber auch er wurde ins Exil verbannt und aufgrund seiner Position als Apostel verfolgt.

184 Cornelius Tacitus, *Works of Cornelius Tacitus. Includes Agricola, The Annals, A Dialogue concerning Oratory, Germania and The Histories* (Boston: MobileReference, 2009), Kindle Edition, Kindle Locations 6393–6400.

Verfolgung war die einheitliche Erfahrung der Apostel, lange bevor sie für ihren Glauben schliesslich hingerichtet wurden. Wie Paulus in seinem Brief an die Korinther schilderte, war seine Erfahrung traurigerweise typisch für die Apostel:

> Von den Juden habe ich fünfmal 40 Schläge weniger einen empfangen; dreimal bin ich mit Ruten geschlagen, einmal gesteinigt worden; dreimal habe ich Schiffbruch erlitten; einen Tag und eine Nacht habe ich in der Tiefe zugebracht. Ich bin oftmals auf Reisen gewesen, in Gefahren auf Flüssen, in Gefahren durch Räuber, in Gefahren vom eigenen Volk, in Gefahren von Heiden, in Gefahren in der Stadt, in Gefahren in der Wüste, in Gefahren auf dem Meer, in Gefahren unter falschen Brüdern; in Arbeit und Mühe, oftmals in Nachtwachen, in Hunger und Durst; oftmals in Fasten, in Kälte und Blösse; zu alledem der tägliche Andrang zu mir, die Sorge für alle Gemeinden. (2Kor 11,24-28)

Als die Apostel in Führungspositionen aufstiegen, machten sie sich zur Zielscheibe von Verfolgungen und Beschimpfungen. Je bedeutender sie wurden, desto mehr riskierten sie es, von ihren Feinden getötet zu werden. Angesichts dessen, was wir über den Tod dieser Männer wissen, ist es am wahrscheinlichsten, dass das Streben nach Macht und Position nicht ihr Motiv war, die Dinge in den Evangelien zu behaupten, die wir heute nachlesen können. Hätte ein Verteidiger die Apostel gegen die Anschuldigung vertreten, dass ihr Zeugnis gelogen sei, hätte er zu Recht fragen können: «Warum hätte mein Mandant so etwas tun sollen, wenn es ihm doch keinerlei Vorteil gebracht hätte?» Keiner der Apostel hatte in den drei Bereichen, von denen zu erwarten ist, dass sie zu einer derartigen Lüge veranlassen, einen Vorteil gehabt.

VOREINGENOMMENHEIT UND VORURTEIL

Voreingenommenheit:
«Eine charakterliche oder einstellungsbedingte Neigung; insbesondere ein persönliches und manchmal unbegründetes Urteil.»

Vorurteil:
«1): Vorgefasstes Urteil oder Meinung 2): Eine negative Meinung oder Neigung, die ohne berechtigte Gründe oder ausreichendes Wissen gebildet wurde.» (Merriam-Webster's Collegiate Dictionary, 11. Ausgabe)

FREI VON NIEDRIGEN BEWEGGRÜNDEN

Das Motiv ist ein entscheidender Faktor, den die Geschworenen beurteilen müssen, wenn sie sich mit der Zuverlässigkeit von Zeugen befassen. Aus diesem Grund raten Richter den Geschworenen, Dinge zu fragen wie «Wurden dem Zeugen Immunität oder Milde zugesagt im Austausch gegen seine Aussage?» (S. Kap. 4.). Wir müssen wissen, ob irgendetwas anderes als der einfache Wunsch, die Wahrheit zu sagen, die Zeugen zu ihrer Aussage motiviert hat. Wenn wir uns die Motive der Evangelienschreiber anschauen, wird klar, dass die Autoren nicht von den Kräften angetrieben wurden, die Menschen normalerweise zum Lügen veranlassen. Die Autoren waren frei von niedrigen Beweggründen.

Was aber ist mit Voreingenommenheit? Selbst wenn sie keines dieser drei egoistischen Motive hatten, woher wissen wir, dass die Evangelienschreiber nicht einfach voreingenommen waren? Richter fordern die Geschworenen auf, herauszufinden, ob der Zeuge «beeinflusst wurde von einem Faktor wie Voreingenommenheit oder Vorurteilen, einer persönlichen Beziehung zu jemandem, der in den Fall verwickelt ist, oder einem persönlichen Interesse daran, wie er ausgeht». Wenn der Zeuge *voreingenommen* oder *parteilich* war, als er den Vorfall beobachtete, könnte das Einfluss darauf gehabt haben, wie der Zeuge das Gesehene interpretierte. Voreingenommenheit kann Menschen dazu veranlassen, eine Sache *falsch* wahrzunehmen. War das bei den Aposteln der Fall?

WARUM LEUGNEN EINIGE ES WEITERHIN?

Einige Skeptiker stützen ihr Misstrauen gegenüber den Evangelien (und gegenüber den ausserbiblischen Berichten über das Leben der Apostel nach der Himmelfahrt Jesu) auf eine mögliche Voreingenommenheit. Obgleich sich keine Beweise finden lassen, die darauf hindeuten, dass die Apostel von Habgier, Begierde oder Machthunger motiviert waren, stehen Kritiker den Evangelienberichten nach wie vor misstrauisch gegenüber. Wir wollen uns einmal die Gründe hinter dem Misstrauen ansehen und sie mithilfe des abduktiven Denkens in unsere Endbewertung einfliessen lassen.

DIE EVANGELIEN WURDEN VON CHRISTEN GESCHRIEBEN

Einige Skeptiker haben behauptet, dass man den Evangelien nicht vertrauen kann, weil sie nicht von *objektiven* Nichtchristen geschrieben wurden. Dieser Sicht zufolge wurden die neutestamentlichen Aufzeichnungen von voreingenommenen Christen geschrieben, die versuchten, uns von ihrer religiösen Perspektive zu überzeugen. Kritiker meinen, diese Christen haben die Ereignisse durch eine subjektive religiöse Linse wahrgenommen und sie anschliessend aus ihrer Sicht weitergegeben. Daher seien die Evangelienberichte voreingenommen und unzuverlässig.

ABER ...

Diese Sicht beschreibt nicht wirklich, was im 1. Jahrhundert geschah, als die Augenzeugen das Leben und den Dienst Jesu in den Evangelien beschrieben. Um den Punkt deutlich zu machen, möchte ich Ihnen ein Beispiel aus einem meiner Fälle geben. Als ich vor vielen Jahren an Raubüberfällen arbeitete, hatte ich einen Fall, bei dem eine örtliche Bankfiliale ausgeraubt wurde. Der Tatverdächtige (Mark Hill) betrat die Bank am Nachmittag und stellte sich am Schalter an. Er musste zwei oder drei Minuten in der Vorhalle warten, bis er der Kassiererin schliesslich eine «Zahlungsaufforderung» überreichte und eine Handfeuerwaffe an seinem Hosenbund aufblitzen liess. Während er noch auf seinen Augenblick wartete, sah ihn eine Bankangestellte (Kathy Smalley) in der Schlange. Kathy war die stellvertretende Filialleiterin und hatte einen Schreibtisch in der Vorhalle neben dem Schalter. Sie erkannte Mark, während er darauf wartete, bis er an der Reihe war. Kathy war mit Mark auf der Highschool gewesen und erkannte, weil er ein talentierter (und beliebter) Sportler gewesen war. Obgleich viele Jahre vergangen waren, erkannte Kathy ihn mit Sicherheit. Mark hingegen war ganz auf den Bankraub fokussiert. Er blickte nicht einmal auf; sonst hätte er nämlich gesehen, wie Kathy ihn beobachtete. Schliesslich kam er zu der Kassiererin (Debra

Camacho) und setzte seinen Überfall fort. Debra gab Mark das geforderte Geld und löste den stummen Alarm aus, als er sich umdrehte und wegging. Schnell winkte sie Kathy zu, die in ihrer Nähe sass.

Kathy wurde klar, dass Debra gerade ausgeraubt worden war. Sie konnte es nicht fassen. Sie hätte es nie für möglich gehalten, dass Mark einen Überfall begehen könnte. Sie dachte sogar, dass Mark nach der Highschool ein Sportstipendium bekommen hatte und ein erfolgreicher Sportler und Hochschulabsolvent geworden war. Als sie sah, wie Mark die Vorhalle betrat, dachte sie keinen Augenblick daran, dass er einen Überfall begehen würde. Jetzt aber war sie sich sicher, dass Mark der Räuber war. Sie *glaubte* jetzt an Marks Schuld. Schliesslich hatte sie es mit eigenen Augen gesehen. Ich möchte Sie jetzt fragen: Sollte ich ihrer Aussage vertrauen? Ist sie nicht zu voreingenommen, um eine verlässliche Zeugin zu sein? Kathy hat keinen neutralen Standpunkt hinsichtlich der Dinge, die sie in der Bank gesehen hat. Sie hat eine klare Meinung zur Identität des Räubers. Sie glaubt, dass Mark Hill es getan hat; sie ist sich sicher, dass es nur eine Möglichkeit gibt, wer der Täter ist. Wenn sie so voreingenommen ist, wie kann ich ihren Worten dann vertrauen?

Erkennen Sie, wie lächerlich diese Bedenken sind? Kathy war nicht voreingenommen gegenüber Mark und hatte auch keine vorgefasste Meinung, die ihre Beobachtungen hätte trüben können. Sie war aber schockiert, als sie feststellte, dass Mark fähig war, eine solche Straftat zu begehen. Das konnte sie *erst jetzt* glauben.

In ähnlicher Weise wurden die Autoren der Evangelien erst zu «christlichen» Gläubigen, *nachdem* sie das Leben und den Dienst Jesu gesehen hatten. Viel wurde darüber geschrieben, dass die Juden im 1. Jahrhundert in Palästina einen Messias erwarteten, der sie von der römischen Unterdrückung befreien würde. Sie rechneten mit einem militärischen Befreier, keinem geistlichen Erlöser. Sogar Bart Ehrman räumt ein, dass sich die Jünger fragten: «Wie konnte Jesus, der Messias, nur den Tod eines gewöhnlichen Verbrechers sterben?» Sie rechneten nicht mit dem Tod Jesu (als militärischer Messias), und noch weniger dachten sie daran, dass er wieder auferstehen würde.

Die Evangelien sind voller Situationen, in denen die Jünger die Prophezeiungen und Ankündigungen Jesu missverstehen. Es gibt viele Beispiele, die belegen, dass die Augenzeugen des Lebens Jesu zweifelten und zögerten. Die skeptischen Jünger baten Jesus wiederholt um Klarheit, und Thomas, der drei Jahre mit Jesus verbracht hatte, glaubte seiner Voraussage der Auferstehung erst, als er Jesus mit eigenen Augen sah und Jesus mit seinen eigenen Händen berührte. Die Apostel waren von der Gottheit Jesu überzeugt, *nachdem* sie sein Leben und seine Auferstehung gesehen hatten. Am Anfang waren sie ebenso wenig Christen, wie Kathy sich vorstellen konnte, dass Mark Hill Bankräuber sei. Die Jünger wurden aufgrund ihrer Beobachtungen zu Christen (sicher, dass Jesus Gott ist), so, wie Kathy sich sicher war, dass Mark Hill den Bankraub begangen hatte, weil sie ihn dabei gesehen hatte. Die Jünger waren nicht voreingenommen; sie waren sich auf der Grundlage von Beweisen sicher.

DIE TODESBERICHTE DER APOSTEL WURDEN VON CHRISTEN GESCHRIEBEN

Skeptiker haben auch behauptet, nur wenig oder kein Gewicht könne dem Umstand beigemessen werden, dass die Apostel für ihr Zeugnis angeblich den Märtyrertod erleiden mussten, da die «Geschichten» darüber grösstenteils von Gläubigen verfasste christliche Legenden sind. Woher wissen wir, dass sie wirklich den Märtyrertod starben, wenn die einzigen uns zur Verfügung stehenden Aufzeichnungen voreingenommene Geschichten und Legenden voller Wunder sind?

ABER ...
Wie in Kapitel 1 beschrieben, können wir es nicht zulassen, dass antike Berichte automatisch ausgeschlossen werden, nur weil darin wundersame Dinge beschrieben werden. Wenn wir behaupten, dass antike Geschichten voreingenommen sind (weil sie von Christen geschrieben wurden), können wir sie nicht einfach aufgrund unserer eigenen Voreingenommenheit (gegen den Supernaturalismus) ablehnen. Es stimmt zwar, dass manche Berichte über den Märtyrertod der Apostel glaubwürdiger sind als andere, aber wir haben keinen Anlass, sie alle als historisch fehlerhaft zurückzuweisen. Der Tod von Petrus, Paulus, Jakobus und Johannes ist eindeutig bestätigt, und die übrigen Berichte vom Märtyrertod der Apostel (mit der möglichen Ausnahme von Matthias und Philippus) sind ausreichend dokumentiert und geben uns die Sicherheit, die Wahrheit über ihren Tod zu kennen.

Noch wichtiger ist, dass es keine antiken nichtchristlichen Berichte gibt, die den Behauptungen der christlichen Autoren widersprechen, die vom Tod dieser Augenzeugen erzählen. Es ist nicht so, dass wir widersprüchliche Berichte über das Zeugnis dieser Männer hätten. Wir haben nicht auf der einen Seite Christen aus der Antike, die behaupten, dass die Apostel gestorben sind, weil sie die Wahrheit über Jesus verkündeten und ihr Zeugnis nicht widerrufen wollten, und auf der anderen Seite Nichtchristen aus der Antike, die behaupten, die Apostel hätten letzten Endes zugegeben, dass alles eine grosse Lüge sei. Es finden sich keine Autoren in der Antike, die etwas anderes behaupten als das, was Christen beschrieben haben, keine widersprüchlichen Berichte, die die Apostel als Lügner darstellen, die ihre Lügen unter Druck eingestanden haben. Das einhellige Zeugnis des Altertums ist, dass die frühen christlichen Augenzeugen für ihr Zeugnis litten, aber es nicht verleugneten. Sie sind nicht zurückgewichen und haben ihre Geschichte nie verändert.

DIE WAHRSCHEINLICHSTE SCHLUSSFOLGERUNG

Abduktives Denken kann uns dabei helfen, uns zwischen zwei möglichen Schlussfolgerungen zu entscheiden hinsichtlich der Voreingenommenheit oder des Motivs der apostolischen Augenzeugen beim Schreiben ihrer Evangelien oder ihres Zeugnisses. Noch ein letztes Mal wollen wir die Beweise auflisten, zusammen mit zwei möglichen Erklärungen für das bisher Gesehene:

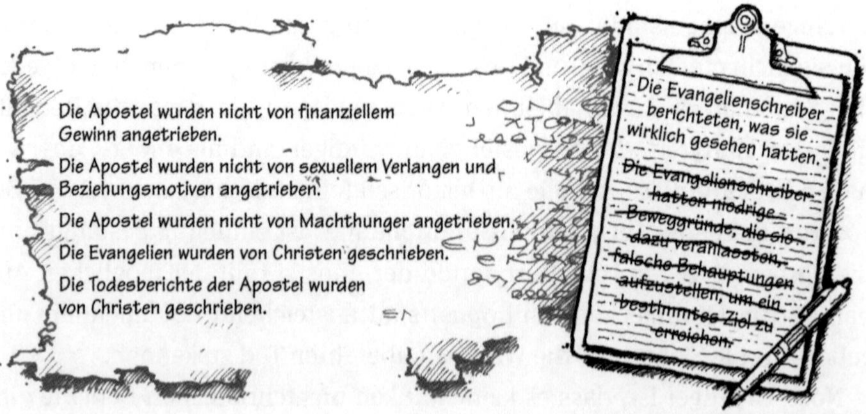

Den Aposteln fehlte es an bösen Absichten. Sie hatten keinen Nutzen davon, Lügen über das zu verbreiten, was sie gesehen hatten. Sie wären viel besser dran gewesen, wenn sie ihren Mund gehalten hätten. Welchen Gewinn hätten sie denn aus dieser ausgeklügelten Lüge ziehen können? Klar ist, dass die Evangelienschreiber mehr Interesse am ewigen Leben hatten als an materiellem Gewinn. Hätte eine Lüge über Jesus seine geistlichen Behauptungen wahr gemacht? Ergibt es Sinn, dass die Jünger alles verliessen für geistliche Behauptungen, von denen sie wussten, dass sie nicht der Wahrheit entsprachen? Die historischen Beweise stützen eher die erste als die zweite Erklärung. Sie liefert vernünftige Antworten auf die Herausforderungen der Skeptiker. Die zweite Erklärung ist hingegen nicht in der Lage, das fehlende Motiv der Apostel angemessen zu erklären. Die erste Erklärung ist *glaubhaft*, *direkt* und *logisch*. Sie *umfasst* alle von uns gesammelten Beweise und ist der alternativen Erklärung *überlegen*. Sie ist erneut die vernünftigste Erklärung.

DIE EVANGELIEN BESTEHEN DEN LETZTEN TEST

Wir haben die vier wichtigen Bereiche untersucht, die die Geschworenen in Erwägung ziehen müssen, wenn sie sich mit der Zuverlässigkeit von Augenzeugen befassen. Die wahrscheinlichste Schlussfolgerung ist, dass die Evangelienschreiber *anwesend* waren, *bestätigt* wurden und *präzise* und *unvoreingenommen* waren. Wenn das der Fall ist, können wir mit Sicherheit schliessen, dass ihr Zeugnis *zuverlässig* ist. Wir haben die *schwere Aufgabe* übernommen, die Zuverlässigkeit dieser Berichte zu bestimmen, und waren fleissige und treue Geschworene, die sich durch das Beweismaterial gearbeitet haben. Es ist Zeit, eine Entscheidung zu fällen.

Nachwort

WERDEN SIE EIN CHRIST DER «ZWEI ENTSCHEIDUNGEN»

Santiago Ortega drehte den Schlüssel um und startete seinen alten 1975er Triumph Tr6. Der Motor knatterte und zündete zu früh, und Rauch machte sich auf dem kleinen Parkplatz neben dem billigen Hotel breit, das Santiago sein Zuhause nannte. Santiago war süchtig nach Crack, und seine Sucht nahm einen Grossteil seines Tages in Anspruch. Entweder rauchte er Crack, oder er suchte nach einer Möglichkeit, Geld dafür aufzutreiben, und er war zunehmend verzweifelt.

Er hatte seine Frau wochenlang nicht gesehen. Seine Familie war über den ganzen Landkreis verstreut und würde ihm keinen Unterschlupf gewähren, vor allem jetzt nicht. Sein Vater und sein Bruder sassen wegen Bankraubs im Bundesgefängnis, und Santiago war leider in ihre Fussstapfen getreten. Er hatte bereits sieben Banküberfälle im Landkreis Los Angeles auf seinem Konto, bevor er seinen ersten in unserer Stadt verübte. Ich arbeitete damals in unserem verdeckten Ermittlerteam, und ein Informant gab uns einen Tipp, der uns zu Santiagos Hotel führte. Wir befanden uns auf dem Parkplatz, als Santiago sein verbeultes Kabrio startete.

Obgleich Santiago wie der Mann auf den Überwachungsfotos aus der Bank aussah, waren wir uns nicht sicher, ob er der Räuber war, nach dem wir suchten. Wir sollten es schon bald herausfinden. Santiago verliess den Parkplatz und fuhr nach Long Beach. Unser Team folgte ihm unauffällig; fünf Beamte und ein Sergeant waren ihm in nicht weiter auffälligen, mittelgrossen Autos auf den Fersen. Santiago brachte es nicht weit, bevor er seiner Sucht nachgab. Bei der ersten Ampel zündete er sich eine selbst gemachte Crackpfeife an und füllte das Innere seines kleinen Wagens mit Rauch. Die Rauchwolke in seinem Triumph liess ihn fast unsichtbar werden. Irgendwie schaffte er es dennoch zu fahren, umgeben von Nebel, ohne auch nur einmal das Fenster runterzukurbeln. So ging es etwa zwei Meilen, bis er zu einer Sparkassenfiliale kam.

Santiago parkte sein Auto am Rand des Parkplatzes, knapp ausserhalb der Sichtweite der Banktüren. Er stieg aus, strich über sein Shirt und fuhr sich durchs Haar. Nervös sah er sich auf dem Parkplatz um, als er zur Bank ging. Einer aus unserem Team, bekleidet mit Jeans und einem T-Shirt, stieg aus seinem Auto und folgte Santiago in die Filiale. Mit seinem tragbaren Funkgerät stand er in Verbindung mit dem Rest unseres Teams. Wie Mark Hill überreichte Santiago der Kassiererin eine «Zahlungsaufforderung». Bei seinen letzten Raubüberfällen musste er den Kassierern nie seine Waffe zeigen; seine Nachricht reichte aus und sie taten, was er verlangte. Auch heute gab es keine Ausnahme. Sie nahm das Geld aus der Kasse und gab es Santiago. Rasch drehte er sich um und verliess die Bank. Den Kunden in der Vorhalle war überhaupt nicht bewusst, dass sich gerade ein Bankraub ereignet hatte.

Aber mein Partner wusste es. Schnell teilte er uns aus dem Inneren der Bank mit, dass Santiago die Bank ausgeraubt hatte. Santiago sass mittlerweile in seinem Triumph und wollte den Parkplatz verlassen. Unser Team heftete sich schnell an seine Fersen. In Situationen wie diesen setzen wir normalerweise jemanden an der nächsten roten Ampel fest; wir umzingeln den Tatverdächtigen mit unseren Autos und verhindern so, dass er entkommt. Aber Santiago nahm seine Umgebung jetzt besonders aufmerksam wahr und eines unserer Überwachungsfahrzeuge erregte seinen Verdacht. Die Jagd war eröffnet.

Wenn berauschte Crack-Süchtige und betagte Triumphs beteiligt sind, ist die Katastrophe vorprogrammiert, ganz besonders wenn sie sich zusammentun, um vor der Polizei zu fliehen. Schon auf der ersten Meile der Verfolgungsjagd baute Santiago einen Unfall. Ich war der mit dem Fall betraute Beamte; es lag in meiner Verantwortung, Santiago die Handschellen anzulegen und ihn zurück zur Polizeiwache zu fahren. Unterwegs hatte ich Gelegenheit, mit ihm über sein Leben und seine Zukunft zu reden. Ich fing mit einer einfachen Beobachtung an.

«Santiago, du siehst schrecklich aus», sagte ich.

«Ich weiss», erwiderte er kopfschüttelnd. Zu seiner Entlastung muss man sagen, Santiago Ortega war ein gebrochener Mann, der sein Leben und seine kriminelle Laufbahn bereute.

«Wie lange glaubtest du, so weitermachen zu können?» Die Frage war mir ein echtes Anliegen. Seine Augen waren rot und entzündet; er wirkte ausgemergelt und unordentlich. Es sah aus, als hätte er seit Tagen nichts gegessen.

«Mir war klar, es würde so nicht weitergehen. Ja, wirklich. Ich weiss nicht einmal, wie es so weit kommen konnte. Ich bin kein schlechter Mensch. Das weiss ich.» Er war bemerkenswert gesprächig und ehrlich.

«Warum machst du das dann?», fragte ich ihn.

«Ich bin ein Junkie. Ich will damit aufhören. Aber es endet immer wieder dort. Weisst du, ich bin sogar verheiratet und meine Frau ist eine wunderschöne Lady. Sie hat mich verlassen, als ich wieder damit anfing.» Santiago begann zu weinen, und seine Tränen liessen seine entzündeten Augen zusammenzucken. «Vor ein paar Jahren war ich mit ihr auf einer Evangelisationsveranstaltung und kam zum Glauben. Sie auch. Aber hier bin ich nun, noch immer völlig verkorkst.» Er erzählte mir von seiner Erfahrung, die er bei dem grossen evangelistischen Stadionereignis gemacht hatte. Er sagte mir, er sei von den Worten des Predigers berührt gewesen und von der Tribüne nach vorne gegangen, um ein Nachfolger Jesu zu werden. Er dachte, diese Entscheidung würde sein Leben für immer verändern.

«Sie denken jetzt wahrscheinlich, ich wäre so etwas wie ein Heuchler, nicht wahr? Nur ein weiterer verkorkster Christ.» Er wusste nicht, dass er mit einem gläubigen Christen sprach.

Santiago entschied sich, Jesus hinsichtlich der Errettung zu vertrauen, aber er machte sich nie wirklich vertraut mit dem Leben und der Lehre Jesu. Er traf nicht die zweite nötige Entscheidung, seinen Glauben auch zu überprüfen. Er konnte in seinem Glauben nicht mehr erkennen als eine *subjektive Meinung*, während er Probleme hatte, in einer Welt *objektiver Fakten* zu leben. Als Folge kapitulierten seine *Glaubensüberzeugungen* vor den *Fakten* seiner Lebenssituation und dem Druck seiner Sucht. Er erlaubte es seinen

Freunden und seiner Familie, ihn zu beeinflussen, statt zu einer Quelle der Inspiration und Wahrheit für seine Familie und Nachbarschaft zu werden. Santiago war ein Christ mit einer Entscheidung, die leider nicht von einer gründlichen Untersuchung des Beweismaterials gestützt wurde.

In den folgenden Jahren pflegten Santiago und ich einen regen Briefwechsel. Letzten Endes wurde er zu vielen Jahren im Bundesgefängnis verurteilt. Jetzt war er leider an einem Ort, wo er Zeit und Möglichkeiten hatte, sich mit den Beweisen des Christentums zu befassen.

ENTSCHEIDUNGEN, «GLAUBEN, DASS» UND «GLAUBEN AN»

Meine Reise verlief genau entgegengesetzt zu der von Santiago Ortega. Ich entschloss mich, die Behauptungen des Christentums zu untersuchen (um herauszufinden, ob sie sich verteidigen liessen), *bevor* ich mich Christ nannte. Meine Untersuchung (einiges davon habe ich in Teil 2 beschrieben) führte mich zu der Schlussfolgerung, dass die Evangelien zuverlässig sind. Allerdings stellte mich diese Schlussfolgerung vor ein Problem. Als die Geschworenen in Kapitel 4 Jerry Strickland zu einem zuverlässigen Zeugen erklärten, vertrauten sie seinem Zeugnis hinsichtlich der Identität des Räubers. Ich musste jetzt einen ähnlichen Schritt in Bezug auf die verlässlichen Augenzeugen der Evangelien gehen. Es ist eine Sache, die Historizität von Orten oder Schlüsselfiguren in der biblischen Erzählung zu akzeptieren, eine andere hingegen, zu glauben, was die Evangelien über Jesus berichten. Bewies Jesus wirklich seine Gottheit, wie die Augenzeugen in den Evangelien behaupteten? Stand er wirklich von den Toten auf? Sagte er die Wahrheit über seine Identität und das Wesen des ewigen Lebens? Mir war klar: Die Entscheidung zugunsten der wahrscheinlichsten Schlussfolgerung erforderte von mir, dass ich meine naturalistischen Grundannahmen vollständig aufgeben musste. C. S. Lewis hatte recht: Wenn die Behauptungen über Jesus wahr waren, dann waren sie von absolut übergeordneter Bedeutung. Diese Entscheidung würde höchstwahrscheinlich mein Leben für immer verändern.

Ich wusste, ich würde nie einen blinden Glaubensschritt gehen können. Für mich musste der Wechsel von «glauben, dass» zu «glauben an» eine vernünftige, auf Beweisen beruhende Entscheidung sein. Darum bitte ich die Geschworenen jedes Mal, wenn ich einen Fall vorstelle, sie sollen die Indizienbeweise sammeln und die wahrscheinlichste Schlussfolgerung aus ihren Untersuchungen ziehen. Genau das habe ich getan, als ich mich mit der Zuverlässigkeit der Evangelien befasst habe:

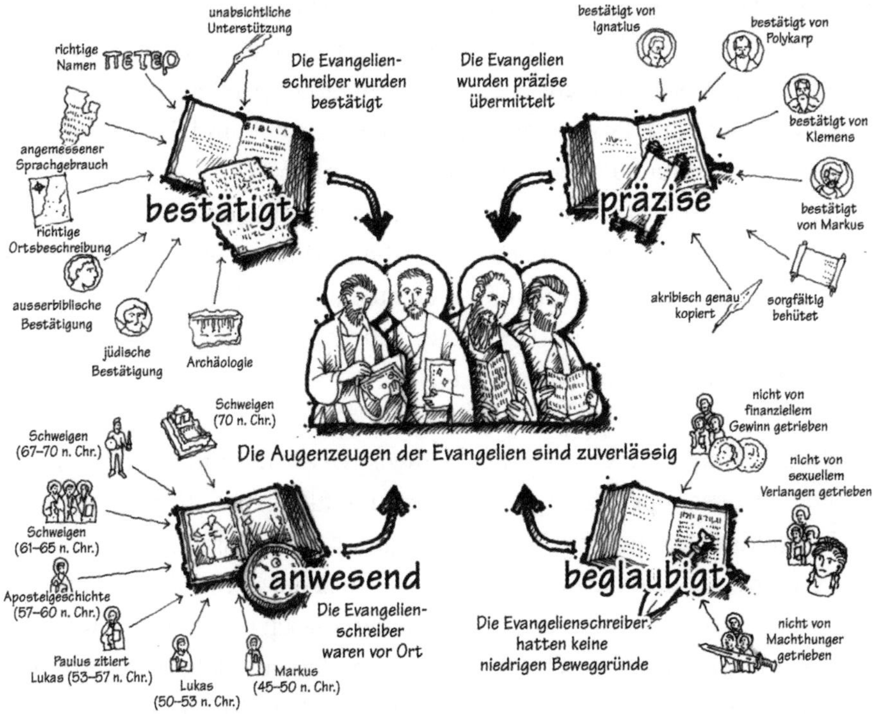

Ich wusste, dass meine Bedenken gegenüber den Evangelien auf den geschilderten wundersamen Ereignissen beruhten. Der philosophische Naturalismus verhinderte, dass ich Wunder ernst nahm. Aber die Apostel behaupteten, Wunder gesehen zu haben, und die Evangelienschreiber bestanden die normale Beurteilung von Augenzeugen in jeder Hinsicht.

Ich kann mich an den Tag erinnern, an dem ich meine naturalistischen Vorurteile schliesslich aufgab und von «glauben, dass» zu «glauben an» wechselte. Ich sass mit meiner Frau in einem Gottesdienst. Ich erinnere mich nicht mehr genau, worüber der Pastor sprach, aber ich weiss noch, wie ich mich zu ihr rüberbeugte und sagte, ich würde an Jesus glauben. Ähnlich wie Mark Walker, der Polizist, der auf seine kugelsichere Weste vertraute, glaubte ich in diesem einzigartigen Augenblick nicht nur, dass die Evangelien zuverlässige Augenzeugenberichte sind, sondern vertraute ihnen auch hinsichtlich ihrer Aussagen über Jesus.

Die Augenzeugen in den Evangelien hatten etwas ganz Besonderes über Jesus zu sagen. Sie opferten ihr Leben nicht für eine persönliche *Meinung* über Gott, sondern weil es in ihren Aussagen objektiv um Leben und Tod ging. Sie wussten, dass Jesus mehr bot als Richtlinien für persönliches Verhalten. Ihnen war klar, dass Jesus «der Weg und die Wahrheit und das Leben» war, und «niemand zum Vater kommt als nur durch» ihn (Joh 14,6). Die apostolischen Augenzeugen gaben ihr Leben und halfen uns so zu verstehen, dass wir als gefallene, unvollkommene Menschen dringend einen Erlöser brauchen. Sie starben als Märtyrer und versuchten uns deutlich zu machen, dass Jesus der Erlöser ist, der uns unsere Sünden vergeben kann. Petrus machte das ganz klar, als er anderen bezeugte:

> Wie Gott Jesus von Nazareth mit Heiligem Geist und Kraft gesalbt hat, und wie dieser umherzog und Gutes tat und alle heilte, die vom Teufel überwältigt waren; denn Gott war mit ihm. Und wir sind Zeugen alles dessen, was er im Land der Juden und in Jerusalem getan hat. Ihn haben sie getötet, indem sie ihn ans Holz hängten. Diesen hat Gott auferweckt am dritten Tag und hat ihn offenbar werden lassen, nicht dem ganzen Volk, sondern uns, den von Gott vorher erwählten Zeugen, die wir mit ihm gegessen und getrunken haben nach seiner Auferstehung aus den Toten. Und er hat uns geboten, dem Volk zu verkündigen und zu bezeugen, dass er der von Gott bestimmte Richter der Lebendigen und der Toten ist. Von diesem legen alle Propheten Zeugnis ab, dass jeder, der an ihn glaubt, durch seinen Namen Vergebung der Sünden empfängt. (Apg 10,38-43)

Die Apostel erkannten, dass ihre Botschaft ein lebensrettendes Heilmittel für das war (und ist), was uns alle umbringt. Sie gaben ihr Leben, um unser Leben zu retten, damit wir sogar noch mehr Menschen retten können. Als mir die Kraft dieser Botschaft bewusst wurde, wechselte ich von «glauben, dass» zu «glauben an». Den Leuten, mit denen ich zusammentraf, fiel die Veränderung fast augenblicklich auf. Es war nicht so, als würde ich mich verstärkt um ein anderes Verhalten bemühen oder mich an neue Regeln halten, ich kannte nicht einmal alle «Regeln» in meinem anfänglichen Glaubensleben. Aber eines wusste ich: Ich war dankbar. Ich begann nicht nur, das wahre Wesen Jesu zu verstehen, sondern auch das wahre Wesen meines gefallenen Zustands. Man kann seine eigene Unvollkommenheit nur schwer übersehen, wenn man mit dem vollkommenen Gott des Universums konfrontiert ist. Als ich erkannte, wie sehr ich Vergebung brauchte und was Jesus getan hatte, um sie mir geben zu können, wurde ich zum ersten Mal in meinem Leben wirklich dankbar und optimistisch. Bevor ich Christ wurde, war ich schon acht Jahre lang Polizist. In dieser Zeit verlor ich langsam meinen Glauben an die Menschen. Ich war misstrauisch und hielt jeden für einen Lügner und fähig zu den schrecklichsten Taten. Was die Verdorbenheit der Menschheit anging, konnte mich nichts mehr überraschen. Ich vertraute niemandem und hielt mich den meisten Leuten, denen ich begegnete, für überlegen. Ich war grossspurig, zynisch und distanziert. Meine Frau und meine Kinder waren meine ganze Welt. Ich hatte ein paar Bekannte, die ebenfalls bei der Polizei arbeiteten, aber nur wenige andere Freunde. Mit jedem weiteren Fall und Jahr verschloss sich mein Herz immer mehr und wurde härter. Dieser Umstand störte mich nicht im Geringsten. Ich betrachtete mein Misstrauen als Tugend.

Das alles änderte sich, als ich begann, an Jesus zu glauben. Als ich begriff, in welcher Not ich war und was ich geschenkt bekommen hatte, nahmen Mitgefühl und Geduld bei mir zu. Als jemand, dem vergeben wurde, lernte ich, selbst zu vergeben. Meine Begeisterung wurde ansteckend. Sie sprudelte über in allem, was ich sagte und tat. Meine Partner bemerkten es, obwohl ich in der ersten Zeit versuchte, meine Bekehrung vor ihnen zu verbergen. Meine Frau wurde davon möglicherweise am meisten überrascht. Sie war in einem christlichen Umfeld aufgewachsen, akzeptierte in den ersten siebzehn Jahren unserer Beziehung jedoch geduldig meinen Widerstand und wachsenden Zynismus. Sie sollte erleben, wie sich mein (und ihr) Leben dramatisch veränderte. Wenn sie jetzt, sechzehn Jahre später, darauf zurückschaut, erstaunt sie diese Verwandlung noch immer. Die Wahrheit über Jesus wirkte sich auf jeden Aspekt unseres Lebens aus, während ich zunehmend von dem Wunsch erfasst wurde, mehr über ihn zu erfahren. Ich schlief weniger, studierte mehr, arbeitete mit mehr Dringlichkeit und liebte andere Menschen auf eine Weise wie nie zuvor. Ich wollte den Menschen in meiner Lebenswelt mitteilen, was ich entdeckt hatte. Jeder, mit dem ich in Kontakt kam, hörte schliesslich das Evangelium. Ich wurde als freimütiger Christ bekannt. Ich besuchte ein Seminar, wurde Pastor und gründete sogar eine kleine Gemeinde. Während ich in den letzten sechzehn Jahren die Augenzeugenberichte studierte, vertraute ich mehr und mehr auf ihre Zuverlässigkeit und Botschaft. Dieses Vertrauen hat mich motiviert, die Wahrheit zu verteidigen und weiterzugeben.

ES IST WICHTIG, EIN CHRIST DER *ZWEI ENTSCHEIDUNGEN* ZU WERDEN

Bei im Fernsehen übertragenen Strafprozessen werden die Geschworenen manchmal nach ihrer Entscheidung befragt. Im Gespräch mit den Reportern treffen manche von ihnen eine zweite Entscheidung. Sie entschliessen sich, Stellung zu beziehen. Nicht jeder Geschworene ist bereit, seine Entscheidung zu erklären, aber einige sind der Ansicht, sie könnten andere so besser überzeugen und an ihrer eigenen Entscheidung persönlich wachsen. Hätte sich Santiago Ortega entschlossen, seinen Glauben zu überprüfen und zu verteidigen, dann wäre er möglicherweise auch in der Lage gewesen, die Menschen um ihn herum zu überzeugen oder zumindest persönlich daran zu wachsen, ohne sich von anderen beeinflussen zu lassen.

Als ich mich entschied, das zu glauben, was mir die Evangelienschreiber mitteilten, entschloss ich mich gleichzeitig, den Fall des Christentums zu verteidigen. Die zweite Entscheidung war ebenso wichtig wie die erste. Ich fing bescheiden an mit einer nicht allzu teuren Website (ColdCaseChristianity.com) und postete meine Untersuchungsergebnisse in verschiedenen

Bereichen. Als Jugendpastor postete ich auch die Lektionen und Botschaften, die ich meinen Schülern präsentierte. Schliesslich begann ich einen Podcast. Jetzt habe ich ein Buch geschrieben. So wie viele andere Christen fühlte ich mich anfangs nicht ganz wohl, als ich die Ansprüche des Christentums verteidigte. Wie konnte ich nur genug lernen (oder genug wissen), um das Christentum wirksam zu verteidigen? Muss ich nicht zuerst einen Doktor in Philosophie oder christlicher Apologetik machen? Sollte ich nicht irgendeine Art von «Experte» sein, bevor ich meinen Glauben zu verteidigen versuche?

Geschworene sind keine Experten, aber dennoch wird von ihnen verlangt, die wichtigste Entscheidung im Gerichtssaal zu treffen. Die von der Staatsanwaltschaft oder Verteidigung vorgestellten Experten haben absolut kein Mitspracherecht. Unser Justizsystem vertraut darauf, dass Leute wie Sie und ich Expertenaussagen prüfen können und zu einer vernünftigen Schlussfolgerung hinsichtlich der Wahrheit gelangen. Einer der Geschworenen wird sogar zu einer Führungsperson im Gerichtssaal. Als von den anderen Geschworenen ausgewählter «Vorsitzender» leitet dieser Mann oder diese Frau die Beratungen und legt die Entscheidung schliesslich dem Richter vor. Man muss kein Experte sein, um als Geschworener zu dienen oder die Jury als Vorsitzender anzuführen. Die Geschworenen müssen imstande sein, den Experten zuzuhören, die Beweise gründlich zu beurteilen und die wahrscheinlichste Schlussfolgerung zu ziehen. Sie müssen keine Experten im vorliegenden Fachgebiet sein. Sie müssen einfach nur aufmerksam und sorgfältig sein, gewillt, sich nach bestem Wissen und Gewissen einzubringen.

Und genau das müssen auch wir sein, wenn wir das Christentum effektiv verteidigen wollen: aufmerksam, sorgfältig und gewillt, uns nach bestem Wissen und Gewissen einzubringen. Wie sich zeigt, ist jeder von uns bereits ein Experte der einen oder anderen Art. Auf die Herausforderung der Skeptiker können wir mit unserer Lebenserfahrung reagieren, und wir können die bewusste Entscheidung treffen, das Christentum noch besser zu verteidigen. Das ist gut genutzte Zeit und ein wichtiger Teil unserer Identität als Christen.

DIE GEFAHR, CHRIST MIT *VERKÜRZTEM AUFTRAG* ZU WERDEN

Viele von uns haben die Pflicht, das Evangelium weiterzusagen, vernachlässigt. Wir haben sie einfach nicht erkannt. Wir sind zu Christen mit verkürztem Auftrag geworden. Lassen Sie mich das erklären. Die meisten von uns wissen, wie wichtig es ist, dass Christen das Evangelium weitergeben. Jesus sagte den Aposteln: «Macht zu Jüngern alle Völker», und sie sollten diesen Jüngern alles beibringen, was er gelehrt hatte (Mt 28,16-20). Das ist als der «grosse Missionsbefehl» bekannt geworden. Wie die Apostel in ihrer Generation haben auch wir den Auftrag, Jünger zu machen. Christen wissen, dass sie auf die eine oder andere Weise zum Evangelisieren berufen wurden, auch wenn sich viele von uns nur unzureichend ausgerüstet fühlen, unseren Glauben weiterzugeben.

Paulus war sich dessen bewusst, und er sprach über das Evangelisieren im Rahmen der Verteilung von Gaben. Als er uns alle als Glieder der Gemeinde beschrieb, sagte Paulus: Gott «hat *etliche* als Apostel gegeben, *etliche* als Propheten, *etliche* als Evangelisten, *etliche* als Hirten und Lehrer, zur Zurüstung der Heiligen, für das Werk des Dienstes, für die Erbauung des Leibes des Christus» (Eph 4,11-12). Nicht jeder ist ein Hirte oder ein Prophet. Einige von uns haben Gaben auf diesem Gebiet, andere nicht. In ähnlicher Weise haben nur ein paar von uns die Gabe eines Evangelisten; nicht jeder kann seinen Glauben so vermitteln wie Billy Graham. Wenn es mir schwerfällt, ein Gespräch über den christlichen Glauben anzufangen, muss ich oft an diese Worte von Paulus denken.

Obschon sie einräumten, dass nicht alle die Gabe eines Evangelisten haben, betonten die neutestamentlichen Autoren auch die Verantwortung eines jeden Christen. Petrus sagte, niemand darf seine Pflicht verleugnen, den christlichen Glauben zu verteidigen. Ihm zufolge gilt für *alle* «bereit [sein] zur Verantwortung gegenüber jedermann, der Rechenschaft fordert über die Hoffnung, die in euch ist» (1Petr 3,15). Obgleich nur einige von uns die Gabe und die Berufung von Evangelisten besitzen, sind wir doch alle aufgerufen, für den christlichen Glauben einzustehen. Das ist unsere Pflicht als Christen, und diese Pflicht dürfen wir nicht verkürzen. Als biblische, neutestamentliche Gläubige sind wir nicht bloss «Christen», wir sind «Christen, die ihren Glauben verteidigen». Wir können uns nicht auf unserem Christsein ausruhen und die schwere Aufgabe, den Glauben zu verteidigen, denen überlassen, die Bücher zu diesem Thema schreiben.

Einige von uns verdienen ihren Lebensunterhalt damit, Mahlzeiten zuzubereiten. Die Welt ist voller beliebter und fähiger Profiköche, die Essen in Restaurants oder Fernsehsendungen kochen. Sie sind anerkannte Experten, von deren Rezepten und Erfahrungen wir lernen können. Aber selbst wenn Sie kein Profikoch sind, wissen Sie doch, wie man ein Essen zubereitet. Das ist ein wichtiger Teil des Lebens. Ja, ein paar sind Profis, aber auch der Rest von uns muss kochen können, wenn wir überleben wollen. In ähnlicher Weise leben manche von uns von der Verteidigung des Christentums, während die anderen eine Menge lernen können von den Argumenten und Vorträgen von professionellen «christlichen Apologeten». Alle Christen müssen in der Lage sein, ihren Glauben zu verteidigen. Das ist ebenso wichtig wie die täglichen Mahlzeiten. Das von uns zubereitete Essen mag nicht so kreativ oder extravagant sein wie das von Profiköchen, aber es reicht normalerweise aus, um uns satt zu machen. Unsere persönliche Verteidigung des Christentums ist möglicherweise nicht so ausgefeilt wie das, was erfahrene Apologeten zu bieten haben, aber sie kann genauso kraftvoll und überzeugend sein.

Jeder von uns muss dem Aufruf Gottes nachkommen und ein Christ der *zwei Entscheidungen* werden. Wenn Sie sich schon entschlossen haben, den Evangelien zu glauben, dann gehen Sie den zweiten Schritt und verteidigen Sie sie. Werden Sie ein Christ, der für seinen Glauben eintritt, der seinem normalen Berufsalltag nachgeht, sein Leben in Treue führt, sich der Wahrheit verpflichtet und stets bereit ist, seinen Glauben zu verteidigen. Ich möchte Ihnen Mut zu dieser zweiten Entscheidung machen. Fangen Sie klein an. Lesen und studieren Sie. Holen Sie Freunde an Bord. Starten Sie einen Blog oder eine Website. Rufen Sie einen Bibelkreis in Ihrer Gemeinde ins Leben. Machen Sie sich nützlich.

Mein Leben als Christ nahm in dem Augenblick an Fahrt auf, als ich mich dazu entschloss, mich für den christlichen Glauben einzusetzen. Gott gebrauchte meine Erfahrung als Kriminalbeamter, um mir eine Einsicht zu geben, die ich Ihnen auf den Seiten dieses Buches darlegte. Ich hoffe, die Skeptiker, die das hier lesen, können ihre vorgefassten Annahmen wenigstens so lange ablegen, um zu erkennen, dass ein indizienbasierter Fall vorliegt, der die Zuverlässigkeit der Evangelienschreiber stützt. Des Weiteren ist es meine Hoffnung, dass Christen, die dieses Buch lesen, in dem Wissen ermutigt werden, dass Gott sie in diesem Augenblick gebrauchen kann, für die Wahrheit einzutreten.

Anhang

ZEUGEN UND QUELLEN

Die für den Fall erforderlichen Quellen zusammentragen

Fallakten

SACHVERSTÄNDIGE

Bisher habe ich noch keine Untersuchung ohne die Hilfe von Sachverständigen vor Gericht gebracht, die ihre Aussagen zu bestimmten Detailaspekten des Beweismaterials zu Protokoll gegeben haben. Die folgenden Sachverständigen können in den Zeugenstand gerufen werden, wenn Sie die Behauptungen des Christentums untersuchen wollen.

Kapitel 1

SEIEN SIE KEIN «BESSERWISSER»

J. P. Moreland und William Lane Craig
Sie bezeugen philosophische Vorurteile und vorgefasste Annahmen, die Auswirkungen haben auf Fragen des Glaubens und der Vernunft, in ihrem Buch *Philosophical Foundations for a Christian Worldview* (InterVarsity Press, 2003).

Kapitel 2

LERNEN SIE, «SCHLUSSFOLGERUNGEN» ZU ZIEHEN

Gary Habermas und Michael Licona
Sie bezeugen die *minimalen Fakten* und Beweise in Zusammenhang mit der Auferstehung in ihrem Buch *The Case for the Resurrection of Jesus* (Kregel, 2004).

Kapitel 3

ZIEHEN SIE «INDIZIENBEWEISE» HINZU

William Lane Craig

Er bezeugt den Beweis der Kausalität in Bezug auf das kosmologische Argument in seinem Buch *The Kal□m Cosmological Argument* (Wipf & Stock, 2000).

John Leslie

Er bezeugt den Beweis der Feinabstimmung in Zusammenhang mit dem anthropischen Prinzip in seinem Buch *Universes* (Taylor & Francis, 2002).

Neil Manson

Er bezeugt den Beweis für Design hinsichtlich des teleologischen Arguments in seinem Buch *God and Design: The Teleological Argument and Modern Science* (Routledge, 2003).

Paul Copan und Mark Linville

Sie bezeugen den Beweis für Moral in Bezug auf das axiologische Argument in ihrem Buch *The Moral Argument* (Continuum Publishers, 2013).

Kapitel 4

ÜBERPRÜFEN SIE IHRE ZEUGEN

Richard Bauckham

Er bezeugt das Wesen der neutestamentlichen Evangelien als Augenzeugenberichte des Lebens Jesu in seinem Buch *Jesus and the Eyewitnesses: The Gospels as Eyewitness Testimony* (Eerdmans, 2006).

Bruce Metzger

Er bezeugt die frühe Sammlung der Augenzeugenberichte und ihre Aufnahme im Neuen Testament in seinem Buch *The Canon of the New*

Testament: Its Origin, Development, and Significance (Oxford University Press, 1997).

Kapitel 5

MESSEN SIE JEDEM WORT BEDEUTUNG BEI

Craig Blomberg
Er bezeugt die «forensischen» Methoden der «Textkritik», mit Hilfe deren die Evangelien studiert und Schlussfolgerungen gezogen werden können, in seinem Buch *The Historical Reliability of the Gospels* (InterVarsity Press, 2007).

Daniel B. Wallace
Er bezeugt, was wir in «forensischer» Hinsicht aus der frühen Übertragung der neutestamentlichen Dokumente lernen können, in seinem Buch *Revisiting the Corruption of the New Testament: Manuscript, Patristic, and Apocryphal Evidence* (Kregel, 2011).

Kapitel 6

TRENNEN SIE ARTEFAKTE VON BEWEISEN

Michelle Brown
Sie bezeugt die frühe Bildung des biblischen Textes und zeigt gleichzeitig eine Reihe von antiken biblischen Manuskripten in ihrem Buch *In the Beginning: Bibles before the Year 1000* (Smithsonian, 2006).

Philip Comfort
Er bezeugt das Wesen der frühen neutestamentlichen Papyrus-Manuskripte und die verwendete Methodik bei der Wiederherstellung der Originalberichte in seinem Buch *Early Manuscripts & Modern Translations of the New Testament* (Wipf & Stock, 2001).

Kapitel 7

WIDERSTEHEN SIE VERSCHWÖRUNGSTHEORIEN

William McBirnie

Er bezeugt das Leben und den Tod der Apostel, die behaupteten, die Auferstehung Jesu gesehen zu haben, in seinem Buch *The Search for the Twelve Apostles* (Tyndale, 2008).

Kapitel 8

RESPEKTIEREN SIE DIE «BEWEISMITTELKETTE»

Mark D. Roberts

Er bezeugt die Beweise der historischen Manuskripte und das frühe Auftreten der biblischen Berichte in seinem Buch *Can We Trust the Gospels? Investigating the Reliability of Matthew, Mark, Luke, and John* (Crossway, 2007).

Mike Aquilina

Er bezeugt die Schriften und Lehren der frühen Kirchenväter in seinem Buch *The Fathers of the Church, Expanded Edition* (Our Sunday Visitor, November 2006).

Kapitel 9

ERKENNEN SIE, WANN «GENUG GENUG IST»

David Wolfe

Er bezeugt, wie wir «wissen» können, dass etwas wahr ist, in seinem Buch *Epistemology: The Justification of Belief* (InterVarsity Press, 1983).

William Rowe

Er bezeugt die klassischen atheistischen Darstellungen des «Problems des Bösen» und die klassischen Verteidigungen (Theodizee) von Theisten in seinem Buch *God and the Problem of Evil* (Wiley-Blackwell, 2001).

Kapitel 10

BEREITEN SIE SICH AUF EINEN ANGRIFF VOR

Craig Evans
Er bezeugt die Annahmen und dubiosen Quellen, die einige Theorien und Taktiken von Skeptikern erklären, in seinem Buch *Fabricating Jesus: How Modern Scolars Distort the Gospels* (InterVarsity Press, 2006).

Gregory Koukl
Er bezeugt erfolgreiche und vernünftige Ansätze, die angewandt werden können, um das christliche Weltbild zu verteidigen, in seinem Buch *Tactics: A Game Plan for Discussing Your Christian Convictions* (Zondervan, 2009).

Kapitel 11

WAREN SIE ANWESEND?

Jean Carmignac
Er bezeugt den semitischen Ursprung der synoptischen Evangelien und wie sie inmitten der jüdischen Kultur in der ersten Hälfte des 1. Jahrhunderts gebildet wurden in seinem Buch *Birth of the Synoptic Gospels* (Franciscan Herald Press, Oktober 1987).

John Wenham
Er bezeugt eine alternative Theorie über das frühe Abfassungsdatum der Evangelien (die Matthäus vor Markus stellt), indem er die Evangelien sowohl miteinander als auch mit den Schriften und Aufzeichnungen der Kirchenväter vergleicht, in seinem Buch *Redating Matthew, Mark and Luke: A Fresh Assault on the Synoptic Problem* (InterVarsity Press, März 1992).

Kapitel 12

WURDEN SIE BESTÄTIGT?

Peter Schafer

Er bezeugt die antiken jüdischen Hinweise auf Jesus, die im Talmud zu finden sind, in seinem Buch *Jesus and the Talmud* (Princeton University Press, 2009).

R. T. France

Er bezeugt ausserbiblische antike Quellen, die die Existenz Jesu bestätigen, in seinem Buch *The Evidence for Jesus* (Regent College, 2006).

John McRay

Er bezeugt die archäologische Bestätigung des Neuen Testaments in seinem Buch *Archaeology and the New Testament* (Baker, 2008).

Shimon Gibson

Er bezeugt (als Archäologe) die archäologischen Beweise, die die letzten Tage im Leben Jesu bestätigen, in seinem Buch *The Final Days of Jesus: The Archaeological Evidence* (HarperCollins, 2009).

Kapitel 13

WAREN SIE PRÄZISE?

Michael Holmes

Er bezeugt die Schriften der Schüler der Apostel in seinem Buch *The Apostolic Fathers: Greek Texts and English Translations* (Baker, 2007).

Justo González

Er bezeugt die frühe Geschichte des Christentums und viele Personen, die in der «Beweismittelkette» eine Rolle spielen, in seinem Buch *Story of Christianity: Volume 1, The Early Church to the Dawn of the Reformation* (HarperOne, 2010).

Nicholas Perrin
Er bezeugt die Übertragung (und die Abschrift) der Evangelienberichte in seinem Buch *Lost in Translation? What We Can Know About the Words of Jesus* (Thomas Nelson, 2007).

Kapitel 14

WAREN SIE VOREINGENOMMEN?

C. Bernard Ruffin
Er bezeugt das Leben und den Märtyrertod der Apostel in seinem Buch *The Twelve: The Lives of the Apostles after Calvary* (Our Sunday Visitor, 1998).

Josh und Sean McDowell
Sie bezeugen die vernünftigen Schlussfolgerungen, die man aus dem Zeugnis der Apostel ziehen kann, in ihrem Buch *Evidence for the Resurrection* (Regal, 2009).

Fallakten

UNTERSTÜTZENDE KRIMINALBEAMTE

Ich bin nicht der erste Polizeibeamte oder Ermittler, der sich mit den Beweisen befasst, die für die Augenzeugenberichte in den Evangelien existieren, und der zu dem Schluss kommt, dass sie zuverlässig sind. Viele Kriminalbeamte sind mit ihrer Kompetenz in Sachen Beweisführung zum selben Ergebnis gekommen. Die folgenden Personen gehören zu den vielen Ermittlern, die der Sache des Christentums im Lauf der Jahre mit ihrem Sachverstand gedient haben.

Sir Robert Anderson
Stellvertretender Polizeipräsident (verstorben), London Metropolitan Police
Sir Robert Anderson war Theologe und Autor von zahlreichen Büchern, u. a. *The Coming Prince*, *The Bible and Modern Criticism* und *A Doubter's Doubts about Science and Religion.*

Gregory Allen Doyle
Polizeimeister (im Ruhestand), Upland Police Department (Kalifornien)
Gregory Doyle ist Schriftsteller, Gottesdienstleiter und Autor von *The Sting of the Gadfly*, *God Is Not an Option* und *The Stinging Salve: A Hearty Concoction of Essyas, Short Stories, Songs, Poems, and Thoughts Mostly about God, Faith, and Eternal Life.*

Michael Dye

Stellvertreter des Sheriffs, Volusa County Sheriffs Office (Florida), und Polizeikommandant des United States Marshals Service in Los Angeles

Michael Dye ist Redner und Autor von *The PeaceKeepers: A Bible Study for Law Enforcement Officers* (www.christianlawenforcement.com). Er dient auch im Vorstand der *Fellowship of Christian Peace Officers* (www.fcpo.org), eines Dienstes, der christlichen Polizeibeamten Unterstützung bietet, um ihnen zu helfen, effektivere Zeugen für Christus zu werden, während sie andere zu Jüngern machen und zur Umsetzung des grossen Missionsbefehls ausbilden.

Conrad Jensen

Stellvertretender Inspektor (verstorben), New York City Police Department

Conrad Jensen war Redner und Autor. Er diente als Polizeihauptmann im 23. Bezirk und gründete eine evangelikale Organisation, die mit den Jugendbanden in Ost-Harlem arbeitete. Nach seiner Verabschiedung im Jahr 1964 bat ihn die *American Tract Society*, ein Buch zu schreiben, *26 Years on the Losing Side*, um «zum gemeinschaftlichen Gebet anzuregen, dass unsere Nation unter Gott zu den biblischen Grundlagen, auf denen sie aufgebaut wurde, zurückkehren möge».

Mark Kroeker

Stellvertretender Polizeichef (im Ruhestand), Los Angeles Police Department, Polizeichef (im Ruhestand), Portland Police Department, stellvertretender Polizeipräsident (für Operationen) der Vereinten Nationen in Bosnien-Herzegowina (erneut beauftragt), ziviler Polizeipräsident der Friedensmission der Vereinten Nationen in Liberia (erneut beauftragt)

Mark Kroeker ist Redner und Schriftsteller. Er hat den *World Children's Transplant Fund* (wctf.org) gegründet und ist der Vorsitzende dieser gemeinnützigen Organisation, die sich der Durchführung von Organtransplantationen an Kindern auf der ganzen Welt gewidmet hat.

Tony Miano

Ermittler und Polizeibeamter (im Ruhestand), Los Angeles County Sheriff's Department

Tony Miano ist Polizeiseelsorger und war Gründer und Leiter der Organisation *Ten-Four Ministries* (tenfourministries.org), die die Polizeibeamten im Gesetzesvollzug praktisch und geistlich unterstützt. Zurzeit ist er Leiter der *Ambassador's Alliance*, ein evangelistischer Zweig von *Living Waters Ministry* (www.livingwaters.com). Er ist Autor von *Take Up the Shield: Comparing the Uniform of the Police Officer and the Armor of God.*

John Moreno

Polizeihauptwachtmeister (im Ruhestand), New York City Police Department

John Moreno ist Laienpastor, Redner, Autor und Gründer von *Catholic Lay Preachers* (www.catholiclaypreachers.com), einer kleinen Gruppe erfahrener Laienredner, die ihre Talente religiösen Organisationen zur Verfügung stellen. Er ist Autor von *A Spirituality for Police Officers.*

Randy Myers

Polizeibeamter, Oak Ridge Police Department (Tennessee)

Randy Myers ist Redner und Gründer von *International COPS Ministries* (www.copsministry.org), einem Dienst, der sich dem Gebet für die Sicherheit und das Wohlergehen aller Polizeibeamten widmet.

Sir Robin Oake

Polizeipräsident (im Ruhestand), Isle of Man, Hauptkommissar der Metropolitan Police und Superintendent des stellvertretenden Polizeipräsidenten der Greater Manchester Police (England)

Robin Oake, Träger des Polizeiordens der Queen, ist Redner und Autor von *Father Forgive: The Forgotten «F» Word* und *With God on the Streets.*

Randal (Randy) Simmons

SWAT Officer (in Ausübung seiner Pflicht getötet), Los Angeles Police Department

Randal Simmons war Pastor der *Carson's Glory Christian Fellowship International Church* (Kalifornien). Sein Vermächtnis, der Dienst an gefährdeten Jugendlichen in seiner Gemeinde, inspirierte die Gründung der *Randal D. Simmons Outreach Foundation* (www.randysimmonsswat.com/foundation), einer gemeinnützigen Organisation, die es sich zum Ziel gesetzt hat, Familien und Einzelpersonen in weniger erreichten Gebieten zu dienen, sie zu stärken und zu ermutigen.

Robert L. Vernon

Stellvertretender Polizeichef (im Ruhestand), Los Angeles Police Department

Bob Vernon ist Redner, Schriftsteller und Gründer des *Pointman Leadership Institute* (www.pliglobal.com), das Polizeikräfte weltweit in der Leiterschaft ausbildet. Ausserdem ist er der Autor von *L. A. Justice: Lessons from the Firestorm* und *Character: The Foundation of Leadership*.

Larry Warner

Stellvertreter des Sheriffs (im Ruhestand), Los Angeles County Sheriff's Department

Larry Warner ist Redner, Autor, Pastor und geschäftsführender Direktor von «*b*» *ministry* (www.b-ing.org), das Schulung für geistliche Führung anbietet, Rückzugsmöglichkeiten zur Besinnung und ganzheitliche Leitungsentwicklungen für Pastoren, Führungspersonen und Gemeindemitarbeiter. Er ist auch ausserordentlicher Professor am Bethel Seminary in San Diego sowie Co-Autor von *Imaginative Prayer for Youth Ministry: A Guide to Transforming Your Students' Spiritual Lives into Journey, Adventure, and Encounter* und Autor von *Journey with Jesus*.

Dave Williams

Stellvertretender Polizeichef (im Ruhestand), Portland

Dave Williams ist Redner und der Gründer und Vorsitzende von *Responder Life* (www.responderlife.com), entstanden, um die Familien der Ersthelfer an einem Tatort zu unterstützen und zu stärken.

Michael «MC» Williams

Detective Sergeant, Colorado State Criminal Investigator

Michael Williams ist Dozent, Redner und nationaler Vizepräsident von *Fellowship of Christian Peace Officers* (www.fcpo.org). Zudem ist er der Leiter von *Centurion Law Enforcement Ministry* (www.thecenturionlawenforcementministry.org), einem Dienst, der eingerichtet wurde, um Polizeibeamte zur errettenden Erkenntnis Christi zu führen und christliche Polizeibeamte im Glaubenswachstum zu unterstützen.

Travis Yates

Polizeihauptmann, Tulsa Police Department (Oklahoma) und Teamleiter bei der Ausbildungseinheit für Präzisionsfahrer der Polizei von Tulsa

Travis Yates ist Lehrer, Redner und Leiter von *Ten-Four Ministries* (tenfourministries.org), und er leitet das *Armor of God Project* (www.vestforlife.com), einen Dienst, der Polizeibeamte mit kostenlosen beschusshemmenden Westen ausstattet. Travis leitet auch www.policedriving.com, eine Website, die sich mit Fragen der Strafverfolgung im Strassenverkehr beschäftigt.